Antje Dörnen

Betriebsräte
vor neuen Aufgaben

Eine empirische Untersuchung
der Arbeitsgebiete und -strukturen
der betrieblichen Interessenvertretung
in modernen Organisationen

Rainer Hampp Verlag　　　　München und Mering　　1998

Die Deutsche Bibliothek - CIP-Einheitsaufnahme

Dörnen, Antje:
Betriebsräte vor neuen Aufgaben : eine empirische Untersuchung
der Arbeitsgebiete und -strukturen der betrieblichen Interessenvertretung
in modernen Organisationen / Antje Dörnen. - München ; Mering :
Hampp, 1998
    Zugl.: Trier, Univ., Diss., 1998
    ISBN 3-87988-286-X

Liebe Leserinnen und Leser!
Wir wollen Ihnen ein gutes Buch liefern. Wenn Sie aus irgendwelchen
Gründen nicht zufrieden sind, wenden Sie sich bitte an uns.

∞   *Dieses Buch ist auf säurefreiem und chlorfrei gebleichtem Papier gedruckt.*

© 1998   Rainer Hampp Verlag   München und Mering
           Meringerzeller Str. 16   D - 86415 Mering

Vorwort

Die vorliegende Arbeit ist zwischen 1995 und 1997 im Rahmen eines Stipendiums der Landesgraduiertenförderung Rheinland-Pfalz entstanden und wurde im Sommersemester 1997 im Fachbereich IV der Universität Trier als Dissertation angenommen. Dies bietet mir die Gelegenheit, mich bei all denjenigen zu bedanken, die zum Gelingen dieses Vorhabens beigetragen haben.

Zunächst möchte ich Prof. Dr. Hartmut Wächter und Prof. Dr. Thomas Breisig erwähnen, die mir bei allen Fragen und inhaltlichen Problemen hilfreich zur Seite standen. Gleichermaßen gewährten sie mir ein großes Maß an Freiheit, das mir erlaubte, eigene Ideen und Konzepte zu entfalten. Für dieses Vertrauen in meine Fähigkeiten möchte ich mich herzlich bedanken.

Mein Dank gilt außerdem den drei Betriebsratsvorsitzenden, die mir ihre Zeit für Interviews und Beobachtungen zur Verfügung stellten und darüber hinaus jede technische und persönliche Unterstützung boten, die in Ihrer Macht stand. Ohne sie wäre die Durchführung dieses Forschungsvorhabens letztlich unmöglich gewesen.

Bedanken möchte ich mich auch bei allen anderen Wissenschaftlern, Praktikern und Studenten, die die vielfältigen Aspekte des Themas mit mir diskutierten und mit Rat und Tat zur Verfügung standen.

Von besonderer Bedeutung war in der gesamten Promotionszeit der Rückhalt seitens meiner Familie und meiner Freunde. Mein Dank gilt hier vor allem der tatkräftigen Unterstützung von Petra von der Linde, Holger Reinemann und Sven Schneider-Winden, deren Anregungen und Korrekturen wesentlich zur Verbesserung des Manuskriptes beigetragen haben. Letzterem möchte ich zudem danken für die unendliche Geduld, mit der er alle Entstehungsphasen - die euphorischen wie die mutlosen - mit mir teilte.

Zuletzt möchte ich nun in ganz besonderer Weise meinen Eltern danken, ohne deren Verständnis und unerschütterlichen Glauben an mich die Durchführung dieses Projektes sicher nicht in dieser Weise geglückt wäre. Ihnen ist die Arbeit gewidmet.

Frankfurt, im Januar 1998   Antje Dörnen

Inhaltsverzeichnis

Abbildungsverzeichnis

Abkürzungsverzeichnis

Abb. -	Abbildung
Abs. -	Absatz
AfA -	Arbeitsgemeinschaft für Arbeitnehmerfragen in der SPD
AG -	Aktiengesellschaft
AktG -	Aktiengesetz
Bd. -	Band
BetrVG -	Betriebsverfassungsgesetz
BGB -	Bürgerliches Gesetzbuch
BR -	Betriebsrat
BRD -	Bundesrepublik Deutschland
BRG -	Betriebsrätegesetz
BV -	Betriebsvereinbarung
BVW -	Betriebliches Vorschlagswesen
CDU -	Christlich-Demokratische Union
CSU -	Christlich-Soziale Union
DAG -	Deutsche Angestellten Gewerkschaft
DB -	Der Betrieb
DBW -	Die Betriebswirtschaft
DGB -	Deutscher Gewerkschaftsbund
EBR -	Europäischer Betriebsrat
EDV -	Elektronische Datenverarbeitung
EG -	Europäische Gemeinschaft
E-Mail -	Electronic Mail
EU -	Europäische Union
FAZ -	Frankfurter Allgemeine Zeitung
FDP -	Freie Demokratische Partei
GBR -	Gesamtbetriebsrat
GmbH -	Gesellschaft mit beschränkter Haftung
GMH -	Gewerkschaftliche Monatshefte
HBR -	Harvard Business Review
HBS -	Hans Böckler Stiftung
HdA -	Humanisierung der Arbeit
HRM -	Human Ressource Management
Hrsg. -	Herausgeber

IGM -	Industriegewerkschaft Metall
IGCPK -	Industriegewerkschaft Chemie-Papier-Keramik
ISF -	Institut für sozialwirtschaftliche Forschung
ISO -	Institut für Sozialforschung und Sozialwissenschaft e.V.
JfB -	Journal für Betriebswirtschaft
JugAzubiVertr. -	Jugend- und Auszubildendenvertretung
Kap. -	Kapitel
KBR -	Konzernbetriebsrat
KG -	Kommanditgesellschaft
MitbestG -	Mitbestimmungsgesetz
MittAB -	Mitteilungen aus der Arbeitsmarkt- und Berufsforschung
MoMbestergG -	Montan-Mitbestimmungsergänzungsgesetz
MoMbestG -	Montan-Mitbestimmungsgesetz
MTM -	Methoden- und Zeit-Management
NGG -	Gewerkschaft Nahrung, Genuß, Gaststätten
ÖTV -	Gewerkschaft Öffentliche Dienste, Transport und Verkehr
o. J. -	ohne Jahr
o. V. -	ohne Verfasser
PC -	Personal Computer
REFA -	Reichsausschuß für Arbeitszeitermittlung
RKW -	Rationalisierungs-Kuratorium der deutschen Wirtschaft
SAP -	Systeme, Anwendungen, Programme zu Datenverarbeitung der SAP AG, Walldorf
Sp. -	Spalte
SPD -	Sozialdemokratische Partei Deutschland
Tab. -	Tabelle
TBS -	Technologieberatungsstelle des DGB
TVG -	Tarifvertragsgesetz
VW -	Volkswagen AG
WISU -	Das Wirtschaftsstudium
WSI -	Wirtschafts- und Sozialwissenschaftliches Institut
ZfB -	Zeitschrift für Betriebswirtschaft
ZfbF -	Zeitschrift für betriebswirtschaftliche Forschung
Zfo -	Zeitschrift Führung und Organisation
ZfP -	Zeitschrift für Personalforschung

I. DIE ARBEIT DER INTERESSENVERTRETUNG. EINE THEORE-TISCHE ANALYSE

1. Einführung in die Fragestellung

Die Mitbestimmung der Arbeitnehmer in Deutschland, die durch das Betriebsverfas-sungsgesetz und die Mitbestimmungsgesetzgebungen einen im internationalen Ver-gleich einzigartigen gesetzlichen Rahmen zum Interessenausgleich erhielt, ist zu ei-nem festen Bestandteil des deutschen Wirtschaftsgefüges geworden. Sie stellte einen wesentlichen Pfeiler des ökonomischen Erfolgs der Bundesrepublik in den Nach-kriegsjahren dar und stützt diesen auch heute noch.[1] Die positive sozialpolitische Wirkung der Mitbestimmung steht außer Frage.

Der Betriebsrat und die Gewerkschaften stellen den konstitutiven Bestandteil der In-teressenvertretung der Arbeitnehmer dar. Nach mehr als 40 Jahren der gesetzlich fun-dierten Mitbestimmungsrechte und entsprechender Beteiligung an unternehmerischen Entscheidungsprozessen konnten einerseits die Arbeitsbedingungen der Beschäftigten verbessert werden. Andererseits steht die Arbeitnehmerschaft der Handhabe des Ma-nagements nicht ohnmächtig gegenüber, sondern hat durch ihre Stellvertreter, basie-rend auf einem veränderten Kräfteverhältnis, die Möglichkeit, sozialverträgliche Lö-sungen aushandeln zu lassen. Als Beispiel für diese Wirkungen kann die Stahlkrise der 70er Jahre angeführt werden, innerhalb derer durch vorzeitige Pensionierungen, Sozialpläne und ähnliche Regelungen für viele Betroffene negative Folgen abge-schwächt wurden.[2] Ausdruck für eine durch diese Gegebenheiten verbesserte Ar-beitszufriedenheit in Deutschland ist auch die verschwindend geringere Streikhäufig-keit im europäischen Vergleich.[3]

Betriebsräte gibt es im Rahmen der industriellen Beziehungen seit nunmehr 75 Jah-ren. Diese lange Tradition läßt leicht übersehen, daß sich beim Blick über die deut-schen Staatsgrenzen hinweg kein Pendant mit vergleichbar hohem direkten Einfluß finden läßt. Es erscheint somit interessant, die Aufmerksamkeit speziell auf die Sub-jektebene der Mitbestimmung zu lenken. Auch in neueren empirischen Arbeiten zu arbeitsorganisatorischen oder technologischen Wandlungsprozessen finden die Be-triebsräte und deren fördernder bzw. hindernder Einfluß regelmäßig Erwähnung.

Obwohl - oder gerade weil - Betriebsräte beinahe zu einem Selbstverständnis gewor-den sind, können jedoch weder Praktiker noch Theoretiker eindeutig die Fragen be-

---

1   Küller, H. D.: Reifeprüfung bestanden? - 18 Jahre 76er Regelung, in: Die Mitbestimmung, 4/1994, S. 42; Auer, F. v.: Gemeinsame Problemlösung, in: Die Mitbestimmung, 10/1996, S. 34; Wächter, H.: German Co-Determination - an outdated model? in: Dijck, J. J. J. v./Wentink, A. A. L. G. (Hrsg.): Transnational Business in Europe, Tilburg 1992, S. 258.
2   Siehe exemplarisch: Judith, R.: Die Krise in der Stahlindustrie, Köln 1980.
3   Vgl. Crouch, C.: Industrial Relations and European State Traditions, Oxford 1993, S. 278; In-stitut der deutschen Wirtschaft (Hrsg.): Zahlen zur wirtschaftlichen Entwicklung der Bundesre-publik Deutschland, Köln 1996, Tab. 150.

antworten, wie die Praxis der Interessenvertretung aussieht, welche täglichen Arbeitsschritte ein Betriebsrat vollzieht, wie er seine Anforderungen bewältigt, welche Kompetenzen seine Position von ihm verlangt und dergleichen mehr. Dieses Faktum galt
bis in die 70er Jahre hinein analog auch für Manager und deren konkrete Tätigkeiten.
Aus diesem Grund untersuchten verschiedene Autoren[4] auf Basis der Fragestellung
"What do bosses do?", wie das Alltagshandeln von Managern beschaffen ist. Das
zentrale Anliegen dieser Forschungsarbeit ist entsprechend, einerseits durch die modifizierte Anwendung dieser Untersuchungsmethoden Antworten darauf zu finden, was
Betriebsräte tun und sie andererseits zum zentralen Forschungsgegenstand als poli-
tisch bedeutsame Akteure im betrieblichen Kontext zu machen.

Die folgenden drei Kernthesen beschreiben zusammenfassend den inhaltlichen Ausgangspunkt der Untersuchung.

1. Betriebsräte werden im Hinblick auf die Wichtigkeit und Professionalität ihrer betrieblichen Arbeit häufig unterschätzt. Dies gilt insbesondere hinsichtlich ihrer Bedeutung für das betriebliche Personalwesen und die Mitgestaltung strategisch rele-
   vanter Entscheidungen auf Unternehmens- und Betriebsebene.

2. Die faktischen Handlungskompetenzen innerhalb der Unternehmung übersteigen
   teilweise die ursprünglichen, gesetzlich verankerten Einflußbereiche der Betriebsräte. Ihr Wirkungsspektrum ist daher abhängig von der grundsätzlichen Einstellung
   des Managements zu den Stellvertretern der Arbeitnehmerschaft.

3. Die Verflechtung zwischen Gewerkschaften und Betriebsräten ist zwar durch die
   hohe Organisiertheit der Arbeitnehmervertreter faktisch weiterhin gegeben. Hinsichtlich der Handlungen auf betrieblicher Ebene wird allerdings eine kritische und
   z.T. eigenständige Stellung der Interessenvertretungen gegenüber einer übergreifenden Gewerkschaftspolitik deutlich, die zu den immer komplexer werdenden betrieblichen Problemen immer weniger maßgeschneiderte Lösungen bereitzustellen
   vermag.

1.1 Theoretischer Hintergrund und Zielsetzung der Arbeit

Die Unternehmenslandschaft der BRD hat sich in den letzten Jahren weitreichend
verändert. Die immer rascheren technologischen Entwicklungen führen zu neuartigen
Strukturen der betrieblichen Arbeitsorganisation, ermöglichen eine wesentlich
schnellere und detailliertere Informationsgewinnung und erhöhen dadurch letztlich
die Transparenz der Produktionsabläufe. Der Trend zu Konzernbildungen sowie
Outsourcing, teils dem verschärften Wettbewerbsdruck, teils der verstärkten transnationalen Kooperationen geschuldet, läßt die Unternehmensgebilde immer komple-

---

4   Vgl. Marglin, S. A.: Was tun die Vorgesetzten? Ursprünge und Funktionen der Hierarchie in
    der kapitalistischen Produktion, in: Duve, F. (Hrsg.): Technologie und Politik 8, Reinbeck
    1977, S. 148 - 203; Mintzberg, H.: The manager's job: folclore and fact, in: Harvard Business
    Review, July-August 1975, S. 49 - 61; Kotter, J. P.: The general manager, London 1982.

xer werden und deren Netzwerke stetig wachsen.[5] Ferner vollzieht sich ein gesellschaftlicher Wertewandel, der sich dahingehend auswirkt, daß einerseits die Erwerbstätigen mehr Forderungen nach eigenverantwortlichen Tätigkeiten stellen und sich andererseits das Verständnis von Arbeit und von den Erwerbstätigen selbst gewandelt hat.[6]

Einen weiteren Einflußfaktor stellt der Prozeß zur Realisierung der Europäischen Wirtschafts- und Währungsunion dar, durch den zukünftig Impulse auf die jeweiligen nationalen Gesetzgebungen und Wirtschaftssysteme zu erwarten sind. Zudem wird der immer härtere internationale Konkurrenzkampf - insbesondere für kleine und mittlere Unternehmen - gravierende Auswirkungen haben, was u.a. durch die hohen Arbeitskosten der BRD gegenüber anderen Ländern begründet ist[7] und bereits zu einer Vielzahl von Verlagerungen kostenintensiver Produktionsstätten ins Ausland führte. Entsprechend wuchs hierzulande der Trend zur Öffnung tariflicher Regelungen,[8] um die Wettbewerbsbedingungen zu verbessern und die Beschäftigung sichern zu helfen.[9] Dieser Trend wird sich in den nächsten Jahren voraussichtlich intensivieren und sowohl an das Management wie auch an die Interessenvertretungen neue Handlungsanforderungen stellen.

Desweiteren hat sich in den letzten Jahren die traditionelle Interessenvertretungspolitik von der Ideologie des "Gegenmachtprinzips" wegbewegt. Diese Entwicklung kann zum einen auf die neuartige technisch-ökonomische Konzeptionierung der Produktionsabläufe zurückgeführt werden, zum anderen auf die mikropolitischen Prozesse der institutionellen Interessenvertretungsarbeit und deren veränderte Handlungskalküle. Auf betrieblicher Ebene äußert sich diese Entwicklung konkret darin, daß die Produktionsstätte mehr und mehr als gemeinsamer Handlungsort von Management und

---

5   Vgl. Semlinger, K.: New Developments in Subcontracting: Mixing Market and Hierarchy, in: Amin, A./Dietrich, M. (Hrsg.): Towards a New Europe?, S. 96 - 115; Sabel, C. F./Kern, H./Herrigel, G.: Kooperative Produktion, in: Mendius, H.-G.:/Wendeling-Schröder, U. (Hrsg.): Zulieferer im Netz - Zwischen Abhängigkeit und Partnerschaft, Köln 1991, S. 127 - 141; Sydow, J.: Strategische Netzwerke: Evolution und Organisation, Wiesbaden 1993.

6   Vgl. exemplarisch Rosenstiel, L. v.: Wertewandel: Herausforderung für die Unternehmenspolitik in den 90er Jahren, 2. Aufl., Stuttgart 1993.

7   Vgl. Brücker, H./Meyer-Stamer, J.: Standortkrise oder Krise der Wirtschaftspolitik, in: Die Mitbestimmung, 1/1994, S. 26; Institut der Deutschen Wirtschaft (Hrsg.): Zahlen zur wirtschaftlichen Entwicklung der BRD, Köln 1996, Tab. 148.

8   Vgl. Bispinck, R.: Tarifpolitik und Tarifautonomie in der Krise, in: WSI Mitteilungen, 8/1993, S. 469 - 536; Zachert, U.: Gefährdung der Tarifautonomie. Das Tarifvertragssystem zwischen Deregulierung und Erosion, in: GMH, 3/1994, S. 168-177; Streeck, W.: Anmerkungen zum Flächentarif und seiner Krise, in: GMH, 2/1996, S. 86 - 97.

9   Ein in diesem Rahmen häufig erwähntes Beispiel ist das Modell von VW. Vgl. Hartz, P.: Jeder Arbeitsplatz hat ein Gesicht: Die Volkswagen-Lösung, Frankfurt/M. u.a. 1993; Girndt, C.: Die neue Zumutbarkeit - ein Interview mit Dr. Peter Hartz, in: Die Mitbestimmung, 6/1996, S. 12 - 16.

Arbeitnehmervertretung gesehen wird, an dem beide Parteien interessenbezogene Strategien vollziehen und Entscheidungsprozesse beeinflussen. Dies steht in enger Verbindung mit der Erkenntnis eines veränderten Menschenbildes: Die instrumentelle Funktion der Arbeitnehmer wurde in Richtung einer verhaltensbezogenen Sichtweise von Arbeit um die Subjekt- und Produzentenperspektive erweitert.[10]

Obwohl die externen und internen Einflüsse auf moderne Organisationen hier nur skizzenhaft dargestellt werden können,[11] lassen sie bereits hinreichend erkennen, wie weitläufig ihre Auswirkungen auf den betrieblichen Alltag aller Akteursgruppen sein werden. Diesem Wandel wird in der betriebswirtschaftlichen Forschung durchaus Rechnung getragen: Untersuchungen zu Unternehmensnetzwerken[12], internationalen Arbeitsbeziehungen[13], zum Phänomen Unternehmenskultur[14], und zu neuartigen, zumeist aus dem Ausland importierten Managementkonzepten oder damit verbundene arbeitsorganisatorische Umbrüche[15] haben Hochkonjunktur.

Verwunderlich ist - insbesondere vor dem Hintergrund des aktuellen Booms der For-schungen zu betrieblichen Arbeitsbeziehungen[16] -, daß die Arbeit der Mitglieder von Betriebsräten bislang kein bzw. lediglich ein untergeordnetes Interesse fand.[17] Zwar werden rechtlich verankerte Gestaltungsbereiche, wie die Einflußmöglichkeiten bei Massenentlassungen, näher analysiert. Ebenso finden sie Erwähnung im Rahmen von Untersuchungen zur Einführung neuer Technologien, die in Fallbeispielen beleuchtet werden.[18] Während sich soziologische Forscher bereits intensiver mit dem Gremium Betriebsrat auseinandersetzten und beispielsweise dessen Rolle als Gegenspieler des

---

10 Vgl. Birke, M.: Betriebliche Technikgestaltung und Interessenvertretung als Mikropolitik, Wiesbaden 1992, S. 6.

11 Die Wiedervereinigung Deutschlands und sonstige osteuropäische Entwicklungen finden hier beispielsweise nur selten Erwähnung, da ihr Einbezug den Rahmen der Arbeit sprengen würde. Zudem sind diese Fakten in der vorliegenden Untersuchung von geringer Relevanz.

12 Vgl. exemplarisch Belzer, V.: Unternehmenskooperationen: Erfolgsstrategien und Risiken im industriellen Strukturwandel, München 1993.

13 Vgl. exemplarisch Ferner, A./Hyman R. (Hrsg.): Industrial Relations in the New Eurtope, Ox-ford; Cambridge 1992; Bölian, M.: Mitbestimmungsrechte der Arbeitnehmerinnen und Arbeit-nehmer im Binnenmarkt 1993: Ausgangslagen und Perspektiven, Pfaffenweiler 1993.

14 Vgl. exemplarisch Kompa, A.: Wir, die Firma: Der Kult um die Unternehmenskultur, Wein-heim 1987; Dierkes, M. u.a. (Hrsg.): Unternehmenskultur in Theorie und Praxis, Frankfurt/M. 1993.

15 Vgl. für viele Greifenstein, R./Jansen, P./Kißler, L.: Gemanagte Partizipation - Qualitätszirkel in der deutschen und der französichen Automobilindustrie, München 1993; Schildknecht, R.: Total Quality Management, Frankfurt/M.; New York 1992; Schumann, M. u.a.: Trendreport Rationalisierung, Berlin 1994.

16 Vgl. Kißler, L.: Die Mitbestimmung in der BRD, Marburg 1992, S.101.

17 Eine wichtige Ausnahme bilden in diesem Bereich vor allem die Studien von Kotthoff.

18 Vgl. exemplarisch Sperling, H. J.: Innovative Arbeitsorganisation und intelligentes Partizipati-onsmanagement, Marburg 1994.

Managements untersuchten[19], wählen die wenigen existierenden betriebswirtschaftlichen Untersuchungen eine auf die Handlungseffizienz bezogene Betrachtungsebene.[20] Die Fülle dessen, was die betriebliche Arbeitnehmervertretung in ihrer täglichen Praxis faktisch tut, bleibt allerdings nahezu vollkommen im Dunkeln.

Auch die neuere Managementforschung beschäftigt sich - neben der Beschreibung von globalen Konzepten - vorrangig mit den Auswirkungen arbeitsorganisatorischer Entwicklungen auf einzelne Beschäftigtengruppen, z.b. auf die mittlere Managementebene[21], während der Betriebsrat eher "stiefkindlich" behandelt wird. Durch die bereits angesprochenen Veränderungen - ausgeweitete (internationale) Unternehmenskooperationen, stetiger technologischer Fortschritt, struktureller Wandel in der Wirtschaft sowie durch eine weitaus emanzipiertere Klientel - steht aber auch die betriebliche Interessenvertretung vor neuartigen Fragestellungen und Herausforderungen. Entsprechend finden im folgenden neben den globalen Rahmenbedingungen des Alltagshandelns verschiedene ausgewählte Entwicklungen Beachtung, diedie Arbeit von Betriebsräten sowohl formal wie auch inhaltlich beeinflussen.

Um diese empirische Forschungslücke in der Betriebswirtschaftslehre aufzufüllen, wird im folgenden anhand von Fallbeispielen versucht, die Alltagshandlungen von Betriebsräten zu beschreiben und zu analysieren. Methodisch werden sowohl Interviews als auch das Instrument der Beobachtung Anwendung finden.[22] Im allgemeinen konzentriert sich die Arbeit von Betriebsräten auf drei Ebenen:

- *die betriebliche Ebene*, d.h. die konkreten Verhandlungsstrategien und Tätigkeitsbereiche der Betriebsräte im Spannungsfeld von Arbeitnehmerschaft und Management;
- *die überbetriebliche Ebene*, konkret die Zusammenarbeit mit Gewerkschaften, wobei regionale versus nationale Anforderungen von Belang sind, wie auch die Diskussion über eine etwaige "Verbetrieblichung" der Arbeitsbeziehungen;[23]
- *die internationale Ebene*, bei der Bestrebungen zur Einrichtung von Euro-Betriebsräten zwar bereits große Verbreitung erlangt haben, aber kaum praktische Konsequenzen dieser Gremien auf die tägliche Arbeit nennbar sind.[24]

---

19 Vgl. exemplarisch Kotthoff, H.: Betriebsräte und Bürgerstatus, München; Mering 1994; Birke, M. (1992): a.a.O; Wassermann, W.: Arbeiten im Kleinbetrieb. Interessenvertretung im deutschen Alltag. Köln 1991.

20 Vgl. exemplarisch Kricsfalussy-Hrabár, A.: Betriebsratsmanagement, Köln 1993.

21 Vgl. exemplarisch Wunderer, R. (Hrsg.): Mittleres Management - leitend oder leidend, Zürich 1990.

22 Siehe hierzu Kap. I.1.2 sowie die detailliertere Schilderung in II.1.2.

23 Vgl. beispielhaft Schmidt, R./Trinczek, R.: "Verbetrieblichung" und internationale Austauschbeziehungen, in: Aichholzer, G./Schienstock, G. (Hrsg.): Arbeitsbeziehungen im technischen Wandel, Berlin 1989, S. 135 - 146.

24 Vgl. beispielhaft Deppe, J.: Euro-Betriebsräte: Internationale Mitbestimmung - Konsequenzen für Unternehmen und Gewerkschaften, Wiesbaden 1992 sowie ausführlicher Kap. I.4.1.

In der hier vorgelegten Arbeit steht die erste Ebene im Zentrum der Betrachtung.[25] Es werden besondere Arbeitsweisen, Aufgabenbereiche und Handlungsanforderungen beschrieben und analysiert, die im betrieblichen Alltag von Bedeutung sind. Durch moderne Managementkonzepte ist beispielsweise eine starke Verbreitung von Beteiligungsinitiativen im Rahmen von Gruppenarbeit aufgetreten, die die betriebliche Handlungsfähigkeit der Betriebsräte beeinflussen.[26] Eventuell kann sogar durch die verstärkte direkte Arbeitnehmermitsprache eine neue Rollendefinition der repräsentativen Interessenvertretung notwendig werden.[27] Ferner unterliegen auch die Aufgaben von Betriebsräten beispielsweise im Rahmen von Gruppenarbeitsprozessen einer Veränderung, etwa bezüglich der Informationsbeschaffung über die akuten Belange der Arbeitnehmer oder der möglichen Ausgrenzung schwächerer Gruppenmitglieder. Um die Verantwortung für die Gesamtbelegschaft künftig wahrnehmen zu können und Kenntnisse über die Entwicklungen in den einzelnen Arbeitsgruppen zu erlangen, werden möglicherweise die Vertrauensleute als zusätzliche "Informanden" über das betriebliche Geschehen eine wesentlich stärkere Rolle spielen.[28] Die Kooperation beider Gruppen, die zumeist unterschiedliche Zielvorstellungen verfolgen[29], kann so eine neue Bedeutung bekommen.

Betriebsräte beeinflussen und regeln im Rahmen der Mitbestimmung das Verhalten von Menschen. In diesem Sinne leisten sie in ihren täglichen Handlungen auch einen Beitrag zur betrieblichen Personalarbeit.[30] Insbesondere die Bereiche der Beschäftigungs- und Lohnpolitik stellen zentrale Einflußfelder dar.[31] Stehen diese Feststellungen im allgemeinen außer Frage, so ist um so verwunderlicher, wieso in der wissenschaftlichen Literatur zur Personalwirtschaft das Gremium Betriebsrat nur im engen

---

25 Die Unterscheidung zwischen Betrieb und Unternehmen nach dem BetrVG ist gebunden an das Ziel: der Betrieb verfolgt einen arbeitstechnischen Zweck, der sich im Gegensatz zum privaten Haushalt nicht in der Befriedigung des Eigenbedarfs erschöpft (Produktion oder Verkauf bestimmter Gegenstände, Erbringung von Dienstleistungen). Das Unternehmen verfolgt darüber hinaus ein wirtschaftliches Ziel, z.B. Gewinnmaximierung, Erringung von Marktanteilen (Vgl. Bundesminister für Arbeit und Sozialordnung (Hrsg.): Mitbestimmung, Bonn 1990, S. 10f). Da beide Begriffe aber eng zusammenhängen, ist eine durchgängige Unterscheidung in diesem Sinne nicht immer möglich. Sie erschließt sich weitgehend aus dem Zusammenhang und ordnet im betriebswirtschaftlichen Verständnis den Begriff Unternehmen dem des Betriebes über.

26 Vgl. Wicke, W.: Partizipation, Mitbestimmung, demokratische Technikentwicklung, Dortmund 1992, S. 68ff.; Breisig, Th.: It's Team Time: Kleingruppenkonzepte in Unternehmen, Köln 1990, S. 101ff.

27 Vgl. Wächter, H. et al.: Perspektiven der Mitbestimmung, Projektbericht, Trier 1996, S. 135.

28 Vgl. Lecher, W.: Betriebliche Interessenvertretung und direkte Partizipation, in: WSI Mitteilungen, 5/1995, S. 333.

29 Vgl. Bundesmann-Jansen, J./Frerichs, J.: Praxisbeispiele beteiligungsorientierter Betriebspolitik, Düsseldorf 1993, S. 84f.

30 Vgl. Wächter, H.: Träger der Personalarbeit; in: Gaugler, E./Weber, W. (Hrsg.): Handwörterbuch des Personalwesens, 2. Aufl., Stuttgart 1992, Sp. 2202 - 2210.

31 Vgl. Wächter, H. et al. (1996): a.a.O., S. 27.

Zusammenhang mit seinen gesetzlich festgelegten Einflußmöglichkeiten Erwähnung findet.[32] Da desweiteren neuere Forschungen zum Human Ressource Management[33] auf eine künftig weiter ansteigende Bedeutung des Faktors Personal und dessen Nutzung hinweisen, bildet die personalpolitische Bedeutung der Interessenvertretung einen besonderen Schwerpunkt der vorliegenden Arbeit, sowie die Frage, welchen konkreten Beitrag Betriebsräte in einzelnen personalwirtschaftlichen Handlungsfeldern leisten.

Berücksichtigt man, daß Arbeitnehmervertreter inzwischen in der Fachliteratur bereits als "Co-Manager"[34] bezeichnet werden, läßt sich vermuten, daß das Organ seit seiner Entstehung eine veränderte Bedeutung im betrieblichen Alltag erlangte. Aber auf welche Gegenstandsbereiche und Objekte bezieht sich dieses Co-Management? Sind alle Mitglieder des Gremiums gleichermaßen Co-Manager oder gilt diese Bezeichnung nur für einige wenige? Was genau meint ein Begriff wie "Co-Coacher"[35], der im Zusammenhang mit der Interessenvertretung der Arbeitnehmer unter herkömmlichen Macht- und Kontrollgesichtspunkten doch zunächst eher ein Paradoxon darstellt? Haben sich die betrieblichen Kräfte verschoben?

Betriebsräte entwickelten sich offenbar über die eindimensionale Funktion eines Repräsentativorgans hinaus. Sie bearbeiten inhaltlich nicht mehr ausschließlich die innerbetrieblichen Konflikte zur Eingruppierung oder Lohnerhöhung, sondern können darüber hinaus auch gestalterische Akzente in strategischen, überregionalen oder transnationalen Bereichen setzen. Wie stark sich diese neuen Handlungsmöglichkeiten auf die tägliche Arbeit auswirken, soll in der vorliegenden Untersuchung empirisch festgestellt werden.[36] Dabei ist eine prekäre Situation innerhalb des dual ausgerichteten Vertretungssystems[37] bemerkenswert: Die Erweiterung der Kompetenzen der Betriebsräte hat Auswirkungen auf ihre politischen Ziele, die im Spannungsfeld von Produktivität und Sicherung der Arbeitnehmerinteressen z.T. von denen der Ge-

---

32 Vgl. beispielhaft Drumm, H. J.: Personalwirtschaftslehre, 3. Aufl., Berlin; Heidelberg u.a. 1995.

33 Vgl. zum Überblick exemplarisch Garnjost, P.: Human Resource Management, in: Breisig, Th. et al. (Hrsg.): Handwörterbuch Arbeitsbeziehungen in der EG, Wiesbaden 1993, S. 273 - 281.

34 Vgl. exemplarisch Sperling, H. J.: Trend-Report Partizipation und Organisation, Universität Bochum 1994, S. 22; Streeck, W.: Keine einfachen Antworten, in: Die Mitbestimmung, 10/1996, S. 20; Kotthoff, H.: Betriebsräte und betriebliche Reorganisation, in: Arbeit, 4/1995, S. 426.

35 Vgl. Rueß, A.: Betriebsräte: Anderes Gewicht, in: Wirtschaftswoche, 13/1994, S. 14.

36 Siehe dazu ausführlich Kap. II.3. und II.4.

37 Die duale Struktur besteht dahingehend, daß einerseits Betriebsräte als zentrales Organ der Interessenvertretung auf Betriebsebene fungieren und andererseits Regulationen durch die Gewerkschaften mittels Tarifverträgen für einzelne Wirtschaftszweige festgelegt werden. Vgl. beispielhaft Fürstenberg, F.: Industrial Relations, in: Kieser, A./Reber, G./Wunderer, R. (Hrsg.): Handwörterbuch der Führung, Stuttgart 1987, Sp. 1119ff.

werkschaften abweichen, insbesondere hinsichtlich der Betonung der Beschäftigungs-
gegenüber der Einkommenssicherung.

Zusammenfassend kann festgehalten werden, daß das Ziel der Arbeit ist, auf formaler
Ebene in der Tradition der Work Activity-Forschung die konkreten Aktivitäten des
Betriebsrates im Arbeitsalltag zu erfassen. Auf inhaltlicher Ebene sind einerseits neue
Handlungsfelder der betrieblichen Interessenvertretung im Kontext aktueller Ent-
wicklungen festzustellen und zu beschreiben sowie andererseits personalpolitische
Aufgaben im Spannungsfeld von Tradition und Innovation zu benennen.

1.2 Vorgehensweise

Um die Arbeit von Betriebsräten greifbar zu machen, erfolgt zunächst eine Betrachtung der Rahmenbedingungen des Alltagshandelns von Betriebsräten. Der Betrieb als
zentrales Handlungsfeld wird im Kontext dieser Arbeit unter Verwendung des mikropolitischen Ansatzes[38] definiert. Er ist demzufolge eine arbeitspolitische Arena[39], in
der einzelne Akteursgruppen ihre spezifischen Ziele durch verschiedene Verhandlungsstrategien durchzusetzen versuchen, was zum Aus- oder Abbau von Machtpo-
tentialen führt. Dieses Verständnis verhilft dazu, die potentiell verschiedenartigen
Einflußstärken der Interessenvertreter in unterschiedlichen Organisationen zu erklären, die trotz identischer gesetzlicher Grundlagen auftreten. Einen Effekt auf die Arbeit der Betriebsräte hat z.b. die Qualität der Beziehung zwischen Management und
Arbeitnehmervertretern, Restriktionen des Managements oder die Höhe des gewerkschaftlichen Organisationsgrades. Es bestehen demnach im Alltag des Betriebsrates
unterschiedliche Unsicherheitszonen[40], die, intuitiv oder strategisch genutzt, zu einer
Erweiterung der Aufgabenbereiche führen können. Die wichtigsten Variablen sind in
Abbildung 1 zusammengefaßt.

Zunächst wird eine Literaturstudie vorgenommen, die eine detaillierte Beschreibung
des zu untersuchenden Organs - auch in seinem historischen Entstehungskontext -,
der internen Arbeitsteilung, seiner gesetzlich untermauerten Arbeitsfelder sowie innerbetrieblichen Handlungsmöglichkeiten bzw. -restriktionen gestattet. In diesem ersten Teil der Untersuchung finden vorwiegend organisations- und industriesoziologi-
sche Arbeiten Berücksichtigung, die, wie bereits oben erwähnt, weitaus häufiger den
Bereich der Interessenvertretung behandeln, als dies in der betriebswirtschaftlichen

---

38 Vgl. zum Überblick Küpper, W./Ortmann, G. (Hrsg.): Mikropolitik: Rationalität, Macht und
    Spiele in Organisationen, 2. Aufl., Opladen 1992.
39 Vgl. Türk, K.: Neuere Entwicklungen in der Organisationsforschung, Stuttgart 1989, S. 122.
40 Der Begriff geht zurück auf Hirsch-Kreinsen/Wolf. Gemeint ist hiermit, daß der Betriebsrat auf
    bestimmte Themenfelder nur begrenzten Zugriff hat und diese der Kontrolle einer anderen Ak-
    teursgruppe unterliegen. Vgl. Hirsch-Kreinsen, H./Wolf, H.: Neue Produktionstechniken und
    Arbeitsorganisation, in: Soziale Welt, 2/1987, S. 189.

Forschung der Fall ist.[41] Ebenso werden juristische Arbeiten zu spezifischen Einzelfragestellungen in die Betrachtung einbezogen.

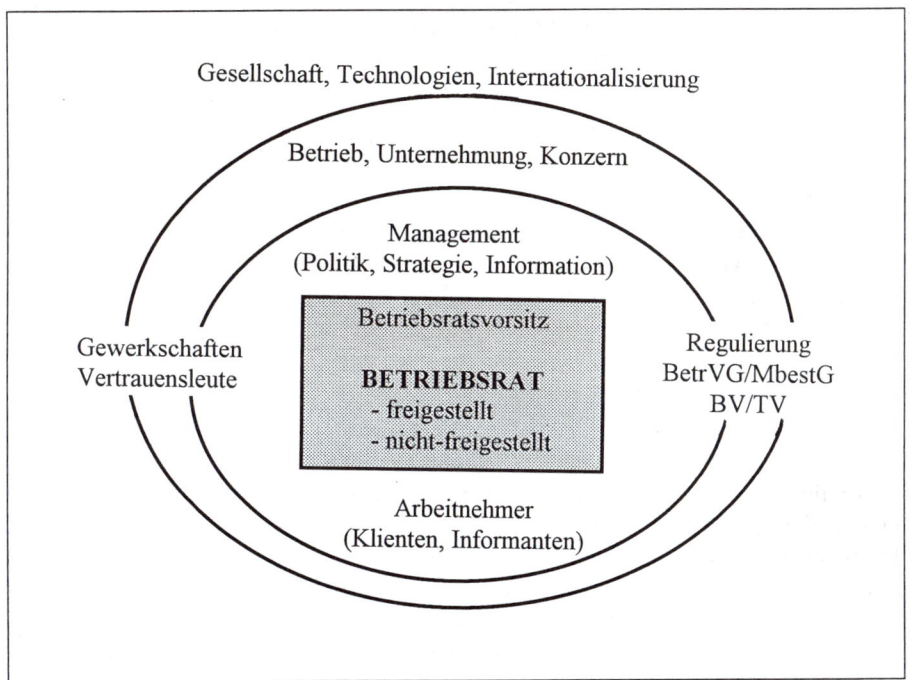

Gesellschaft, Technologien, Internationalisierung

Betrieb, Unternehmung, Konzern

Management
(Politik, Strategie, Information)

Betriebsratsvorsitz

BETRIEBSRAT
- freigestellt
- nicht-freigestellt

Gewerkschaften
Vertrauensleute

Regulierung
BetrVG/MbestG
BV/TV

Arbeitnehmer
(Klienten, Informanten)

Abb. 1: Konstituierende Variablen der Betriebsratsarbeit

Zur Präzisierung des Begriffs "Alltagshandlungen" wird auf der Grundlage der Literaturauswertung ein konzeptioneller Bezugsrahmen entwickelt. Seit mehreren Jahrzehnten finden in der Managementforschung Aktivitätsstudien Anwendung, um Hinweise auf die faktischen Tätigkeiten, Aufgaben und Funktionen von Führungskräften zu erhalten und so ihren Alltag präziser fassen zu können. Die dort angewandten Methoden werden in modifizierter Form auf den hier zu betrachtenden Gegenstand übertragen.

Auf dieser Basis wird eine qualitative empirische Untersuchung durchgeführt, die den Ausgangspunkt des zweiten Teils der Forschungsarbeit darstellt. Als Stichprobe werden Betriebsräte von drei international tätigen Konzernen betrachtet, die verschiedenen Schlüsselbereichen der Industrie angehören. Dieses Sample gewährleistet, neuere Entwicklungen, die möglicherweise mit der Branche oder der jeweils zuständigen Industriegewerkschaft verbunden sind, in die Untersuchung mit einzubeziehen. Große

---

41 Vgl. Kotthoff, H. (1994): a.a.O.; Birke, M.(1992): a.a.O.; Bitsch, K.-H.: Betriebliche Demokratie und Betriebsratshandeln, Bremen 1993.

Organisationen können außerdem als Pioniere der Weiterentwicklung des Betriebsratshandelns angesehen werden.[42] In diesen Einzelfallbetrachtungen erfolgt neben
Dokumentenanalysen und Intensivinterviews, die die Erhebung qualitativer Daten
ermöglichen, auch die Anwendung der Methode der Beobachtung,[43] die sich an die
traditionelle Work Activity-Forschung[44] anlehnt.

Die empirische Untersuchung bleibt weitestgehend auf den Betriebsratsvorsitzenden
fokussiert, da die Betrachtung des gesamten Gremiums die Möglichkeiten dieses Forschungsvorhabens bei weitem überschreiten würde. Darüber hinaus bietet sich dieser
Personenkreis in besonderer Weise für einen Vergleich mit Führungskräften an, weil
von dieser exponierten Position aus i.d.R. die gesamte Betriebsratsarbeit koordiniert
und gesteuert wird.[45] Hinzu kommt, daß der Begriff des "Co-Managers" vor allem
auf den Betriebsratsvorsitzenden zugeschnitten ist, d.h. er bezieht sich allenfalls auf
den Personenkreis innerhalb des Gremiums Betriebsrat, der sich hauptberuflich der
Interessenvertretung widmen kann und weniger auf diejenigen Mitglieder, die das
Amt ehrenamtlich inne haben.

Durch die breit angelegte empirische Vorgehensweise wird angestrebt, neben den
stark situativen bzw. interpretativen Schlußfolgerungen auch rein formale Aussagen
über die Arbeit von Betriebsräten abzuleiten. So ermöglicht diese Untersuchungsmethode eher den branchenübergreifenden Vergleich. Die Sekundäranalyse anerkannter
Untersuchungen aus dem Bereich der Führungskräfteforschung erlaubt ferner, einen
direkten Vergleich des Alltagshandelns von Betriebsräten und Managern durchzuführen. Den Abschluß der Arbeit bildet die Beschreibung und Interpretation der so gewonnenen Daten der Fallstudien sowie die abschließende Zusammenführung der Ergebnisse der einzelnen Teile.

---

42 Zwar haben die kleinen und mittleren Betriebe hinsichtlich sozialer und tariflicher Standards
    den Abstand zu den Großunternehmen verkürzt, aber wesentliche Entwicklungsimpulse, wie
    z.B. bei der globalen Einführung von Euro-Betriebsräten, gehen weiterhin in der Regel von
    letzteren aus. Vgl. Kotthoff, H./Reindl, J.: Die soziale Welt kleiner Betriebe, Göttingen 1990,
    S. 341.
43 Vgl. Grümer, K.-W.: Beobachtung, Stuttgart 1974.
44 Siehe zu dieser Forschungsrichtung die näheren Ausführungen in Kap. I.6.1.2. und II.3.
45 Die Tätigkeit des Betriebsratsvorsitzenden, kann durch seine Leitungsfunktion in der allgemein
    üblichen Definition als "Management" i.S. von Planung, Organisation und Führung gefaßt wer-
    den. Dieses Faktum bildet eine weitere Rechtfertigung, sich in der Untersuchung vorwiegend
    dieser Akteursgruppe zu widmen. Siehe auch die Ausführungen in Kap. I.3.1.

2. Historische Entstehung und rechtliche Einbettung

Die Entstehungsgeschichte und Weiterentwicklung des Gremiums Betriebsrat verdeutlicht, wie sehr sich diese Institution im Zeitablauf gewandelt hat. Drei wesentliche Bereiche treten dabei in Erscheinung: erstens die Entstehungsphase, zweitens die Phase der rechtlichen Konsolidierung und drittens die Phase der Professionalisierung. Dabei läßt sich phasenübergreifend feststellen, daß das Selbstverständnis der Betriebsräte und deren Ansehen wesentlich gestiegen ist.

Die folgenden Ausführungen beschäftigen sich mit den ersten beiden Zeitabschnitten, während die letzte Phase, aufgeteilt in unterschiedliche thematische Kontexte, gesondert in den nachfolgenden Kapiteln dieser Arbeit näher erläutert wird. Diese Einteilung geschieht aus folgenden Gründen: Während die ersten beiden Phasen beendet sind,[46] ist die Phase der Professionalisierung noch nicht abgeschlossen. Aus dem organisatorischen und gesellschaftlichen Wandel resultiert vermutlich ein veränderter dritter Zeitabschnitt, der sich durch eine weiter erhöhte Professionalisierung auszeichnet, oder eine vollkommen neue vierte Phase. Da der Wandel der Stellung und Arbeit von Betriebsräten einen wichtigen Begründungszusammenhang dieser Untersuchung darstellt, schlägt er sich entsprechend auch in einer gesonderten Erläuterung nieder.

2.1 Von den Arbeiterausschüssen zum Betriebsrätegesetz

Mitte des 19. Jahrhunderts wurde innerhalb der Verfassungsgebenden Nationalversammlung in Frankfurt/Main eine Gewerbeordnung entworfen, die die Bildung von Arbeitnehmerausschüssen in Fabriken vorsah. Der Entwurf einer solchen Organisation der abhängig Beschäftigten stellte eine erste offiziell gebilligte Restriktion der Herrschaft des Unternehmers dar.[47]

Die Initiative entstand, anders als die spätere zur Unternehmensmitbestimmung, nicht durch politische Einflüsse der Gewerkschaften, sondern geht auf Sozialreformer im Bürgertum und in der Ministerialbürokratie zurück. Seit Beginn der Industrialisierung folgte diese Gruppe der Leitvorstellung einer "konstitutionellen Fabrik", in der die Integration der Arbeiter einen Beitrag zur Lösung der "sozialen Frage" beisteuern sollte.[48]

In einigen Betrieben wurden auf Basis der Gewerbeordnungsnovelle von 1891 bereits freiwillig Ausschüsse durch die Arbeitgeber ins Leben gerufen, die z.B. bei Vorschriften zur Nutzung von Betriebswohlfahrtseinrichtungen oder Änderungen der Ar-

---

46 Zwar können auch Gesetzeswerke modifiziert werden, aber innerhalb des Untersuchungszeitraumes gab es keine wesentlichen Veränderungen.

47 Vgl. Bundesminister für Arbeit und Sozialordnung (1990): a.a.O., S. 8.

48 Vgl. Kotthoff, H.: Betriebsrat, in: Gaugler, E./Weber, W.: Handwörterbuch des Personalwesens, 2. neubearb. u. erg. Aufl., Stuttgart 1992, Sp. 611.

beitsordnung gehört werden mußten.[49] In der Praxis führte diese gesetzliche Grundlage allerdings nur zu relativ dürftigen Erfolgen. Viel wesentlicher war jedoch der
damit erstmals erfolgte Eingriff des Staates in die betriebliche Sozialordnung.[50] Infolge der seit 1889 andauernden Arbeitskämpfe im Bergbau wurde ab dem 14. Juli
1905 die Bildung von Arbeiterausschüssen branchenintern für Betriebe, die mehr als
100 Arbeitnehmer beschäftigten, verbindlich geregelt.[51] Den Ausschüssen wurden zu
sozialen und personellen Fragen Informations- und Anhörungsrechte eingeräumt, wodurch die Umgestaltung der Sozialordnung innerhalb der Betriebe ihren Lauf nahm.[52]
Ablehnung fanden die Arbeiterausschüsse bei den Unternehmern, allerdings auch bei
Gewerkschaften und innerhalb der Sozialdemokratie.[53] Diese Haltung resultierte einerseits aus der Konkurrenz der internen und externen Organe der Interessenvertretung, die von Unternehmerseite bewußt so gewollt war, andererseits aus der sozial-
demokratischen Zielsetzung, eine revolutionäre Gesellschaftsveränderung ins Leben
zu rufen, die bis zum Kriegsbeginn verfolgt wurde.[54]

Die Grundlage der Arbeitermitsprache wurde einige Jahre später trotz dieser Spannungen ausgebaut: In allen Betrieben mit mehr als 50 Arbeitnehmern schrieb das
Vaterländische Hilfsdienstgesetz vom 5. Dezember 1916 die Bildung von Arbeiter-
und Angestelltenausschüssen vor, durch diedie sozialen Interessen der Beschäftigten
den Arbeitgebern gegenüber artikuliert werden sollten. Konnte auf betrieblicher Ebene zwischen den Interessenparteien keine Einigung bei Wünschen oder Beschwerden
erzielt werden, so war die Anrufung eines Gerichtes oder einer Schlichtungsstelle
vorgesehen. Die duale Struktur der Interessenvertretung in Deutschland resultiert
quasi aus dem Gesetz, "durch das die Gewerkschaften die erstrebte staatliche Anerkennung erhielten und der Staat im Gegenzug die gewerkschaftliche Anerkennung
von obligatorischen Arbeiterausschüssen in der gesamten Industrie".[55]

Am 4. Februar 1920 schließlich wurde - auf der verfassungsrechtlichen Grundlage
des Art. 165 der Weimarer Verfassung - das Betriebsrätegesetz (BRG) verabschiedet,

---

49   Vgl. Wiese, G.: Betriebsverfassungsrecht, in: Gaugler, E./Weber, W. (Hrsg.): Handwörterbuch
     des Personalwesens, 2. neubearb. u. erg. Aufl., Stuttgart 1992, Sp. 652.
50   Vgl. Teuteberg, H. J.: Geschichte der industriellen Mitbestimmung in Deutschland, Tübingen
     1961, S. 386.
51   Obligatorisch war die Einrichtung ebenfalls nach dem Berggesetz für das Königreich Bayern
     von 1900. Vgl. Wiese, G. (1992): a.a.O., Sp. 652.
52   Vgl. Bundesminister für Arbeit und Sozialordnung (1990), a.a.O., S. 8
53   Häufig zitiert wird in diesem Zusammenhang der Ausspruch Bebels, der die Arbeiterausschüsse
     1889 als "konstitutionelles Feigenblatt des Kapitalismus" bezeichnete. Vgl. Teuteberg, H. J.
     (1961): a.a.O., S. 380.
54   Vgl. Müller-Jentsch, W.: Soziologie der industriellen Beziehungen, Frankfurt/New York 1986,
     S. 217.
55   Kotthoff, H. (1992): a.a.O., Sp. 612.

das die Rätebewegung nach der Novemberrevolution[56] zurückdrängen sollte, indem die Unterordnung der Betriebsräte unter den Tarifvertrag sowie ein Streikverbot für Betriebsräte festgeschrieben wurde. Letztlich stärkte das Gesetz somit die Stellung der Gewerkschaften, die nunmehr erheblich mehr Einfluß auf das Betriebsrätewesen nehmen konnten.[57] Die faktisch enge gewerkschaftliche Bindung der betrieblichen Interessenvertretung entstand demnach nicht originär aus einer grundsätzlichen Solidarität beider Vertretungsorgane, sondern resultiert aus dem politisch-revolutionären Charakter der Rätebewegung, dem sowohl die Unternehmerschaft wie auch der Gesetzgeber negativ gegenüber standen. Entsprechend gaben sie den Gewerkschaften gesetzlich das Vorrecht und hoben damit die bisher uneingeschränkte Selbständigkeit der Betriebsräte teilweise auf.[58]

Konkret sah das Gesetz die Einrichtung von Betriebsräten in Betrieben und Verwaltungen des privaten und öffentlichen Rechts mit mehr als 20 Arbeitnehmern vor. Die bloßen Informations- und Anhörungsrechte zu personellen und sozialen Angelegenheiten wurden um echte Mitbestimmungsrechte erweitert, den Erlaß von Arbeitsordnungen und Dienstvorschriften betreffend. Desweiteren ist die Kodifizierung der Doppelloyalität herauszuheben, die in § 1 BRG festgeschrieben wurde, nachdem es Betriebsräten einerseits oblag, die gemeinsamen wirtschaftlichen Interessen der Arbeitnehmer zu wahren, andererseits die Arbeitgeber bei der Erfüllung des Betriebszweckes zu unterstützen.[59] Das BRG gilt als Vorlage für das noch heute gültige Betriebsverfassungsgesetz.

In Verbindung mit dem "Gesetz über die Entsendung von Betriebsratsmitgliedern in den Aufsichtsrat" (1922) bestand für die Beteiligung in wirtschaftlichen Angelegenheiten die Möglichkeit, ein oder zwei Mitglieder des Betriebsrates mit Sitz und Stimme in dieses Gremium zu entsenden, sofern das Unternehmen über einen Aufsichtsrat verfügte.[60] Aus einer Studie des AfA-Bundes[61] geht allerdings hervor, daß der tatsächliche Einfluß seitens der Betriebsräte für die Unternehmer unerheblich war, sie vielmehr stumm den Verhandlungen beiwohnten. Gesellschaften, die nicht zur Bildung eines Aufsichtsrates gezwungen waren, schafften diesen häufig ab. Lag eine direkte Verpflichtung zur Berufung eines Aufsichtsrates vor, so wurden dessen Befugnisse teilweise an andere Organe weitergegeben, um eine mögliche Einflußnahme

---

56 Siehe zu diesem Themenbereich weiterführend Oertzen, P. v.: Betriebsräte in der Novemberrevolution, 2. Aufl., Bonn 1976.
57 Vgl. Kotthoff, H. (1992): a.a.O., Sp. 612; Brigl-Matthiaß spricht gar von einer "Vergewerkschaftlichung des Betriebsrätewesens", vgl. Brigl-Matthiaß, K.: Das Betriebsräteproblem, Berlin; Leipzig 1926, S. 30.
58 Vgl. Müller-Jentsch, W. (1986): a.a.O., S. 219.
59 Vgl. ebenda, S. 219.
60 Vgl. Wiese, G. (1992): a.a.O., Sp. 652.
61 Zitiert nach Köstler, R.: Die Praxis der Weimarer Betriebsräte im Aufsichtsrat, in: Die Mitbestimmung, 8-9/1986, S. 430.

durch die Betriebsräte zusätzlich zu erschweren.[62] Die Beteiligungsmöglichkeiten blieben damit in der Praxis auf den personellen und sozialen Bereich beschränkt.

Während der faschistischen Diktatur wurde die demokratische Betriebsverfassung zunächst durch das "Gesetz zur Ordnung der nationalen Arbeit" ab dem 20. Januar 1934 abgeschafft und durch eine autoritäre ersetzt, innerhalb derer der Unternehmer erneut als alleiniger Herrscher des Betriebes fungierte. Erst im April 1946 wurde durch die Alliierten auf der Basis des Kontrollratsgesetz Nr. 22 die Bildung von Betriebsräten erneut erlaubt, sowie einige Rahmenvorschriften festgelegt.[63] Diese gaben allerdings Anlaß zu vielerlei Zweifelsfragen, aufgrund derer in den Jahren 1948 bis 1950 neue Betriebsrätegesetze auf der Ebene der Bundesländer geschaffen wurden. Ausnahmen dieser Rechtssplitterung bildeten Nordrhein-Westfalen, Niedersachsen und Hamburg.[64]

Insgesamt kann für diese Periode festgehalten werden, daß die gewerkschaftlich orientierten Betriebsräte beim Wiederaufbau eine große politische und soziale Rolle als Gegengewicht zu den diskreditierten Großunternehmern der Industriezentren spielten und damit ihre Stellung innerhalb der Arbeitsbeziehungen in Westdeutschland sowie den Gedanken der Partizipation manifestieren konnten. Wesentliche Bestrebungen gingen vor allem in Richtung auf eine Beteiligung der Betriebsräte an wirtschaftlichen Themenbereichen, was u.a. von Hans Böckler auf dem Gründungskongreß des DGB im Oktober 1949 proklamiert wurde.[65] Von den Reformprojekten wurde allerdings nur die 1951 für die Montanindustrie festgeschriebene Mitbestimmung in der Unternehmensleitung (Aufsichtsrat und Vorstand) praktisch umgesetzt.[66]

2.2 Einführung und Veränderung des Betriebsverfassungsgesetzes

Ausgehend vom Betriebsrätegesetz von 1920 wurde am 11. Oktober 1952 durch eine Gesetzesgrundlage die einheitliche Betriebsverfassung für die Bundesrepublik in Kraft gesetzt. Sie erweiterte den Geltungsbereich der historischen Grundlage vor allem hinsichtlich der Beteiligungsrechte der Betriebsräte, die nunmehr über personelle und soziale Themenbereiche hinaus auch bei wirtschaftlichen Fragen einbezogen werden können, und gilt als Kernstück des deutschen Mitbestimmungssystems. Wesentliche Pfeiler der Betriebsverfassung sind:

---

62 Vgl. ebenda, S. 430f.
63 Vgl. hierzu ausführlich Müller, G.: Mitbestimmung in der Nachkriegszeit, Düsseldorf 1987, S. 86ff.
64 Vgl. Wiese, G. (1992): a.a.O., Sp. 652.
65 Vgl. Grebing, H.: Von der Wirtschaftsdemokratie zur Mitbestimmungsinitiative, in: Die Mitbestimmung, 8-9/1986, S. 427f.
66 Vgl. Müller-Jentsch, W. (1986): a.a.O., S. 219, Thum, H.: Mitbestimmung in der Montanindustrie. Der Mythos vom Sieg der Gewerkschaften, Stuttgart 1982, S. 132f. Siehe auch Kap. I.2.3.

- der Betriebsrat als Vertreter aller Arbeitnehmer des Betriebes,
- die Zusammenarbeitspflicht zwischen Arbeitgeber und Betriebsrat,
- die betriebliche Friedenspflicht (Verbot des Arbeitskampfes zwischen Arbeitgeber und Betriebsrat),
- Vorrang der Tarifautonomie vor den betrieblichen Beteiligungsrechten.[67]

Die Verabschiedung des Gesetzes erfolgte gegen den Willen der Gewerkschaften und führte dazu, daß sich diese verstärkt auf das Gebiet der Tarif- und Sozialpolitik zurückzogen.[68] Durch die Festschreibung der Mitbestimmungsrechte veränderte sich desweiteren die politische Orientierung der Betriebsräte:

"Die neuen Betriebsräte begriffen ihre Rolle nun mehrheitlich als ein stellvertretendes Handeln *für* die Belegschaftsmitglieder und weniger als eine Kampfaufgabe *mit* ihnen."[69]

Zur Nutzung ihrer betriebsverfassungsrechtlichen Möglichkeiten benötigten die Betriebsräte spezielle Kenntnisse in den Gebieten Jura und Ökonomie, die durch gewerkschaftliche Schulungen vermittelt wurden und letztlich zu einer verbesserten fachlichen Qualifikation der Interessenvertreter für ihr Amt beitrugen.[70]

Anfang der 60er Jahre waren die Betriebsräte laut einer repräsentativen Umfrage bereits für 90 Prozent der Belegschaft unverzichtbar.[71] Als wesentliche Begründung hierfür wird neben der Möglichkeit zur Beschwerdeführung die Praxis der Betriebsvereinbarungen betrachtet, durch die - in Verbindung mit dem erhöhten Wirtschaftswachstum - Sozialleistungen und Effektivlöhne weit über das tarifliche Maß hinausreichten.[72] Die Gewerkschaften betrachteten diese Entwicklung zum Teil skeptisch; sie befürchteten einen weiteren Einflußverlust. Um dem entgegenzuwirken, sollten die Vertrauensleute[73], die z.T. als betriebliche Funktionäre seit Verabschiedung des Betriebsverfassungsgesetzes als Mittler zwischen Organisation und Mitgliederschaft dienten, verstärkt eine Verselbständigung der Betriebsräte vermeiden helfen. Dennoch führte die Dualität der Vertretungsstruktur nicht zu weitreichenden Konflikten. Beide Parteien erkannten, daß sie einander sinnvoll in ihrer Arbeit ergänzen konnten. Als Hindernis für eine wirksame Betriebspolitik wurden vielmehr die geringen Mitbestimmungsrechte verantwortlich gemacht. Durch den DGB initiiert, begannen ent-

---

67 Vgl. Bundesminister für Arbeit und Sozialordnung (1990): a.a.O., S. 8.
68 Vgl. Schönhoven, K.: Die deutschen Gewerkschaften, Frankfurt/M. 1987, S. 219.
69 Milert, W./Tschirbs, R.: Von den Arbeiterausschüssen zum Betriebsverfassungsgesetz, Köln 1991, S. 77.
70 Vgl. Milert, W./Tschirbs, R. (1991): a.a.O., S. 77.
71 Vgl. Blume, O.: Normen und Wirklichkeit einer Betriebsverfassung, Tübingen 1964, S. 36, zitiert nach Milert/Tschirbs.
72 Vgl. Milert, W./Tschirbs, R.(1991): a.a.O., S. 78.
73 Zur Entstehung und Geschichte des Vertrauensleutekörpers vgl. exemplarisch Koopmann, K.: Vertrauensleute, Hamburg 1981, S. 8 - 19.

sprechend Mitte der 60er Jahre intensive Diskussionen um eine Reform des Betriebsverfassungsgesetzes (BetrVG).[74]

Am 19. Januar 1972 schließlich trat das novellierte Betriebsverfassungsgesetz in Kraft. Die grundsätzlichen Gegenstände der Mitbestimmung blieben unverändert, allerdings wurde der Einfluß der Betriebsräte durch den Ausbau der Mitbestimmungsrechte gestärkt und eine Erleichterung ihrer Arbeit durch vermehrte Freistellungen sowie größere soziale Absicherungen ermöglicht.

"Mit dem Betriebsverfassungsgesetz von 1972 wurde sowohl der Zugang der Gewerkschaften zu den Betrieben erleichtert als auch die Funktion der Betriebsräte im Bereich der betrieblichen Personalplanung aufgewertet. In dem Maße, wie das Gesetz die betrieblichen Arbeitnehmervertretungen für den äußeren Einfluß der Gewerkschaften öffnete, legte es gleichzeitig die Betriebsräte auf Managementfunktionen im internen Arbeitsmarkt fest."[75]

Ferner erfolgte eine Erhöhung der Rechte jedes einzelnen Arbeitnehmers, insbesondere verstärkter Schutz bei einem Engagement in tarifpolitischen, sozialpolitischen und wirtschaftlichen Fragen. Schließlich wurden auch die Initiativ-, Kontroll- und Teilnahmerechte der Gewerkschaften in der Betriebsverfassung erweitert, die ihnen allerdings keine Entscheidungsbefugnisse für betriebliche Belange zuschreiben, sondern lediglich eine Unterstützung der Arbeitnehmervertreter vorsehen.[76] Die Trennung von Betriebsrat und Gewerkschaft blieb trotz engerer faktischer Bindung weiterhin gesetzlich festgeschrieben. In Verbindung mit der Aufspaltung der Belegschaft in verschiedene Gruppen (Arbeiter, Angestellte, leitende Angestellte) erschwerte dies teilweise eine geschlossene Interessenvertretung.[77]

Einige Jahre lang sind praktische Erfahrungen mit dem Gesetz von beiden Interessengruppen insgesamt als positiv beurteilt worden. Seit 1972 stieg die Anzahl von Betrieben, die über einen Betriebsrat verfügen, zunächst in erheblichem Maße; seit 1981 ist die Tendenz leicht fallend. Das Gesetz führte zwar durch Interessengegensätze zu innerbetrieblichen Konflikten, allerdings konnte ein Anstieg der Zahl der Verfahren vor den betrieblichen Einigungsstellen auch in Zeiten größerer wirtschaftlicher Schwierigkeiten nicht festgestellt werden.[78]

---

74 Derartige Diskussionen um eine Erweiterung des Betriebsverfassungsgesetzes hielten auch in den nachfolgenden Jahrzehnten an. Vgl. stellvertretend für viele Apitzsch, W./Klebe, Th./Schumann, M. (Hrsg.): BetrVG '90. Der Konflikt um eine andere Betriebsverfassung, Köln 1988.

75 Hohn, H.-W.: Von der Einheitsgewerkschaft zum Betriebssyndikalismus: soziale Schließung im dualen System der Interessenvertretung, Berlin 1988, S. 123.

76 Vgl. Bundesminister für Arbeit und Sozialordnung (1990): a.a.O., S. 9.

77 Vgl. Milert, W./Tschirbs, R. (1991): a.a.O., S. 81.

78 Vgl. Bundesminister für Arbeit und Sozialordnung (1990): a.a.O., S. 9.

Weitere Änderungen des Gesetzes fanden in den Jahren 1988/89 statt.[79] Während die Bundestagsfraktion der SPD ihre Vorschläge zu einer Novellierung des Gesetzes, die vor allem eine inhaltliche Erweiterung der Beteiligungsrechte von Betriebsräten vorsah, nicht mehrheitlich durchsetzen konnten, erfolgte die Weiterentwicklung nach den Vorschlägen der CDU/CSU und FDP in zwei Stufen.[80] Einerseits wurden die bisherigen Jugendvertretungen per Gesetz vom 13. Juli 1988 in Jugend- und Ausbildungsvertretungen erweitert.[81] Andererseits wurde mit dem "Gesetz zur Änderung des Betriebsverfassungsgesetzes, über Sprecherausschüsse der leitenden Angestellten und zur Sicherung der Montan-Mitbestimmung" vom 20. Dezember 1988 neben der Änderung von betriebsverfassungsrechtlichen Teilbereichen (Verstärkung des Minderheitenschutzes, Verlängerung der Amtszeit von Betriebsräten auf vier Jahre, erweiterte Betriebsratsrechte bei der Planung neuer Techniken) die Definition leitender Angestellter präzisiert und ein Sprecherausschuß dieser Beschäftigtengruppe eingeführt.[82] Zudem sichert das Gesetz die Montanmitbestimmung dauerhaft, was im folgenden Abschnitt weiter erläutert wird.

2.3 Die Entwicklung der Mitbestimmung im Unternehmen

Die hohe Verrechtlichung der Arbeitsbeziehungen in Deutschland resultiert neben dem Betriebsverfassungsgesetz auch aus verschiedenen anderen Gesetzen zur Unternehmensmitbestimmung in Kapitalgesellschaften, z.B. dem Mitbestimmungsgesetz und dem Montan-Mitbestimmungsgesetz. Diese setzen nicht wie die betriebliche Mitbestimmung bei der Organisation der Betriebsräte und deren Beziehung zur Arbeitgeberschaft an, sondern regulieren die Einflußnahme der Arbeitnehmer auf wirtschaftliche Entscheidungen des Arbeitgebers, wobei sich die Anwendung der einzelnen Grundlagen an bestimmten Unternehmensmerkmalen orientiert, z.B. der Rechtsform, der Beschäftigtenzahl oder der Branche. Im Zentrum der unternehmerischen Mitbestimmungsregelungen steht die Einflußstärke der Arbeitnehmer auf der Leitungs- bzw. Kontrollebene der Geschäftsleitung.

Durch den Arbeitsdirektor kann der Mitbestimmungseinfluß bis in den Vorstand hinein wirken. Dieser ist vollstimmberechtigtes Vorstandsmitglied und entweder ausschließlich für den Bereich Personal- und Sozialwesen oder auch für andere Ressort-

---

79 Am 1. Oktober 1996 wurde erneut vom Gesetzgeber eine Änderung des Betriebsverfassungsgesetzes beschlossen, die vor allem neue Fristen für Verhandlungen über den Interessenausgleich bei Restrukturierungsmaßnahmen beinhaltet. Siehe dazu Picot, G.: Firmen-Restrukturierung mit neuen Impulsen, in: Handelsblatt vom 28. Oktober 1996, S. 19.

80 Zuvor war bereits im Rahmen des Beschäftigungsförderungsgesetz von 1985 die Vorschrift zur Erzwingbarkeit von Sozialplänen verändert worden.

81 Siehe hierzu auch Kap. I.3.1.

82 Vgl. Bundesminister für Arbeit und Sozialordnung (1990): a.a.O., S. 10.

funktionen zuständig.[83] Er hat dementsprechend auch die Arbeitgeberfunktion eines Personalvorstandes. In der Praxis bildete sich eine besonders enge Verbindung zur Arbeitnehmerseite aus, insbesondere als Informationsorgan der Arbeitnehmervertreter im Aufsichtsrat sowie als Kooperationspartner des Betriebsrates.[84]

Kenntnisse über unternehmenspolitische Entscheidungen erlangen die Arbeitnehmervertreter im Aufsichtsrat, der nach § 111, Abs. 1 Aktiengesetz (AktG) den Vorstand kontrolliert. Zwar besteht zumeist keine "echte" Parität zwischen Arbeitgeber- und Arbeitnehmerseite, dennoch ist hier die Möglichkeit gegeben, soziale Aspekte in Entscheidungen einfließen zu lassen. Zudem existiert ein Forum zur frühzeitigen Information über geplante Maßnahmen, auch hinsichtlich eher informeller Sachverhalte. Auf Seiten der Arbeitnehmervertreter sind neben unternehmensinternen Personen auch gewerkschaftliche Vertreter zugelassen.[85] Diese sind zum einen vorgesehen, um die fachliche Kompetenz der Arbeitnehmervertreter zu erhöhen, zum anderen um etwaiger "Betriebsblindheit" vorzubeugen.

Als Grundstein gilt hier das bereits erwähnte Gesetz über die paritätische Mitbestimmung in der Montanindustrie, das am 21. Mai 1951 in Kraft trat. Bis zum Zeitpunkt des Erlasses gab es harte Auseinandersetzungen zwischen Gewerkschaften, Arbeitgeberverbänden und Regierung, weil sich seit 1947/48 konservative Kräfte dafür einsetzten, die auf Privateigentum und privater Verfügungsmacht basierende Wirtschaftsordnung erneut einzusetzen.

"In Urabstimmung der IG Metall und IG Bergbau sprachen sich die Arbeitnehmer zu 95,9 v.H. bzw. zu 92,8 v.H. für einen Streik zur Verteidigung der Mitbestimmung in den Stahlunternehmen und zu ihrer Ausdehnung auf den Bergbau aus."[86]

Dies führte Anfang des Jahres 1951 dazu, daß in politischer Übereinstimmung das Mitbestimmungsrecht bei Kohle und Stahl weitestgehend bestätigt wurde.

Im wesentlichen beinhaltet die Montanmitbestimmung:

• die Parität der Arbeitgeber- und Arbeitnehmervertreter im Aufsichtsrat sowie ein "neutrales" Mitglied;
• ein Delegationsrecht von Betriebsräten und Spitzenorganisationen der Gewerkschaften;

---

83 Vgl. Wagner, D.: Personalfunktion in der Unternehmensleitung, Wiesbaden 1994, S. 4; Spie, U./Piesker, H.: Der Geschäftsbereich des Arbeitsdirektors, Heidelberg 1983, S. 40ff.

84 Vgl. Prieß, J.: Der Arbeitsdirektor als Personalvorstand aus der Sicht des Betriebsrates, in: Glaubrecht, H./Wagner, D. (Hrsg.): Humanität und Rationalität in Personalpolitik und Personalführung, Freiburg 1987, S. 109ff.; siehe auch Kap. I.6.1.3.2.

85 Vgl. Wiedemeyer, G. R.: Unternehmensverfassung und Mitbestimmung in der Bundesrepublik Deutschland, in: Gester, H./Koubek, N./Wiedemeyer, G. R. (Hrsg.): Unternehmensverfassung und Mitbestimmung in Europa. Wiesbaden 1991, S. 79ff.

86 WSI-Projektgruppe: Mitbestimmung in Unternehmen und Betrieb, Köln 1981, S. 45.

- eine mehrheitliche Besetzung der Arbeitnehmervertreter im Aufsichtsrat durch außerbetriebliche Personen;
- ein mehrheitliches Vetorecht der Arbeitnehmervertreter bei Bestellung und Abberufung des Arbeitsdirektors.[87]

Als weitere Rechtsgrundlage dient seit 1952 das bereits an anderer Stelle angeführte Betriebsverfassungsrecht (§§ 76 - 77a, 81, 85, 87 BetrVG), das sich auf Kapitalgesellschaften mit weniger als 2000 Beschäftigten bezieht. Der Aufsichtsrat besteht demnach zu einem Drittel aus Arbeitnehmervertretern. Da das Gesetz allerdings für eine wirksame Vertretung der Arbeitnehmerinteressen unzureichend war, versuchten die Gewerkschaften, tariflich für bessere Mitwirkungsrechte zu sorgen. Dies gelang z.B. bei Kurzarbeit, Akkord und Prämien sowie bei Einstellungs- und Kündigungsmodalitäten. Die verbindliche Mitwirkung bei wirtschaftlichen und arbeitsorganisatorischen Themenkomplexen konnte allerdings nicht durchgesetzt werden.[88]

Ferner ist das Mitbestimmungsergänzungsgesetz von 1956 zu nennen, das auch als "Holding-Novelle" bezeichnet wird. Es hat Gültigkeit für Konzernobergesellschaften ohne Montanproduktion, deren Montanumsatz jedoch mindestens 50 Prozent Anteil am maßgeblichen Konzernumsatz haben muß. Zwar blieben die Regelungen hinter denen des Montan-Mitbestimmungsgesetzes zurück. Es konnte aber auf dieser Grundlage verhindert werden, daß durch Konzentrationsprozesse der Unternehmen nach Aufhebung des Besatzungsstatus und der Entflechtungsbestimmungen Montankonzerne agierten, die zwar mitbestimmte Unternehmen besaßen, selbst aber nicht der Mitbestimmung unterlagen. Beispielsweise erklärte der Konzern Mannesmann, er falle wegen eines zu geringen Montan-Umsatzanteils nicht in den Geltungsbereich des Gesetzes.[89] Daraufhin erfolgten langwierige Verhandlungen, mit dem Ergebnis, daß nach einer weiteren Präzisierung der Bestimmungen 1957 auch Mannesmann das Gesetz akzeptierte.[90] Später wurde das Mitbestimmungssicherungsgesetz von 1981 auch als "Lex-Mannesmann" bezeichnet, weil die dortige Geschäftsleitung durch eine rechts-technische Konstruktion erneut versuchte, ihr Unternehmen dem gesetzlichen Geltungsbereich zu entziehen.[91]

Insbesondere durch die Wirtschaftskrise 1966/67 wurde die Mitbestimmungsdebatte neu belebt, was 1967 und 1971 zur Verabschiedung von weiteren Sicherungsgesetzen der Montanmitbestimmung führte, die verhindern sollten, daß mitbestimmte Konzern-Obergesellschaften durch Strukturwandlungen aus dem Geltungsbereich des Gesetzes

---

87 Vgl. Spieker, W./Strohauer, H.: 30 Jahre Management gegen die Montan-Mitbestimmung, Köln 1982, S. 26.
88 Vgl. WSI-Projektgruppe (1981): a.a.O., S. 47ff.
89 Einen kurzen Überblick über den gesamten Fall geben Spieker, W./Strohauer, H.: Mannesmann-Management gegen die Montan-Mitbestimmung, in: Judith, R. (Hrsg.): 40 Jahre Mitbestimmung, Köln 1986, S. 86 - 110.
90 Vgl. Spieker, W./Strohauer, H. (1982): a.a.O., S. 30.
91 Vgl. Kißler, L. (1992): a.a.O., S. 49.

herausfielen, auch wenn weniger als 50 Prozent Montanumsatz vorlagen. Im Zeitablauf läßt sich feststellen, daß es immer schwieriger wurde, Konsens über einen Fortbestand des Gesetzes zu erlangen.[92] In den 90er Jahren wird die Montanmitbestimmung entsprechend sogar als "Dinosaurier" bezeichnet.[93]

Anfang der 70er Jahre standen Fragen der Mitbestimmung der Arbeitnehmer im Aufsichtsrat in der öffentlichen Diskussion, wobei eine stärkere Repräsentanz dieser Seite lediglich von den Arbeitgeberverbänden abgelehnt wurde, die die Drittelparität nach dem Betriebsverfassungsgesetz für ausreichend hielten. Im Jahre 1968 erfolgte die Gründung einer Mitbestimmungskommission, die sich aus neun Professoren zusammensetzte.[94] Ihr oblag die Aufgabe, bisherige Erfahrungen aus dem Montanbereich zu erfassen und zu bewerten. Nach eingehenden Untersuchungen stellten sie fest, daß sich das Gesetz bewährt habe, weil es die Arbeitnehmerrechte wahre, ohne die Wirtschaftlichkeit der Unternehmen zu gefährden.[95] Trotz dieses positiven Ergebnisses sprach sich der Ausschuß für eine veränderte Variante aus, die vor allem das Wahlverfahren des Arbeitsdirektors sowie die Verteilung der Anteilseigner im Aufsichtsrat betraf. Wegen der unterschiedlichen Vorstellungen der SPD und FDP zogen sich die Verhandlungen über einige Jahre hin. In dieser Zeit bemühte sich der DGB wesentlich, die Reform der Mitbestimmungsgesetzgebung zu beschleunigen - waren doch in der Legislaturperiode 1972 bis 1976 fast 50 Prozent der Abgeordneten gewerkschaftlich organisiert. Allerdings gelang es in den letzten zwei Jahren vor der Verabschiedung des Gesetzes den Arbeitgeberverbänden unter dem Schlagwort des "Gewerkschaftsstaates" weitere Korrekturen in ihrem Interesse über den Flügel der FDP zu initiieren.[96]

Am 18. März 1976 schließlich wurde als weiterer Pfeiler der Unternehmensmitbestimmung das 76er Modell verabschiedet, das sich auf Kapitalgesellschaften mit über 2000 Mitarbeitern bezieht: Eine paritätische Besetzung des Aufsichtsrates ist de facto trotz gleicher Zahl der Sitze nicht gegeben, da auf Arbeitnehmerseite ein leitender Angestellter vertreten sein muß. Zudem wird die Gleichberechtigung der Parteien durch das Doppelstimmrecht des Aufsichtsratsvorsitzenden in Patt-Situationen be-

---

92 Vgl. Wächter, H.: Mitbestimmung, München 1983, S. 33.

93 Bei der Einführung des Gesetzes lag die Zahl der montanmitbestimmten Unternehmen bei 108 (Vgl. Kißler, L. (1992): a.a.O., S. 92). Im Jahre 1990 fielen lediglich 32 Unternehmen, davon 22 aus der Eisen- und Stahlindustrie, in den Geltungsbereich des Gesetzes (Vgl. Kronenberg, B./Schneider, W./Volkmann, G./Wendeling-Schröder, U.: WSI-Mitbestimmungsbericht 1990, in: WSI Mitteilungen, 8/1991, S. 480). Allerdings stieg die Zahl der montanmitbestimmten Unternehmen bis Dezember 1992 wieder auf 47 an (Vgl. Kronenberg, K./Volkmann, G./Wendeling-Schröder, U.: WSI-Mitbestimmungsbericht 1992, in: WSI Mitteilungen, 1/1994, S. 25).

94 Der Vorsitz oblag dem CDU-Politiker Kurt Biedenkopf.

95 Siehe hierzu ausführlich Mitbestimmungskommission (Hrsg.): Mitbestimmung im Unternehmen, Stuttgart; Berlin; Köln; Mainz 1970.

96 Vgl. Thum, H.: Wirtschaftsdemokratie und Mitbestimmung, Köln 1991, S. 89ff.

schnitten. Der Arbeitsdirektor kann nach diesem Gesetz in Abweichung vom Montanmodell auch gegen die Stimmen der Arbeitnehmervertreter bestellt werden.[97] Auf seiten der Gewerkschaften war die Verabschiedung des Gesetzes eine große Enttäuschung, da es weit hinter den Rahmenbedingungen der Montanmitbestimmung zurückblieb. Als einziger Erfolg konnte die Erhöhung der Anzahl der Arbeitnehmervertreter im Aufsichtsrat gegenüber den Regelungen des Betriebsverfassungsgesetzes gewertet werden.[98]

Folgende Tendenzen lassen sich bei der Entwicklung vom Montanmodell zur 76er Mitbestimmung festhalten:[99]

- Reduktion des Interessenpluralismus auf einen Interessendualismus, indem die unternehmensexterne Öffentlichkeit aus dem Aufsichtsrat ausgeschlossen wird. Vertretene Parteien sind dort nur die von Kapital und Arbeit;
- Minimierung des gewerkschaftlichen Einflusses auf die Zusammensetzung des Aufsichtsrats;
- Schwächung der Arbeitnehmervertretung im Aufsichtsrat.

Die Ausführungen haben verdeutlicht, daß die jeweiligen Gesetzgebungen bereits unterschiedliche Einflußstärken der Arbeitnehmermitbestimmung implizieren. Die Reichweite der Mitbestimmung wird aber auch durch andere Faktoren beeinflußt, z.B. der Wahl der Rechtsform.[100]

2.4 Zusammenfassender Überblick

Die Geschichte der Institutionalisierung der Betriebsräte läßt sich in sechs Stufen gliedern.[101]

1. Von 1835 bis 1890 entfaltet sich der Interessengegensatz zwischen Kapital und Arbeit. In dieser Phase bilden sich u.a. freiwillige Fabrikausschüsse.

2. Im Zeitraum von 1905 bis 1920 entstehen erste Bestrebungen, die Betriebsvertretungen der Arbeitnehmer zu institutionalisieren. Den Abschluß dieser Phase bildet die Entstehung des Betriebsrätegesetzes.

3. Von 1920 bis 1933 werden erste Erfahrungen mit den Betriebsräten gesammelt. Die Arbeitgeber akzeptieren die Betriebsräte, weil sie ansonsten "Schlimmeres" befürchten; durch die "Vergewerkschaftlichung" der betrieblichen Interessenvertretung entfallen die Vorbehalte der Gewerkschaften.

---

97 Vgl. Wächter, H. (1983): a.a.O., S. 35.
98 Vgl. Thum, H. (1991): a.a.O., S. 92.
99 Vgl. Kißler, L. (1992): a.a.O., S. 54f.
100 Siehe dazu beispielhaft die Ausführungen bei Loenenbach, M./Breisig, Th.: Mitbestimmung im Unternehmen, Bundesrepublik Deutschland, in: Breisig, Th. et al.: Handwörterbuch Arbeitsbeziehungen in der EG, Wiesbaden 1993, S. 377.
101 Vgl. Müller-Jentsch, W.: Mitbestimmung als kollektiver Lernprozeß, in: Rudolph, K./Wickert, Ch. (Hrsg.): Geschichte als Möglichkeit, Essen 1995, S. 53.

4. Die Betriebsverfassung tritt 1952 in Kraft. Gewerkschaften lehnen das Gesetz wegen der "Neutralisierung" der Betriebsräte ab, während es den Vorstellungen der Arbeitgeber stärker entgegenkommt.

5. Im Jahre 1972 erfolgt im Zuge der Novellierung des Betriebsverfassungsgesetzes eine Erweiterung der Mitwirkungs- und Mitbestimmungsrechte der Betriebsräte, die von den Arbeitgebern zunächst stark abgelehnt werden, was sich aber später abschwächt.

6. Ungefähr seit 1980[102] wird die erweiterte Funktion des Betriebsrates von Arbeitgeber- und Gewerkschaftsseite anerkannt. Vielfältige Modernisierungs- und Rationalisierungsprozesse bewirken eine Neu- und Höherbewertung der Humanressourcen und führen auf Seiten der Unternehmer zu Ansätzen eines partizipativen Managements. Betriebsräte begleiten diese Entwicklungen als "Co-Manager".

Zusammenfassend werden zum Abschluß des historischen Überblicks noch einmal die drei wesentlichen Gesetzesgrundlagen der Mitbestimmung in Abbildung 2 dargestellt.

---

102 Zu dieser Entwicklungsstufe siehe im folgenden Kap. I.4. und I.5.

Vergleichskriterien	Betriebsverfassungs-gesetz 1972	Montan-Mitbestim-mungsgesetz 1951	Mitbestimmungsgesetz 1976
Geltungsbereich	Kapitalgesellschaften mit weniger als 2000 Beschäftigten	Kapitalgesellschaften des Bergbaus oder der Eisen- und Stahlindustrie mit mehr als 1000 Beschäftigten	Kapitalgesellschaften mit mehr als 2000 Beschäftigten (sofern nicht im Geltungsbereich des Montan-MitbestG)
Zusammensetzung des Aufsichtsrats	□□□□□□ ∇∇∇ 6:3	□□□□□ ⊗ ∇∇∇∇∇ 5+1+5	□□□□□□ ∇∇∇∇∇∇ 6:6
Zusammensetzung der Arbeitnehmer-bank	mindestens: 1 Arbeiter 1 Angestellter (1 externer möglich)	1 Arbeiter 1 Angestellter 2 Vertreter der Gewerkschaften 1 weiteres Mitglied	4 Arbeitnehmervertreter (davon mind. 1 leitender Angestellter) 2 Vertreter der Gewerkschaften
Wahlverfahren	unmittelbare Wahl durch Arbeitnehmer	Wahl der Arbeitnehmervertreter durch Hauptversammlung; Bindung an Vorschläge des Betriebsrates; Wahl des Neutralen durch restliche Aufsichtsratsmitglieder	Wahl durch Arbeitnehmer über Wahlmänner (Vorschlagsrecht der Gewerkschaft); für die Anteilseignervertreter durch Hauptversammlung
Vorsitz Stellvertreter	Kapitaleignervertreter keine Regelung	Kapitaleignervertreter Arbeitnehmervertreter	Kapitaleignervertreter Arbeitnehmervertreter
Schlichtungsmodus	keine Regelung	Neutrales Mitglied; "echte" Parität	Doppelstimmrecht des Vorsitzenden bei erneutem Wahlgang
Wahl des Arbeits-direktors	keine Regelung	Bestellung durch den Aufsichtsrat, nicht gegen die Mehrheit der Arbeitnehmervertreter	Bestellung durch den Aufsichtsrat ohne Sperrklausel
Entscheidungsbe-reiche und -kompetenzen	AR: entsprechend dem AktG (§§ 111; 76;77)	AR: siehe BetrVG AD: gleichberechtigtes Mitglied im Vorstand; Aufgaben beziehen sich im wesentlichen auf personelle und soziale Angelegenheiten	siehe Montan-MitbestG

Legende: □ = Arbeitgebervertreter, ∇ = Arbeitnehmervertreter, ⊗ = Neutraler

Abb. 2: Vergleichender Überblick der Mitbestimmungsmodelle[103]

---

103 Eigene Darstellung in Anlehnung an Baetge, J. (Hrsg.): Vahlens Kompendium der Betriebswirtschaftslehre, Bd. 1, München 1984, S. 95 sowie Otto, K.-P.: Mitbestimmung, Curitus Lehrbriefe des Universitätsseminars der Wirtschaft (Nr. 9), Dillingen 1990, S. 8.

3. Rahmenbedingungen der Arbeit von Betriebsräten

Den zentralen Wirkungsraum des Betriebsrates bildet der Betrieb, dessen Strukturdaten Einfluß auf das Organ und dessen Konstitution haben. Bevor einzelne Komponenten, die die Arbeit des Gremiums bestimmen, näher erläutert werden, erfolgt an dieser Stelle zunächst die konkretere Beschreibung des Untersuchungsobjektes. Dazu werden im folgenden einige Regelungen des Betriebsverfassungsgesetz angeführt, die sich auf die Organisation der Interessenvertretung beziehen. Im Anschluß finden diejenigen Aufgaben Erwähnung, in denen der Betriebsrat aufgrund von betriebsverfassungs- oder kollektivrechtlichen Regelungen am unternehmerischen Handeln beteiligt wird. Den Abschluß des Kapitels bildet die Darstellung derjenigen Einflußgrößen, die im Zusammenhang mit der Beschaffenheit des Betriebes stehen.

3.1 Zusammensetzung und Organisation des Betriebsrates

Die Größe des Betriebes ist der entscheidende Faktor sowohl für die Existenz eines Gremiums der Interessenvertretung, als auch für die Anzahl der Mitglieder im *Betriebsrat* (§ 9 BetrVG).[104] Verfügt der Betriebsrat über mehrere Mitglieder, so wird nach § 26 BetrVG ein Vorsitzender und ein Stellvertreter gewählt. Liegt die Zahl der Betriebsräte unter neun, so führt der *Betriebsratsvorsitzende* die laufenden Geschäfte. Desweiteren übernimmt er die Einberufung und Organisation der *Betriebsratssitzungen*, unterschreibt die entsprechenden Protokolle und leitet die *Betriebsversammlungen* (§§ 47 BetrVG).[105] Der Vorsitzende ist zwar in erster Linie ein normales Betriebsratsmitglied. Er erhält aber nicht nur durch seine besondere Stellung als "Vertreter in der Erklärung" eine wesentliche Bedeutung, sondern auch dadurch, daß erst mit seiner Wahl die Konstitution und Funktionsfähigkeit des Betriebsrates gesichert ist, da zuvor der Arbeitgeber Verhandlungen mit dem Vertretungsgremium ablehnen kann.[106]

Bei Überschreiten der personellen Grenze von neun Mitgliedern ist ein *Betriebsausschuß* zu bilden (§ 27 BetrVG). Diesem gehören der Vorsitzende und sein Stellvertreter kraft Gesetz als Ausschußmitglieder an. Dort werden die laufenden Geschäfte des Betriebsrates geführt. Eine Ausnahme bilden dabei die Mitwirkungs- und Mitbestimmungsrechte, d.h. das beispielsweise der Abschluß von Betriebsvereinbarungen nicht in diesen Kompetenzbereich fällt, sondern auf anderer Ebene erfolgt.[107]

Die Bildung *weiterer Ausschüsse* ist nach § 28 BetrVG zur Entlastung und fachgerechten Vorbereitung von speziellen Aufgaben fakultativ möglich. Zu diesen Spezialgebieten gehören Themen, die nicht vor dem gesamten Betriebsrat besprochen wer-

---

104 Vgl. Sadowski, D./Frick, B.: Betriebsräte und Gesetzesvollzug, in: ZfP, 2/1990, S.174. Siehe weiterführend auch Kap. I.3.4.1.
105 Vgl. Fitting, K. et al. (1990): a.a.O., S. 430.
106 Vgl. Kricsfalussy-Hrabár, A. (1993): a.a.O., S. 83.
107 Vgl. Bundesminister für Arbeit und Sozialordnung (1990): a.a.O., S. 28.

den müssen, z.b. soziale Einrichtungen oder Entgeltfragen betreffend. Es können aber auch Fragen zu neuen Technologien oder Umweltschutz behandelt werden, die faktisch einen wesentlichen betriebs- und unternehmenspolitischen Einfluß haben. Entsprechend können nach § 80 BetrVG auch Sachverständige bei Entscheidungen hinzugezogen werden.[108]

Bei mehr als 100 Beschäftigten sieht § 106 BetrVG vor, daß ein *Wirtschaftsausschuß* gebildet wird, der wirtschaftliche Angelegenheiten[109] mit dem Arbeitgeber berät und den Betriebsrat unterrichtet. Die Informationsgrundlagen liefert der Unternehmer, auch dahingehend, welchen Einfluß etwaige betriebliche Änderungen auf die Personalplanung (Abs. II) haben können, soweit dadurch nicht die Betriebs- und Geschäftsgeheimnisse gefährdet werden. In der Praxis erweist sich diese Einschränkung als problematisch, da Informationen insbesondere durch Berufung auf die Geheimhaltungsklausel durch den Arbeitgeber beliebig bewertet werden können. Ebenso kann die Verschwiegenheit des Ausschusses nach außen ungünstige Auswirkungen haben, wenn diese gegenüber Externen einzuhalten ist und entsprechend keine Weitergabe erfolgt.[110]

Eine weitere größenabhängige Variable ist die Möglichkeit der *Freistellung* einzelner Betriebsratsmitglieder von ihren originären Tätigkeiten (§ 38 BetrVG), die auf das Alltagshandeln einen zentralen Einfluß hat. Durch die erst seit 1972 verbindliche Festlegung der Anzahl freigestellter Betriebsräte wurde der ehrenamtliche Status des Betriebsrates durchbrochen. Bis dato war die konkrete Durchführung von Betriebsratsaufgaben der Anlaß für eine entsprechende Arbeitsbefreiung. Beschäftigt ein Betrieb mehr als 300 Arbeitnehmer, existiert i.d.R. ein Freigestellter als ständig bereitstehender Ansprechpartner für die Belegschaft.[111] Da die Entlohnung und die regelmäßige Arbeitszeit dieser Betriebsratsmitglieder an vergleichbaren Arbeitnehmern oder am individuellen Arbeitsvertrag vor der Freistellung orientiert sind, bringt das Amt keinen materiellen Vorteil mit sich.[112] Allenfalls kann hier von einem Ersatz der Arbeitsinhalte und -mittel gesprochen werden. Positiv ist mit der Freistellung allerdings verbunden, daß das Betriebsratsmitglied nicht mehr in einem direkten Inter-

---

108 Vgl. Rancke, F.: Betriebsverfassung und Unternehmenswirklichkeit, Opladen 1982, S. 152ff.

109 Die Themengebiete, die zu den wirtschaftlichen Angelegenheiten gehören, sind unter Abs. III explizit aufgeführt. Desgleichen gilt für die konkrete Organisation des Ausschusses (§§ 107 BetrVG).

110 Vgl. Leiss, M.: Rationelle Betriebsratsarbeit, Neuwied; Darmstadt 1979, S. 54f.

111 Ausnahmen davon stellen z.B. Schulungen oder Sitzungen des Gesamt-, des Konzernbetriebsrates oder des Aufsichtsrates dar, die einen externen Aufenthalt des Betriebsrates rechtfertigen. Vgl. Knipper, C.: Das Arbeitsverhältnis des freigestellten Betriebsrats, Baden-Baden 1992, 13ff.

112 Vgl. Knipper, C. (1992): a.a.O., S. 17 - 23.

Rollen-Konflikt[113] steht, da es nicht gleichzeitig als gewöhnliches Belegschaftsmitglied fungiert.

Die Belegschaftsstruktur spiegelt sich in der _Zusammensetzung des Betriebsrates_ wider (§ 10 BetrVG).[114] So sollen Arbeiter und Angestellte[115] entsprechend ihrem zahlenmäßigen Verhältnis im Betrieb auch im Rat vertreten sein, wobei die jeweilige Anzahl für die Minderheitsgruppe in § 10 Abs. II BetrVG festgeschrieben ist. Leitende Angestellte, die seit der Gesetzesnovellierung von 1989 eine exakte Definition erhielten (§ 5 Abs. III BetrVG) äußern ihre Belange durch Sprecherausschüsse, da sie nicht unter den Geltungsbereich des Betriebsverfassungsgesetzes fallen.[116]

Die Organisationsstruktur des Betriebes selbst wirkt sich dahingehend auf das Gremium aus, daß nach § 15 BetrVG bei der Zusammensetzung des Betriebsrates die verschiedenen Beschäftigungsarten Berücksichtigung finden sollen, insbesondere durch die Wahl von Arbeitnehmern der einzelnen Betriebsabteilungen und der unselbständigen Nebenbetriebe. Gleiches gilt für die Verteilung der Geschlechter (Abs. II), jedoch bislang nicht für ausländische Arbeitnehmer. Diese Regelung hat allerdings keinen zwingenden Charakter.[117]

Werden im Betrieb mindestens fünf Jugendliche unter 18 Jahren beschäftigt oder befinden sie sich vor Vollendung des 25. Lebensjahres in der Ausbildung, so ist nach § 60 BetrVG die Errichtung einer _Jugend- und Auszubildendenvertretung_ vorgesehen. Diese ist kein selbständiges und gleichberechtigtes Organ der Interessenvertretung, sondern dient lediglich der Unterstützung des Betriebsrates, um Wünsche und Probleme der entsprechenden Personengruppe in die Vertretungsarbeit einzubeziehen, z.B. für Fragen bezüglich betrieblicher Bildungsmaßnahmen oder der Übernahme nach der Berufsausbildung.

Gehören mehrere Betriebe zu einem Unternehmen und existieren in Folge mehrere Betriebsräte, so ist nach § 47 BetrVG die Bildung eines _Gesamtbetriebsrates_ zwingend vorgesehen.[118] Jeder Betriebsrat entsendet in dieses Gremium zwei Mitglieder. Ist nur eine Belegschaftsgruppe im jeweiligen Rat vorhanden, so wird lediglich ein Mitglied abgestellt. Die Summe der Stimmen entspricht der Zahl der Mitglieder der von ihm vertretenen Gruppe im entsendenden Gremium. Die Amtszeit im Gesamtbe-

---

113 Vgl. Katz, D./Kahn, R. L.: The socialpsychology of organisations, New York; London 1966, S. 184f.

114 Siehe weiterführend auch Kap. I.3.4.3.

115 Die Definition von Arbeitern und Angestellten orientiert sich an der sozialversicherungsrechtlichen Einordnung (§ 6 BetrVG). Vgl. Bundesminister für Arbeit und Sozialordnung (1990): a.a.O., S.16.

116 Vgl. Chmielewicz, K.: Gesetzliche Änderungen der Mitbestimmung, in: DBW, 5/1990, S. 646ff. Siehe dazu auch Kap. I.2.3, in dem die gesetzliche Grundlage bereits Erwähnung fand.

117 Vgl. Fitting, K. et al. (1990): a.a.O., S. 280.

118 Ebenso sieht das Betriebsverfassungsgesetz die Bildung einer Gesamt-Jugend- und Auszubildendenvertretung vor. Auf Konzernebene ist ein entsprechender Ausschuß nicht vorgesehen.

triebsrat richtet sich nach der Dauer der Entsendung durch den jeweiligen Betriebsrat (dessen Amtszeit nach § 21 BetrVG vier Jahre beträgt), das Gremium selbst stellt aber eine permanente Einrichtung dar. Es befaßt sich mit denjenigen Aufgaben, die das Gesamtunternehmen oder mehrere Betriebe betreffen. Die originären Zuständigkeiten des Gesamtbetriebsrats sind in § 50 Abs. I BetrVG niedergelegt. Darüber hinaus kann ein einzelnes Mitglied den Betriebsrat beauftragen, eine Angelegenheit für ihn zu behandeln (§ 50, Abs. II BetrVG). Man spricht in diesem Zusammenhang von einer "Zuständigkeit kraft Delegation".[119]

Analog ist in Betrieben mit mehreren rechtlich selbständigen Tochterunternehmen unter einheitlicher Leitung eines Mutterunternehmens die Bildung eines *Konzernbetriebsrates* möglich (§ 54 BetrVG).[120] Voraussetzung ist die Zustimmung der Gesamtbetriebsräte der Konzernunternehmen, in denen mindestens 75 Prozent der im Konzern Beschäftigten vertreten sind.[121] Die Repräsentanz der Gruppen sowie die Anzahl der Stimmen pro Mitglied ist nach § 55 BetrVG vergleichbar mit den Regelungen des Gesamtbetriebsrates.[122] Ebenso ist die Zuständigkeit von Gesamtbetriebsrat und Konzernbetriebsrat in § 58 BetrVG mit der Regelung des § 50 BetrVG verbunden. Nehmen diese Gremien ihre originäre Zuständigkeit für ein Beteiligungsrecht nicht wahr, so fällt dieses Recht nicht an die Einzel- und Gesamtbetriebsräte zurück.[123] Eine Rangordnung zwischen den einzelnen Räten liegt allerdings nicht vor,[124] sie sichern lediglich die Interessenvertretung auf unterschiedlichen Ebenen eines Großbetriebes.

Die jeweilige Branchenzugehörigkeit des Betriebes entscheidet über die Zuordnung zu einer *Industriegewerkschaft*. Formal ist der Betriebsrat gewerkschaftsunabhängig,[125] die Gewerkschaftsorganisation ist aber nach § 2 BetrVG eine wesentliche Bezugsgruppe des Betriebsrats. Da verschiedene Gewerkschaften einen unterschiedlich

---

119 Vgl. Röder, G./Gragert, N.: Mitbestimmungsrechte bei Untätigkeit eines zuständigen Gesamt- und Konzernbetriebsrats am Beispiel einer Betriebsänderung, in: DB, 33/1996, S. 1675.

120 Wichtig ist im Kontext der Bildung eines Konzernbetriebsrates die Frage, ob es sich bei der betreffenden Organisation um einen Konzern handelt. Liegt ein Mehrheitsbesitz vor, so wird Abhängigkeit vermutet und damit die Existenz eines Konzerns. Die Rechtswissenschaft spricht hier von einer "doppelten Vermutungskette". Eine nähere Definition des Konzernbegriffes ergibt sich aus den §§ 17 - 18 AktG. Der Abschluß eines Beherrschungsvertrages ist keine zwingende Voraussetzung für die Bildung eines Unterordnungskonzernes. Entscheidend ist vielmehr, ob ein Unternehmen über Mittel verfügt, im abhängigen Unternehmen seinen Willen durchzusetzen. Trifft dies zu, so ist auch in einem faktischen Konzern die Bildung eines Konzernbetriebsrats zulässig. Vgl. Köstler, R.: Die Gretchenfrage, in: Die Mitbestimmung, 8/1995, S. 59.

121 Vgl. Büdenbender, U./Strutz, H.: Gabler Lexikon Personal, Wiesbaden 1996, S. 207.

122 Vgl. Fitting, K. et al. (1990): a.a.O., S. 769ff.

123 Vgl. Röder, G./Gragert, N.: a.a.O., S. 1678.

124 Vgl. Bundesminister für Arbeit und Sozialordnung (1990): a.a.O., S. 34f.

125 Siehe zu diesem Themenbereich weiterführend Kap. I.3.3.1.

hohen _Organisationsgrad_ haben, beeinflussen sie indirekt das Machtpotential des Betriebsrates auf betrieblicher Ebene. Beispielhaft kann hier die IG Metall[126] angeführt werden, die insbesondere in den Krisenjahren der Stahlindustrie eine enorme Durchsetzungskraft bewiesen hat, die letztlich der Mobilisierungsfähigkeit ihrer Mitglieder zu verdanken ist. Die Einbindung der Gewerkschaften in betriebliche Aktivitäten als überregionale Regelungsinstitution und als mögliche, finanzkräftige Unterstützungsorganisation nimmt an Bedeutung zu, wohingegen die Chancen, mit überbetrieblichen Programmen die Politik der Arbeitnehmervertreter auf betrieblicher Ebene zu beeinflussen, als relativ gering einzuschätzen sind.[127]

Vertrauensleute stellen neben den Betriebsräten die zweite Form der Interessenvertretung auf Betriebsebene dar. Sie werden von den gewerkschaftlich organisierten Arbeitnehmern gewählt und sind lediglich dieser Personengruppe verpflichtet. Vertrauensleute zählen nicht zu den betriebsverfassungsrechtlich institutionalisierten Organen, können allerdings im Tarifvertrag festgelegt werden (§ 3 BetrVG).[128] Sie haben keine Vertretungsbefugnis gegenüber dem Arbeitgeber[129], sondern arbeiten ehrenamtlich als Vermittler zwischen den Erwerbstätigen und der örtlichen Gewerkschaftsleitung. Sie gelten nicht als Konkurrenz des Betriebsrates, sondern sind häufig wichtige Kontaktleute.[130] Insbesondere bei einer komplexen Organisationsstruktur ermöglicht dies ein über alle Bereiche ausgedehntes Netzwerk, das bei Initiativen wirkungsvoll agieren kann.[131] Wenn im Betrieb ein Vertrauensleutekörper existiert, ist der Betriebsrat zumeist in seiner Leitung vertreten. Die faktische Arbeit von Vertrauensleuten ist somit stark von der spezifischen Betriebssituation und den Eigenarten der Betriebsräte beeinflußt.[132]

Der Betriebsrat sieht sich auf der Ebene von Betrieb und Unternehmen einer Vielzahl von Akteuren rechtlich oder faktisch verpflichtet. Diese Interaktionspartner beeinflussen in verschiedener Art und Weise sein Handeln. Als Wichtigste sind zu nennen: das Management sowie von diesem betriebsintern eingesetzte Praktiker oder Wissenschaftler, die Belegschaft - eingeteilt in Angestellte und Arbeiter - und die Vertreter der Gewerkschaften, mit denen z.B. auf der Arbeitnehmerbank des Aufsichtsrats zusammengearbeitet wird.[133]

---

126 Die IG Metall ist die mitgliederstärkste Industriegewerkschaft der BRD (ca. 2,9 Mio. Mitglieder) vor der ÖTV (1,8 Mio. Mitglieder). Vgl. Institut der deutschen Wirtschaft (1996): a.a.O., Tab. 123; Hub, G./Hardes, H.-D.: Gewerkschaften, Bundesrepublik Deutschland, in: Breisig, Th. et al. (Hrsg.): Handwörterbuch Arbeitsbeziehungen in der EG, Wiesbaden 1993, S. 222.
127 Vgl. Bitsch, K.-H. (1993): a.a.O., S. 42.
128 Vgl. Fitting, K. et al. (1990): a.a.O., S. 149f.
129 Vgl. Kraft, A.: Vertrauensleute im Betrieb, Köln 1982, S. 13ff.
130 Vgl. Bitsch, K.-H. (1993): a.a.O., S. 40.
131 Vgl. Niedenhoff, H.-U.: Gewerkschaftliche Vertrauensleutearbeit, Köln 1983, S. 67f.
132 Vgl. Bitsch, K.-H. (1993): a.a.O., S. 40.
133 Siehe hierzu eingehender Kap. I.5.2, sowie II. 4.1.3.2.

Die Vielfalt von Gruppen im Betrieb, von denen jede einzelne einem spezifischen Zielsystem folgt,[134] bedingt eine große Interessenvarianz.[135] Über diesen Interessenpluralismus hinaus ist die Unternehmung als arbeitspolitische Arena auch durch Verhandlungsstrategien der einzelnen Gruppierungen geprägt, die jeweils nach der Maximierung ihrer Machtpotentiale streben. Mit einer Veränderung der Vormachtstellung in der betrieblichen Konstellation wird somit gleichzeitig der individuelle Wert der Interessen neu festlegt.[136]

Nachdem nun zunächst die Organisation des Betriebsrates dargelegt wurde, soll in den folgenden Kapiteln konkretisiert werden, welchen Rahmenbedingungen die Arbeit der Interessenvertreter unterliegt.

3.2 Arbeitsfelder gemäß dem Betriebsverfassungsgesetz

Im folgenden wird der gesetzlich regulierte Handlungsrahmen für einzelne Arbeitsfelder der Interessenvertretung eingehend beleuchtet. Dieser bildet die Grundlage der Ausübung stellvertretenden Handelns. Erst auf Basis dieses Grundgerüstes von Handlungsdeterminanten können Entwicklungen der Betriebsratsarbeit festgestellt und analysiert werden, die über gesetzliche Grundlagen hinausreichen.

3.2.1 Grundsätze der betrieblichen Zusammenarbeit

Spricht man von der "Verfassung" einer Sozialinstitution, so ist damit die Gesamtheit der Regulierungen gemeint, die das innere Verhältnis grundlegend und langfristig bestimmen. Die Rahmenbedingungen für die Betriebsverfassung legt der Staat per Gesetz fest (Sozialstaatsprinzip, Enteignungsverbot, Tarifautonomie, Koalitionsfreiheit, Gesellschaftsrecht, Mitbestimmung, Kündigungsschutz), um die soziale Verantwortung in der Unternehmung zu gewährleisten. Ergänzungen findet dieser Vorschriftenkatalog durch privatrechtliche Vereinbarungen, z.B. Branchentarifverträge, sowie betriebsintern durch Satzungen oder Betriebsvereinbarungen.[137]

Folgende Definition soll zunächst die konzeptionelle Basis verdeutlichen, bevor auf einzelne Teilbereiche explizit eingegangen wird. Die Betriebsverfassung beinhaltet:

"[...] Befriedung und Kanalisierung der Konfliktaustragung in den Betrieben durch eine kooperative Arbeitnehmervertretung, welche die Belegschaft als Gesamtheit (korporativ) - also nicht nur den gewerkschaftlich organisierten Teil - repräsentiert und in solchen Angelegenheiten mitbestimmt, die die unternehmerische Dispositi-

---

134 Vgl. Heinen, E.: Das Zielsystem der Unternehmung, Wiesbaden 1966, S. 128.
135 Vgl. Cyert, R. M./March, J. G.: A Behavioural Theorie of the Firm, Englewood Cliffs; New Jersey 1963, S. 27.
136 Vgl. Türk, K. (1989): a.a.O., S. 122f.
137 Vgl. Chmielewicz, K.: Betriebsverfassung, in: Frese, E. (Hrsg.): Handwörterbuch der Organisation, 3. Aufl., Stuttgart 1992, Sp. 370f. sowie die Ausführungen in Kap. I.3.3.

on über die Gestaltung des Arbeitsprozesses und über die wirtschaftliche Lenkung nicht direkt tangieren."[138]

Das Gesetzeswerk bildet somit die zentrale Arbeitsgrundlage des Betriebsrates und legt den Handlungsrahmen auf betrieblicher Ebene fest. Es erfaßt grundsätzlich alle Betriebe, die einen privatrechtlichen Rechtsträger (Einzelperson, OHG, KG, GmbH, AG, usw.) aufweisen (§ 1 BetrVG). Handelt es sich dagegen um Betriebe der öffentlichen Hand, Religionsgemeinschaften, Alliierte Streitkräfte, Luft- oder Seeschiffahrtsunternehmen, Tendenzbetriebe oder Kleinbetriebe, die nicht regelmäßig fünf wahlberechtigte Arbeitnehmer, von denen drei wählbar sind, dauerhaft beschäftigen, so gehören sie nicht oder nur eingeschränkt in den Regelungsbereich des Gesetzes.[139]

Gegenüber dem Arbeitgeber bestehen auf dieser Grundlage drei wesentliche Verpflichtungen:[140]

1. Nach § 2 BetrVG ist der Betriebsrat zur *vertrauensvollen Zusammenarbeit* angehalten, wodurch die Kooperation zwischen den Interessenparteien der kämpferischen Auseinandersetzung übergeordnet werden soll.

2. § 74 BetrVG untersagt Maßnahmen des Arbeitskampfes zwischen Arbeitgeber und Betriebsrat zugunsten des betrieblichen Friedens und des ungestörten Betriebsablaufs. Neben dieser sogenannten *Friedenspflicht* werden auch parteipolitische Aktivitäten von Betriebsräten ausgeschlossen.

3. Gemäß § 79 BetrVG besteht eine *Schweigepflicht* hinsichtlich Betriebsgeheimnissen, die der Arbeitgeber gegenüber dem Betriebsrat als solche kennzeichnet.

Allgemeine Aufgaben des Betriebsrates sind in § 80 BetrVG festgelegt und umfassen erstens die *Kontrolle* der Rechts- und Tarifnormen zum Arbeitnehmerschutz, zweitens die *Initiative* gegenüber dem Arbeitgeber zur Weiterleitung arbeitnehmerseitiger Wünsche und Bedürfnisse sowie drittens die *Fürsorge* für schutzbedürftige Gruppen, insbesondere schwerbehinderte[141], ältere und ausländische Arbeitnehmer.[142]

---

138 Kotthoff, H. (1992): a.a.O., Sp. 613.

139 Vgl. Fitting, K. et al.: Betriebsverfassungsgesetz: Handkommentar, 16. Aufl., München 1990, S. 76ff.

140 Vgl. Breisig, Th.: Personalforschung und Betriebsrat - Facetten eines getrübten Verhältnisses, in: Becker, F. G./Martin, A. (Hrsg.): Empirische Personalforschung, München/Mering 1993, S. 221; Fitting, K. et al. (1990): a.a.O., S. 874ff; Däubler, W.: Das Arbeitsrecht: Von der Kinderarbeit zur Betriebsverfassung, Bd. 1, 1. Aufl., Reinbeck 1976, S. 200ff.

141 Vgl. Huber, A./Ochs, P.: Die Vertretung der Schwerbehinderten im Betrieb, Köln 1994, S. 83ff.

142 Vgl. Haberkorn, K.: Betriebsverfassungsgesetz und Mitbestimmung, Stuttgart 1986, S. 43ff.

3.2.2. Beteiligungsrechte des Betriebsrates

Das Betriebsverfassungsgesetz räumt dem Betriebsrat darüber hinaus Rechte ein, die die Mitwirkung bei wirtschaftlichen, technischen und organisatorischen Entscheidungen gewährleisten soll. Sie stellen die Grundlage für eine effiziente Mitbestimmung in personellen und sozialen Angelegenheiten dar. Die einzelnen Rechte sind nach dem Grad ihrer Intensität abgestuft, wobei unterschieden wird zwischen:

a) *Unterrichtung*: Der Arbeitgeber übermittelt dem Betriebsrat Informationen zu geplanten Aktivitäten, z.b. im Bereich der Personalplanung.

b) *Anhörung:* Der Arbeitgeber teilt dem Betriebsrat bestimmte Absichten mit und fordert ihn innerhalb einer festgelegten Frist zur Stellungnahme auf, z.b. bei Entlassungen.

c) *Beratung:* Arbeitgeber und Betriebsrat erörtern gemeinsam eine spezielle Angelegenheit, z.b. bei der Gestaltung des Arbeitsplatzes, -ablaufs oder -umfangs.

d) *Zustimmung:* Der Arbeitgeber braucht vor der Durchführung einer Maßnahme die Zustimmung des Betriebsrates; letzterer hat jedoch kein Recht auf die Durchsetzung einer Alternative, z.b. bei Einstellungen, Versetzungen oder Ein-/Umgruppierung.

e) *Mitbestimmung:* Arbeitgeber und Betriebsrat haben ein gleichberechtigtes Initiativrecht und treffen Entscheidungen gemeinsam. Sollte dabei kein Konsens gefunden werden, so liegt der Entschluß in den Händen der Einigungsstelle, z.b. hinsichtlich Arbeitszeit, Sozialplan und Lohngestaltung.[143]

Grob zusammengefaßt obliegen dem Betriebsrat für seine Beteiligung an manageriellen Entscheidungen Informationsrechte (a), Mitwirkungsrechte (b - d) und Mitbestimmungsrechte (e),[144] die auch jeweils einen unterschiedlichen Zeitpunkt und -rahmen der Integration in den Entscheidungsraum des Arbeitgebers beinhalten. Die faktische Ausprägung dieser Rechte variiert erheblich. Die Mitbestimmung ist die einzige Beteiligungsform des Betriebsrates, die das Charakteristikum der Verbindlichkeit aufweist. So geht aus einer empirischen Untersuchung von Knuth hervor, daß sich ca. 80 Prozent der von ihm untersuchten Betriebsvereinbarungen auf Sachverhalte der verbindlichen Mitbestimmung beziehen.[145]

Die Regelungen des Betriebsverfassungsgesetzes erweisen sich als sehr komplex, wie Abbildung 3 mit den wichtigsten Beteiligungsrechten deutlich macht, und verweisen

---

143 Vgl. Niedenhoff, H.-U.: Mitbestimmung in der Bundesrepublik Deutschland, 9. Aufl., Köln 1992, S. 23; Oechsler, W. A./Schönfeld, T.: Die Einigungsstelle als Konfliktlösungsmechanismus, Frankfurt/M. 1989, S. 12ff.

144 Vgl. Wächter, H. (1983): a.a.O., S. 73ff.

145 Vgl. Knuth, M.: Betriebsverfassungsgesetz und betriebliche Normsetzung, in: Nutzinger, H. G. (Hrsg.): Mitbestimmung und Arbeiterselbstverwaltung, Frankfurt/M.; New York 1982, S. 354.

auf eine Vielfalt von Einzelproblemen.[146] Je nach Interessenstandort der jeweiligen Autoren erfolgt die Bewertung der Gesetzgebung entsprechend unterschiedlich.[147] In internationaler Sichtweise sind die Rechte der Interessenvertretung in der Bundesrepublik Deutschland - insbesondere die Technikgestaltung betreffend - allerdings als vergleichsweise hochwertig einzuordnen.[148]

Intensität \ Gegenstand	soziale Angelegenheiten	personelle Angelegenheiten	wirtschaftliche Angelegenheiten
(erzwingbare) Mitbestimmungs-rechte	§ 87: Beginn und Ende der täglichen Arbeitszeit; Urlaubsgrundsätze/Urlaubsplan; Lohngestaltung; Akkord- und Prämiensätze § 91: menschengerechte Gestaltung der Arbeit (nach "gesicherten arbeitswissenschaftlichen Erkenntnissen")	§ 94: Personalfragebogen § 95: Auswahlrichtlinien § 98: Betriebliche Bildungsmaßnahmen	§ 112: Sozialplan
Widerspruchs-rechte		§ 99: Einstellung/Eingruppierung/Umgruppierung/Versetzung § 102: Anhörung vor Kündigungen	
Mitwirkungs-(Informations-, Anhörungs-, Beratungs) rechte	§ 89: Arbeitsschutz/Unfallverhütung	§ 92: Unterrichtung und Beratung über Personalplanung § 102: Anhörung vor Kündigungen	§ 90: Unterrichtung über: Planung/Beratung über Auswirkungen von Neu-, Um- und Erweiterungsbauten, technische Anlagen, Arbeitsverfahren/Arbeitsabläufe, Arbeitsplätze § 106: Wirtschaftsausschuß § 111: Unterrichtung über Betriebsänderungen

Abb. 3: Die wichtigsten Beteiligungsrechte des Betriebsrates[149]

---

146 Aus diesem Grund erfolgt in der theoretischen Ausarbeitung die Konzentration auf personalpolitische Fragen sowie innovative Arbeitsfelder. Diese sind allerdings nicht in jedem Falle eindeutig von den sozialen und wirtschaftlichen Themengebieten zu trennen. Siehe Kap. II.4.2.
147 Siehe beispielhaft die Diskussion unterschiedlicher Autoren in: Bartölke, K./Henning, H./Jorzik, H./Ridder, H.-G.: Neue Technologien und betriebliche Mitbestimmung, Opladen 1991, S. 112ff.
148 Vgl. Kißler, L. (1992): a.a.O., S. 43.
149 Müller-Jentsch, W. (1986): a.a.O., S. 223.

3.2.2.1 Soziale Angelegenheiten

Die wesentlichen erzwingbaren Mitbestimmungsrechte (§ 87 BetrVG) fallen in den Bereich der sozialen Angelegenheiten. Es liegen 12 Bereiche fest, deren Umsetzung der Zustimmung des Betriebsrates bedarf:[150]

- Fragen der Ordnung des Betriebes sowie des Verhaltens der Arbeitnehmer;
- Zeit, Ort und Art der Auszahlung des Arbeitsentgelts;
- die Ausgestaltung von Entlohnungsgrundsätzen sowie die Anwendungsbedingungen neuer Entlohnungsmodelle;
- die Festlegung leistungsbezogener Entgeltbestandteile (Akkord- und Prämiensätze);
- die Arbeitszeitregelung, einschließlich von Pausenzeiten;
- die Festsetzung von vorübergehenden Verkürzungen oder Verlängerungen der normalen Arbeitszeit;
- die Abfassung von Urlaubsgrundsätzen und Regelung von Urlaubsplänen;
- die Anschaffung und Anwendung technischer Einrichtungen, die zur Überwachung des Verhaltens oder der Leistung der Arbeitnehmer dienen;
- Regelungen zu Arbeitsschutz, Berufskrankheiten und Gesundheitsschutz;
- Form, Ausgestaltung und Verwaltung von sozialen Einrichtungen;
- Fragen zur Bereitstellung und Nutzung von Werksmietwohnungen sowie
- Grundsätze des betrieblichen Vorschlagswesens.

Voraussetzung für die Mitbestimmung ist der *kollektive Bezug* des Tatbestandes, d.h. die gesamte Belegschaft bzw. Belegschaftsgruppen müssen betroffen sein oder es handelt sich um Regelungstatbestände, die sich auf einzelne oder mehrere Arbeitsplätze beziehen, unabhängig von der sie besetzenden Person. Individualfälle sind weitestgehend mitbestimmungsfrei.[151] Weiterhin sind die Gesetze beschränkt auf *formelle Arbeitsbedingungen*, die die Ordnung des Betriebes beeinflussen. Ausgenommen sind demnach die in Nr. 3 und 11 des § 87 Abs. I BetrVG enthaltenen materiellen Sachverhalte, d.h. die Mitbestimmung bezieht sich nicht auf den gesamten Umfang der Leistungspflichten. Mitbestimmungsfrei sind weiterhin die arbeitstechnische Organisation des Betriebs und des Arbeitsablaufs sowie der Arbeitnehmereinsatz oder Anordnungen zur Dienstpflicht, insbesondere die Kontrolle der Arbeitnehmer durch Vorgesetzte.[152]

Während die Sachherrschaft über die Betriebsmittel, wie auch die alleinige Entscheidung über Einrichtungen des Betriebes prinzipiell beim Arbeitgeber zentriert sind, ist nicht eindeutig geklärt, ob seitens des Betriebsrates in unternehmerische Entscheidungen eingegriffen werden darf. Zwar wurde dies nach der gesetzgeberischen Inten-

---

150 Vgl. ausführlich Hunold, W.: Zweifelsfragen zum gesetzlichen Mitwirkungsrecht, Kissing 1980, S. 27ff. sowie die Inhalte des § 87 BetrVG.
151 Als Ausnahme sind hier die Nr. 5 und 9 des § 87 Abs. I BetrVG zu nennen.
152 Vgl. Wiese, G. (1992): a.a.O., Sp. 658f.

tion zunächst ausgeklammert, allerdings können durch § 87 BetrVG weitgehende Auswirkungen auf den unternehmerischen Bereich entstehen.[153]

Über die genannten Fälle hinaus, die die Mitbestimmung für den Betriebsrat über die Einigungsstelle erzwingbar machen, hat er nach § 88 BetrVG die Möglichkeit, soziale Fragen durch freiwillige Betriebsvereinbarungen zu regeln. Diese können die Unfall-verhütung, Schaffung von Sozialeinrichtungen, die Festsetzung der Altersgrenze für das betriebliche Ausscheiden oder Regelungen zu Nebenbeschäftigungen enthal-ten.[154]

3.2.2.2 Personelle Angelegenheiten

Im Bereich personeller Angelegenheiten hat der Betriebsrat nach § 94 BetrVG bei der Erstellung von Personalfragebögen und nach § 95 BetrVG bei der Aufstellung von allgemeinen Auswahlrichtlinien sowie bei personellen Einzelmaßnahmen (§ 99 BetrVG) hinsichtlich Einstellung, Versetzung, Umgruppierung und Kündigung von Arbeitnehmern ein echtes Mitbestimmungsrecht.[155] Die Entscheidungen der betrieb-lichen Personalpolitik sind entsprechend durch die direkte Beteiligung der Betriebs-räte stark beeinflußt, vor allem, wenn größere Belegschaftsgruppen beteiligt sind. Ei-ne Ausnahme bilden hier wiederum die leitenden Angestellten.[156] Allerdings bleibt festzuhalten, daß zwar Folgen der Personalplanung Gegenstand der Mitbestimmung des Betriebsrates sind, eine Verhinderung von negativen Beschäftigungswirkungen allerdings nicht in seiner Macht steht.[157]

Betreibt der Arbeitgeber Personalplanung, so hat der Betriebsrat ein Unterrichtungs-recht sowie ein Beratungsrecht hinsichtlich der Maßnahmen und Tatbestände, die aus quantitativen und qualitativen personalplanerischen Entscheidungen resultieren.[158] Dabei ist insbesondere die Sozialverträglichkeit der Handlungen zu beachten. Des-weiteren ist nach § 92 BetrVG vorgesehen, daß der Betriebsrat Vorschläge für deren Ein- und Durchführung unterbreiten darf, wenn es in der Unternehmung keine Perso-nalplanung gibt. Eine Beteiligung in großen Unternehmensgebilden, wo entsprechen-de Kalküle in der jeweiligen Unternehmens- oder Konzernleitung vorgenommen wer-den, ist durch die jeweils übergeordneten Betriebsratsgremien zu gewährleisten.[159]

Auf instrumenteller Ebene kann bei weiteren personalplanerischen Aspekten mitbe-stimmt werden, insbesondere bei: Ausschreibungen (§ 93 BetrVG), Personalfragebö-

---

153 Vgl. dazu ausführlich Fabricius, F. et al.: Betriebsverfassungsgesetz. Gemeinschaftskommentar, 4. Aufl., Neuwied; Darmstadt 1990, S. 645ff.
154 Vgl. Bundesminister für Arbeit und Sozialordnung (1990): a.a.O., S. 59.
155 Vgl. Müller-Jentsch, W. (1986): a.a.O., S. 224.
156 Vgl. Wiese, G. (1992): a.a.O., Sp. 661.
157 Vgl. Wächter, H. (1983): a.a.O., S. 144f.
158 Siehe weiterführend Kap. I.6.1.3.2.1.
159 Vgl. Bundesminister für Arbeit- und Sozialordnung (1990): a.a.O., S. 59f.

gen, Musterarbeitsverträgen und Beurteilungsgrundsätzen (§ 94 BetrVG) sowie Auswahlrichtlinien (§ 95 BetrVG).[160] Ein anderer Bereich der Partizipation der Interessenvertretung betrifft die Berufsbildung (§§ 96 - 98 BetrVG).[161] Ein Beratungsrecht hat der Betriebsrat sowohl bei der Förderung, bei einzelnen Maßnahmen als auch bei der Errichtung und Ausstattung betrieblicher Bildungseinrichtungen. Ein echtes Mitbestimmungsrecht kommt ihm nach § 98 BetrVG bei der Durchführung von Maßnahmen und bei der Auswahl der Teilnehmenden zu.[162] Bezüglich der Bestimmung des Ausbilders hat er ein Vetorecht, wodurch letztlich auch eine inhaltliche Einflußnahme ermöglicht wird.

Lohnpolitische Einflußnahme kann der Betriebsrat auf betrieblicher Ebene hinsichtlich der Gerechtigkeit der Entgeltfestsetzung über Methoden der Lohnfindung sowie Lohnformen erreichen, wohingegen sonstige Regelungen - insbesondere die Lohnhöhe - durch überbetriebliche Tarifverhandlungen geregelt werden.[163]

Den Ergebnissen einer Untersuchung von Rudolph/Wassermann in 114 Betrieben zufolge,[164] lassen sich faktisch sechs Arbeitsschwerpunkte der Betriebsräte erkennen:
1) Kündigungen,
2) Überstunden,
3) Urlaubsplanung,
4) Krankenstände sowie personelle Unterbesetzung,
5) Mitgliederwerbung und
6) Eingruppierungsfragen.

Zentrale Aktionsfelder der Betriebsräte sind demnach vor allem diejenigen Aufgaben, die in direktem Kontext mit dem Arbeitenden selbst bzw. seinem Arbeitsplatz stehen. Eine Materie also, die den Interessenvertretern entsprechend ihrer eigenen Herkunft aus der Belegschaft vertraut ist und bei der sie naturgemäß über ein besonders hohes Erfahrungs- bzw. Expertenwissen verfügen. Bei unternehmenspolitischen Grundsatzfragen kann eine solch starke Einflußnahme hingegen nicht regelmäßig festgestellt werden.[165]

Damit wird die Annahme bestätigt, daß der Schwerpunkt der Tätigkeit von Betriebsratsmitgliedern vor allem bei personellen Maßnahmen und dem Erhalt des Wählerpotentials zu finden ist. Davon ausgehend, daß in diesen Bereichen ein hohes Fach-

---

160 Vgl. Breisig, Th. (1993b): a.a.O., S. 229.
161 Siehe ausführlich Kap. I.6.1.3.2.2.
162 Vgl. Wiese, G. (1992): a.a.O., Sp. 661.
163 Vgl. Wächter, H. (1983): a.a.O., S. 146; siehe weiterführend zu tarifpolitischen Gesichtspunkten auch Kap. I.3.3.1.
164 Vgl. Rudolph, W./Wassermann, W.: "Die Gewerkschaft ist weit, aber der Chef steht uns jeden Tag auf den Füßen", in: Die Mitbestimmung, 1+2/1987, S. 10.
165 Vgl. Kotthoff, H. (1992): a.a.O., Sp. 620f.

und Erfahrungswissen vorliegt, kann gefolgert werden, daß im Alltag von Betriebsräten eine Spezialisierung auf Themen aus dem Personalbereich aufgetreten ist.

3.2.2.3 Wirtschaftliche Angelegenheiten

In wirtschaftlichen Angelegenheiten besteht insgesamt der geringste Grad direkter
Beeinflussungsmöglichkeiten der Betriebsräte, da eine Einschränkung der unternehmerischen Entscheidungsfreiheit nicht vom Gesetzgeber beabsichtigt wurde. Allerdings ist eine zuverlässige und frühzeitige Information über die wirtschaftliche Lage
des Betriebes oder die Einführung neuer Techniken für die Arbeit der Betriebsräte
unbedingt erforderlich, um deren personelle und soziale Konsequenzen abschätzen zu
können.[166]

Wie bereits in Kapitel 3. erwähnt, ist der Arbeitgeber in Unternehmen mit mehr als
100 ständig beschäftigten Mitarbeitern nach § 106 BetrVG in wirtschaftlichen Fragen
zur Zusammenarbeit mit dem Wirtschaftsausschuß verpflichtet. Zwar kann der Umfang der Auskunftpflicht vor der Einigungsstelle nach § 109 BetrVG verbindlich geregelt werden, die unternehmerische Entscheidung selbst bleibt aber unangetastet und
entzieht sich der direkten Beeinflussung durch die Interessenvertretung.[167]

Im Kontext der wirtschaftlichen Angelegenheiten hat der Betriebsrat nach § 112
BetrVG bei Sozialplänen[168] ein echtes Mitbestimmungsrecht. Im Bereich sonstiger
Betriebsänderungen[169], die die menschengerechte Gestaltung nach allgemeinen arbeitswissenschaftlichen Erkenntnissen verletzen, kann der Betriebsrat nach § 91
BetrVG mitbestimmen. Ebenso ist er berechtigt Korrekturen zu fordern, wenn die Arbeitnehmer durch betriebliche Neuerungen in besonderem Maße beeinträchtigt werden. Hier wurde folglich einem "Recht auf Nachbesserung" Vorrang gegeben, statt
eine vorausschauende Mitbestimmung in der Planung einzuräumen.[170] Nach § 111
BetrVG liegt ansonsten seitens des Arbeitgebers für Maßnahmen, die Betriebsänderungen bewirken, lediglich eine Unterrichtungspflicht vor.[171]

Andere Tatbestände, die der Gestaltung von Arbeitsplatz, Arbeitsablauf und Arbeits-
umgebung (§ 90 BetrVG) zuzurechnen sind, fallen ebenfalls unter die reinen Unter-
richtungs- und Beratungsrechte.[172] Diese seit der Novellierung des Betriebsverfassungsgesetzes im Jahre 1972 existierende Regelung folgt der Einsicht, daß Änderun-

---

166 Vgl. Bundesministerium für Arbeit und Sozialordnung (1990): a.a.O., S. 66.
167 Vgl. Wiese, G. (1992): a.a.O., Sp. 662.
168 Vgl. Dörnen, A.: Fortbilden statt Entlassen, unveröffentlichte Diplomarbeit, Universität Trier
1991, S. 22ff.
169 Die begriffliche Definition findet sich in § 111 BetrVG.
170 Vgl. Kißler, L. (1992): a.a.O., S. 43.
171 Vgl. weiterführend Teichmüller, F.: Die Betriebsänderung: Interessenausgleich, Sozialplan,
Konkurs, Köln 1983, S. 22ff. sowie Kap. II.4.2.2.2.
172 Vgl. Müller-Jentsch, W. (1986): a.a.O., S. 224.

gen im Maschinenbereich kurz- oder langfristig immer auch Veränderungen für die Arbeitenden mit sich bringen. Im Extremfall können sogar ganze Berufszweige aussterben, wie dies z.b. im Druckbereich durch EDV-Satz der Fall ist. Da eine Regelung zur Mitbestimmung in diesem Bereich allerdings für Betriebsräte Eingriffe in wirtschaftliche Entscheidungen ermöglichen würde, die bis zur Investitionskontrolle reichen könnten, träte hier ein Grenzfall ein, der die alleinige Kompetenz und Verantwortung der Geschäftsleitung einschränkt.[173]

Die geringen Einflußmöglichkeiten im wirtschaftlichen Bereich stellen den Betriebsrat bei seiner Vertretungspflicht der Belegschaftsinteressen vor erhebliche Probleme, die durch die fortschreitende Technisierung künftig eher wachsen werden, wie in den folgenden Ausführungen gezeigt wird. Zusätzlich wird die faktische Mitwirkung auch durch organisationale Änderungen erschwert, die zu einer "fraktalen Fabrik"[174] führen, in der kleiner werdende Produktionseinheiten eigene Marktziele verfolgen.

Die derzeitige Gesetzeslage, die weitestgehend auf eine tayloristische Arbeitsorganisation im Betrieb ausgelegt ist, kann die wirksame Einflußnahme der Interessenvertretung bei derartigen sich selbst organisierenden Einheiten mit dezentralen Entscheidungsstrukturen nicht mehr im selben Umfang gewährleisten.[175]

3.3 Kollektivvertragliche Regelungen

Im vorangegangenen Kapitel erfolgte die Darstellung der Rechte und Pflichten des Betriebsrates nach dem Betriebsverfassungsgesetz. Neben diesem finden auf betrieblicher Ebene i.d.R. auch kollektivvertragliche Regelungen Anwendung, die die Arbeitsbeziehungen beeinflussen und die damit gleichsam zu den handlungsnormierenden Faktoren der Arbeit von Betriebsräten zu rechnen sind. In diesem Kontext ist einerseits die Mitwirkung der Betriebsräte an der Entstehung solcher Verträge zu betrachten, sowie andererseits ihre potentiellen Wirkungen auf alltägliche Handlungen des Betriebsrates.

---

173 Vgl. Chmielewicz, K. (1990): a.a.O., S. 644.
174 Vgl. Warnecke, H. J.: Die fraktale Fabrik. Revolution in der Unternehmenskultur, Berlin u.a. 1992; Kamp, L.: Die fraktale Fabrik - eine Bruchbude?, in: Die Mitbestimmung, 6/96, S. 61f. sowie Kap. I.4.2.4.
175 Vgl. zu dieser Problematik beispielhaft: Kreuder, T.: Moderne Unternehmensführung und Betriebsverfassung, in: Die Aktiengesellschaft, 11/1992, S. 375 - 384. Siehe außerdem die Ausführungen in Kap. I.5.1 und II.4.3.2.

3.3.1 Tarifverträge

Unter einem Tarifvertrag versteht man einen von tariffähigen Akteuren abgeschlossenen privatrechtlichen Vertrag mit begrenzter Geltung, in dem einerseits Rechte und Pflichten der jeweiligen Vertragsparteien und andererseits normative Regelungen zu Arbeitsbedingungen und institutionellen Verfahren enthalten sind.[176]

Es werden verschiedene Arten von Tarifverträgen unterschieden:[177]

- *Entgelttarifverträge*, die i.d.R. Vereinbarungen über die Gehalts- bzw. Entlohnungshöhe enthalten, die periodisch zu überprüfen sind.

- *Rahmentarifverträge* enthalten meist komplexe Regelungen zur Entgeltdifferenzierung. Diese inhaltliche Trennung ist darauf zurückzuführen, daß Lohn- und Gehaltsgruppen kaum kurzfristig reversibel sind.

- *Manteltarifverträge* legen die weiteren Arbeitsbedingungen - z.T. in sehr allgemeinen Mindestregelungen - fest, z.B. Arbeitszeiten, Urlaub, Kündigungsfristen oder Bildungsmöglichkeiten. Die detaillierte Ausarbeitung zur praktischen Anwendung erfolgt in betrieblichen Vereinbarungen oder Verträgen.

Daneben ist nach dem jeweiligen Geltungsbereich der Vereinbarungen eine weitere Differenzierung möglich. Der Abschluß von *Branchentarifverträgen* obliegt den nach dem Industrieprinzip organisierten Verbänden. Darüber hinaus sind die Spitzenverbände von Gewerkschaft und Arbeitgebern berechtigt, Tarifverträge abzuschließen, die man als *Verbandstarifvertrag* bezeichnet.[178] Hat ein Tarifvertrag eine geographisch begrenzte Geltung, so spricht man von *Flächentarifverträgen*. Die kleinste Ebene bilden die *Unternehmens-* oder *Firmentarifverträge*, die zwar in Deutschland relativ selten sind, in den letzten Jahren allerdings eine zunehmend größere Verbreitung fanden.[179] Diese Entwicklung stellt ein Indiz für das Fortschreiten der "Verbetrieblichung" der Arbeitsbeziehungen dar.

Betriebsräten kommt im Bereich der Tarifverhandlungen - obwohl diese überbetrieblich von Gewerkschaften und Arbeitgeberverbänden geführt werden - eine Schlüsselrolle zu. So durchdringen die Betriebsräte faktisch die gewerkschaftlichen Gremien auf allen Organisationsebenen.[180] Entsprechend sind weit über die Hälfte der Mitglieder von Tarifkommissionen und Verwaltungsstellen der Gewerkschaften gleichzeitig Betriebsratsmitglieder.[181] Die enge Verbindung beider Gremien schlägt sich auch bei der Umsetzung gewerkschaftlicher Politik auf Betriebsebene (z.B. zur Mitgliederwerbung) nieder. Nach Müller-Jentsch und Keller liegt die Zahl der gewerk-

---

176 Vgl. Schmitz, W./ Wolfsfeld, J./Hardes, H.-D.: Tarifverträge, in: Breisig, Th. et al. (Hrsg.): Handwörterbuch der Arbeitsbeziehungen in der EG, Wiesbaden 1993, S. 530.
177 Vgl. ebenda, S. 530.
178 Vgl. Schanz, G.: Personalwirtschaftslehre, 2. Aufl., München 1993, S. 242.
179 Vgl. Schmitz, W./ Wolfsfeld, J./Hardes, H.-D. (1993): a.a.O., S. 532.
180 Vgl. Auer, M.: Personalentwicklung und betriebliche Mitbestimmung, Wiesbaden 1994, S.104.
181 Vgl. Müller-Jentsch, W. (1986): a.a.O., S. 229.

schaftlich organisierten Betriebsräte zwischen 75 und 80 Prozent.[182] Die formale Trennung beider Gremien besteht in der betrieblichen Praxis demnach nur noch eingeschränkt.

Entsprechend ihrem gesetzlichen Auftrag überwachen die Betriebsräte auf betrieblicher Ebene die Einhaltung der Tarife, wobei ihnen Rechtsmittel zur Interessendurchsetzung zur Verfügung stehen. Vor Tarifentscheidungen liefern sie ferner die notwendigen betrieblichen Informationen, z.b. über die wirtschaftliche Situation der Unternehmung oder die Grundhaltung der Mitglieder. Weiterhin steht ihnen die Möglichkeit offen, durch eine "zweite Lohnrunde" in den Betrieben selbst die Reallöhne an die Konzessionsspielräume anzupassen, wodurch erst die Funktionsfähigkeit einer großflächigen Tarifpolitik der Industriegewerkschaften ermöglicht wird.[183] Diese Form der Zusammenarbeit zwischen Betriebsrat und Gewerkschaften durch das Element der Mitbestimmung im deutschen System der industriellen Beziehungen bezeichnet Lecher auch als "korporatistisches Arrangement".[184]

Trotz enger Beziehungen zwischen beiden Organen kann allerdings nicht von einer vollkommenen Identität der Zielvorstellungen von Betriebsräten und Gewerkschaften ausgegangen werden. Ranke beschreibt in diesem Zusammenhang, daß bei hohem Identitätsgrad die Konfliktorientierung innerhalb des Betriebes erhöht wird, während bei geringer Konformität, die häufig in Großunternehmen vorzufinden ist, ein hohes Maß an Selbstbestimmtheit vorliegt, das sogar bis zur Dominanz einzelner Betriebsräte in Bezirksverwaltungen führen kann.[185]

Durch den technologischen Umbruch seit Anfang der 80er Jahre hat sich das Verhältnis von Tarifpolitik und Mitbestimmung dynamisch verändert:

"Die Mitbestimmung entwickelt sich von einer sozialpartnerschaftlichen zu einer 'Gegenmacht'-Institution. Sie wird der Tarifpolitik zunehmend untergeordnet."[186]

In den vergangenen Jahren wurden die Rechte für Betriebsräte auch durch den Abschluß von Mantel- und Rahmentarifverträgen erweitert, indem sie im Bereich der betrieblichen Mitbestimmung mit der Durchführung tariflicher Regelungen beauftragt wurden. Im Rahmen der Unternehmensmitbestimmung wird eine Anpassung an die betrieblichen Bedürfnisse angestrebt, indem sogenannte Stimmbindungsverträge ab-

---

182 Vgl. Müller-Jentsch, W. (1995c): a.a.O., S. 43; Keller, B.: Einführung in die Arbeitspolitik, München/Wien 1991, S. 252.

183 Vgl. Kotthoff, H. (1992): a.a.O., Sp. 623f; Bergmann, J./Jakobi, O./Müller-Jentsch, W.: Gewerkschaften in der BRD, Bd. 2, Frankfurt/M. 1977, S. 63ff.; Streeck, W.: Industrial Relations in West Germany, London 1984, S. 24ff. Siehe außerdem zu diesem Themenbereich Schnabel, C.: Die übertarifliche Bezahlung, Köln 1994.

184 Vgl. Lecher, W.: Französische und deutsche Arbeitnehmerinteressenvertretung, in: Industrielle Beziehungen, 2/1994, S. 196.

185 Vgl. Rancke, F. (1982): a.a.O., S. 145f.

186 Kißler, L. (1992): a.a.O., S. 54.

geschlossen werden, die z.B. die Anteilseignerseite dazu verpflichtet, das Doppelstimmrecht des Aufsichtsratsvorsitzenden nicht gegen die Arbeitnehmerseite zu ver-
wenden.[187]

Veränderungen der tariflichen Regelungen von Lohn und Arbeitszeit[188] gehören immer wieder zum politischen Tagesgeschehen und mobilisieren Arbeitnehmer durch
ihre unmittelbare Betroffenheit. Obwohl seit dem Inkrafttreten des Tarifvertragsge-
setzes (TVG) im Jahre 1949 immer neue Versuche unternommen wurden, weitere
Themenfelder im Kernbereich unternehmerischer Entscheidung miteinzubeziehen,
z.B. Technikentwicklung und -einsatz, verbleibt die Tarifvertragspraxis weitestgehend auf diesen traditionellen Feldern.[189] Ursache dafür ist - neben anderen -, daß die
Gewerkschaften letztendlich auf die Unterstützung durch ihre Mitglieder angewiesen
sind. Deren kurzfristige Bedürfnisbefriedigung durch Steigerungen des Lohnes bewirkt in der Regel eine stärkere Befürwortung von häufig entgeltbezogenen gewerkschaftlichen Politiken, als es bei langfristig und sich möglicherweise nur mittelbar
auswirkender Technikbeeinflussung der Fall wäre.[190] Gewerkschaftskritiker werfen
ihnen dabei vor, daß die traditionellen Felder der Tarifverhandlungen zu eng seien
und beschuldigen die Gewerkschaftsführer, daß sie ihre Organisationen zu reinen
"Lohnmaschinen" machen.[191]

Eine entsprechende Ausweitung der gewerkschaftlichen Forderungen auf den Erhalt
des Beschäftigungsstandes sowie auf den Qualifizierungsbereich, aufgrund der Folgen der Rationalisierungswellen seit den 70er Jahren, findet auch innerhalb der Bevölkerung Zuspruch, da nach den Jahren des wirtschaftlichen Wachstums die Bedeutung der Arbeitsplatzsicherheit wesentlich gestiegen ist. Diese Entwicklung schlägt
sich insbesondere im Konzept der IG-Metall zur "Tarifreform 2000"[192] nieder, die

---

187 Vgl. Nagel, B.: Neue Konzernstrukturen: Verzahnung von Gewerkschafts- und Betriebsratsar-
    beit, in: Die Mitbestimmung, 6/1994, S. 35.

188 Während seit Mitte der 80er Jahre zunächst die Verkürzung der Arbeitszeit zur Erhöhung der
    Beschäftigung im Vordergrund der Diskussionen stand, sind in den vergangenen vier Jahren
    Flexibilisierungsbestrebungen dominant. Vgl. exemplarisch Hampe, P. (Hrsg.): Zwischenbilanz
    der Arbeitszeitverkürzung, München 1993; Göbel, J.: Flexible Arbeitszeiten in Tarifvertrag und
    Betrieb, in: Arbeitgeber, 23/1996, S. 841 - 848; Bosch, G.: Flexibilisierung der Arbeitszeit und
    Umverteilung von Arbeit, in: WSI Mitteilungen, 7/1996, S. 423 - 432.

189 Weyand, J.: Die tarifvertragliche Mitbestimmung unternehmerischer Personal- und Sachent-
    scheidungen, Baden-Baden 1989, S. 15ff.

190 Diese Prioritätensetzung der Gewerkschaften findet sich analog bei der Strukturierung der Auf-
    gaben von Betriebsräten wieder. Die Parallelität in der Handlungsweise hängt u.a. damit zu-
    sammen, daß das Fortbestehen beider Gruppierungen maßgeblich von der Gunst ihrer Wähler-
    schaft abhängt. Siehe dazu auch Kap. I.3.3.2.

191 Vgl. Silvia, S. J.: Die Zukunft der Tarifpolitik, in: GMH, 10/1995, S. 624.

192 Vgl. Droge, R.: Tarifreform 2000, Frankfurt 1993.

den Bereich der Aus- und Weiterbildung wesentlich stärker in den Vordergrund rückt.[193]

Obwohl eine höhere Qualifikation der Arbeitnehmer prinzipiell positive Effekte hat, besteh auch hier ein Spannungsfeld. Während durch Rahmentarifverträge vor allem "off-the-job"-Trainingsmaßnahmen erfaßt sind, die im Idealfall mit einem höheren Verdienst und einem Arbeitsplatzaufstieg verbunden sein sollen, leisten innerbetrieblich vor allem Einarbeitungs- und Anlernkonzepte, d.h. "on-the-job"-Maßnahmen einen Beitrag, den Arbeitsplatz im Betrieb langfristig zu sichern. Das Beispiel verdeutlicht die Schwierigkeit der "Generalverträge", deren Zuschnitt auf konkrete betriebliche Belange häufig nicht gewährleistet ist bzw. eine zusätzliche Abfassung von "Detailverträgen" notwendig macht.[194] Die gewachsene Bedeutung extrafunktionaler Qualifikationen, wie z.B. Bereitschaft zu Verantwortungsübernahme oder Teamfähigkeit, kann durch solche komplexen Regelungswerke ebenfalls nicht flexibel aufgefangen werden.[195]

Es besteht folglich eine Tendenz zu dezentralen Lösungen, die betriebliche Belange zugunsten der Beschäftigten lösen sollen. Ein wesentlicher Bereich der Arbeit von Betriebsräten wird hier aufgezeigt: Die konkrete Interpretation der tariflichen Regelungen oder die Abfassung zusätzlicher Betriebsvereinbarungen, die eine originäre Vereinbarung eines "Forderung-Leistungszusage-Paares"[196] beinhalten. Gemeint sind flexiblere Lösungen, die die langfristige Sicherung der Beschäftigung der Stammbelegschaft zum Ziel haben, insbesondere durch Tariföffnungsklauseln. Als Beispiel kann hier die 4-Tage-Woche der Volkswagen AG angeführt werden.[197]

Die zunehmenden Variationen in der praktischen Anwendung tarifpolitischer Regelungen lassen sich dahingehend interpretieren, daß die Festschreibung von einheitlichen Mindeststandards, z.B. für Löhne und Arbeitsbedingungen, die unterschiedlichen betrieblichen Belange nicht angemessen berücksichtigen. Infolge der auf Nivellierung der Lohnstrukturen ausgerichteten Lohnpolitik würden insbesondere Arbeitsplätze für Ungelernte bedroht.[198] Verbunden ist mit diesen Deregulierungstendenzen

---

193 Vgl. Bahnmüller, R./Bispinck, R./Schmidt, W.: Betriebliche Weiterbildung und Tarifvertrag, München/Mering 1993, S. 42.

194 Vgl. Hardes, H. D./Schmitz, F.: Tarifverträge zur betrieblichen Weiterbildung - Darstellung und Analyse aus arbeitsökonomischer Sicht, in: MittAB, 4/1991, S. 658 - 672.

195 Siehe hierzu die Darstellungen in Kap. I.4.2 zu neuen Managementkonzepten.

196 Vgl. Dlugos, G./Dorow, W./Danesy, F. C.: Die Arbeitgeber-Arbeitnehmer-Beziehung aus betriebswirtschaftlich-politologischer Sicht, in: Glaubrecht, H./Wagner, D. (Hrsg.): Humanität und Rationalität in Personalpolitik und Personalführung, Freiburg 1987, S. 126.

197 Vgl. exemplarisch Garnjost, P./Blettner, K.: Volkswagen: Cutting labour costs without redundancies, in: Storey, J. (Hrsg.): Blackwell Cases in human resource and change management, Oxford; Cambridge 1996, S. 86 - 99.

198 Vgl. Bispinck, R.: Tarifliche Lohn- und Gehaltsstrukturen in Industrie, Dienstleistung und Verwaltung, in: WSI Mitteilungen, 12/1993, S. 763.

allerdings gleichzeitig die Gefahr, daß der unabhängige kollektive Interessenausgleich, die Tarifautonomie[199] selbst, gefährdet wird. Zachert nennt hierfür als Beispiel u.a. die Tariföffnungen "nach unten" mit Bezug auf die Kündigung der Manteltarifverträge in den neuen Bundesländer im Jahre 1993.[200] Eine weitere Gefahr eines dezentralen Verhandlungssystems ist die Verlagerung von Arbeitskonflikten auf die Betriebsebene, womit unter Umständen eine höhere Streikhäufigkeit verbunden wäre, die zu Belastungen des Betriebsklimas führen könnte.[201]

Aus Gewerkschaftssicht ist eine "betriebsnahe Tarifpolitik" in Form einer zunehmenden Zahl abgeschlossener Firmentarifverträge - trotz einer möglichen Erhöhung der Verhandlungsmacht - allerdings vor allem aus folgenden Gründen abzulehnen:[202]

• der zeitliche und personelle Aufwand von betriebs- bzw. unternehmensbezogenen Tarifverhandlungen wäre ohne Einschaltung von Belegschaftsmitgliedern nicht zu bewältigen, wodurch letztlich der Souveränitätsanspruch der Betriebsräte gegenüber den Gewerkschaftszentralen verstärkt würde;

• übergeordnete Zielsetzungen, wie z.B. die tarifliche Gleichstellung von Arbeitern und Angestellten, würden hinter kurzzeitig erfolgswirksamen, "betriebsegoistischen" Zielen zurückbleiben;

• eine betriebsübergreifende Solidarität würde durch differenzierte Tarifziele und -ergebnisse geschwächt und dadurch letztlich auch die Identifikation mit der Gewerkschaft selbst.

Die auf bundesdeutschem Gebiet häufig anzutreffende "Flucht in die Betriebsverfassung"[203] mildert zwar zunächst die Probleme, die durch zu rigide tarifliche Regelungen entstehen. Sie stellt aber keine Alternative zur Tarifautonomie und zum Tarifvertrag dar. Heinze schlägt statt dessen vor, daß sich die Tarifvertragsparteien wieder auf die Grundlage der Kollektivautonomie besinnen sollten.

---

199 Unter Tarifautonomie versteht man die rechtliche Anerkennung, daß nicht-staatliche, tariffähige Akteure Arbeits- und Wirtschaftsbedingungen ohne eine Einflußnahme Dritter selbst regulieren. Vgl. Kißler, L./Lasserre, R.: Tarifpolitik. Ein deutsch-französischer Vergleich, Frankfurt/M.; New York 1987, S. 95f. Diese wird gefährdet, wenn eine der beteiligten Parteien die Macht hat, der anderen ihre Bedingungen aufzuoktroyieren.

200 Vgl. Zachert, U. (1994): a.a.O., S. 170.

201 Vgl. Schnabel, C.: Tarifpolitik gegen Nivellierung und Zementierung, in: Die Mitbestimmung, 6/1994, S. 29.

202 Vgl. Rösner, H. J.: Mehr Kompetenzen für die Betriebsräte?, in: Wirtschaftsdienst, 9/1993, S. 476f.

203 Vgl. Heinze, M.: Gibt es eine Alternative zur Tarifautonomie?, in: DB, 14/1996, S. 734.

Dabei können sachnähere Tarifbereiche ausgegliedert werden, die den Charakter von Mindestarbeitsbedingungen erhalten.[204]

"Der Rahmen für tarifpolitische Spielräume, Kreativität und auch für Experimente ist außerordentlich weit. Tarifpolitik muß beweglich bleiben, wenn sie neuen ökonomischen Herausforderungen und auch Ansprüchen der Arbeitnehmer und Arbeitnehmerinnen gerecht werden will."[205]

Zur Einschränkung der wachsenden "Betriebsfremdheit" wird von vielen Seiten eine modifizierte Tarifpolitik gefordert, die sowohl neue Formen - Bestimmung eines problemangemessenen Rahmens, der Gestaltungsspielräume ebenso wie Schutz gewährleistet - als auch neue, stärker qualitativ orientierte Inhalte bereitstellt, die eine Moderation der Gestaltungsprozesse in der Unternehmung durch die Betriebsräte ermöglichen.[206]

3.3.2 Betriebsvereinbarungen

Verfügt der Betriebsrat über Mitbestimmungsrechte, so besteht gleichzeitig ein Anspruch auf den Abschluß von Betriebsvereinbarungen. Diese ermöglichen bei weiten Interpretationsmöglichkeiten gesetzlicher Grundlagen eine konkrete formale Regelung einzelner Sachgebiete auf betrieblicher Ebene. Betriebsvereinbarungen können somit als ein Mittel gesehen werden, die Konzeption "Mitbestimmung" mit Inhalt zu füllen und bestehende Mitbestimmungsmöglichkeiten besser nutzbar zu machen.[207] Der Abschluß von Betriebsvereinbarungen ist aber nicht auf mitbestimmungspflichtige Fragen reduziert, sondern kann auch in Form freiwilliger Betriebsvereinbarungen andere Themen betreffen, z.B. die Schaffung von Sozialeinrichtungen.[208]

---

204 Vgl. Heinze, M. (1996): a.a.O. S. 734f. Der Autor schlägt auch rein schuldrechtlich wirkende Tarifverträge vor. Diese Alternative sieht vor, daß die Sozialpartner in Tarifverträgen Mindeststandards erarbeiten, die aber nicht zwangsläufig in die Arbeitsverträge aufgenommen werden, sondern es den jeweiligen tarifgebundenen Arbeitgebern überlassen bleibt, deren Einhaltung quasi als schuldrechtliche Verpflichtung - aufgrund der Einwirkungs- und Durchführungspflicht der Verbände - in ihren Unternehmen zu gewährleisten. Betriebsräte haben in diesem Fall keine Zuständigkeit. Dadurch fehlt aber einerseits eine wichtige Kontrollinstanz und andererseits könnte durch diese Anwendung des Tarifvertrages das Einflußpotential des Betriebsrates gesenkt werden.

205 Vgl. Zachert, U. (1994): a.a.O., S. 177.

206 Vgl. Bundesmann-Jansen, J./Prekuhl, U.: Der Medienkonzern Bertelsmann, Köln 1992, S. 282f.

207 Vgl. Breisig, Th.: Personalentwicklung in mitbestimmungspolitischer Perspektive, in: ZfP, 1/1993, S. 17f.

208 Vgl. Bundesminister für Arbeit und Sozialordnung (1990): a.a.O., S. 46.

Dem Wesen nach sind Betriebsvereinbarungen ebenso wie Tarifverträge den kollektiven Vereinbarungen zuzurechnen[209], haben normativen Charakter, werden nach der
Aushandlung durch die beiden beteiligten Interessengruppen schriftlich festgelegt und
sind im Betrieb zu veröffentlichen (§ 77 BetrVG). Sie werden auch als selbstgeschaf-
fenes "Gesetz des Betriebes" bezeichnet.[210] Die Kündigungsfrist einer Betriebsvereinbarung beträgt drei Monate (§ 77 Abs. V BetrVG); die Laufzeit ist variabel und
orientiert sich gegebenenfalls an der Laufzeit des Tarifvertrages, an den sie gebunden
ist.[211]

Betriebsvereinbarungen stellen demnach das wohl flexibelste Instrumentarium für
verbindliche Regelungen zwischen Geschäftsleitung und Belegschaft dar, in denen
Betriebsräte aktiv zur Gestaltung beitragen und die Komplexität der gesetzlichen und
tariflichen Regelungen reduzieren. Durch ihre praktische Bedeutung zur betriebsspezifischen Interessendefinition stellen Betriebsvereinbarungen die wichtigste und am
häufigsten angewandte Form der Mitbestimmung dar.[212] Der Betriebsrat befindet
sich in diesem Kontext allerdings in einem Zielsystem mit divergierenden Eckwerten:
Einerseits sollen kollektive Belegschaftsziele auf Verhandlungsbasis mit dem Management normativ festgelegt werden. Andererseits steht ein Medium zur Verfügung,
um die persönlichen Ziele des Betriebsrates[213] umzusetzen. Auf die Initiierung von
Verhandlungen wirkt sich das insofern aus, als die Auswahl häufig auf diejenigen
Tatbestände entfällt, die ein besonders hohes Ansehen in der Belegschaft haben.[214]
Setzt der Initiator vor allem erfolgswahrscheinliche Betriebsvereinbarungen um, kann
er leicht in den Verdacht eines blinden Aktionismus geraten.[215]

Nach § 77 Abs. III BetrVG liegt eine rechtliche Beschränkung dann vor, wenn die
Betriebsvereinbarung Themen beinhaltet, die generell Gegenstand von Tarifverträgen
sind, was als "Tarifvorbehalt" bezeichnet wird. Speziell werden im Gesetz Arbeits-
entgelte und sonstige Arbeitsbedingungen genannt. Als Beispiel für eine unzulässige
Regelung kann eine Vereinbarung über die Dauer der wöchentlichen oder jährlichen
Arbeitszeit genannt werden, sofern diese im Widerspruch zu einem Tarifvertrag steht,

---

209 Im Gegensatz z.B. zum Arbeitsvertrag, bei dem Arbeitgeber und Arbeitnehmer Regelungen
   vereinbaren, die individuelle Geltung haben.
210 Vgl. Fitting et al. (1990): a.a.O., S. 930.
211 Vgl. Oechsler, W. A.: Betriebsvereinbarung, in: Gaugler, E./Weber, W. (Hrsg.): Handwörterbuch des Personalwesens, 2. Aufl., Stuttgart 1992, Sp. 647.
212 Vgl. Däubler, W. (1976): a.a.O., S. 240.
213 Als Ziel eines Betriebsrates gilt neben der individuellen Entfaltung und Karriereplanung vor
   allem der Tatbestand der Wiederwahl. Vgl. hierzu auch Brigl-Matthiaß, K. (1926), a.a.O., S.
   138f.
214 Wie oben angeführt, ist die Prioritätensetzung der Gewerkschaften hierzu komparabel, siehe
   Kap. I.3.3.1.
215 Vgl. Wessmann, P. K. (1987): a.a.O., S. 139ff.

der für die Unternehmung Geltung hat.[216] Konflikte in Verhandlungen über abzu-schließende Betriebsvereinbarungen werden nach § 76 BetrVG wie auch in den oben genannten Fällen von der Einigungsstelle entschieden.

Bei der praktischen Anwendung von Betriebsvereinbarungen kann eine Rangfolge festgestellt werden, die das Übergewicht von "Routine-Betriebsvereinbarungen" ge-genüber Initiativen zur längerfristigen Gestaltung von inhaltlich variierenden, kom-plexen Tatbeständen verdeutlicht:[217]

- *Iterative Anwendung*: Dieselbe Frage wird für einen kurzen Zeitraum festgelegt und periodisch wiederkehrend neu geklärt, z.B. Betriebsferien;
- *Kumulative Anwendung*: Vergleichbare Fragen werden sukzessiv für verschiedene Betriebsteile oder -gruppen festgelegt, oder es erfolgt die Abänderung bzw. Er-weiterung einer bestehenden Vereinbarung, z.B. im Bereich sozialer Angelegen-heiten;
- *Fundamentale Anwendung*: Eine Sachverhalt wird mit Wirkung auf den ganzen Betrieb einmalig für einen langen Zeitraum festgelegt, z.B. das betriebliche Vor-schlagswesen.

Die am häufigsten durch Betriebsvereinbarungen erfaßten Themen sind - teilweise auf die o.g. kurzfristige Erfolgssicherung in den Augen der Belegschaft zurückzufüh-ren - die Bereiche Entlohnung und Arbeitszeit.[218] Andere Angelegenheiten, z.B. der Personalbereich oder Sozialeinrichtungen, bleiben weit dahinter zurück. Die in einer empirischen Untersuchung von Wagner beinahe 2000 erfaßten Betriebsvereinbarun-gen (Abb. 4) bestätigen diesen Trend, wobei mit über 75 Prozent der Bereich der Ar-beitszeit dominiert.

Wie oben bereits erwähnt, wächst in neuerer Zeit die Bedeutung solcher Detailverträ-ge. Insbesondere die Möglichkeiten der Einflußnahme auf die Technologiegestaltung im EDV-Bereich sind hier zu erwähnen.[219]

Insgesamt treten in der BRD verstärkt betriebssyndikalistische Tendenzen auf. Ob-wohl nach dem Betriebsverfassungsgesetz der Vorrang des Tarifvertrages vor der Betriebsvereinbarung festgelegt ist, unterliegen die Betriebsräte in einzelnen Rege-lungsfragen einem enormen Zeitdruck, der eine abwartende Haltung bis zum ver-bindlichen Abschluß einer einheitlichen tariflichen Regelung unmöglich macht.

---

216 Vgl. Feichtinger, P.: Die Rechtsprechung des Bundesarbeitsgerichtes zum Betriebsverfassungs-gesetz im Jahre 1993, Freiburg 1994, S. 79ff.

217 Vgl. Oechsler, W. A. (1992a): a.a.O., Sp. 649.

218 Vgl. Knuth, M. (1982): a.a.O., S. 373.

219 Eine anschauliche Zusammenfassung der wichtigsten empirischen Arbeiten zu diesem Bereich findet sich bei Bartölke, K./Grieger, J./Ridder, H. G./Weskamp, C.: Betriebs- und Dienstver-einbarungen bei der Einführung von ISDN-Kommunikationsanlagen in Organisationen, Opla-den 1994, S. 41ff. Zu Möglichkeiten der Durchsetzung dieser Betriebsvereinbarungen siehe beispielhaft Wicke, W. (1992): a.a.O., S. 287f.

Betriebsvereinbarungen	Unternehmen		Anzahl BV		BV pro Unter- nehm.	Betroffene Arbeit- nehmer in Prozent		
	Anzahl	%	Anzahl	%		Min.	Max.	∅
1. Grundlohnfindung	7	23,3	8	0,4	1,1	0,8	100	53,2
2. Leistungszulagen/ Beurteilungssysteme	10	33,3	19	1,0	1,9	1,2	100	52,9
3. Aus- und Weiterbildung	8	26,7	15	0,8	1,9	0,1	8,5	4,4
4. Arbeitsplatzgestaltung	15	50	61	3,3	4.0	0,3	100	44,7
5. Arbeitszeitregelung	23	76,7	1457	79,7	63,3	1,1	100	67,3
6. Interessenausgleich/ Sozialplan	20	66,7	120	6,6	6,0	1,2	98,5	17,8
7. Betriebliche Altersver- sorgung	17	56,7	42	2,3	2,5	58,1	100	90,2
8. Vorschlagswesen	5	16,7	5	0,3	1,0	89,6	100	94,8
9. Personalabrechnungs-/ -informationssystem	8	26,7	38	2,1	4,8	0,8	100	63,9
10. Stellenbeschreibung/ Auswahlrichtlinien	5	16,7	6	0,3	1,2	94,8	100	97,4
11. Entgeltfindung	7	23,3	11	0,6	1,6	7,5	40,8	26,8
12. Zusatzleistungen	10	33,3	35	1,9	3,5	1,6	100	76,5
13. Arbeitsorganisation	3	10	4	0,2	1,3	14,9	100	57,5
14. Arbeitnehmer-/ Arbeitgeberbeziehung	3	10	3	0,2	1,0	94,8	100	97,4
15. Sonstiges	5	16,7	5	0,3	1,0	3,3	100	47,3
	n=30		n=1829	100,0				

Abb. 4: Inhalte von Betriebsvereinbarungen und ihre Verteilung[220]

Forciert werden so unternehmens- oder konzernweite Betriebsvereinbarungen - auch in Bereichen, in denen tarifliche Regelungen bestehen. In diesem Sinne verselbstän- digen sich die Betriebsräte bewußt gegenüber den Gewerkschaften.[221]

Neue beteiligungsorientierte Formen der Arbeitsorganisation stellen einen weiteren Bereich dar, der aktuell von steigender Bedeutung ist.[222] Durch die direkte Partizipa- tion der Beschäftigten tritt hier eine wesentliche Verschiebung der Informations- und Kommunikationsstrukturen im Betrieb auf, die auch die Vertretungsmodalitäten tan- giert. Für die praktische Anwendung von Betriebsvereinbarungen in diesem Kontext dienen abschließend die folgenden zwei Beispiele, die jeweils eine unterschiedliche inhaltliche Fokussierung aufweisen und damit die Weite der möglichen Behandlung eines Themas im Rahmen solcher privatrechtlichen Vereinbarungen verdeutlichen: Im ersten Beispiel geht es um die verbindliche Festlegung der Gestaltung von Grup-

---

220 Vgl. Wagner, D. (1994): a.a.O., S. 98.
221 Vgl. Nagel, B. (1994): a.a.O., S. 36.
222 Siehe dazu ausführlich Kap. I.4.2.

penarbeit, während im zweiten Beispiel Gruppenarbeit für die Arbeit der Betriebsräte genutzt werden soll.

1. Breisig stellte durch eine Inhaltsanalyse von neun Betriebsvereinbarungen fest, daß in der Hälfte der betrachteten Fälle ein volles Mitbestimmungsrecht der Betriebsräte zur Gestaltung und Abwicklung von Qualitätszirkelprojekten[223] bestand, entweder durch eine generelle Mitbestimmungsmöglichkeit oder über eine Beteiligung im Steuerungskommitee. Inhaltlich konnten über Betriebsvereinbarungen und entsprechende Mitsprache explizite Informationsrechte, eine Auswahlbeteiligung hinsichtlich Teilnehmern, Moderatoren und Koordinatoren, ein Beobachterstatus sowie ein Themenvorschlagsrecht erzielt werden. Darüber hinaus vereinbarte man für die Belegschaft eine freiwillige Teilnahme innerhalb der Arbeitszeit.[224]

2. Im Rahmen der Konzeption "Experten in eigener Sache", die auf einer Initiative der IGCPK beruht, wird angeregt, daß sich Betriebsräte selbst das Element der Gruppenarbeit zunutze machen. Ziel ist hier einerseits die Effizienzsteigerung der Betriebsratsarbeit, andererseits die Mobilisierung der Belegschaft durch eine aktive Einbeziehung in die Vertretungsarbeit. Im Detail sollen fachkundige Belegschaftsmitglieder als Informanten in Betriebsratssitzungen einbezogen werden. Im Konzept enthalten ist eine Mustervereinbarung, die zum Zweck der Förderung des aktiven Engagements die Freistellung eines "Belegschaftsexperten" für die Teilnahme an Sitzungen vorsieht.[225]

3.4 Betriebs- und unternehmensspezifische Einflußgrößen

Der Betrieb stellt nicht nur die Grundstruktur der Handlungssituation des Betriebsrates dar, in der gesetzlich vorgezeichnete Möglichkeiten zur Vertretung von Belegschaftsinteressen ihre Umsetzung finden. Vielmehr determiniert seine eigene Struktur quasi spiegelbildlich die Ausprägung der Interessenvertretung.[226] Diese Relationen zwischen institutionellem Kontext und Ausgestaltung des Betriebsrates sollen im folgenden, bezogen auf einzelne Variablen, weiter ausgeführt werden.

3.4.1 Betriebsgröße

Die Kopplung der Betriebsratsgröße an die Arbeitskräftezahl wirkt sich ambivalent auf seine Arbeitsmöglichkeiten aus. Je größer der Betriebsrat, desto stärkere Chancen

---

223 Zur begrifflichen Klärung siehe exemplarisch: Deppe, J.: Quality Circle und Lernstatt, 2. Aufl., Wiesbaden 1990, S. 42.
224 Vgl. Breisig, Th.: Betriebsvereinbarungen zu Qualitätszirkeln - Eine Inhaltsanalyse, in: DBW, 1/1991, S. 75.
225 Vgl. IG Chemie (Hrsg.): Experten in eigener Sache, Hannover 1992, S. 71f. Siehe auch Kap. II.4.1.2.
226 Vgl. Weber, H.: Soziologie des Betriebsrates, Frankfurt/M.; New York 1981, S. 76ff. Die folgenden Gliederungspunkte sind eng an diese Literaturquelle angelehnt.

bieten sich einerseits zur Steigerung des Aktionspotentials und andererseits zur Arbeitsteilung, Ausschußbildung und Spezialisierung,[227] insbesondere weil im Gremium die unterschiedlichen Abteilungen und Beschäftigtengruppen repräsentiert sind. Im Zusammenhang mit der immer stärkeren Verbreitung von Robotern und anderen computergesteuerten Techniken, die die Zahl der Beschäftigten in den Werkstätten verringern, ist entsprechend eine direkte negative Wirkung auf Aktionspotentiale der Betriebsräte zu vermuten. Ebenso erschwert die vielfach in modernen Organisationen erfolgte synchrone Verringerung und Zergliederung der Belegschaft die Bündelung von Einzelinteressen zu kollektiven Bedürfnissen.

Forschungen ergaben[228], daß kleinere Betriebsräte in der Regel wegen dringlicher innerbetrieblicher Erfordernisse dominierend im Bereich der Individualregelungen aktiv sind. Themenvariationen ergeben sich i.d.R. durch die intensive Kommunikation mit den vertretenen Arbeitnehmern. Erst wenn diese Bereiche, u.a. Lohn- und Gehaltsfragen sowie personelle Einzelmaßnahmen, abgedeckt sind, findet die Hinwendung zu betriebsübergreifenden Themen wie z.B. der Humanisierung der Arbeit statt. Dieses Problem resultiert primär aus zwei Gründen: Einerseits ist die ehrenamtliche Stellung der Betriebsräte durch berufliche und private Determinanten beschränkt, andererseits verhindert sie die intensive Einarbeitung in Spezialthemen. Mit der Anzahl der Freistellung, die betriebsgrößenabhängig ist (Abb. 5) steigt folglich die Problemlösungskapazität. Die Möglichkeit, mit zunehmender Größe der Betriebe auch zusätzliche Ausschüsse gründen zu können, die die Problembearbeitung erleichtern, steht in engem Zusammenhang mit diesem Thema.[229]

Die Freistellung kann allerdings auch nachteilige Wirkungen mit sich bringen:

"[...] zwar ist einerseits durch die Möglichkeit der Freistellung durchaus ein Kompetenzzuwachs zu erzielen und durch 'Professionalisierung' ein wirkungsvolleres Gegengewicht zu einem gut ausgebildeten Management zu bilden, andererseits ist hierin gleichzeitig die Tendenz bürokratischer Strukturen angelegt, die entpersönlichte, mechanisierte, 'entfremdete' Beziehungen zur Belegschaft begünstigen."[230]

Als Konsequenz der Freistellung kann sich sowohl eine Distanz zur Belegschaft selbst wie auch zu deren Problemen ergeben, die eine Umsetzung der konkreten Interessen der Arbeitnehmer zu einem "Zufallstreffer" werden lassen oder sich punktuell auf materielle Belange beziehen.

---

227 Vgl. Weber, H. (1981): a.a.O., S. 76f.
228 Weber führt hier u.a. Forschungsarbeiten verschiedener Institute an: ISF (Hrsg.): Bedingungen und Probleme betrieblicher initiierter Humanisierungsmaßnahmen, Projektzwischenbericht, München 1976; ISO Saarbrücken (Hrsg.): Mitwirkung und Mitwirkungserwartungen der saarländischen Betriebsräte bei der menschengerechten Gestaltung der Arbeit, Saarbrücken 1973.
229 Vgl. Weber, H. (1981): a.a.O., S. 77.
230 Ebenda, S. 77.

Betriebsgröße: Zahl der Arbeitnehmer	Zahl der zu wählenden BR-Mitglieder	davon werden von der Arbeit freigestellt
5 - 20	1	-
21 - 50	3	-
51 - 150	5	-
151 - 300	7	-
301 - 600	9	1
601 - 1000	11	2
1001 - 2000	15	3
2001 - 3000	19	4
3001 - 4000	23	5
4001 - 5000	27	6
5001 - 7000	29	7 - 8
7001 - 9000	31	9 - 10
9001 - 12000	33	11 - 14
12001 - 15000	35*	15 - 18**

* für je angefangene weitere 3000 Arbeitnehmer weitere 2 Betriebsratsmitglieder
** für je angefangene weitere 2000 Arbeitnehmer eine weitere Freistellung

Abb. 5: Zahl der Betriebsratsmitglieder (nach §§ 9 und 38 BetrVG)[231]

Die ambivalenten Rollenanforderungen, die durch die Zusammenarbeit mit dem Management einerseits und die Vertretung der Arbeitnehmerschaft andererseits jeweils an den Betriebsrat gestellt werden, können eine starke Passivität oder sogar Ablehnung der Vertretenen gegenüber ihrem Interessenorgan bedingen. In der Mitbestimmungspraxis hat sich durch solche Elemente eines "Co-Managements" der Betriebsräte, verbunden mit einer verstärkten Bürokratisierung, auch der Begriff der betrieblichen Herrschaft verändert.[232]

Bei steigender Betriebsgröße kann parallel zu den Wirkungen auf die Beschäftigten auch im Verhältnis zur Betriebsleitung eine weniger persönliche Prägung der Beziehungen festgestellt werden.[233] Für sachliche Verhandlungen und ein strategisches Vorgehen stellt dies durchaus einen Vorteil dar: Statt durch Abhängigkeitsbeziehun-

---

231 Müller-Jentsch, W. (1986): a.a.O., S. 221.
232 Vgl. Eberwein, W.: Zur Geschichte und Soziologie der deutschen Betriebsverfassung, in: WSI Mitteilungen 8/1992, S. 501.
233 Als Ausnahme gilt hier allerdings der Arbeitsdirektor im Montanbereich, der quasi "per definitione" eine enge Verbindung zum Betriebsrat und i.d.R. eine enge persönliche Bindung zum Betriebsratsvorsitzenden hat. Vgl. Halberstadt, G.: Der Arbeitsdirektor - Vertrauensmann der Gewerkschaften oder Unternehmer?, in: Glaubrecht, H./Wagner, D. (Hrsg.): Humanität und Rationalität in Personalpolitik und Personalführung, Freiburg 1987, S. 98f; Hartz, P.: Die Rolle des Arbeitsdirektors bei der Vertretung der Arbeitnehmerinteressen durch die Beteiligung an der Unternehmenspolitik in der Montanmitbestimmung, in: Koubek, N./Schredelseker, K.: Information, Mitbestimmung und Unternehmenspolitik, Frankfurt/M. 1984, S. 49.

gen oder patriarchalische Kontrollmuster subjektiv beeinflußt zu werden, ist so eine vorurteilsfreiere Interessenvertretung möglich.[234]

"Großbetriebliche Strukturen legen eine Formalisierung betrieblicher Arbeitsbeziehungen und eine Professionalisierung der Institutionen betrieblicher Interessenvertretung nahe und ermöglichen sie zugleich."[235]

Die verschiedenen Probleme, die die Betriebsgröße für die Arbeit der Betriebsräte aufwirft, manifestieren sich zusätzlich in der Zentralisierung von Entscheidungen im Rat selbst - die eine gewisse Parallelität zu manageriellen Strukturen und Machtbeziehungen aufweist - sowie durch das Charakteristikum der Unpersönlichkeit. Diese Struktur stabilisiert sich quasi selbst durch die Notwendigkeit einer starken Machtposition gegenüber dem Management zur Durchsetzung der Belegschaftsinteressen.

Die enge Kooperation zwischen Betriebsratsvorsitz und Geschäftsleitung, insbesondere auf der Unternehmens- oder Konzernebene, kann eine zunehmende Entfremdung von der Basis hervorrufen.[236] Möglichkeiten, dieses Problem zu lindern, hängen erneut von der Betriebsgröße ab: Der Kontakt zwischen Betriebsrat und Belegschaft kann nur durch ergänzende Kommunikationsstrukturen, z.B. über Abteilungsbetriebsräte oder eine verstärkte Zusammenarbeit mit Vertrauensleuten intensiviert werden.[237] Erst durch diese Funktionsdifferenzierung wird eine stärkere Bindung an die Basis ermöglicht und zudem die Reaktionsfähigkeit auf einen Wandel in der Organisation beschleunigt. Die weitgehend bürokratische Organisation des Betriebsrates birgt demnach die Gefahr eines "Circulus vitiosus"[238] in sich.

Die Betriebsgröße und die damit verbundene Funktionalisierung und Entpersönlichung der Betriebsräte kann auch durch eine größere Transparenz seiner Arbeit aufgefangen werden.[239] Wenn die Entscheidungsprozesse des Betriebsrates für die Arbeitnehmer einsehbar und für die persönliche Arbeitssituation erlebbar gemacht werden, kann die Apathie gegenüber einem vermeintlichen zweiten Machtapparat in der Unternehmung gemildert oder beseitigt werden. Hier können z.B. Schulungen einen wesentlichen Beitrag leisten.[240]

---

234 Vgl. Weber, H. (1981): a.a.O., S. 78.

235 Voswinkel, S.: Der "Betriebsrat light" und die "normale" Betriebsverfassung, in: Industrielle Beziehungen, 4/1996, S. 352.

236 Vgl. Masuch, M.: Vicious Circles in Organizations, in: Administrative Science Quarterly, March 1985, S. 21f.

237 Vgl. Kotthoff, H. (1992): a.a.O., Sp. 621f.

238 Vgl. Crozier, M.: Der bürokratische Circulus vitiosus und das Problem des Wandels, in: Mayntz, R. (Hrsg.): Bürokratische Organisation, 2. Aufl., Köln/Berlin 1971, S. 283f.

239 Siehe dazu auch Kap. II.4.3.3.

240 Vgl. Wächter, H.: Betriebsrat und Organisation, in: Frese, E. (Hrsg.): Handwörterbuch der Organisation, 3. Aufl., Stuttgart 1992, Sp. 355.

3.4.2 Betriebsstruktur und Funktionsdifferenzierung

Die Betriebsstruktur wirkt sich in sehr unterschiedlicher Art und Weise auf den Betriebsrat aus. Wie in Kapitel I.3.1 bereits gezeigt wurde, spiegelt sich diese bereits in der Zusammensetzung des Gremiums selbst wider. Existiert auf betrieblicher Ebene zudem eine Gliederung nach Fachgebieten, so ist auch für den Betriebsrat eine organisatorische Entsprechung vonnöten, d.h. er bildet parallel zu den Ausschüssen des Managements eine Art von Nebenhierarchie.[241]

Eine funktionale Gliederung ergibt sich nach Weber[242] vor allem für die Problembereiche Lohn und Leistung, Personal und Soziales sowie für Arbeitsbedingungen infolge ihrer jeweiligen Bearbeitungshäufigkeit. Die kurzfristigen materiellen Vorteile im erstgenannten Bereich, wie auch individuelle Bedürfnisse der Arbeitnehmer, werden vorrangig behandelt und bilden neben der Kontrollfunktion im Bereich des Arbeitsschutzes die wesentlichen Aufgabenbereiche im Tagesgeschäft der Betriebsräte.

Möglichkeiten der Funktionsdifferenzierung und Spezialisierung ergeben sich aus der im vorangegangenen Kapitel behandelten jeweiligen Größe des Betriebsrates sowie durch die Anzahl der freigestellten Mitglieder. Durch Arbeitsteilung lassen sich eine Vielzahl von Sachgebieten parallel bearbeiten, wobei die Spezialisierung jedes einzelnen Mitgliedes die Wirksamkeit des gesamten Gremiums erhöht.[243] Erleichtert wird dadurch nicht nur die Gewinnung und der Transport von Informationen, sondern auch deren gezielte Verarbeitung durch entsprechende Experten.

Ist die Gründung eines Betriebsausschusses vorausgegangen, was ab einer Beschäftigtenzahl über 300 Personen bzw. einer Betriebsratsgröße von mehr als neun Mitgliedern möglich ist, können freiwillig weitere Ausschüsse gebildet werden. Notwendig ist hierzu die Mehrheit der Stimmen des Betriebsrates. Die Ausschußgründung bietet sich in zweierlei Hinsicht an: Zum einen können aktuelle Probleme intensiv bearbeitet werden, zum anderen steigt konstant die Fachkompetenz der langjährigen Mitglieder, da sie über Erfahrung in dem jeweiligen Bereich verfügen. Beide Möglichkeiten erhöhen die Effizienz der Betriebsratsarbeit wesentlich. Typische Beispiele für zusätzliche Ausschüsse sind folgende:[244]

- ein *Personalausschuß*, in dem personelle Einzelmaßnahmen, Vorlagen für Betriebsvereinbarungen zu Personalrichtlinien sowie Fragen der Personalplanung behandelt werden;
- ein *Ergonomieausschuß*, dem die Überwachung von Arbeitsstättenverordnungen, Richtlinien der Berufsgenossenschaft und neuen arbeitswissenschaftlichen Erkenntnissen obliegt, um die menschengerechte Arbeitsplatzgestaltung zu gewährleisten;

---

241 Siehe dazu weiterführend auch Kap. I.4.2.4 und II.4.1.2.
242 Vgl. Weber, H. (1981): a.a.O., S. 76.
243 Dachrodt, H.-G./Schweda, P.: Erfolgreiche Betriebsausschüsse, 2. Aufl., Köln 1991, S. 43.
244 Vgl. Dachrodt, H. G./Schweda, P. (1991): a.a.O., S. 48ff.

- ein *Sicherheitsausschuß*, der nach zuvor genannter Methodik die Bestimmungen zur Arbeitssicherheit überprüft;
- ein *Sozialausschuß*, der sich um die sozialen Angelegenheiten im Betrieb kümmert, z.b. um Werkswohnungen oder Kantinen;
- ein *Ausbildungsausschuß*, dem Fragen der Förderung, Einrichtung und Durchführung von Berufsbildungsmaßnahmen obliegen, zusätzlich ist auch ein *Weiterbildungsausschuß* denkbar;
- ein *Ausschuß zum betrieblichen Vorschlagswesen*;
- ein *Lohn- oder Gehaltsausschuß* sowie
- ein *Arbeitszeitausschuß*.

Als Vorteil gilt auch die paritätische Besetzung dieser Ausschüsse durch Arbeitgeber- und Arbeitnehmervertreter. Besonders zügig und wirksam erfolgt die Problembehandlung oder Vorschlagsvorbereitung in solchen Gremien insbesondere unter der Voraussetzung, daß von seiten des Arbeitgebers Vertreter der Fachabteilungen entsandt werden und sich bei den Betriebsräten durch intensive Einarbeitung ebenfalls Expertenwissen zu den entsprechenden Themen herausgebildet hat.[245]

Dieses Fachwissen vereinfacht ebenfalls die Diskussion übergreifender Problemstellungen, die Interdependenzen zwischen verschiedenen Fachgebieten aufweisen. Beispielhaft kann hier die Stellungnahme des Betriebsrates zur Gründung einer neuen Abteilung angeführt werden. Die direkte und schnelle Information durch die jeweiligen Abteilungsfachleute führt bei einer funktionierenden Integration im Gesamtbetriebsrat u.a. zur frühzeitigen Einleitung eigener Initiativen.[246] Da die Aktionsfelder nicht entsprechend ihrer aktuellen Relevanz wechselhaft besetzt sind, sondern permanent, kann ein derartiges Informationsnetz auch gewährleisten, daß das aus einer originär asymmetrischen Machtverteilung und entsprechend ungleichem Informationsstand[247] resultierende spontan-reaktive oder passive Verhaltensmuster durchbrochen wird. An diese Stelle rückt vielmehr eine

"[...] strategische und erfolgsorientierte Einflußnahme, die sich bezieht auf die Reduktion von Ungewißheit auf der Grundlage spezifischen Sachwissens und überlegener Informationspotentiale."[248]

Unterlaufungsstrategien des Managements könnten durch einen derartigen "aufgabenbezogenen Aktivismus"[249] vermieden werden.

---

245 Vgl. ebenda, S. 47.
246 Vgl. Weber, H. (1981): a.a.O., S. 79f.
247 Vgl. Clemens, W.: Unternehmungsinteresse, Frankfurt/M. u.a. 1984, S. 271ff.
248 Vgl. Zündorf, L.: Macht, Einfluß, Vertrauen und Verständigung. Zum Problem der Handlungskoordinierung in Arbeitsorganisationen, in: Seltz, R./Mill, U./Hildebrandt, E. (Hrsg.): Organisation als soziales System, Berlin 1986, S. 37.
249 Vgl. Bosetzky, H.: Zur Erzeugung von Eigenkomplexität in Großorganisationen, in: Zfo, 45/1976, S. 282f.

"Was die Kenntnisse und Fähigkeiten anbelangt, bin ich der Meinung, daß das vielleicht gesetzlich irgendwie geregelt wird, daß für gewisse Sachgebiete Spezialisten herangezogen werden, die die Fülle der Gesetze und Verordnungen und was damit zusammenhängt, kennen. Denn die Betriebsräte sind ja dazu gar nicht in der Lage. Dann müßten sie wirklich zu Berufsbetriebsräten werden und mindestens zehn Jahre im Betriebsrat bleiben und sich voll und ganz mit allem befassen."[250]

Als Problem für eine nach allgemeinen Kriterien sinnvolle Funktionsdifferenzierung stellt sich demnach das Wahlamt des Betriebsrates dar, das per se keine dauerhafte personelle Besetzung mit entsprechenden Qualifikationen gewährleistet, wie dies auf Seiten des Managements eher der Fall ist.

Positive Wirkungen der Funktionsdifferenzierung setzen voraus, daß Betriebsräte über einen hohen Informationsstand sowie umfassende fachliche bzw. soziale Kompetenzen verfügen und daß schließlich eine funktionale interne Spezialisierung gewährleistet ist. Eine nur oberflächliche Behandlung komplexer Gebiete, z.B. der Arbeitswissenschaften, würde eine kompetente und sachdienliche Arbeit in- und außerhalb des Gremium scheitern lassen.[251] Qualifizierungen der einzelnen Mitglieder im Vorfeld sind daher extrem wichtig. Insbesondere innerhalb paritätischer Ausschüsse würde ansonsten eine Möglichkeit zur aktiven Vertretung der Arbeitnehmerinteressen durch eine passive Funktion als Beisitzer infolge mangelhafter Kenntnisse eingebüßt.

3.4.3 Verfügbare Qualifikation

Im folgenden wird der Bereich der Qualifikation der Betriebsräte sowohl auf der Basis der Rekrutierungsmöglichkeiten des Betriebsrates als auch hinsichtlich spezifischer Aus- und Weiterbildungsmöglichkeiten diskutiert, da eine ungenügendes Niveau an Fachkenntnissen häufig als Hemmnis für die Betriebsratsarbeit gesehen wird.[252]

Die qualifikatorische Grundlage des Ehrenamtes bildet zunächst das berufliche Fachwissen und die persönlichen Kompetenzen, die die jeweiligen Mitglieder in das Gremium einbringen. Die Zusammensetzung des Betriebsrates spiegelt in der Realität die Schichtung der Belegschaft meist nur ungenügend wider, da bestimmte Belegschaftsfraktionen häufig unterrepräsentiert sind - wie z.B. Frauen, Ausländer und ältere Arbeitskräfte.[253] Das wesentliche Rekrutierungspotential der Betriebsräte bilden viel-

---

250 Interviewzitat aus Dybowski-Johannson, G.: Die Interessenvertretung durch den Betriebsrat, Frankfurt/M.; New York 1980, S. 104.

251 Vgl. Weber, H. (1981): a.a.O., S. 79.

252 Vgl. Weber, H. (1981): a.a.O., S. 80f.

253 Entsprechend kann allein durch die Rekrutierungspraxis der Betriebsräte die Heterogenität der Belegschaften und deren unterschiedliche Interessenlagen faktisch nicht aufgefangen werden.

mehr männliche deutsche Facharbeiter mittleren Alters.[254] Vorteilhaft ist daran, daß das allgemeine Bildungsniveau höher ist, als bei einem vorwiegend aus Un- und Angelernten bestehenden Gremium. Allerdings verstärkt sich hiermit die Gefahr, daß sich der Schutz des Betriebsrates vor allem auf die Teile der Belegschaft bezieht, die zu den Rationalisierungsgewinnern zählen.

Bei der allgemeinen Qualifikation der Betriebsräte, ihrem beruflichen Fachwissen und ihrer sozialen Kompetenz spielt außerdem die jeweilige Branche eine Rolle. Während in Industriebetrieben die Schicht der Facharbeiter dominant ist, besteht in Banken das Rekrutierungspotential hauptsächlich aus Angestellten. Die Branche stellt also ein Indiz für den Bildungsstand der Belegschaft dar, der sich gleichermaßen im Betriebsrat wiederfindet. Daraus folgt auch, daß Veränderungen der Qualifikationsstruktur der Belegschaft oder Variationen im Bildungsniveau der Gesellschaft den Betriebsrat tangieren.

Die Aufgabenvielfalt, der sich Betriebsräte gegenübersehen, erschwert ihre gezielte Aus- und Fortbildung, die gleichermaßen inhaltliches und rechtliches Wissen ebenso wie soziale Handlungskompetenz erfordert.[255] Pro Amtszeit haben die Mitglieder nach § 37, Abs. Vff. BetrVG drei Wochen bezahlten Bildungsurlaub für Veranstaltungen, die nach Maßgabe der obersten Arbeitsbehörde des Landes für ihre Fortbildung geeignet sind.[256] Werden vergleichbare Schulungen von unterschiedlichen Veranstaltern angeboten, so ist die kostengünstigere vorzuziehen.[257]

Als Bildungsanbieter fungieren:

- Gewerkschaften,
- Arbeitskammern,
- kirchliche Einrichtungen,
- Volkshochschulen,
- Fachhochschulen/Universitäten,

---

254 Vgl. Maase, M. et al.: Weiterbildung - Aktionsfeld für den Betriebsrat?, 2. Aufl., Köln; München 1978, S. 137.

255 Vgl. Wächter, H./Breisig, Th.: Aus- und Fortbildung für Betriebsratsmitglieder, in: Gaugler, E./Weber, W. (Hrsg.): Handwörterbuch des Personalwesens, 2. neubearb. u. erg. Aufl., Stuttgart 1992, Sp. 504ff.

256 Vgl. Fitting, K. et al. (1990): a.a.O., S. 554ff. Bei der Entscheidung über die Übernahme von Seminarkosten durch den Arbeitgeber kommt es vor allem darauf an, daß Kenntnisse vermittelt werden, die der Betriebsrat zur Ausübung seiner Tätigkeit benötigt und diese nicht auf anderem Wege, z.B. über Fachzeitschriften, zu erlangen sind. Vgl. o.V.: Kostentragung für eine Betriebsratsschulung, in: Betrieb und Personal, 7/1996, S. 302f.

257 Vgl. Wächter, H./ Breisig, Th. (1992): a.a.O., Sp. 508. Nach Niedenhoff liegen die durchschnittlichen Aufwendungen für Schulungen der Betriebsräte bei 5,30 DM pro Mitarbeiter und Jahr. Vgl. Niedenhoff, H.-U.: Die Kosten der Anwendung des Betriebsverfassungsgesetzes, Köln 1994, S. 34.

- Arbeitgeberverbände,
- sowie private Anbieter.[258]

Die traditionelle Bildungskonzeption der Gewerkschaften[259] für die Weiterbildung von Betriebsräten bezieht sich zunächst auf die Bereiche Lohn und Leistung sowie Personal und Soziales. Dadurch bleiben aber Bereiche defizitär, die besonders intensive Kenntnisse - insbesondere des Rechtssystems - erfordern, wie z.B. die Arbeitssicherheit oder die Arbeitsgestaltung. Gegenüber der Belegschaft wirkt sich dieser Sachverhalt zunächst kaum aus. Im Kontakt zum Management, dessen Bildungsniveau stetig steigt - man spricht von einer "Akademisierung" der Führung[260] - dagegen weitaus mehr, wodurch sich die Kluft hinsichtlich des verfügbaren Wissens zwischen Management und Interessenvertretung verstärkt.[261] Diese kann nicht völlig überwunden, aber durch eine längere Verweildauer der Betriebsräte zumindest partiell gemildert werden: Eine funktionale Spezialisierung mit permanenten Schulungen und Erfahrungswissen gewährleistet eine Anpassung des Wissensstandes.

Defizite der qualifikatorischen Ausstattung von Betriebsräten treten auch in solchen Bereichen auf, die eine permanente intensive Auseinandersetzung mit dem zu bearbeitenden Thema notwendig machen, wie dies z.B. bei gefährlichen Arbeitsstoffen oder arbeitsorganisatorischen Entwicklungen der Fall ist.[262] Im Bereich von komplexen Themen, wie z.B. Outsourcing, kommt erschwerend hinzu, daß kaum abstraktes, vermittelbares Wissen vorliegt, weil die Probleme von Betrieb zu Betrieb zu stark variieren.

Die wesentlichen genannten Größen, die die Qualifikation des Betriebsrates beeinflussen, v.a. berufliche Ausbildung, Erfahrungswissen und Weiterbildungsaktivitäten, sind noch einmal zusammenfassend in der folgenden Abbildung dargestellt.

---

258 Siehe dazu auch Kap. II.4.1.3.

259 Siehe zu diesem Themenbereich weiterführend Weber, M.: Gewerkschaftliche Bildungsarbeit - konkret, Köln 1982; Bruns, C./Conert, H./Griesche, D.: Gewerkschaftliche Bildungsarbeit und Interessenvertretung im betrieblichen Alltag, Frankfurt/M.; New York 1980.

260 Vgl. Pitz, K.-H./ Pohl, M.: Management hinter der Barriere - Festung Management, in: WSI Mitteilungen, 2/1994, S. 104.

261 In den zehn größten Industriebetrieben haben nur zwei Arbeitnehmervertreter ein Hochschulstudium absolviert, der Rest hat eine gewerbliche oder kaufmännische Ausbildung. Hier zeigt sich deutlich die Diskrepanz zwischen der Ausbildung und den Anforderungen, die an Betriebsräte hinsichtlich juristischer, betriebswirtschaftlicher und technischer Kenntnisse gestellt werden. Vgl. Rueß, A. (1994): a.a.O., S. 16.

262 Vgl. Wächter, H./Breisig, Th. (1992): a.a.O., Sp. 505; siehe dazu auch Kap. I.4.2 über neue Managementkonzepte, das diese Problematik besonders anschaulich macht, sowie die in I.4.1.2 diskutierte Schwierigkeit, die sich hinsichtlich des Wissens über ausländische Konzepte und dazu notwendiger Bildungsreisen bzw. Sprachkenntnisse zukünftig noch weitaus stärker auswirken wird.

Betriebs-vereinbarungs-träger: Betriebsrat \ Aspekte personenbezogener Qualifikation	Ansatzpunkte personenbezogener Qualifikation	Determinanten personenbezogener Qualifikation
Betriebsrat	Professionalisierungsgrad	Ausmaß der Freistellung
		Dauer der Unternehmens-zugehörigkeit
		Dauer der Betriebsrats-mitgliedschaft
		Strukturelle Zusammen-setzung des Betriebsrates: Verhältnis Angestellte/ Arbeiter
	Ausbildungsgrad	Stellung in der Unterneh-menshierarchie vor der Betriebsratstätigkeit
	Weiterbildungsgrad	Weiterbildungsaktivitäten bezüglich des Betriebsvereinbarungs-wesens

Abb. 6: Personenbezogene Aspekte der Qualifikation des Betriebsrates[263]

---

263 Wessmann, P. K.: Mitbestimmung durch Betriebsvereinbarung, Köln 1987, S. 107.

4. Organisationswandel als aktuelle Herausforderung der Betriebsratsarbeit

Moderne Organisationen befinden sich seit Mitte der 70er Jahre in einem tiefgreifenden Veränderungsprozeß, der sich in Flexibilisierungs-, Deregulierungs- und Globalisierungstendenzen äußerte und vielfältige Restrukturierungen notwendig machte.[264] Der vollzogene Wandel kann grob schematisiert auf vier Ursachen zurückgeführt werden, die eng miteinander verflochten sind und einen direkten organisationalen Bezug aufweisen:[265]

1) ökonomische Faktoren,
2) rohstoff-, umwelt- und technikbezogene Faktoren,
3) produktions- und marktbezogene Faktoren,
4) politisch-kulturelle Faktoren.

Allgemein können die direkten Wirkungen auf die Unternehmen wie folgt beschrieben werden:

"- Die augenscheinlichsten Veränderungen finden auf der sichtbaren Ebene statt. Zu nennen sind hier sinkende Mitarbeiterzahlen, veränderte Organisationsstrukturen sowie veränderte Beteiligungs-Portfolios. Hinzu kommen diverse "Anpassungen" auf der zweiten Management-Ebene.
- Auch auf der unsichtbaren Ebene sind deutliche Veränderungen festzustellen. Das Denken und Empfinden aller Beteiligten hat sich geändert, Sicherheit und Planbarkeit sind einer Unsicherheit und hochgradigen Dynamik gewichen. Darüber hinaus sind in vielen Unternehmen Risse auszumachen, die quer durch einzelne Abteilungen und quer durch ganze Unternehmensbereiche laufen."[266]

Durch diese aktuellen Entwicklungen ergeben sich Auswirkungen auf traditionelle Arbeitsplatz- und Arbeitszeitsysteme, die der marktorientierten Anpassung und strukturellen Vorwärtsentwicklung geschuldet sind. Darüber hinaus wird durch die hohe technische Elastizität eine Entkopplung zwischen einzelnen Menschen, wie auch zwischen Mensch und Maschine sowohl in räumlicher, als auch in zeitlicher Hinsicht ermöglicht. Institutionelle Ordnungsmuster erfahren dadurch eine andere Bedeutung, und auch das Verständnis von Arbeit wird neu definiert.[267] Insbesondere die veränderte Wettbewerbssituation der deutschen Wirtschaft, verbunden mit einer massiven Kostenkrise der Unternehmen im internationalen Vergleich (z.B. durch hohe Löhne,

---

264 Zur Spezifizierung dieses Themenbereiches vgl. beispielhaft Flecker, J./Schienstock, G.: Flexibilisierung, Deregulierung und Globalisierung, München 1991.
265 Vgl. Kreuder, Th.: Unternehmenskultur und Mitbestimmung, 2. Aufl., Düsseldorf 1992, S. 17.
266 Scholz, Ch.: Personalmanagement zwischen Rezession und Restrukturierung, in: Scholz, Ch./Oberschulte, H. (Hrsg.): Personalmanagement in Abhängigkeit von der Konjunktur, München; Mering, 1994, S. 16.
267 Vgl. Mahnkopf, B.: Die dezentrale Unternehmensorganisation - (k)ein Terrain für neue "Produktionsbündnisse"?, in: Prokla 76, 3/1989, S. 28.

Steuern und Umweltabgaben),[268] stellt ein Problem dar, dessen Bewältigung durch flexiblere Managementmethoden, die dem Modell des "Toyotismus"[269] folgen, angestrebt wird. Die wichtigsten und wohl auch bekanntesten in diesen Bereich fallenden Konzepte sind: Lean Management, Kaizen, Gruppenarbeit, Total Quality Management und Simultaneous Engineering.[270]

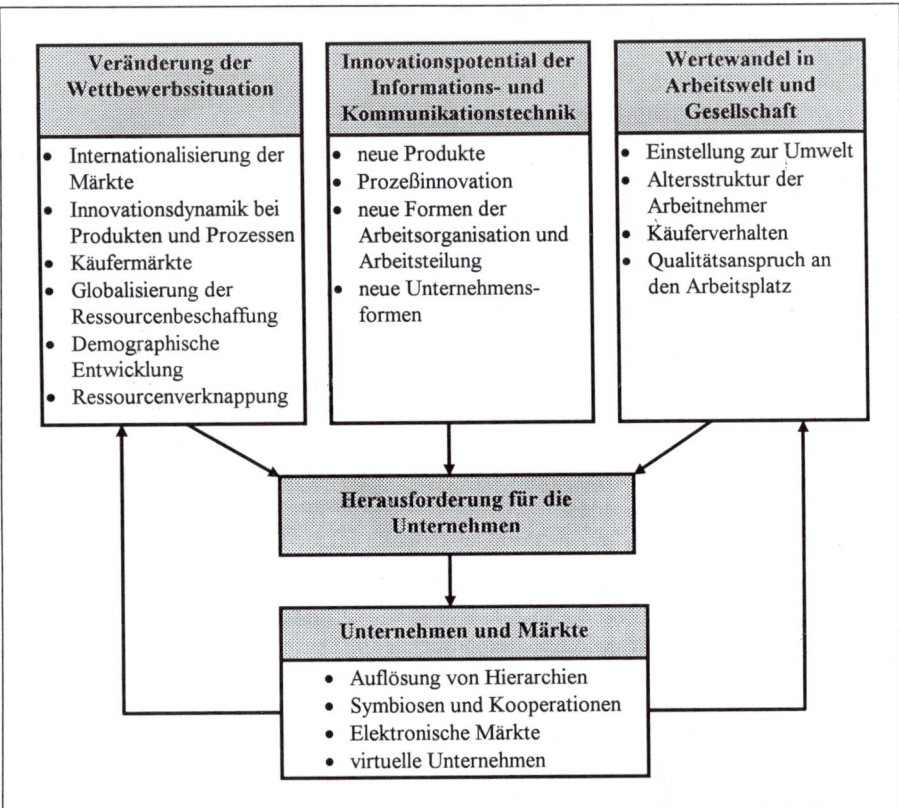

Abb. 7: Innovationspotentiale, Wettbewerbssituation und Innovationsstrategien[271]

---

268 Vgl. Hilbert, J./ Schmid, J.: Wirtschaftsstandort und Zukunft des Sozialstaates, Marburg 1994, S. 16f.

269 Vgl. Daum, M./Piepel, U.: Lean Production - Philosophie und Realität, in: IO Management Zeitschrift, 1/1992, S. 45.

270 Eine kurze Übersicht der wichtigsten Charakteristika dieser Konzepte findet sich exemplarisch in Schneider-Winden, K.: Das neue Unternehmen, Frankfurt/M. 1994, S. 154ff. Dabei ist anzumerken, daß die genannten Begriffe häufig synonym gebraucht werden und sich teilweise inhaltlich überschneiden. Siehe weiterführend auch Kap. I.4.2.1.

271 Vgl. Picot, A./Reichwald, R./Wigand, R.T.: Die grenzenlose Unternehmung, Wiesbaden 1996, S. 3.

Die Gesamtheit der im Wandel befindlichen Bereiche sowie ihre wesentlichen Wirkungen auf Unternehmen und Märkte sind zusammenfassend in Abbildung 7 dargestellt. Durch diese Entwicklungen geraten auch Betriebsräte unter Veränderungsdruck. Die Reaktionen der Interessenvertretung sind diffus und abhängig von situativen Größen. Tritt beispielsweise auf einzelwirtschaftlicher Ebene in Folge der Krisensituation eine schlechtere Ertragslage ein, zieht dies in der Regel auch eine Einengung des Verhandlungsspielraumes der Interessenvertretung nach sich.[272]

Im folgenden werden einige überbetriebliche Rahmenbedingungen dargestellt, deren Auswahl sich aus dem direkten Wirkungszusammenhang mit der Handlungsebene von Betriebsräten herleiten läßt.[273]

4.1 Internationale Unternehmensverflechtungen

4.1.1 Globalisierungsstrategien

In weiten Teilen der Wirtschaft lassen sich Veränderung der Wettbewerbsbedingungen und -strukturen feststellen, die unter dem Stichwort "Globalisierung" zusammengefaßt werden.[274] So belegen empirische Untersuchungen in den letzten Jahren einen enormen Zuwachs von strategischen Allianzen,[275] Betriebsübernahmen und Fusionen auf nationaler wie internationaler Ebene, wodurch sich der Beginn einer neuen Wirtschaftsordnung abzeichnet.[276]

Die Entwicklung von Netzwerkstrukturen[277] auf der Basis neuer Informations- und Kommunikationstechniken erleichtert den weltweiten Zugang zu Märkten, in denen eine immer größere Zahl von Anbietern, insbesondere aus ostasiatischen und osteuropäischen Ländern agiert. Die entscheidenden Wettbewerbsfaktoren innerhalb dieses erweiterten internationalen Rahmens sind Zeit und Flexibilität, wenn es um die rasche und kostengünstige Anpassung an eine veränderte Nachfrage geht.[278]

---

272 Vgl. Kronenberg, B./Schneider, W./Volkmann, G./Wendeling-Schröder, U.: a.a.O., S. 488.
273 Siehe hierzu die konstituierenden Variablen der Arbeit von Betriebsräten in Abb. 1.
274 Zur Unterscheidung der Internationalisierungsstrategien vgl. Kutschker, M.: Konzepte und Strategien der Internationalisierung, in: Corsten, H./Reiss, M.: Handbuch Unternehmensführung, Wiesbaden 1995, S. 647 - 660.
275 Zum Begriff der strategischen Allianz siehe beispielhaft Gahl, A.: Die Konzeption strategischer Allianzen, Berlin 1991.
276 Vgl. Schienstock, G.: Globale Konzerne: Netzwerkstrukturen, Organisationsstrategien und Arbeitsbeziehungen, in: Arbeit, 3/1994, S. 255.
277 Vgl. Thorelli, H. B.: Between Markets and Hierarchies, in: Strategic Management Journal, 7/1986, S. 37 - 51; Sydow, J.: Strategische Netzwerke und Transaktionskosten, in: Staehle, W.H./Conrad, P.: Managementforschung, Bd. 2, Berlin; New York, S. 239 - 311.
278 Vgl. Picot, A./Reichwald, R./Wigand, R. T. (1996): a.a.O., S. 2ff.

Die beschriebenen Entwicklungen ermöglichen folglich, daß neue Koordinations- und Kooperationsformen[279] die Standortstreuung unternehmerischer Aktivitäten und damit letztlich auch die Zusammenarbeit mit Dritten erleichtern. Infolge dessen befinden sich die klassischen Vorstellungen der physischen Unternehmensgrenzen - im Verständnis von innen und außen - mehr und mehr in Auflösung. Die Konfigurationen von modernen Unternehmen variieren stark. Dieser Wandel gestaltet sich allerdings nicht völlig offen, sondern ist zu weiten Teilen von technischen, rechtlichen und kulturellen Infrastrukturen abhängig.[280]

Die steigende Komplexität international agierender globaler Konzerne hat das Machtungleichgewicht innerhalb der industriellen Beziehungen weiter zugunsten der Managementseite verschoben, da die weltweit ausgelegten wirtschaftlichen Aktivitäten der Geschäftsleitung letztlich einen entscheidenden Informations- und Organisationsvorsprung gegenüber den Interessenvertretern garantiert. Die starke Verhandlungsposition wird vor allem durch die Politik des "dual sourcing" deutlich: Durch die Ankündigung von Standortverlagerungen können gewerkschaftliche Forderungen beschränkt werden.[281] In diesem Zusammenhang stellt die Beherrschung der Unsicherheitszonen i.d.R. die wesentliche Ressource der Verhandlungsmacht des Managements dar:[282]

"Die Prozentzahl derjenigen, die tatsächlich schon Arbeitsplätze ins Ausland verlagert haben, ist immer noch sehr viel niedriger, - sie liegt bei 12 Prozent in Deutschland 1996 - als die öffentliche Debatte darüber vermuten läßt."[283]

Die Tendenz, daß sich die Entscheidungsstrukturen innerhalb der Unternehmung immer stärker von der Betriebsebene entfernen, wirft Probleme für die existierenden Mitbestimmungsstrukturen insbesondere deshalb auf, weil die bestehenden Gesamt- und Konzernbetriebsräte zwar vorhanden sind, jedoch, aus abgesandten Betriebsräten einzelner Standorte zusammengesetzt, bislang weder in der Lage waren, eine eigene Statur noch ein geeignetes Gegengewicht zu schaffen.[284] Die Begrenzung der Mitbestimmung durch das Betriebsverfassungsgesetz wirkt hier als Hindernis für eine effiziente Interessenvertretung, da die Reichweite der Einflußmöglichkeiten und die Informationsversorgung beschränkt ist[285] sowie der Dynamik der Unternehmenskooperationen nicht länger gerecht wird. Dies gilt auch im Hinblick auf europäische Betriebsräte.

---

279 Siehe dazu beispielhaft Kunstmann, H. H.: Kommunikationsebenen in der lernenden Management-Holding, in: Zfo, 1/1996, S. 38ff.
280 Picot, A./Reichwald, R.: Auflösung der Unternehmung?, in: ZfB, 5/1994, S. 567.
281 Vgl. Schienstock, G. (1994): a.a.O., S. 262f.
282 Vgl. Schreyögg, G.: Organisation, Wiesbaden 1996, S. 418.
283 Beck, U.: Macht der multinationalen Unternehmen, in: GMH, 11 - 12/1996, S. 677.
284 Vgl. Kotthoff, H.: Mitbestimmung im Betrieb und Unternehmen, in: Fricke, W./Iwanow, W.: Deutsche Mitbestimmung - russische Perestroika, Bonn 1988, S. 33.
285 Vgl. Nagel, B.: Beziehungswandel, in: Die Mitbestimmung, 5/1996, S. 34.

4.1.2 Europäische Betriebsräte

Die Integration verschiedener Länder zur Europäischen Union (EU) führte im Vereinheitlichungsprozeß zur Entstehung von Euro-Betriebsräten. Da die jeweiligen nationalen Partizipationsmöglichkeiten stark variieren[286], wurde am 22. September 1994 nach über zehn Jahren der Diskussion[287] eine Richtlinie zur Einsetzung Europäischer Betriebsräte verabschiedet, die Mindestnormierungen zum Inhalt hat.[288] Diese kommen zur Anwendung, wenn nach spätestens drei Jahren keine Vereinbarung zustandegekommen ist oder die Unternehmensleitung die vorgesehenen Verhandlungen verweigert.[289] Der Geltungsbereich der Richtlinie umfaßt Unternehmen mit über 1000 Beschäftigten, von denen jeweils 150 in mindestens zwei Staaten der EU tätig sind.[290] Insgesamt sind von dieser Regelung 1200 Unternehmen und Konzerne mit insgesamt ca. 4,5 Mio. Arbeitnehmern betroffen, wovon auf die Bundesrepublik ca. 290 Unternehmen entfallen.[291] Die Größe der Räte richtet sich nach der Anzahl der Unternehmenstöchter und der Beschäftigtenzahl. Die teilnehmenden Personen werden durch den jeweiligen nationalen Betriebsrat benannt.

Schon vor der Inkraftsetzung der Richtlinie haben einige deutsche Unternehmen eigenverantwortlich Euro-Betriebsräte eingesetzt. Zu den bekanntesten Beispielen zählen in diesem Kontext die Volkswagen AG seit 1990[292], das Europa-Forum der

---

286 Vgl. Niedenhoff, H.-U.: Mitbestimmung in den EG-Staaten, Köln 1991; Breisig, Th. et al. (Hrsg.): Handwörterbuch Arbeitsbeziehungen in der EG, Wiesbaden 1993, S. 355 - 400; Jaeger, R.: Arbeitnehmervertretungen und Arbeitnehmerrechte in den Unternehmen Westeuropas, in: Hans-Böckler-Stiftung (Hrsg.): Europäische Betriebsräte, 5. Aufl., Düsseldorf 1994, S. 101 - 140; Slomp, H.: Doch, es gibt eine europäische Mitbestimmung, in: Steger, U. (Hrsg.): Auf dem Weg zum Euro-Betriebsrat?, Frankfurt/M.; New York 1993, S. 65ff.

287 Da die Vredeling Richtlinie von 1983 nicht gravierend modifiziert wurde, bezeichnet man insbesondere die Vorschläge von 1990 und 1991 als "Vredelings-Söhne". Vgl. Schmidt-Dorrenbach, H.: Vredlings-Sohn! Der Europäische Betriebsrat, in: Personalführung, 1/1992, S. 46 - 49; Ders.: Vredlings-Sohn! Der Europäische Betriebsrat II, in: Personalführung, 2/1992, S.114 - 117.

288 Siehe hierzu exemplarisch Wirmer, A.: Die Richtlinie Europäische Betriebsräte - Ein zentraler Baustein europäischer Sozialpolitik, in: DB, 42/1994, S. 2134 - 2137.

289 Vgl. dazu ausführlich Schmidt-Dorrenbach, H.: Europäischer Betriebsrat, in: Personalführung 12/1994, S. 1150f.

290 Ausgenommen von der Regelung ist Großbritannien, wo das sozialpolitische Abkommen nicht unterzeichnet wurde. Dort ansässige Betriebe werden prinzipiell wie Externe behandelt, allerdings besteht die Möglichkeit, Sonderregelungen zu vereinbaren.

291 Vgl. Klinkhammer, H./Welslau, D.: Der europäische Betriebsrat, in: Die Aktiengesellschaft, 11/1994, S. 489.

292 Vgl. Posth, M./Schuster, H.: VW-Eurobetriebsrat - Erfahrungen und Erwartungen, S. 113 - 121 sowie Mogwitz, G.: Europäischer Betriebsrat bei VW als Ergebnis praktizierter internationaler Solidarität, S. 147 - 157, beide in: Deppe, J. (Hrsg.): Euro-Betriebsräte, Wiesbaden 1992; Mertens, V.: Europaweite Kooperation von Betriebsräten multinationaler Konzerne: Das Beispiel Volkswagen, Wiesbaden 1994.

Bayer AG[293] sowie das "European Information Meeting" der Hoechst-Gruppe[294], die beide seit 1991 agieren. Infolge dessen bestehen bereits erste Erfahrungen über die Praxis der grenzüberschreitenden Interessenvertretung, obwohl die rechtliche Grundlage erst seit kurzem Gültigkeit hat.[295] Betriebsräte erhalten hier die Möglichkeit, frühzeitig Informationen über Konzernstrategien zu erlangen, die Einflüsse auf das nationale Unternehmen haben können. Ihnen werden aber gleichzeitig auch Kenntnisse über weitere inhaltliche Fragestellungen abverlangt, wozu zeitintensive Vorbereitungen nötig sind. Gerade in der Entstehungszeit werden diese nicht immer proportional zum Nutzen eines solchen Verbindungsausschusses stehen.

Problematisch bei der Diskussion über Euro-Betriebsräte erscheint - insbesondere nach deutschem Verständnis - , daß die Namensgebung auf eine wesentlich höhere inhaltliche Bedeutung schließen läßt, als ihnen faktisch zukommt.[296] Stützel führte 1996 eine Befragung in 22 Unternehmen durch, die bereits über europäische Interessenvertretungsgremien verfügen, und stellte folgende Klassifizierung von Kompetenzen fest: Während Informationsrechte von allen Betriebsräten und Geschäftsleitungen als selbstverständlich angesehen werden, finden Mitspracherechte nur bei elf Betriebsräten und einem Arbeitgeber Nennung. Echte Mitbestimmungsrechte glaubte lediglich ein befragter Betriebsrat zu haben.[297] Nach Deppe ist weiterhin zu beachten, daß die inhaltliche Güte und Vielfältigkeit der weitergegebenen Information unterschiedlich zu bewerten ist.[298]

Denkbare Schwierigkeiten bei der praktischen Arbeit solcher Gremien entstehen in Konzernen mit breiter europäischer Ausdehnung und entsprechend vielen Mitgliedern mit unterschiedlicher Nationalität, die sich aus Zeit- und Kostengründen lediglich zwei bis drei Mal pro Jahr für ca. ein bis zwei Tage treffen, um Belange der jeweili-

---

293 Vgl. Wiedemeyer, G. R./Schuster, H.: Das Europa-Forum der Bayer AG, in: Deppe, J. (Hrsg.) : Euro-Betriebsräte, Wiesbaden 1992, S. 123 - 136.

294 Vgl. Weinmann, H.: "European Information Meeting": Grenzüberschreitende Information europäischer Belegschaftsvertreter der Hoechst Gruppe, S. 101 - 111 sowie Brand, R.: "European Information Meeting": Ein Modell des europäischen Dialogs der Sozialpartner im Hoechst-Konzern, S. 139 - 146, beide in: Deppe, J. (Hrsg.) : Euro-Betriebsräte, Wiesbaden 1992.

295 Vgl. Jaeger, R.: Euro-Betriebsräte und Entwicklung transnationaler Kommunikationsstrukturen - Praxis und Perspektiven, in: WSI Mitteilungen, 8/1996, S. 483 - 488 sowie weitere Artikel dieses Schwerpunktheftes "Europäische Betriebsräte - die vierte Ebene betrieblicher Interessenvertretung" der WSI Mitteilungen.

296 Vgl. Deppe, J. (1992c): a.a.O., S. 17.

297 Vgl. Stützel, W. (1996): Euro-Betriebsräte: Verrechtlichung erzwingt Handeln, in: Industrielle Beziehungen, 3/1996, S. 283.

298 Vgl. Deppe, J.: Europäische Betriebsräte in deutschen Unternehmen, in: Personalwirtschaft 9/1992, S. 18.

gen Betriebe zu erörtern. Allein die Sprachproblematik, spezifische Landessitten[299] sowie unterschiedliche Arbeitsbeziehungssysteme werfen Probleme auf, die eine Diskussion über Konzern- und Mitbestimmungsaktivitäten erschweren. Möglicherweise wird dadurch zu den erforderlichen Qualifikationen für Betriebsräte künftig die Beherrschung einer bestimmten Sprache gehören.

Bis September 1996, bevor die Richtlinie in einzelstaatliches Recht umgesetzt wurde, hatten nur 200 europäische Unternehmen, d.h. $1/6$ der insgesamt in Frage kommenden, freiwillige Vereinbarungen getroffen.[300] Die langjährige Diskussion über Euro-Betriebsräte verbesserte demnach weder die Qualität der Partizipationsrechte, noch die Schnelligkeit und Verbreitung ihrer Einführung, so daß der Eingriff eines dritten Akteurs - der Kommission - dringend notwendig war.[301] Abbildung 8 zeigt die 22 in Deutschland existierenden Euro-Betriebsräte nach den gewerkschaftlichen Organisationsbereichen gestaffelt, von denen 12 erst im Jahre 1995 entstanden sind.[302]

Industriegewerkschaft	Anzahl der Euro-Betriebsräte
1. IG Chemie, Papier, Keramik	10
2. IG Metall	8
3. IG Medien	2
4. IG Bauen - Agrar - Umwelt	1
5. Gewerkschaft Nahrung, Genuß, Gaststätten	1

Abb. 8: Euro-Betriebsräte verteilt nach gewerkschaftlichen Organisationsbereichen[303]

Die Dominanz der IGCPK kann darauf zurückgeführt werden, daß in dieser Branche überwiegend Großunternehmen anzutreffen sind, deren Europäisierung bereits in vielen Bereichen weit fortgeschritten ist.[304] Die vorgefundene Rangfolge gibt somit einen Hinweis darauf, inwieweit Globalisierungsprozesse stattgefunden haben und wie die traditionelle Sozialpartnerschaft in den einzelnen Industriegewerkschaften ausgeprägt ist.[305]

Zusammenfassend kann festgehalten werden, daß durch die Schaffung von Euro-Betriebsräten die Komplexität der täglichen Anforderungen an die Interessenvertre-

---

299 Zu denken ist hier insbesondere an kulturelle Unterschiede, die z.B. unterschiedliche Verhandlungsstile, Anforderungen an Pünktlichkeit, Exaktheit oder Variationen in der sprachlichen Direktheit bedingen.

300 Vgl. o.V.: Nur wenige Unternehmen haben freiwillige Vereinbarungen getroffen, in: Blick durch die Wirtschaft vom 23. September 1996, S. 1.

301 Vgl. Keller, B.: Nach der Verabschiedung der Richtlinie zu Europäischen Betriebsräten, in: WSI-Mitteilungen, 8/1996, S. 480.

302 Vgl. Stützel, W.: Pragmatische Arrangements, in: Die Mitbestimmung, 5/1996, S. 36.

303 Die der Abbildung zugrundeliegenden Daten stammen aus Stützel, W.(1996b): a.a.O., S. 36.

304 Vgl. Koubek, N./Cleff, Th./Pierotti, C./Schafmeister, S.: Strategievielfalt, in: Die Mitbestimmung, 4/1996, S. 32 - 34.

305 Vgl. Stützel, W. (1996a): a.a.O., S. 283.

tung sowohl in formeller wie auch in inhaltlicher Form weiter zunimmt, sie allerdings im Gegenzuge zur Erhöhung der Informationsmacht beitragen können.

4.2 Flexibilisierung durch technisch-organisatorische Innovationen

4.2.1 Leitlinien modernen Produktionskonzepte

Zumeist in Anlehnung an das Prinzip der "Lean production"[306] werden seit Anfang der 90er Jahre neue organisatorische Konzepte entwickelt. Ihr Ziel ist, durch "Schlankheitskuren" die Effektivität der Produktion zu erhöhen und damit letztlich die Wettbewerbsposition der Unternehmen im internationalen Konkurrenzkampf zu stärken.[307] Man spricht in diesem Zusammmenhang auch von der "Dritten Industriellen Revolution". Ohne einzelne Konzepte explizit aufzuführen, können die Kernelemente des japanischen Vorbildes wie folgt zusammengefaßt werden:[308]

1. **Teamarbeit**: Viele Abteilungen des Betriebes werden in Teams organisiert, die gemeinsam Arbeitsabläufe gestalten, steuern und koordinieren. Die Bindung an gemeinsam entwickelte Regelungen wird besonders hoch eingeschätzt und gilt deshalb als besonderer Erfolgsbaustein.

2. **Total Quality Control**: Durch permanente Qualitätssicherung ("Null-Fehler-Strategie") wird versucht, Probleme sofort und eigenverantwortlich in der Gruppe zu lösen, indem ihre Ursache identifiziert und behoben wird, um die notwendigen Nacharbeitungszeiten zu verringern. Diese "Ständige Verbesserung" (KAIZEN) der Qualität gilt als Kernelement der Lean Production.

3. **Kundenorientierung**: Sämtliche Unternehmensbereiche arbeiten kundenorientiert, d.h. Wünsche des Abnehmers und mögliche Änderungen werden im Einzelfall auch kurzfristig berücksichtigt. Dabei steht beispielsweise bei Verkaufsteams nicht der direkte Verkaufserfolg im Vordergrund, sondern die langfristige "Full-Service"-Beziehung zum Kunden.

4. **Simultaneous Engineering**: Durch eine weitgehende Parallelisierung der Entwicklung von Produkt und Produktionsmitteln, eine frühzeitige und umfassend abgestimmte marktorientierte Planung kritischer Qualitätsmerkmale und enge Kon-

---

306 Der Begriff geht zurück auf Krafcik, der zur Kategorisierung von Produktionssystemen "lean" (schlank) als Gegensatz zu "buffered" (gepuffert) verwendete, wobei die Vermeidung von Nacharbeitungszeiten als charakteristisches Merkmal für schlanke Produktionen gilt. Vgl. Hagen R.: Das "Toyota Produktionssystem" und die Konzeptlosigkeit der Lean-Ansätze, in: IO Management Zeitschrift, Nr. 1-2/1996, S. 44; Krafcik, J. F.: Triumph of the Lean Production System, in: Sloan Management Review, Autumn 1988, S.44f.

307 Vgl. beispielhaft Womack, J. P./Jones, D. T./Roos, D.: The machine that changed the world, New York 1990; Groth, U./Kammel, A.: Lean Management, Wiesbaden 1994.

308 Vgl. Hentze, J./Kammel, A.: Lean Production: Personalwirtschaftliche Aspekte der "schlanken Unternehmung", in: Die Unternehmung, 5/1992, S. 321ff.

takte von Herstellern zu Zulieferern zur Ausnutzung von Entwicklungsressourcen wird versucht, die Innovationsgeschwindigkeit zu erhöhen.

5. **Einbeziehung der Zulieferer**: Die Kontakte zu Zulieferern werden intensiviert, wenn sie hinsichtlich der Kostensenkungsverantwortlichkeit, Lieferungsfähigkeit ("Just in Time") und Qualitätsstandards den Vorgaben der Unternehmung entsprechen. Sie werden teilweise bereits in die Produktentwicklung eng eingebunden. Als negative Konsequenz führt der aus dieser Abhängigkeit von großen Konzernen resultierende Kostendruck häufig zu schlechteren Arbeits- und Sozialbedingungen in der Zuliefererindustrie.

6. **Komplexitätsreduktion und Funktionalität**: Davon ausgehend, daß die Grenzen komplexer Vollautomatisierung mit Einsatz von High-Tech weitestgehend erreicht sind, wird angestrebt, einerseits unnötige Puffer zu reduzieren und andererseits Überkomplexität zu vermeiden, indem die Konzentration auf das Wesentliche, nämlich die Wertschöpfungsaktivitäten gelegt wird. Konkret erfolgt bei bestimmten Aufgaben die Fremdvergabe ("Outsourcing"). Maschinen werden, wenn möglich, um den Arbeitsplatz herum angeordnet ("U-Shaped Line Production Systems"), um kurze Wege zu ermöglichen, d.h. Fertigung und Arbeitsplatzstruktur werden von Ordnung, Übersichtlichkeit und Funktionalität bestimmt.

7. **Flexible Fertigung**: Der "schlanke" Produzent arbeitet bei wenigen vorhandenen Maschinen mit kleinen Losgrößen. Sowohl Maschinen wie Werkzeuge zeichnen sich durch vielfältige Einsatzmöglichkeiten aus. Rüstvorgänge sind kurz und werden von den Montagearbeitern selbst durchgeführt. Alle Belegschaftsmitglieder sind hoch qualifiziert und vielfältig einsetzbar.

8. **Umfangreiches Informationssystem mit raschen Zugriffsmöglichkeiten**: Vernetzte Informationssysteme sorgen für eine schnelle Datenbereitstellung für jeden Mitarbeiter. Angestrebt ist dabei vor allem ein intensiver Informationsaustausch sowie eine transparente Kostenstruktur.

Die Besonderheit dieser neuartigen Strategien liegt darin, daß versucht wird, hohe Flexibilität und Qualität der Produktionsabläufe sowie deren ökonomische Gestaltung gleichzeitig zu gewährleisten. Altmann/Düll sprechen hier von einem "neuen Rationalisierungstyp".[309] Im Mittelpunkt der Konzepte steht die Rationalisierung des Gesamtbetriebes, d.h. es handelt sich um systemisch orientierte Maßnahmen[310], die Auswirkungen auf alle Teilprozesse haben. Dabei werden auch außerbetriebliche Liefer-, Bearbeitungs- und Verteilungsprozesse beeinflußt.[311] Die Ökonomisierung der

---

309 Vgl. Altmann, N./Düll, K.: Rationalisierung und neue Verhandlungsprobleme im Betrieb, in: WSI Mitteilungen, 5/1987, S. 261.

310 Zum begrifflichen Ursprung der systemischen Rationalisierung siehe beispielhaft Altmann, N./Deiß, M./Döhl, V./Sauer, D.: Ein "Neuer Rationalisierungstyp". Neue Anforderungen an die Industriesoziologie, in: Soziale Welt, 2-3/1986, S. 192.

311 Vgl. Altmann, N./Düll, K. (1987): a.a.O., S. 261.

Produktions- und Verwaltungsabläufe zielt dabei aber nicht nur auf technische und organisatorische Grundlagen ab, sondern zunehmend auch auf eine neue "Denke", d.h. ein ganzheitliches Qualitätsbewußtsein. Während noch in den 80er Jahren der Computer als Inbegriff für Rationalisierungen galt, dominieren in den 90er Jahren organisatorische Wandlungsprozesse die Rationalisierungsdiskussionen, z.b. im Rahmen von Team- und Gruppenarbeit.[312] Diese dienen - neben herkömmlichen Maßnahmen wie Personalfreisetzungen oder Betriebsänderungen[313] - dazu, die Wettbewerbsfähigkeit im internationalen Konkurrenzkampf zu erhalten.

Im Vergleich zum eigentlichen Herkunftsland Japan[314] bestehen in Deutschland für die Einführung solcher Konzepte andere sozioökonomische und -kulturelle Rahmenbedingungen, wie das Beispiel der Arbeitsbeziehungen verdeutlichen kann: Zum einen sind Arbeitnehmer durch die in den vorangegangenen Kapiteln genannten regulierten Handlungsräume vor einem ausgedehnten Zugriff auf ihre Arbeitskraft stärker geschützt und Betriebsräte häufig an der Gestaltung der Arbeitsorganisation beteiligt.[315] Zum anderen intervenieren Gewerkschaften bei Regelungen zu Arbeitszeit oder Beschäftigung. Daraus resultiert, daß die Einführung und Konzeptualisierung von Lean Production zwischen Arbeitgebern und Arbeitnehmern ausgehandelt werden kann, wobei die Integration der neuen Elemente in die vorhandene betriebliche Sozialverfassung erfolgt.[316] In diesem Prozeß kommt Betriebsräten eine bedeutende Rolle zu.[317] Durch die spezifische "Einpassung" ausgewählter Management-Elemente in vorhandene Strukturen, aufbauend auf Erfahrungen der Vergangenheit, kann die enorme Varianz vorhandener Gruppenarbeitsstrukturen erklärt werden, die unterschiedliche Erfolge aufweisen.[318]

Besondere Auswirkungen auf die Handlungsoptionen der Betriebsräte beinhaltet die dezentralisierte Organisationsstruktur, die diesen Konzepten zumeist zugrunde-

---

312 Vgl. Faust, M./Bahnmüller, R.: Der Computer als rationalisierender Mythos, in: Soziale Welt, 2/1996, S. 129.

313 Zu den verschiedenen Formen der Betriebsänderung wie Betriebsstillegung oder Ausgliederungen siehe exemplarisch Bauer, J.-H.: Aktuelle Probleme des Personalabbaus im Rahmen von Betriebsänderungen, in: DB, 4/1994, S. 218ff.

314 Vgl. Jürgens U.: Mythos und Realität von Lean Production in Japan, in: Fortschrittliche Betriebsführung und Industrial Engineering, 1/1993, S. 18 - 23.

315 Nach einer international vergleichenden Studie sind 46 Prozent der deutschen Betriebsräte an Verhandlungen beteiligt. Vgl. Krieger, H./Lange, R.: Der "New Deal" für die 90er Jahre, in: WSI Mitteilungen 12/1992, S. 793.

316 Vgl. Howaldt, J./ Kopp, R.: Lean production = mean production?, in: Arbeit, 3/1992, S. 238.

317 Die Einbindung der Betriebsräte bei der Umsetzung neuer Produktionskonzepte ist vor allem für die Mitarbeiter der ausführenden Ebenen bedeutsam. Vgl. Malorny, C.: TQM umsetzen, Stuttgart 1996, S. 387.

318 Vgl. Endres, E./Wehnder, T.: Es gibt keine Stunde Null bei der Einführung von Gruppenarbeit, in: GMH, 10/1993, S. 633.

liegt.[319] Die immer stärker aufweichenden Standardisierungen der Arbeitstätigkeit stellen die Interessenvertretung in diesem Kontext vor neuartige Herausforderungen. "Präzise Pflichtenhefte sind überlebt. Arbeitsaufgaben sind wie Donuts definiert, also wie weiche Teigringe mit einem offenen Kernbereich, der von den Mitarbeitenden selbst gestaltet und weiterentwickelt wird."[320] Die bereits beschriebene Arbeit in Teams, verbunden mit den Flexibilisierungstendenzen des Faktors Arbeit, führt in der Theorie - konsequent weiter gedacht - zu einer Ablösung der Hierarchie durch eine Form der Selbstorganisation mit funktionaler Arbeitsteilung und einer dezentralen Verlagerung von Entscheidungs- und Verantwortungskompetenz (Abb. 9), wodurch völlig neue Anforderungen an die Qualifikation der Arbeitnehmer entstehen.[321] In diesem Zusammenhang spricht man auch vom "Heterarchieprinzip".[322]

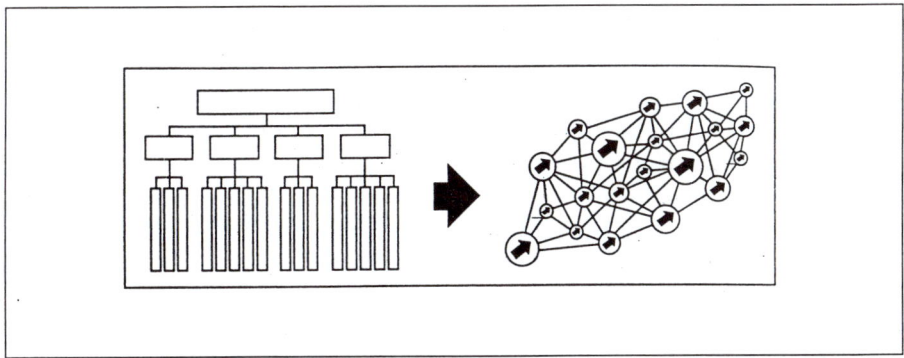

Abb. 9: Von der Hierarchie zum Teamnetz[323]

Während in streng hierarchisch organisierten Einheiten Machtspielräume und Weisungsbefugnisse zuvor strukturell festgelegt waren, verwischen solche Grenzen mehr

---

319 Infolge der faktischen Unübersichtlichkeit von dezentralisierten Prozessen können inzwischen Tendenzen zu einer "Re-Zentralisierung" beobachtet werden. Vgl. exemplarisch Hirsch-Kreinsen, H.: Dezentralisierung: Unternehmen zwischen Stabilität und Desintegration, in: Zeitschrift für Soziologie, 6/1995, S. 433ff.

320 Michel-Alder, E.: Flexibilität als Überlebensstrategie für Arbeitskräfte und Organisationen, in: Krulis-Randa, J. S./Benz, P. (Hrsg.): Grenzen im Personalmanagement, Bern u.a. 1993, S. 169.

321 Vgl. Grünert, H./Lutz, B.: Strukturwandel, Arbeitsmarktstruktur und Arbeitnehmerrechte, in: GMH, 11/1994, S. 740.

322 Unter Heterarchien versteht man Handlungssysteme, in denen es keine zentrale Kontrolle gibt. Management ist dann nicht mehr nur ein Privileg einzelner Gestaltungsprofis, sondern zugleich Aufgabe und Kompetenz eines jeden Unternehmensmitglieds. Vgl. Oelsnitz, D. v. d.: Das Heterarchieprinzip, in: WISU, 6/1995, S. 500ff.

323 Landert, H.: Freiheit erlebbar machen, in: Krulis-Randa, J. S./Benz, P.: Grenzen im Personalmanagement, Bern u.a. 1993, S. 182.

und mehr und damit auch die Bindung an bestimmte Rollen, wodurch ein verändertes Verständnis von Partizipation entsteht.[324]

Der Betriebsrat hat "[...] nunmehr weniger die Funktion eines Wachhundes, der bei Regelübertretungen seitens des Managements Alarm schlägt, als vielmehr die Aufgabe, in einem relativ gestaltungsoffenen Prozeß Lösungen zu entwickeln und umzusetzen."[325]

Generell besteht die Möglichkeit der Beeinflussung von technischem und organisatorischem Wandel durch die Mitbestimmung der Betriebsräte beispielsweise auf folgenden drei Schwerpunktfeldern:[326]

- bei der *strategischen Unternehmensplanung*, z.B. durch einen umfassenden Informationsaustausch sowie informelle Gespräche mit dem Management, die die Berücksichtigung der Arbeitnehmerinteressen innerhalb der unternehmerischen Zielsetzung gewährleisten - wobei das Betriebsverfassungsgesetz eine Grundlage der Zusammenarbeit bietet - oder über die direkte Beteiligung an entsprechenden Ausschüssen;

- bei der *detaillierten Projektplanung*, z.B. über entsprechende Betriebsvereinbarungen, die nach umfassender Beteiligung an der Planung technisch-organisatorischer Änderungen abgeschlossen werden;

- bei der *Realisierung von Einzelmaßnahmen*, durch eine "reaktive" Mitbestimmung, die auf gesetzlichen oder tarifvertraglichen Rechten zum Schutz der Arbeitnehmer basiert, z.B. bei der Nichteinhaltung von Arbeitszeiten.

4.2.2 Neuer Stellenwert der menschlichen Arbeitskraft

Die betriebliche Bedeutung der "Ressource Mensch" ist in den vergangen Jahren stetig gestiegen, was sich auch in den o.g. Gruppenarbeitskonzepten niederschlägt. Zurückführen läßt sich diese Entwicklung im wesentlichen auf zwei Ursachen: Einerseits bewirken die sonstigen Elementarfaktoren[327] und deren Rationalisierung (Werkstoffe, Arbeits- und Betriebsmittel) im Verhältnis zur Arbeitsleistung keine wesentlichen Produktivitätszuwächse mehr,[328] insbesondere wegen der Abkehr von der

---

324 Vgl. Hirschhorn, L./Gilmore, T.: Die Grenzen der flexiblen Organisation, in: Harvard Business Manager, 1/1993, S. 30ff.

325 Gesterkamp, T.: Interessenvertretung in einer Gruppenarbeitsstruktur - weniger "Wachhund" denn Problemlöser, in: Die Mitbestimmung, 2/1992, S. 27.

326 Vgl. Koubek, N.: Technischer Wandel, Unternehmensplanung und Mitbestimmung, in: Warneke, P. (Hrsg.): Technischer Wandel und Einflußmöglichkeiten der Arbeitnehmer in Europa, Berlin 1985, S. 81ff.

327 Vgl. Gutenberg, E.: Grundlagen der Betriebswirtschaftslehre, Band 1: Die Produktion, Berlin u.a. 1975, S. 3f. zitiert nach Baetge, J.: (Hrsg.): Vahlens Kompendium der Betriebswirtschaftslehre, Bd. 1, München 1984, S. 30.

328 Vgl. Rosner, S.: Die Selbstmodernisierung des Industriesystems, in: ZfP, 1/1991, S. 35.

Massenproduktion und der immer stärker werdenden Bedeutung von flexibler Standardisierung und Qualität im gesamten Produktionsprozeß.[329] Die Beschäftigten, die lange Zeit nur als Kostenfaktor galten und zum Erhalt der Wettbewerbsfähigkeit abgebaut wurden, erhalten in ihrer Rolle als Leistungsträger zunehmende Bedeutung und es wird versucht, ihre Initiativen, Kenntnisse und Ideen in das betriebliche Geschehen zu integrieren.[330]

> "Der Mensch wird zunehmend als 'Unternehmer im Unternehmen' gesehen. Seine Qualifikationen, Fähigkeiten, Erfahrungen und sein kreatives Potential werden zu primären Erfolgsfaktoren im Wettbewerb. Der Mensch stellt damit die wichtigste Ressource der neuen Unternehmenskonzepte dar."[331]

Andererseits ist das allgemeine Bildungsniveau der Bevölkerung wesentlich gestiegen. Damit geht eine größere Einsatzflexibilität, Kompetenz und Lernfähigkeit des Personals einher, wodurch letztlich der immer weitreichenderen Substitution der manuellen durch geistige Arbeit Rechnung getragen wird. Mit dieser Entwicklung geht ein stärkeres Selbstbewußtsein der Arbeitenden und der Wunsch nach mehr Entfaltung und Selbständigkeit in der Arbeitstätigkeit Hand in Hand.[332]

Die Ausführungen verdeutlichen eine duale Entwicklung bezüglich des Personals: Zum einen die allgemeine gesellschaftliche oder individuelle Fortentwicklung, die bis in das Unternehmen hinein wirkt und auf betrieblicher Ebene genutzt werden kann, sowie zum anderen ein veränderter Umgang mit dem Faktor Arbeit im sozialethischen Sinne unter Verfolgung eines "human-emanzipativen Zielbündels"[333]. Durch das sogenannte "Human Ressource Management" (HRM) werden diese Entwicklungen strategisch aufgefangen.

Der Begriff stammt aus dem amerikanischen Raum[334] und widmet sich in besonderer Weise dem Menschen und seinen potentiellen Fähigkeiten und Fertigkeiten, deren Entdeckung, Aktualisierung, Förderung und Weiterentwicklung dem Manager obliegt.[335] In dieser Hinsicht bedeutet das HRM eine Abkehr von der den Kostenaufwand betonenden Sichtweise und wendet sich vielmehr dem Entwicklungspotential des Personals zu. Darüber hinaus betont der Ansatz die Dezentralisierung der Personalfunktion, die direkt auf die Vorgesetzen übergeht und damit ihre Verantwortung

---

329 Siehe zu diesen Themenbereichen ausführlicher Kap. I.4.2.1.
330 Vgl. Breisig, Th.: Zuckerbrot statt Peitsche, in: Die Mitbestimmung, 2/1996, S. 40.
331 Picot, A./Reichwald, R./Wigand, R. T. (1996): a.a.O., S. 509.
332 Vgl. Baetge, M.: Arbeit 2000, in: GMH, 11/1994, S. 711ff.
333 Vgl. Brakelmann, G.: Zur Arbeit geboren?, Bochum 1988, S. 207.
334 Zur näheren Betrachtung des Michigan- und des Harvard-Konzepts vgl. beispielhaft Hendry, C./Pettigrew, A.: HRM: An agenda for the 1990s, in: The international Journal of HRM, 1/1990, S. 17 - 43.
335 Staehle, W. H.: Management, 3. Aufl., München 1987, S. 35.

für das Personal stärkt.[336] Dieses Faktum erhöht gleichzeitig den Wert des Personalbereichs innerhalb des gesamten Managements, der teilweise lediglich als administrativer Apparat betrachtet wird, ohne grundsätzliches politisches Innovationspotential und ohne direkt meßbaren Erfolg.

Während das HRM sowohl im anglo-amerikanischen[337], wie auch im französischen[338] Sprachraum eine regelrechte Trendwende im Personalwesen bedeutet, trifft dies für Deutschland nicht in gleichem Maße zu. Insbesondere durch die Mitbestimmung wurde hierzulande traditionell bereits eine weitgehend an den Ressourcen orientierte Personalpolitik betrieben.[339] Die innovative Wirkung des Konzeptes besteht in Deutschland demnach weniger im langfristigen, investiven Entwicklungsbereich, als vielmehr in der strategischen Orientierung des HRM, wobei durch betriebliche Sozialtechniken[340] versucht wird, die Motivation und Identifikation der Mitarbeiter zu stärken. Diese steht in Ergänzung zu den o.g. qualitätsorientierten Konzepten und verweist auf den engen Zusammenhang zwischen technologischer Fortentwicklung und einer entsprechenden betrieblichen Arbeitsgestaltung und Qualifizierung[341], die damit künftig zu zentralen Verhandlungsgegenständen der Interessenvertretung werden. Das Zusammenspiel beider Bereiche bewirkt letztlich eine effektive Ressourcenkombination.

"Alle Anwendungsbereiche des Instrumentariums für strategisches Management von Human-Ressourcen haben gemein, daß einerseits die Personalabteilung des Unternehmens sich stärker strategisch orientieren muß, als in der Vergangenheit üblich, und daß andererseits die Planungsabteilung sowie das Linienmanagement

---

336 Vgl. Wächter, H.: Vom Personalwesen zum Strategic Human Ressource Management, in: Staehle, W. H./Conrad, P.(Hrsg.): Managementforschung, Band 2, Berlin; New York 1992, S. 334.

337 Vgl. beispielhaft zu den länderspezifischen Eigenschaften und Entwicklungen Storey, J.: New perspectives on Human Resource Management, New York; London 1989; Wright, P. M.: Perspectives on Human Resources Management, in: ZfP, 3/1994, S. 336 - 352; Hendry, C.: Personnel and Human Resource Management in Britain, in: ZfP, 3/1994, S. 209 - 238.

338 Vgl. beispielhaft für Frankreich Weiss, D. (Hrsg.): La fonction Ressources humaines, Paris 1990; Peretti, J.-M.: Gestion des ressources humaines, 2. Aufl., Paris 1990.

339 Vgl. Wächter, H. (1992d): a.a.O., S. 330f.

340 Siehe zum Überblick über diese Maßnahmen exemplarisch: Breisig, Th.: Betriebliche Sozialtechniken, Neuwied; Frankfurt/M. 1990.

341 Im Zusammenwirken beider Systeme kann bereits der Schnittpunkt zum Konzept der "Lernenden Organisation" gesehen werden; vgl. beispielhaft Wengelowski, P./Breisig, Th.: Unternehmen als Lernende Systeme, in: IÖW/VÖW - Informationsdienst, 3-4/1994, S. 9-10; Leonard-Barton, D.: Die Fabrik als Ort der Forschung, in: Harvard Business Manager, 1/1994, S. 87 - 99.

bei der Entwicklung und Durchführung von Markt- und Wettbewerbsstrategien stärker die Human-Ressourcen in ihre Planungen einbeziehen müssen."[342] Laukamm verdeutlicht hiermit den partizipativen Charakter des HRM, der sich bereits in der Strategieentwicklung zeigen sollte. Um die aktive Miteinbeziehung der Gesamtbelegschaft zu gewährleisten, ist auch eine Veränderung der betrieblichen Strukturen notwendig. Einerseits in einer veränderten Form von Informations-, Kommunikations- und Zusammenarbeitsprozessen, andererseits in einer Erweiterung der Informationsbasis für die Personalwirtschaft (z.B. im Bereich unternehmerischer Arbeitsmarkt- und Personalforschung). Eine derartige aktive Einbeziehung der Belegschaft verhindert die Gefahr der "Neutralitätsfiktion" für die Strategiebetroffenen.[343]

Die Richtlinien, an denen sich die Interessenvertretung bislang orientieren konnte, geraten auch durch das neue Verständnis für Human Resources aus den Fugen. Allein die höhere Bedeutung der Arbeitskraft und ihre ganzheitliche Nutzung innerhalb neuerer Produktionskonzepte erhöht die Arbeitsintensität und segmentiert die Belegschaft in Rationalisierungsgewinner und -verlierer.[344]

Diese negativen Konsequenzen der insgesamt als positiv zu wertenden Entwicklung der "Reprofessionalisierung der Arbeitskraft"[345] beinhaltet für die Interessenvertretung einen veränderten Gestaltungsrahmen, bei dem sie durch die Beteiligung an Planung und Steuerung dieser Prozesse den Bedürfnissen der Arbeitnehmer Geltung verschaffen kann. Dabei erhalten sie gerade durch die hohe Bedeutung des Personals eine stärkere Verhandlungsmacht, da der Produktionsfluß zunehmend von der Unterstützung der Belegschaft abhängt und das Management insofern ein hohes Konsensbedürfnis hat.[346]

Letztlich wird in diesem Modell auch der Manager zum Partner der Arbeitnehmer, um Möglichkeiten zur Entfaltung und Emanzipation zu bieten, wenngleich auch primär aus ökonomischen Gründen. Einige Betriebsräte befürchten durch diese enge Zusammenarbeit eine Verstärkung des prekären Verhältnisses zur Belegschaft.[347] Eine umfassende Begleitung der Strategieentwicklung durch den Betriebsrat sollte dennoch gewährleistet werden, da in den neuen Konzepten offenbar die "Ausbeutung auch noch der feinsten und individuellsten Züge des Menschen"[348] verfolgt wird.

---

342 Laukamm, Th.: Strategisches Management von Human-Ressourcen, in: Marr, R. (Hrsg.): Mitarbeiterorientierte Unternehmenskultur, Berlin 1989, S. 78.
343 Vgl. Conrad, P.: Human Resource Management, in: ZfP, 4/1991, S. 432.
344 Vgl. Jäger, W.: Industrielle Arbeit im Umbruch, Weinheim 1989, S. 125.
345 Vgl. Kern, H./Schumann, M. (1990): a.a.O., S. 97.
346 Vgl. Kern, H./Schumann, M. (1990): a.a.O., S. 118f. sowie Kap. I.5.2.
347 Vgl. Kreuder, T. (1992b): a.a.O., S. 98; siehe auch Kap. I.3.4.1.
348 Wächter, H. (1992d): a.a.O., S. 334.

Erkennbare Entwicklungen, mit denen die Interessenvertretung einer solchen "modernen Arbeitnehmerschaft" konfrontiert wird, lassen sich wie folgt zusammenfassen:[349]

- eine große Variation unterschiedlicher Arbeits- und Lebenssituationen innerhalb der Arbeitnehmerschaft;
- ein stärkeres berufs- und funktionsbezogenes Bewußtsein, das durch höhere Bildung und Kompetenz die Bedeutung der Lohnabhängigkeit verändert;
- gestiegene Anforderungen an die Identifikationsleistung politischer Ziele, in der sich eigene Ansprüche und Sichtweisen widerspiegeln sollen;
- ein Bedürfnis nach Integration und Beteiligung, das sich aus Forderungen nach verbesserten Fähigkeiten und Möglichkeiten zu Kommunikation, Dialog und Argumentation der Organisationen und Institutionen ergibt.

4.2.3 Auswirkungen auf die Arbeit der betrieblichen Interessenvertretung

Die Auswirkungen der einzelnen Elemente der Managementkonzepte auf die Betriebsratsarbeit sind sehr vielfältig, wobei einige Bereiche im folgenden kurz dargestellt werden.

Im Rahmen von Kooperationen mit der Zulieferindustrie können beispielsweise politische Konflikte auftreten, wenn sich Interessenvertretungen gegenüberstehen, die unterschiedlichen Branchengewerkschaften zugeordnet sind. In einem solchen Spannungsfeld entscheidet vor allem die Machtverteilung zwischen Abnehmer und Zulieferer darüber, wie die Kooperation konkret ausgestaltet ist:[350] So können die Betriebsräte der Zulieferindustrie beispielsweise eine Erhöhung von Überstunden in der Regel nicht verhindern.[351] Ein anderes Problem bezieht sich auf die Struktur der Mitarbeiter: Während bei Herstellern und Hauptlieferanten i.d.R. eine qualifizierte Stammbelegschaft beschäftigt ist, gehen die Beschäftigungs- und Einkommensrisiken auf die Zulieferer über.[352]

---

349 Vgl. Bleicher, S.: In der Gegenwart die Bewegung der Zukunft gestalten. Interessenvertretung und Organisation als Zukunftsprojekt, in: Bleicher, S./Fehrmann, E. (Hrsg.): Autonomie und Organisation, Hamburg 1992, S. 17.

350 Vgl. Pohlmann, M.: Antagonistische Kooperationen und distributive Macht, in: Soziale Welt, 1/1996, S. 59.

351 Vgl. Holzhauser, M.: Der Wind bläst uns gewaltig ins Gesicht, in: Mendius, H. G./Wendeling-Schröder, U. (Hrsg.): Zulieferer im Netz - zwischen Abhängigkeit und Partnerschaft, Köln 1991, S. 119.

352 Vgl. Girndt, C./Wendeling-Schröder, U.: Neue Partnerschaftlichkeit, in: Die Mitbestimmung, 6 + 7/1990, S. 405.

Im Bereich des Outsourcing[353] stellt vor allem die Schutzfunktion der Betriebsräte gegenüber den Mitarbeitern ein zentrales Aufgabenfeld dar, da z.b. nach den Maßgaben des § 613a BGB über die Übernahme der Mitarbeiter entschieden wird oder Unterschiede in der Entlohnungshöhe auftreten können.[354] Diese Prozesse haben Auswirkungen auf die Höhe der Transaktionskosten[355] der Unternehmung.[356] Ausgliederungen können aufgrund der verringerten Betriebsgröße Veränderungen in den Mitbestimmungsstrukturen bewirken. Darüber hinaus fördern vom Management beabsichtigte dezentralisierte Verantwortlichkeiten möglicherweise die Bereichsegoismen zwischen Beschäftigten und Interessenvertretungen.[357]

Vor allem die direkte Mitbestimmung im Rahmen von Teamarbeit[358] birgt neue Risiken und Chancen für das traditionelle Mitbestimmungssystem. Gruppenarbeit bedingt im Kontext der neuen Produktionskonzepte neben der fachlichen Qualifizierung auch eine Weiterbildung mit fachübergreifenden Inhalten, wie Kommunikation, Kooperation, Konflikt- und Problemlösung, um zu einer höheren Arbeitszufriedenheit und Motivation zu kommen.[359] Die projektorientierte Arbeitsweise verlangt insbesondere von den Interessenvertretern eine erweiterte qualifikatorische Ausstattung, z.B. Kenntnisse über Verfahren zur Bearbeitung einer Aufgabe sowie über Projektmanagement oder Moderationstechniken.[360]

Wie empirische Untersuchungen belegen, verändert sich durch die gemeinsame Arbeit in Gruppen der Führungsstil der Vorgesetzten,[361] wodurch einerseits der Um-

---

353 Der Begriff umfaßt sowohl die Zerlegung eines Unternehmens in rechtlich selbständige Teile, wie auch die Ausgliederung in ein anderes Unternehmen oder Gründung eines völlig neuen Unternehmens. Vgl. Pichert, P.-H.: Outsourcing als Gestaltungsaufgabe für das Personalmanagement, in: Personalführung, 6/1996, S. 466ff.; siehe dazu auch das Fallbeispiel in Kap. II.4.3.2.

354 Vgl. Girkens, M./Seelig, D.: Das Outsourcing-Konzept erfolgreich umgesetzt, in: Personalführung, 6/1996, S. 475.

355 Unter Transaktionskosten versteht man vereinfacht diejenigen Kosten, die für die Koordination von Leistungsbeziehungen aufgewendet werden. Vgl. zu diesem Themenkomplex beispielhaft Picot, A.: Transaktionskostenansatz in der Organisationstheorie, in: DBW, 2/1982, S. 267 - 284.

356 Vgl. Reiss, M.: Mit Blut, Schweiß und Tränen zur schlanken Organisation, in: Harvard Manager, 2/1992, S. 62.

357 Vgl. Prangenberg, A.: Make or buy - friß oder stirb, in: Die Mitbestimmung, 11/1995, S. 39.

358 Siehe exemplarisch zur Definition von Gruppenkonzepten Breisig, Th. (1990b): a.a.O., S. 68 - 82.

359 Vgl. Roth, S.: Japanisierung oder eigener Weg?, Frankfurt/M. 1992, S. 9.

360 Vgl. Moll, R.: Gruppenarbeit und Projektmanagement, in: WSI Mitteilungen, 9/1994, S. 524.

361 Vgl. Bungard, W.: Führung im Lichte veränderter Mitarbeiterqualifikation, in: Wiendieck, G./Wiswede, G. (Hrsg.): Führung im Wandel, Stuttgart 1990, S. 214. Dabei ist vor allem die Entwicklung zwischenmenschlicher Handlungskompetenz bedeutsam. Vgl. Rosenstiel, L. v.: Entwicklung von Werthaltungen und interpersoneller Kompetenz - Beiträge der Sozialpsychologie, in: Sonntag, K. (Hrsg.): Personalentwicklung in Organisationen, Göttingen 1992, S. 93ff.

gang als angenehmer und offener empfunden wird, andererseits Mitarbeiter diese neue Kooperationsform nutzen, um mit direkter Kritik an den Vorgesetzten heranzutreten.[362] Für Betriebsräte kann daraus eine relative Entlastung von Individualbeschwerden resultieren. Durch das managerielle Partizipationsangebot, das Müller-Jentsch als "Mitbestimmung in der ersten Person"[363] bezeichnet, besteht aber möglicherweise die Gefahr einer potentiellen Unterhöhlung der repräsentativen Mitbestimmung durch den Betriebsrat:[364] Wenn die Arbeitnehmer ihre Interessen durch die manageriellen Beteiligungskonzepte schneller und effektiver umsetzen können, erscheint die Mitbestimmung des Betriebsrates als hinderlich oder unnötig.[365] Dies hat weiterhin Auswirkungen sowohl auf das Verhältnis zur Belegschaft als auch auf seine Informationsgrundlagen. Um möglichen negativen Folgen entgegenzuwirken, ist somit für die Interessenvertreter eine weitere Professionalisierung notwendig.

Findet eine direkte Beteiligung in Projektteams statt, besteht z.b. die Gefahr, daß sich die Mitarbeit der Betriebsräte in solchen Teams auf Informations- und Abwehrfunktionen beschränkt und sie entsprechend ihre Chance zur aktiven Mitgestaltung außer Acht lassen. Ebenso kann eine Diskrepanz zwischen dem Informationsanspruch des Betriebsratsgremiums und den Informationsmöglichkeiten des Delegierten auftreten.[366] Häufig werden Fragen auch als reine Sachthemen eingeordnet, weil sich ihre sozialen und betriebspolitischen Implikationen für den Beteiligten nicht zwangsläufig herleiten lassen. Hier gilt es, einen Konsens über Informationsziele und mögliche Interpretationen zu erzielen. Insgesamt betonen beteiligte Betriebsräte jedoch die positive Erfahrung der Teamarbeit, wobei insbesondere das mittlere Management als Helfer im Rahmen des o.g. Informationsproblems fungiert. Allerdings kann eine permanente Anerkennung innerhalb der Arbeitsgruppen und gleichwertige Mitarbeit nicht als konstant oder allgemeingültig angesehen werden.[367]

Nach Kotthoff kennzeichnet die heutige Alltagspolitik der Betriebsräte insbesondere, daß sie versuchen, sich bei Entscheidungen, deren Folgen ungewiß sind, neutral verhalten. Dies gelingt ihnen insbesondere in Feldern der alternativen Gestaltung von Arbeit und Technik, weil sie dort seitens der Belegschaft einem geringen Handlungsdruck ausgesetzt sind. Betriebsräte können mit dieser Haltung gleichzeitig verhindern,

---

362 Vgl. Breisig, Th.: It's Team-time, in: Personal, 8/1990, S. 319.

363 Müller-Jentsch, W.: Das deutsche Modell der industriellen Beziehungen, in: Industrielle Beziehungen, 1/1995, S.22.

364 Vgl. Heidenreich, M.: Gruppenarbeit zwischen Toyotismus und Humanisierung, in: Soziale Welt, 1/1994, S. 79.

365 Kißler bezeichnet diesen Sachverhalt als "Akzeptanzproblem". Vgl. Kißler, L.: Vom Erfolgs- zum Auslaufmodell, unveröffentlichter Tagungsbeitrag, 9./10. Mai 1996, Offenbach, S. 4.

366 Hier sind sowohl die Schwierigkeiten der Informationsbeschaffung wie auch der Selektion oder Interpretation vorhandener Daten durch den Betriebsrat gemeint.

367 Vgl. Hildebrandt, E.: Wandel betrieblicher Sozialverfassung durch systemische Kontrolle, Berlin 1989, S. 358f.

daß sie "mißbraucht" werden, indem das Management ihre Unterstützung in Bereichen verlangt, die sich im Zeitverlauf als negativ für die Belegschaft erweisen. Kotthoff bezeichnet dieses Handlungsdilemma als "Delegationsfalle".[368]

Für das dezentrale betriebliche System der Arbeitsbeziehungen werfen die im Zuge moderner Produktionskonzepte auftretenden Veränderungen eine Reihe neuer Anforderungen auf:[369]

• Die veränderte Arbeitsstrukturierung und die verstärkten subjektiven Kriterien der Arbeitsbewertung ("sekundäre" Arbeitstugenden und extrafunktionale Qualifikationen)[370] lassen die Abkehr von rein ergebnisbezogenen quantifizierbaren Leistungsgrößen (MTM, Zeitakkordsystem, Prämienlohn) erwarten.

• Ein zeitbezogener fester Stundenlohn, dem Leistungsvorgaben zugeordnet werden, die sich auf Produktionskennziffern für ganze Gruppen und Abteilungen beziehen, könnte damit eine Aufwertung erhalten.

• Beide Trends heben die Wichtigkeit von Aushandlungsprozessen zwischen Arbeitnehmervertretern und Arbeitgebern hervor, um ein beiderseits akzeptiertes Leistungsprogramm zu erstellen. Die Vorstellungen über eine gerechte kollektive Entlohnung werden dabei wichtiger als Methoden zur individuellen Quantifizierung, wie z.B. nach REFA.

Ein Lohnsystem innerhalb flexibler Fertigung sollte bestimmte allgemeine Kriterien berücksichtigen (Abb. 10). Die technische Struktur, Arbeitsaufgaben sowie das Arbeitssystem der Gruppe muß genau definiert werden. Das Entgeltsystem sollte qualifikationsfördernd wirken und einen Anreiz zur Mitarbeit in der Gruppe bieten.[371] Dabei werden die groben tariflichen Differenzierungen an Grenzen stoßen. Paritätische Kommissionen können in diesem Bereich Lösungsmöglichkeiten erarbeiten und Kriterien zum Nachweis der Qualifikationen oder Möglichkeiten, diese zu erwerben bzw. aufzufrischen, gemeinsam festlegen. Modifizierungen sind auch im Bereich der Bewertung individueller und kollektiver Leistungsanteile, z.B. in Form von Gruppenprämien, notwendig. Bei diesen komplexen, schwer zu standardisierenden Anforderungen stellt die Verständlichkeit und Einfachheit des Lohnsystems eine besondere Herausforderung dar.[372]

---

368 Vgl. Kotthoff, H. (1995b): a.a.O., S. 429.
369 Vgl. Lecher, W. (1995): a.a.O., S. 324.
370 Vgl. beispielhaft das in Abb. 12 dargestellte Entlohnungssystem, das versucht, für gewerbliche Mitarbeiter ein am Karrieresystem eines qualifizierten Angestellten orientiertes Lohnsystem zu entwerfen.
371 Siehe zur praktischen Anwendung Kap. II.4.2.2.1.1 und II.2.2.1.4.
372 Vgl. Skrotzki, R.: Arbeitsstrukturierung und Entgeltgestaltung bei flexiblen Fertigungsstrukturen, in: Arbeit, 2/1992, S. 192f.; siehe weiterführend auch Kap. II.4.2.2.1.1.

Leistungs-merkmal	Mitarbeiterqualifikation			
	Anfänger	Eingearbeitete	Experte	Coach, Trainer
1. Produktivität	Lernkurve	100% Vorgabe	kann Rückstände ausgleichen	kann Rückstände ausgleichen
2. Erfahrungen	Einarbeitung in ersten Arbeits-gang	beherrscht einen, kennt mehrere Arbeitsgänge	beherrscht mehrere Arbeits-gänge	beherrscht Prozeßkettenab-schnitt
3. Qualität	macht gelegent-lich noch Fehler	kennt Standards und hält Standard ein	übertrifft Standard	verbessert Stan-dards mit eigenen Vorschlägen
4. Selbständig-keit	braucht An-leitung und Aufsicht	Kontrolle durch Audits	Selbstkontrolle, erkennt Probleme, fordert Hilfe an, hält Arbeitsplatz in Ordnung, wartet Anlagen	vermeidet u. ana-lysiert Probleme, Gesamtverant-wortung für Ar-beitsplatz, Be-teilig. b. Planung
5. Kommunika-tion	lernt von Coach und Prozeß	bespicht Probleme mit Coach und Kollegen	Beteiligung für Problemlösungen mit Instandhal-tung	betreut Anfänger, plant eigenen Ar-beitsplatz
6. Rolle im Team	Anwärter	Teammitglied	vertritt Sprecher	Teamsprecher

Abb. 10: Kriterien eines Entlohnungssystems nach Wissen und Können[373]

Desweiteren wird im Zuge der neuartigen Arbeitsorganisation das auf tayloristische Strukturen ausgerichtete System der Leistungsregulierung verändert: Es findet de-zentral in den Teams statt. Dabei verlieren sowohl Management als auch Betriebsrat Kontrollmöglichkeiten. Es bedarf somit neuer Formen der Verhandlung und Überwa-chung. Werden Konflikte vernachlässigt, die im Zusammenhang mit den dezentralen Einheiten auftreten, kann beispielsweise Gruppendruck in den Teams nicht reguliert werden. Zwar ist dieser teilweise erwünscht, um die mit Gruppenarbeit verbundenen Rationalisierungsziele zu erreichen, wird er aber zu stark und stört den Teamzusam-menhalt, wirkt er kontraproduktiv.[374]

"Sobald sich die Rahmenbedingungen ändern oder wenn sich die Zusammenset-zung der Gruppe verändert, wird das informelle Machtgefüge einer Gruppe gestört, gelten die bislang geltenden Leistungs- und Verhaltensnormen nicht mehr."[375]

---

373 Bösenberg, D.: Seine Rolle im "Lean" finden, in: Personalführung, 11/1993, S. 35.
374 Vgl. Jürgens, U./Naschold, F.: Entwicklungspfade der deutschen Industrie in den 90er Jahren, in: Die Mitbestimmung, 1/1994, S. 13.
375 Rieper, G.: Chancen und Hindernisse bei der Einführung von Gruppenarbeit, in: Personalfüh-rung, 9/1996, S. 753.

Das Zitat von Rieper verdeutlicht, daß die Auswirkungen moderner Arbeitssysteme nicht nur an einzelnen Arbeitsplätzen oder in verschiedenen Abteilungen sehr unterschiedlich ausfallen, sondern sich in kontinuierlicher Bewegung befinden. Das traditionelle Mitbestimmungssystem ist dagegen eher statisch und vorwiegend auf die Bewältigung von Folgen zeitlich und räumlich begrenzter Rationalisierungsmaßnahmen ausgerichtet. Daraus folgt, daß auch die bisherige Effektivität von Strategien der Interessenvertretung durch veränderte betriebliche Rahmenbedingungen gemindert wird.[376] Wollen Betriebsräte ihren direkten Einfluß wieder stärken, so erscheint die Umwälzung herkömmlicher Denk-, Verhandlungs- und Arbeitsstrukturen notwendig.

4.2.4 Zusammenfassung und Ausblick

Aus den o.g. Entwicklungen lassen sich zentrale arbeitspolitische Veränderungen ableiten, die gleichzeitig Wirkungen auf das vorhandene Regelungssystem haben:[377]

- Flexibilisierung der Arbeitszeit, z.B. durch unterschiedliche Formen des Arbeitskräfteeinsatzes, Abweichungen vom unbefristeten Vollzeitarbeitsplatz oder Möglichkeiten zur Unterbrechung der Erwerbstätigkeit (Erziehungsurlaub, Sabbatical);

- Neue Formen der materiellen Arbeitsbewertung sowie Nutzung immaterieller Entlohnungsformen;

- Tendenz zur Reintegration vormals differenzierter Produktionsschritte sowie der Arbeitsvorbereitung und -kontrolle;

- Entbetrieblichung der Erwerbsarbeit, insbesondere Teleheimarbeit durch Nutzung der EDV-Vernetzung;

- Segmentierung der Arbeitskräftegruppen in tendenziell privilegierte und benachteiligte Arbeitnehmer, sei es infolge eines zu hohen Alters, Langzeitarbeitslosigkeit, geringer Mobilität oder niedrigem Bildungsstand.

Eine eindeutige Entwicklungslinie der Betriebsratspolitik innerhalb des technisch-organisatorischen Wandels auf betrieblicher Ebene kann nicht festgestellt werden.[378] Risiken, die mit der innovativen Arbeitsorganisation verbunden sind, können von den Betriebsräten aber i.d.R. eher aufgefangen werden, wenn sie sich nicht in ihrer "Wagenburg" verschanzen und auf traditionelle Rechte pochen, sondern sich flexibel, kompetent und lernbereit den Herausforderungen stellen und eine Chance darin sehen, sozialverträgliche Lösungen unter Berücksichtigung ökonomischer Restriktionen

---

376 Vgl. Kißler, L. (1996): a.a.O., S. 5.
377 Vgl. Rosner, S. (1991): a.a.O., S. 37f.
378 Vgl. dazu die Beispiele bei Kern, H./Schumann, M.: Das Ende der Arbeitsteilung? Rationalisierung in der industriellen Produktion, 4. Aufl., München 1990 oder bei Bergstermann, J./Brandherm-Böhmker, R.: Betriebliche Rationalisierungsprozesse - betriebliche Verhandlungsprozesse, Bonn 1991.

aktiv mit dem Management zu erarbeiten.[379] Werden Betriebsräte frühzeitig in Planungen einbezogen, sinken auch die Kommunikationskosten der Akteure in der betrieblichen Personalpolitik[380], da unnötige Konflikte entfallen und Nachbesserungen weniger häufig auftreten.

Der entstandene Freiraum kann von Betriebsräten, ebenso wie von Managern, aktiv genutzt werden, um Zuständigkeits-, Interessen- und Aufgabengrenzen neu zu definieren und dadurch die Zusammenarbeit effektiver zu gestalten. Insgesamt kommt bei der Handhabung von Interessenkonflikten in diesen Systemen formeller und informeller Macht eine besondere Bedeutung zu, ebenso wie der ideologischen Einbindung.[381] So stehen den Betriebsräten durch die veränderten Problemlösungsverfahren innerhalb von Beteiligungskonzepten gebündelte Basisinformationen zur Verfügung, die zuvor in "Kleinarbeit" gesammelt werden mußten.[382] Damit bietet sich gleichsam eine Chance für die Erhöhung ihrer Verhandlungsmacht. Dies gilt um so mehr, je intensiver die Partizipation der Arbeitnehmervertreter in den folgenden drei Bereichen ist:

"- *Information* über Ziele und mögliche Folgen von Innovationen in der Planungsphase;
- *Mitsprache* in Form von Vorschlägen und deren verbindliche Prüfung bei abteilungsbezogenen Entscheidungen;
- *Mitbestimmung* an der praktischen Umsetzung von Innovationen am Arbeitsplatz, die auf Arbeitsorganisation und -belastungen abzielt."[383]

Die Veränderungen in der betrieblichen Hierarchie werden auch die Arbeitsteilung innerhalb des Betriebsrates vor neue Herausforderungen stellen, der, wie Kapitel I.3.4.2 zeigte, in Entsprechung zur Gesamthierarchie eine Nebenhierarchie herausgebildet hat. Eine Lösung kann in der stärkeren Einbindung der Belegschaft selbst liegen, sofern es gelingt, diese quasi als Sachverständige zu bestimmten Themen heranzuziehen. So hat die Qualifikationserweiterung der Belegschaft im Zuge neuer Managementkonzepte,[384] vor allem hinsichtlich sozialer Kompetenzen, positive Auswirkungen auf den Betriebsrat selbst, da er sich, wie in Kapitel I.3.4.3 gezeigt wurde, letztlich aus diesem "Pool" rekrutiert. Hirsch-Kreinsen spricht in diesem Kontext so-

---

379 Vgl. Müller-Jentsch, W./Sperling, H. J.: Reorganisation der Arbeit als Herausforderung für Betriebsräte und Gewerkschaften, in: GMH, 1/1996, S. 44f.
380 Vgl. Beisheim, M./Eckardstein, D. v./Müller, M.: Partizipative Organisationsformen, in: Müller-Jentsch, W. (Hrsg.): Konfliktpartnerschaft, 2. Aufl., München; Mering 1993, S. 139.
381 Vgl. Schirmer, F./Smentek, M.: Management contra "Neue Managementkonzepte"? in: Industrielle Beziehungen, 1/1994, S. 85f.
382 Vgl. Greifenstein, R./Jansen, P./Kißler, L.: Direkte Arbeitnehmerbeteiligung mit oder ohne Arbeitnehmervertretung, in: WSI Mitteilungen, 9/1990, S. 608.
383 Ebenda, S. 605.
384 Vgl. Behr, M./Pohlmann, M.: Die Rolle der Betriebsräte im Innovationsprozeß, in: WSI Mitteilungen, 4/1991, S. 253ff.

gar von einem neuen Machtfaktor für den Betriebsrat.[385] Eine selbstbewußtere Arbeitnehmerschaft stellt aber auch höhere Ansprüche an die Fachkompetenz und Kommunikationsfähigkeit ihrer Interessenvertretung. Der Forderung, ad hoc in direkten Interaktionen Rede und Antwort zu stehen, sollte seitens der Betriebsräte entsprochen werden.

"Wo Betriebsräte hierzu nicht ausreichend in der Lage sind, kann es zu Situationen kommen, wo sich eine Gruppe im Betriebsratsbüro beschwert nach dem Motto: Entweder ihr schickt uns jemanden, der kompetent ist, oder wir werfen den Betriebsrat raus."[386]

Während lange Zeit die immanente Orientierung an verfügbaren Rechten die Arbeit der Betriebsräte bestimmte, verstärkt sich durch die o.g. Entwicklungen die Notwendigkeit zur Aktivität und Improvisation in der Arbeit von Betriebsräten. Die Lernfähigkeit der Institution sollte dahingehend genutzt werden, verstärkt Projektarbeit zu betreiben und neue Ressourcen zu entwickeln, um der Transformation der Betriebe durch die Entwicklung der eigenen Organisation zu entsprechen und quasi als "change agent"[387] zu wirken. Unterbleibt eine Veränderung hin zu einer flexiblen qualitativen Forderungslogik und Organisationsstruktur, so laufen Betriebsräte künftig Gefahr, daß ihre Verhandlungsstärke ausgehöhlt wird.[388]

Im Zuge der geschilderten Entwicklungen erhält der Betriebsrat folglich die Chance, neue Rollen im Unternehmensgeschehen zu übernehmen:[389]

- *die Rolle des Technikers*, der aktiv Gestaltungsempfehlungen gibt und deren praktische Umsetzung gegenüber dem Management durchsetzt;

- *die Rolle des Moderators*, der neue politische und mobilisierende Konzepte entwickelt, die auf zentrale Belegschaftsgruppen ausgerichtet sind;

- *die Rolle des Ökonoms*, der unter Berücksichtigung betriebswirtschaftlicher Erkenntnisse Problemlösungen aufzeigt, die sowohl arbeitnehmerorientiert als auch wirtschaftlich vertretbar sind.

---

385 Vgl. Hirsch-Kreinsen, H.: Neue Rationalisierungskonzepte: Grenzen und Chancen für die Betriebsratspolitik, in: Arbeit, 4/1995, S. 377ff.
386 Vgl. Baetge, M. (1994): a.a.O., S.724 sowie die Ausführungen in Kap. I.4.2.3.
387 Vgl. Lewin, K.: Feldtheorie in den Sozialwissenschaften, Bern/Stuttgart 1963, zitiert nach Baetge, J. (Hrsg.): Vahlens Kompendium der Betriebswirtschaftslehre, Bd. 2, München 1984, S. 154.
388 Baetge, M. (1994): a.a.O., S. 720ff.
389 Vgl. Bartölke, K./Henning, H./Jorzik, H./Ridder, H. G. (1991): a.a.O., S. 324.

5. Handlungsmöglichkeiten und -restriktionen im betrieblichen Alltag

In den vorangegangenen Kapiteln wurden die wesentlichen rechtlichen, betrieblichen und überbetrieblichen Einflußgrößen, die auf die Arbeitssituation des Betriebsrates wirken, aufgeführt. Diese resultieren teils aus Organisationserfordernissen zur Sicherung der Funktionalität des Gremiums selbst, teils aus gesetzlich oder privatrechtlich regulierten Tatbeständen. Es wurde deutlich, daß die Arbeit von Betriebsräten nicht allein durch ihre Beteiligungsrechte bestimmt werden kann, sondern daß diese lediglich einen Orientierungsrahmen für betriebliches Handeln bilden. Man kann davon ausgehen, daß unterschiedliche Situation-Struktur-Konstellationen differenzierte Auswirkungen auf das jeweilige Verhalten der Akteure haben.[390]

Die politische Wirksamkeit der betrieblichen Interessenvertretung ist somit durch eine Vielzahl von Unsicherheitszonen gekennzeichnet,[391] die z.T. durch den organisatorischen Wandel verstärkt wurden. Vor diesem Hintergrund werden im folgenden Handlungsmöglichkeiten und -restriktionen aufgezeigt, die für die Arbeitnehmervertreter im betrieblichen Alltag bestehen und deren jeweilige Ausprägung das faktische Verhalten beeinflußt.

5.1 Veränderungen im normierten Verhandlungssystem

5.1.1 Kennzeichen betrieblicher Verhandlungen

Wie in Kapitel I.3.2 bereits verdeutlicht wurde, ist die Arbeit der Betriebsräte weitestgehend an die Regelungen des Betriebsverfassungsgesetzes angelehnt, das in besonderer Weise seine Handlungsbedingungen definiert und strukturiert. Hinzu kommen regulierte Verhandlungsstrategien, wie z.B. Tarifverhandlungen, die Aktivitäts- und Kontrollräume verbindlich regeln. Betriebsräte haben dabei eine Funktion als Korrekturfaktor, der zum Schutz der Arbeitnehmerinteressen die Entscheidungsgewalt des Arbeitgebers einschränken kann.[392] Die regulierten Einflußmöglichkeiten der Arbeitnehmervertreter greifen dabei auf verschiedenen Ebenen (Abb. 11).

Wesentliches Charakteristikum dieses Systems, das in Zeiten tayloristischer Produktionsorganisation entstand, ist die enge Verzahnung der Bereiche Normierung und Verhandlung auf betrieblicher Ebene.[393] Wie in Kapitel I.2. und I.3.2 verdeutlicht wurde, sind die industriellen Beziehungen in Deutschland durch die Beteiligungs-

---

390 Vgl. Kieser, A.: Der situative Ansatz, in: ders. (Hrsg.): Organisationstheorien, Stuttgart; Berlin; Köln 1993, S. 164.

391 Vgl. Auer, M. (1994): a.a.O., S. 93 sowie These 2 in Kap. I.1.

392 Vgl. Wächter, H. (1983): a.a.O., S. 112.

393 Vgl. Düll, K./Bechtle, G.: : Die Krise des normierten Verhandlungssystems - Rationalisierungsstrategien und industrielle Beziehungen im Betrieb, in: Bolte, K. M. (Hrsg.): Mensch, Arbeit und Betrieb: Subjekt- und betriebsorientierte Berufs- und Arbeitskräfteforschung, Weinheim 1988, S. 223.

rechte der Betriebsräte gemäß der Betriebsverfassung traditionell stark durch den Zwang zur Konsensbildung und die Ausübung von Kontrolle gekennzeichnet. Konflikte, die weitestgehend normativ kanalisiert sind, bleiben auch aufgrund derdualen Vertretungsstruktur vielfach fern vom betrieblichen Alltag.[394]

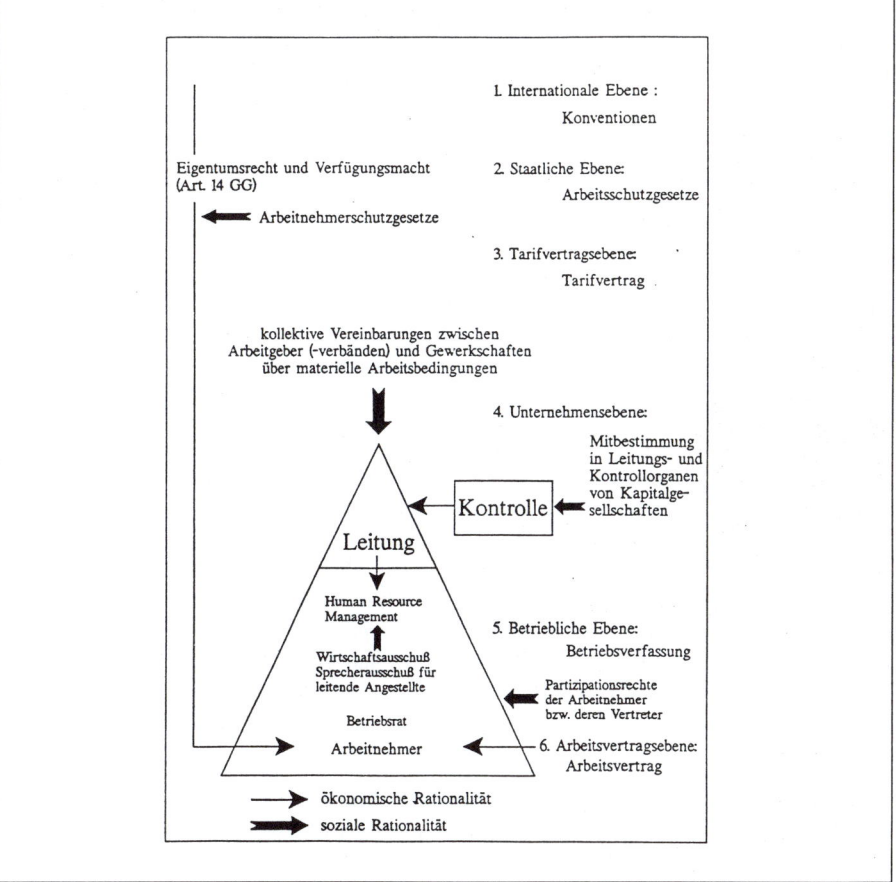

Abb. 11: Rechtlicher Rahmen der Arbeitgeber-Arbeitnehmer-Beziehungen[395]

Einzelne Verhandlungsgegenstände, die sowohl die Normauslegung als auch -anwendung betreffen können, sind zumeist per Gesetz oder Kollektivvertrag festgelegt. Im Konfliktfall wird die Einhaltung von Normen durch Verhandlungen durchgesetzt oder in letzter Konsequenz über die Einigungsstelle herbeigeführt. Die auf diesem Wege erzielten Ergebnisse können wiederum durch Betriebsvereinbarungen

---

394 Vgl. ebenda, S. 221f.
395 Oechsler, W. A.: Personalentwicklung und Arbeitsrecht, in: ZfP, 1/1993, S. 28.

normiert werden und bilden damit die modifizierte Grundlage künftiger Verhandlungen. Das deutsche System gilt deshalb als ein "normiertes Verhandlungssystem", das durch ein enges Netz rechtlich verankerter Informations- und Beratungsprozesse[396] die Konfliktpolarisierung und -überlagerung verhindert und gleichzeitig eine Grundlage für informelle Kontakte zwischen Betriebsrat und Arbeitgeber bereit stellt. Durch letztere können Einigungen "per Handschlag" erfolgen, die keinen direkten Bezug zu Normen haben bzw. über diese hinausgehen. Sie werden allerdings im negativen Sinne wegen ihrer geringen Transparenz häufig als Klüngel[397] oder Kompensationsgeschäft[398] bezeichnet.

Die einzelnen Felder, über die verhandelt wird, werden als konsolidiert oder prekär bezeichnet, je nachdem ob Rechtspositionen vorhanden sind und inwieweit diese von den Betriebsräten besetzt werden können. Zu den konsolidierten Bereichen gehören nach Düll/Bechtle insbesondere Regelungen des Beschäftigungsstatus, Arbeitszeitregelungen oder die Aushandlung von betrieblichen Entlohnungssystemen, d.h. Themen, die sich in objektivierbaren Größen messen lassen. Unter den Begriff "prekär" fassen die Autoren beispielhaft Verhandlungen über die technisch-organisatorische Gestaltung von Rationalisierungsprozessen.[399]

Der Übergang zwischen konsolidierten und prekären Feldern ist fließend: Durch den generellen Vorrang der ökonomischen Prozeßausgestaltung können faktisch auch konsolidierte Felder prekären Charakter erhalten. Entscheidend für die Besetzung von Rechtsverbindlichkeiten ist im wesentlichen die Verhandlungsstärke der Betriebsräte. Zu denken ist hier beispielsweise an die unterschiedliche Wirksamkeit der Interessenvertretungen in Großunternehmen gegenüber mittelständischen Betrieben. Da die einzelnen Gegenstände im normierten Verhandlungssystem nicht exakt voneinander trennbar sind, besteht umgekehrt durch die Verhandlungsmacht auf konsolidierten Feldern aber auch die Möglichkeit, Einfluß auf prekäre Bereiche zu nehmen: So kann der Betriebsrat indirekt Leistungsnormen beeinflussen, wenn er Verhandlungen über Entlohnungsgrundsätze und -methoden führt.

Daraus folgt eine weitere Eigenheit, die Düll/Bechtle als "Prinzip fallweisen Verhandelns" bezeichnen[400]. Durch die Zergliederung des Einführungsprozesses von systemischen Veränderungen in kleine Schritte erfolgte in der Vergangenheit häufig die Entkopplung des kausalen Zusammenhanges einzelner Aktionen oder inhaltlicher Einheiten, so daß Konsequenzen für die Interessenvertreter erst in späteren Schritten ersichtlich wurden. Grundlage für diese Vorgehensweise ist das Informationsmonopol

---

396 Siehe Kap. I.3.2 und I.3.4.2.
397 Vgl. Birke, M./Schwarz, M.: Neue Techniken - neue Arbeitspolitik?, Frankfurt/M.; New York 1989, S. 192.
398 Wächter, H. et al. (1996): a.a.O., S. 136.
399 Vgl. Düll, K./Bechtle, G. (1988): a.a.O., S. 225.
400 Vgl. Düll, K./Bechtle, G. (1988): a.a.O., S. 227f.

des Managements insbesondere bei langfristigen Planungsgegenständen.[401] Die Handlungsfähigkeit der Betriebsräte ist somit stark abhängig von den Zugangsmöglichkeiten zu relevanten Informationen.

Als letzte Komponente zur Beschreibung der Verhandlungen ziehen die Autoren die "Verhandlungskultur" heran,[402] d.h. die innerbetrieblich etablierten Besonderheiten bei Verhandlungen, z.b. bestimmte Routinen, Festlegungen auf betriebsspezifische Lösungen oder Stabilität der Betriebsratspositionen.[403] Diese Kultur, die häufig eine Grundlage für enge informelle Kontakte der Betriebsräte zu Mitgliedern aus dem Führungskräftebereich bereitstellt, kann u.U. den Informationsvorsprung des Managements mindern.

5.1.2 Krisenmomente des normierten Systems

Dieses System der Arbeitsbeziehungen wird, wie bereits im vorangegangenen Kapitel beschrieben, in vielerlei Hinsicht den aktuellen Bedingungen nicht mehr gerecht. Die Rigidität flächendeckender Regelungen steht beispielsweise in Disharmonie zu den Flexibilisierungstendenzen innerhalb der Organisationen,[404] was sich praktisch u.a. in Form von Tariföffnungsklauseln für betriebsspezifische Lösungen auswirken kann. Wissenschaftler sprechen in diesem Zusammenhang seit Mitte der 80er Jahre von der "Krise des normierten Verhandlungssystems".[405] Diese läßt sich durch drei Tendenzen beschreiben, die die charakteristische Verknüpfung zwischen "Normierung" und "Verhandlung" verändern und damit die Grundlage des deutschen Interessenvertretungssystems gefährden:[406]

- *Aushöhlung konsolidierter Verhandlungsfelder*: Durch die anhaltende Beschäftigungskrise ist die Aufrechterhaltung der Verhandlungsstärke der Betriebsräte auf den traditionellen Gebieten erschwert. So hat z.B. die verschärfte Preiskonkurrenz auf den Weltmärkten, die Senkung von Stücklohnkosten und die Minimierung variabler Lohnbestandteile dazu geführt, daß diesbezüglich geringere Verhandlungsspielräume für die Interessenvertretung bestehen.[407]
- *Zunehmende Bedeutung prekärer Verhandlungsfelder:* Wie in Kapitel I.4.2.2 bereits beschrieben wurde, wächst die Bedeutung der Bereiche Qualifizierung und Leistungsabfrage im modernen Produktionsprozeß. Beide Bereiche sind im nor-

401 Vgl. zu dieser Strategie exemplarisch das Fallbeispiel B bei Birke, M. (1992): a.a.O., S. 139 - 187.
402 Siehe hierzu auch Kap. I.5.2.
403 Vgl. Düll, K./Bechtle, G. (1988): a.a.O., S. 228.
404 Siehe ausführlich Kap. I.3.3.1 und I.4.2.1.
405 Vgl. Düll, K./Bechtle, G. (1988): a.a.O., S. 215.
406 Vgl. ebenda, S. 234ff.
407 Auch die veränderte Ausgestaltung der Entlohnung im Zuge der Einführung von Gruppenarbeit trägt zu dieser Entwicklung bei. Siehe Kap. I.4.2.3.

mierten Verhandlungssystem nur ausschnitthaft verankert bzw. nur indirekt durch den Betriebsrat zu beeinflussen.

• *Grenzen des fallweisen Handelns:* Die verstärkte systemische Ausrichtung betrieblicher Innovationsstrategien erschwert die Einflußnahme der Betriebsräte z.b. dahingehend, daß einzelne Teilprozesse oftmals nicht isoliert betrachtet werden können bzw. die gestalterische Einflußnahme einen hohen technischen Sachverstand erforderlich macht. Da Ingenieure allerdings i.d.R. nicht zur Klientel der Interessenvertreter gehören verschärft sich das Problem der Informationsbeschaffung.

Die Schutzfunktion der Betriebsräte ist demnach durch die vorhandenen Gesetze ausreichend manifestiert. Es mangelt allerdings, wie in Kapitel I.3.2.2.3 bereits angeführt, an Regelungen, die eine prozeß- und beteiligungsorientierte Mitbestimmung ermöglichen.

"Die Betriebsräte bewegen sich mehr und mehr von der Wahrnehmung der Schutzfunktion nach den Paragraphen des Betriebsverfassungsgesetzes weg und hin zu einem strategischen Handeln im Rahmen der neuen Regelungsbedürfnisse, für das sich keine Rechtsgrundlagen finden lassen."[408]

Durch die großflächigen organisatorischen und/oder manageriellen Veränderungen kann eine aktive und vorausschauende Politik der Interessenvertretung besonders mühevoll werden, wenn die Informationsbeschaffung durch eine weiter zergliederte Belegschaft, die Möglichkeit direkter Partizipation und die immer stärkere Minimierung des mittleren Managementbereichs mit Schwierigkeiten verbunden ist.[409]

Im Zuge des organisatorischen Wandels, durch den sich z.B. Grenzen der Unternehmung infolge von Unternehmensspaltungen verändern, entstehen zusätzliche Spannungen (Abb. 12), insbesondere durch komplexere Strukturen und veränderte Kontroll- und Informationsmöglichkeiten. Diese machen eine gänzlich neue Orientierung der herkömmlichen Organisation und Politik der Interessenvertretung nötig, wenn verhindert werden soll, daß das auf die formale Organisation ausgerichtete Mitbestimmungssystem faktisch obsolet wird.[410]

Streeck spricht in diesem Zusammenhang von der Möglichkeit, daß sich die grundlegende Unterscheidung zwischen Betriebsvereinbarung und Tarifvertrag sowie zwischen Mitbestimmung und Tarifautonomie aufheben könnte.[411] Der betriebliche Wandel zeigt damit gleichermaßen die Grenzen des Arbeitsrechts auf:

---

408 Nagel, B. (1994): a.a.O., S. 36.
409 Vgl. Düll, K./Bechtle, G. (1988): a.a.O., S. 234ff., sowie Kap. I.4.2.
410 Vgl. Wächter, H.: Partizipation und Mitbestimmung in der Krise, in: Staehle, W.H./Stoll, E. (Hrsg.): Betriebswirtschaftslehre und ökonomische Krise, Wiesbaden 1984, S. 312.
411 Vgl. Streeck, W. (1996b): a.a.O., S. 18.

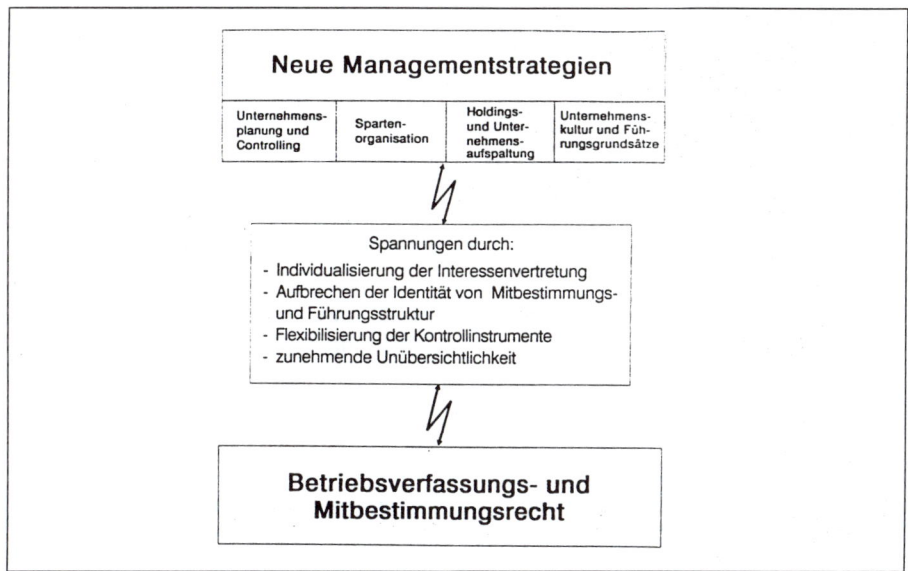

Abb. 12: Spannungsfelder der betrieblichen Interessenvertretung[412]

"Es betrachtet den Betrieb nicht als einen Ort sozialer Kommunikation und Interaktion, sondern als einen der Vernutzung von Arbeitskraft im Vollzuge der Natur-
bearbeitung. Es reguliert und begrenzt diese Vernutzung - mehr nicht. Schon für
neue Produktionskonzepte gibt es keinen geeigneten Regulierungsrahmen."[413]

Das Arbeitsrecht, das bislang nur ergebnisorientierte Regelungen bereit hält, müßte
prozeßorientierte Entscheidungsspielräume schaffen, um - ähnlich den Ansätzen auf
tarifpolitischer Ebene - das Verhältnis zwischen Betriebsverfassungs- und Arbeits-
platzebene den neuen Bedingungen der Arbeitsumwelt anzupassen, wie z.B. der Tele-
Heimarbeit.[414] Eine an der Organisationsentwicklung orientierte Novellierung der
vorhandenen Gesetzesgrundlagen halten einige Autoren deshalb für unausweich-
lich.[415] Da diese bislang aussteht, arbeiten Betriebsräte in modernen Organisationen
faktisch vermehrt in rechtsfreien Räumen, die einerseits die Bedeutung der Partizipa-

---

412 Autorenteam der HBS: Mitbestimmung in der Dynamik des Strukturwandels, in: Die Mitbestimmung, 5/1990, S. 318.

413 Mückenberger, U.: Auf dem Weg zu einem post-fordistischen Arbeitsrecht. Das System rechtlicher Regulierung im Betrieb unter Veränderungsdruck, in: Müller-Jentsch, W. (Hrsg.): Konfliktpartnerschaft, 2. Aufl., München; Mering 1993, S. 210.

414 Vgl. Oechsler, W. A.: Das Arbeitsrecht steckt in der Krise, in: Personalwirtschaft, Jubiläumsheft 1995, S. 60.

415 Vgl. beispielhaft Benz-Overhage, K.: Konkurrierende Mitwirkung, in: Die Mitbestimmung,
10/1996, S. 36; Nagel, B. et al.: Neue Konzernstrukturen und Mitbestimmung, Baden-Baden
1994, S. 53.

tionsangebote des Managements heben und andererseits eine aktive Grundhaltung der Betriebsräte voraussetzen, um Spielräume für gestalterische Handlungen ausnutzen zu können.

Daraus läßt sich schließen, daß Betriebsräte und ihre Arbeit immer stärker einen speziellen betrieblichen Charakter erhalten werden, der aus Aushandlungsstrategien einzelner Gruppen bzw. Personen resultiert. Eine eigene, auf die jeweiligen Rahmenbedingungen abgestimmte und gestalterische Politik wird zentrales Anliegen, um die aufgezeigten Problemfelder zu lösen. Eine mögliche Folge dieser Verbetrieblichung der industriellen Beziehungen ist allerdings die Gefährdung der "contervailing power".[416] Allerdings können faktisch auch Bereiche ausgemacht werden, in denen die spezifische Mitbestimmungskultur mit ihren Verhandlungsspielräumen zu einer Ausweitung der Beteiligung führte.[417] Der Blickwinkel der Alltagsbetrachtungen von Betriebsräten in modernen Organisationen ist entsprechend so zu variieren, daß nicht allein die Erfüllung rechtlicher Maßgaben im Vordergrund des Vergleiches steht, sondern vielmehr innovative Arbeitsfelder und Verhandlungsformen spezifiziert werden, um Hinweise auf Entwicklungspfade der betrieblichen Mitbestimmung zu erhalten.

5.2 Ausgestaltung der betrieblichen Partizipationsstruktur

Die faktische Ausgestaltung der Partizipationsstruktur im Unternehmen ist die zweite bedeutende Unsicherheitszone für Handlungsoptionen der betrieblichen Interessenvertretung. Für eine effiziente Betriebsratspolitik ist i.d.R. ein vertrauensvoller Umgang mit dem Management von Nutzen, um möglichst vielfältige Partizipationsangebote zu erhalten und damit frühzeitig in Kenntnis über durchgeführte oder geplante Veränderungen einzelner Geschäftsbereiche oder der gesamten Unternehmung zu gelangen. Vor dem Hintergrund des Anstiegs von prekären Verhandlungsfeldern gewinnen die jeweiligen betrieblichen Partizipationsstrukturen zunehmend an Bedeutung, da insbesondere die betriebliche Informationspolitik dafür maßgebend ist, inwieweit das Management als einschränkender bzw. erweiternder Faktor auf konkrete Handlungsmöglichkeiten des Betriebsrates einwirken kann und damit auch seine politische Wirksamkeit beeinflußt.[418]

In diesem Kontext gilt die Studie von Kotthoff als bahnbrechend[419], der faktisch aufgetretene Partizipationsmuster zu einzelnen Gruppentypen zusammenfaßte. Die unterschiedlichen, von ihm definierten Typen (Abb. 13) verdeutlichen die enorme

---

416 Vgl. Düll, K./Bechtle, G. (1988): a.a.O., S. 243.
417 Vgl. Müller-Jentsch, W.: Die Betriebsverfassung - eine deutsche Karriere, in: Die Mitbestimmung, 10/1996, S. 46.
418 Altmann/Düll sprechen in diesem Zusammenhang von der wachsenden Bedeutung "schwacher" Vertretungsformen". Vgl. Altmann, N./Düll, K. (1987): a.a.O., S. 268.
419 Aufgrund des aktuellen Zeitbezuges der vorliegenden Arbeit, wird nur auf die Arbeit von 1994 rekurriert, die die Ergebnisse der Studie von 1981 in aufgearbeiteter Form wiedergibt.

Spanne faktischer Wirkungsmöglichkeiten, die Betriebsräte im unternehmerischen Geschehen haben.

Betriebsratstypen:	Merkmale:
Typ 1: Der ignorierte Betriebsrat	Betriebsrat (BR) wird als nicht existent betrachtet
Typ 2: Der isolierte Betriebsrat	Repressionen des Arbeitgebers (AG), Isolation von den Arbeitnehmern (AN)
Typ 3: Der Betriebsrat als Organ der Geschäftsleitung	BR umfunktionalisiert als Vermittlungs- und Durchsetzungsinstanz für AG
Typ 4: Der standfeste Betriebsrat	BR verlangt Anerkennung als autonomes Organ; Kooperation mit AG orientiert sich an formalen Sachverhalten
Typ 5: Der Betriebsrat als konsolidierte Ordnungsmacht	BR agiert als Co-Manager und steht in einer korporatistischen Kooperation zum Management
Typ 6: Der Betriebsrat als aggressive Gegenmacht	BR steht in einer kalkulierten Konfrontation zum AG, der eine repressive Haltung zum BR einnimmt
Typ 7: Der Betriebsrat als kooperative Gegenmacht	BR vertritt die AN konsequent und konfliktorisch; AG akzeptiert die konfliktäre Potenz dieser Kooperation

Abb. 13: Typen betrieblicher Interessenvertretungsstrukturen[420]

Kotthoff stellte durch die 1989/90 erfolgte Wiederholung seiner Erhebung von 1974/75 fest, daß sich innerhalb der betrachteten Stichprobe das Verhältnis von vertretungswirksamen (Typ 4 - 7) und defizitären (Typ 1 - 3) Strukturen im Zeitverlauf zugunsten der effektiven Partizipationsformen entwickelt hat, die in zwei Dritteln der Unternehmen vorgefunden wurden. Dies stellt ein wichtiges Indiz für die Professionalisierung und Normalisierung der Betriebsratsarbeit und ihren gestiegenen Stellenwert im Betrieb dar.[421] Dabei ist allerdings anzumerken, daß die vertretungswirksamen Typen vor allem in Großunternehmen vorzufinden sind, was die These ihrer Rolle als Innovator in diesem Bereich festigt.[422]

Das Management hat dabei eine determinierende Wirkung, was am Beispiel der Informationspolitik verdeutlicht werden soll. Die rechtlichen Informationspflichten lassen sich faktisch in unterschiedlicher Weise erfüllen. Die strategische Vorgehensweise des Managements kann dabei variieren von einer möglichst geringen Informationsdichte (Unterlaufungsstrategie)[423], über eine besonders starke Konfrontation mit

---

420 Vgl. Wächter, H. et al. (1996): a.a.O., S. 14.
421 Vgl. Kotthoff, H. (1994): a.a.O., S. 39.
422 Siehe dazu Kap. I.5.3.
423 Vgl. exemplarisch die Ergebnisse des Fallbeispiels A in Birke, M. (1992): a.a.O., S. 110 - 139.

Informationen (offensives Zurückdrängen) bis hin zur o.g. Methode der sukzessiven Weiterleitung von Einzeldaten, deren inhaltlicher Zusammenhang verborgen bleibt, wodurch der Betriebsrat quasi "neutralisiert" wird.

Die Konsequenzen für die Interessenvertretung sind durchgehend negativ: Zurückdrängung in die Defensive, Überfrachtung mit Daten, deren sinnvolle Verarbeitung unter Zeitdruck nicht gewährleistet ist oder die Ablenkung von wirklich gravierenden Änderungen. Durch eine solche Vorgehensweise, die bei Typ 1 und 2 zu vermuten ist, fehlt einer aktiven Politik des Betriebsrates die Grundlage, so daß er seine Aufgaben zur Interessenvertretung nicht in ausreichendem Maße wahrnehmen kann.

Im positiven Sinne kann das Management den Betriebsrat allerdings auch intensiv in Planungen einbeziehen, was bei den Partizipationstypen zu vermuten ist, in denen der Betriebsrat eine akzeptierte Größe im Arbeitsbeziehungssystem darstellt.[424] Dabei hat der Betriebsrat die Verantwortung, soziale Aspekte frühzeitig einfließen zu lassen.[425] Durch die so gebildete Koalition erbringt er den "Nutzen", daß die praktische Umsetzung der Änderungen auf geringere Widerstände in der Belegschaft trifft.[426]

Einer von Jorzik durchgeführten Untersuchung zufolge bestehen zwar aus der Sicht der Betriebsräte generell Defizite im Informationsverhalten des Managements, sie konstatierten aber in den letzten Jahren eine erhöhte Transparenz hinsichtlich unternehmerischer Planungsprozesse.[427] Dieser Wandel im manageriellen Verhalten unterstützt die These, daß der Betriebsrat in modernen Organisationen zunehmend die Rolle eines akzeptierten Co-Managers inne hat.

Nimmt man neben der charakterisierenden Betrachtung betriebsrätlichen Verhaltens zusätzlich eine Einteilung in Managementtypen vor, so wird die Kombinationsvielfalt deutlich, die wiederum in unterschiedlichem Ausmaß die Arbeit der Betriebsräte beeinflußt. Nach den Ergebnissen von Brötz[428], der sowohl bei der Geschäftsleitung als auch bei der Interessenvertretung Verhaltensmuster analysierte, treten die folgenden

---

424 Hintergrund eines solchen Verhaltens ist i.d.R. ein zu erwartender ökonomischer Nutzen. Vgl. Schneider-Winden, S.: Die betriebliche Informationspolitik im Bankenbereich - ein deutsch-französischer Vergleich, München; Mering 1996, S. 40f.

425 Vgl. Böhle, F.: Betriebliche Informationspolitik und Interessenvertretung, in: Soziale Welt 2/1985, S. 249.

426 Vgl. Wächter, H. et al. (1996): a.a.O., S. 65 sowie Kap. I.4.2.2.

427 Die Untersuchung wurde in 28 Unternehmen unterschiedlicher Größenklassen durchgeführt. Vgl. Jorzik, H.: Interessenkoordination durch Mitbestimmung?, Fuchsstadt 1993, S. 204f.

428 Vgl. Brötz, R. et al.: Handlungsprobleme bei Maßnahmen zur Humanisierung der Arbeit, Bielefeld 1983, zitiert nach Osterloh, M.: Interpretative Mitbestimmungs- und Organisationsforschung, Stuttgart 1993, S. 46f.

Kombinationen besonders häufig auf:[429]

1. *Autoritäre Geschäftsleitung* und *passiver Betriebsrat*: Der Betriebsrat wird von der Geschäftsleitung nicht anerkannt und seine Arbeit systematisch behindert. Der Betriebsrat fühlt sich überfordert und vermeidet weitgehend eigene Aktivitäten.

2. *Patriarchalische Geschäftsleitung* und *passiver* oder *partnerschaftlicher Betriebsrat*: Die Geschäftsleitung sieht zwar eine gewisse Fürsorgepflicht für die Arbeitnehmer, der Betriebsrat und seine Rechte werden aber als überflüssig angesehen. Trotz guter rechtlicher Kenntnisse ist der Betriebsrat auf die Unterstützung der Geschäftsleitung angewiesen, da er wenig Unterstützung von der Belegschaft erhält; er achtet entsprechend auf den ungestörten Betriebsablauf ebenso wie auf die Belange der Arbeitnehmer. Zur passiven Haltung, siehe die Ausführungen unter erstens.

3. *Kooperationsbereite Geschäftsleitung* und *partnerschaftlicher* oder *autonom orientierter Betriebsrat*: Die Notwendigkeit von Betriebsrat und Gewerkschaften werden von der Geschäftsleitung anerkannt, die Regelungen des Betriebsverfassungsgesetzes allerdings nur begrenzt umgesetzt. Der Betriebsrat nutzt systematisch die Beschäftigten in der eigenen Arbeit, baut die gewerkschaftliche Position im Betrieb aus und erhält dadurch besondere Verhandlungsstärke, wobei ökonomische Notwendigkeiten keine Beachtung finden. Die partnerschaftliche Haltung wurde bereits im zweiten Punkt erläutert.

4. *Integrative Geschäftsleitung* und *partnerschaftlicher* oder *autonom orientierter Betriebsrat*: Die Kooperation mit dem Betriebsrat wird als innovatives Potential gewertet und dieser entsprechend in Planungen einbezogen, die rechtlichen Normen des Betriebsverfassungsgesetz aber dennoch restriktiv interpretiert. Zum Verhalten des Betriebsrates siehe die unter zweitens und drittens beschriebenen Merkmale.

Das Verhältnis zwischen Management und Betriebsrat ist demnach nicht statisch, sondern außerordentlich dynamisch, was unter Einbeziehung weiterer Akteursgruppen und situativen Bedingungen noch weitaus deutlicher zutage tritt. Entsprechend wird das Beziehungsgeflecht zwischen den Interessenparteien zunehmend als ein Aushandlungsprozeß in verschiedenen Handlungskontexten angesehen.[430]

Diese Sichtweise entspricht den Annahmen des mikropolitischen Forschungsansatzes.[431] Es geht hier vor allem darum, die Machtbeziehungen zwischen Organisati-

---

429 In dieser Gegenüberstellung fehlt der - relativ selten auftretende - Typ des fürsorglichen Betriebsrats, der zwar für die Berücksichtigung der Arbeitnehmerinteressen kämpft, dem es aber an der notwendigen Durchsetzungsfähigkeit und Kompetenz gegenüber der Geschäftsleitung mangelt.

430 Vgl. exemplarisch Schmidt, R./Trinczek, R. (1989): a.a.O., S. 138.

431 Zur begrifflichen Grundlegung von Mikropolitik siehe Kap. I.1.2.

onsmitgliedern zu analysieren.[432] Die nach Bosetzky definierten Funktionen (z.B. Chance des role-making) und Dysfunktionen (z.B. Gefahr des role-overloads) stellen die geschilderte Problematik des Betriebsrates quasi spiegelbildlich dar bzw. bilden die Grundlage für die funktionale Ambivalenz des Gremiums.[433] Zieht man die Summe aus bürokratischen, rechtlichen und mikropolitischen Elementen, so gelingt die Abbildung der "Wirklichkeit" von Organisationen.[434]

"Nimmt man die systemtheoretische Formel, das Ganze sei mehr als die Summe seiner Teile, so ist Mikropolitik eine Ursache und Erklärung dafür, daß es so ist. Mikropolitisches Handeln ist ein 'Bindemittel' zwischen den bürokratischen bzw. teamartig-professionellen bzw. organischen Elementen einer großen Organisation, aber auch - nimmt man Mikropolitik als Modell bzw. Idealtypus - eine eigenständige Größe zur Erklärung des Soseins einer Organisation."[435]

Die Wechselwirkungen im Sozialgefüge des Betriebes sind demzufolge wichtig, um konkrete Vorgehensweisen des Betriebsrates verstehen zu können. Nach einer Untersuchung von Birke, der die mikropolitischen Zusammenhänge der Politik der betrieblichen Interessenvertretung in drei Fallbeispielen aufzeigt, kann z.B. ein aktiver Betriebsrat auch der Initiator für die Einführung neuer Techniken sein. Im angeführten Beispiel stand er einem unstimmigen Management gegenüber, das sich nach langen Diskussionen nie völlig für eine ganzheitliche oder sukzessive Rationalisierung entscheiden konnte.[436] Erst mit diesem schwachen Gegenspieler gelang es dem Betriebsrat, die vorhandenen Machtressourcen[437] einzusetzen, die sich durch formale Autorität und professionellen Sachverstand ergeben und sie zur Erhöhung seines Einflusses im Betrieb produktiv zu nutzen.

Problematisch erscheint dabei, daß durch die intuitive Nutzung von Freiräumen in betrieblichen Verhandlungen zwar effiziente Resultate erzielt werden können, Betriebsräte sich dabei allerdings einerseits dem Vorwurf des Korporatismus aussetzen[438] und andererseits häufig keine "Strategien", in Form bewußter Entscheidung innerhalb einer Variation von Alternativen, abgeleitet werden können.[439]

Letztlich bleibt im Kontext betrieblicher Handlungsräume festzuhalten, daß sich traditionelle betriebspolitische Koalitionen durch technisch-organisatorischen Wand-

---

432 Vgl. Küpper, W./Ortmann, G. : Mikropolitik in Organisationen, in: DB, 5/1986, S. 592.
433 Siehe zu diesem Themenbereich auch Kap. I.6.1.1.1.
434 Vgl. Bosetzky, H.: Mikropolitik, Machiavellismus und Machtkumulation, in: Küpper, W./Ortmann, G. (Hrsg.): Mikropolitik: Rationalität, Macht und Spiele in Organisationen, 2. Aufl., Opladen 1992, S. 34ff.
435 Ebenda, S. 36.
436 Vgl. Birke, M. (1992): a.a.O., S. 188 - 234.
437 Vgl. Mintzberg, H.: Power in and around organizations, Englewood Cliffs 1983, S. 23f.
438 Siehe Kap. I.4.4.
439 Vgl. Birke, M. (1992): a.a.O., S. 75.

lungsprozesse verändern können, was bereits in Kapitel I.4.2. deutlich geworden ist. Faust et al. bestätigen diese These und definieren den neuen Koalitionstyp als "gruppenorientierte Koalition des Wandels", wobei der Betriebsrat auch seitens des Managements nicht mehr als zu vernachlässigende Größe gilt. Vielmehr ist der Betriebsrat als Co-Manager in gemeinsam besetzten Projektgruppen und Lenkungsausschüssen akzeptierter und verantwortlich einbezogener Partner des Managements.[440] Allerdings bleibt aufgrund der Ergebnisse der Studie von Kotthoff festzuhalten, daß die Entwicklung der betrieblichen Mitbestimmungsstruktur nicht allein von ökonomischen oder organisatorischen Faktoren abhängt, sondern als genuin sozialer Prozeß zu begreifen ist.[441]

5.3 Schlußfolgerungen

Der Betriebsrat gilt als eine der stabilsten Institutionen der industriellen Beziehungen in Deutschland.[442] Innerhalb der dargestellten, relativ breiten gesetzlichen Festlegung von Wirkungsbereichen[443] der betrieblichen Interessenvertretung entwickelte sich in der Praxis eine eigene Dynamik, die einerseits zu einer Erweiterung der Handlungsmöglichkeiten von Betriebsräten führte und andererseits Veränderungen ihrer Arbeitssituation bzw. -organisation nach sich zog. Diese Entwicklungen resultieren zum Großteil aus den sich wandelnden externen Bedingungen, mit denen Unternehmen und somit auch die dortigen Betriebsräte konfrontiert werden und die neue Herausforderungen ankündigen, die die Stabilität der Institution in Frage stellen.

"Zu ihnen gehören einmal die "Verbetrieblichung" der Tarifpolitik, zum anderen die allmähliche Expansion direkter Partizipation und zum dritten die Auflösung des Betriebs als wirtschaftliche und soziale Einheit."[444]

Allgemein läßt sich vor allem im Managementbereich eine "soziale Trendwende" feststellen: So sind direkte Partizipationsformen und HRM ohne die Intervention der Gewerkschaften auf Initiative der Arbeitgeber verbindlich eingesetzt worden, obwohl die Arbeitsplatzpartizipation bereits seit 1984 ein wesentliches programmatisches Ziel der Gewerkschaften gewesen ist, da ohne diese die Mitbestimmung einem "Koloß mit tönernen Füßen"[445] glich.

---

440 Vgl. exemplarisch Birke, M. (1992): a.a.O., S. 250; Dörre, K./Neubert, J./Wolf, H.: "New Deal" im Betrieb, in: SOFI Mitteilungen, 20/1993, S. 18ff.; Kotthoff, H. (1994): a.a.O., S. 291ff.; Hirsch-Kreinsen, H. (1995a): a.a.O., S. 381f.
441 Vgl. Kotthoff, H.: Betriebliche Mitbestimmung in der Langzeitperspektive, in: WSI Mitteilungen, 9/1995, S. 557.
442 Vgl. Müller-Jentsch, W.: Lernprozesse mit konträren Ausgängen, in: GMH, 6/1995, S. 328.
443 Siehe hierzu die Kap. I.2. und I.6.1.2.
444 Müller-Jentsch, W. (1995b): a.a.O., S. 328.
445 Kißler, L. (1992): a.a.O., S. 96.

In modernen Organisationen liegt demnach eine Interessenverschiebung vor, in der möglicherweise eine neue Positionsbestimmung der institutionalisierten Arbeitnehmervertretung notwendig wird. Der entsprechende Erfahrungsprozeß ist noch nicht abgeschlossen, was durch die geringe Zahl vorhandener Betriebsvereinbarungen zur Regelung dieser arbeitsplatzbezogenen Partizipation belegt wird.[446]

Zwar kann nicht bestritten werden, daß Betriebsräte ein anderes Selbstverständnis besitzen und professioneller arbeiten als in den 60er bis 70er Jahren, dennoch steht zu vermuten, daß eine solche Entwicklung lediglich für einige Großunternehmen zutrifft, kleinere und mittlere Betriebe hingegen erst ein niedrigeres Niveau erreichten.[447] Die Ausführungen zu den organisatorischen Wandlungsprozessen legen allerdings nahe, daß die angeführten Veränderungen mittel- bis langfristig die Gesamtheit der Betriebe beeinflussen werden, womit traditionelle Formen der Interessenvertretung an Grenzen und Probleme stoßen werden.[448] Um diese zu überwinden, werden den Betriebsräten eine Vielzahl von Fähigkeiten abverlangt, die die Grundlage ihrer Handlungskompetenz darstellen.

"Das erfordert von den Betriebsräten Phantasie und Kreativität ebenso wie soziale Fähigkeiten, erfordert ein ausgeprägtes Selbstbewußtsein, ohne das sie sich gegenüber Stör- und Einschüchterungsversuchen des Arbeitgebers nicht behaupten können. Eine der wichtigsten Voraussetzungen hierfür ist eine entsprechende Arbeitsweise in den Betriebsratsgremien selbst, ist das Engagement aller Betriebsratsmitglieder, sind Motivation und Fähigkeit, sich gegenseitig zu unterstützen und zu entlasten. Dazu gehört ferner, daß den Betriebsratsvorsitzenden das Profil des gesamten Betriebsrats wichtiger ist als ihr eigenes, daß sie Meinungs- und Willensbildung im Gremium fördern, dafür sorgen, daß alle Betriebsratsmitglieder den Aufgaben angemessen informiert und qualifiziert sind."[449]

Unterschiedliche Anforderungen und Rollenzuschreibungen im Zusammenhang mit der Vielschichtigkeit der Rahmenbedingungen erklären, warum Betriebsräte heutzutage sowohl als reines "Repräsentativorgan" wie auch als "Co-Management" bezeich-

446 Vgl. Lecher, W. (1995): a.a.O., S. 323.
447 In Kleinbetrieben findet Mitbestimmung seltener unter Rückgriff auf Rechte des BetrVG statt, sondern durch persönliche Absprachen mit dem Arbeitgeber. Diese "Schattenpartizipation" ermöglicht Innovationsleistungen und manchmal geht die Mitbestimmung weiter, als durch institutionalisierte Betriebsräte und Vertrauensleute. Insofern konnte der Abstand zu den Großbetrieben im tariflichen und sozialen Bereich verkürzt werden, eine derartige Mitbestimmung hält aber im Konfliktfall keine verbrieften Rechte bereit. Vgl. Sperling, H.-J./Hilbert, J.: Soziale Innovationen in Kleinbetrieben und Großbetrieben - eine dynamische Wechselbeziehung, in: Müller-Jentsch, W. (Hrsg.): Konfliktpartnerschaft, 2. Aufl., München; Mering 1993, S. 244f
448 Vgl. Behr, M./Bredeweg, U./Pohlmann, M.: Akteure im betrieblichen Innovationsprozeß, in: Die Mitbestimmung, 9/1990, S. 544.
449 Penzek, R.: Beschäftigungsrisiken und betriebliche Interessenvertretung im privaten Versicherungsgewerbe, Diss. Trier 1988, S. 369.

net werden. Die jeweiligen faktischen Handlungssituationen sind sehr unterschiedlich, was die folgenden zwei Praxisbeispiele aus der Arbeit von Betriebsratsvorsitzenden beispielhaft belegen.

1) Frau Riedel, die Vorsitzende des Betriebsrates im Kaufhaus Beck (ca. 800 Mitarbeiter), München, ist halbtags für diese Tätigkeit freigestellt. Sie schätzt das und möchte sich nicht völlig vom normalen Arbeitsalltag entfernen. Der Kontakt zur Belegschaft wird hier als wichtiges Mittel zur Stellvertretung angesehen. Als sie 1990 erstmals zur Vorsitzenden gewählt wurde, forderte sie per Flugblatt mehr Transparenz und einen eigenen Sitzungsraum. Das Betätigungsfeld der Betriebsratsvorsitzenden, die auch Mitglied des Aufsichtsrats ist, bewegt sich zwischen Verhandlungen zu Arbeitszeit- und Entlohnungsmodellen, Abmahnungen sowie Anhörungen zu Kündigungen, d.h. ihre Arbeit und ihre Möglichkeiten bewegen sich im traditionellen Feld betrieblicher Interessenvertretung.[450]

2) Herr Feuerstein ist Betriebsratsvorsitzender im Werk Mannheim, Leiter des Gesamtbetriebsrats von Mercedes-Benz und Vorsitzender des Konzernbetriebsrats der Daimler-Benz AG. Mit Büros in Mannheim, Untertürkheim und in der Konzernzentrale in Stuttgart-Möhringen, einem eigenen Fahrer, Autotelefon und sieben wissenschaftlichen Mitarbeitern für die Gebiete Jura und Ökonomie läßt er sich als Co-Manager bezeichnen. Ein direkter Kontakt zur Belegschaft muß bei der synonymen Bekleidung dieser Ämter weitestgehend unterbleiben. Dies sind einerseits Maßnahmen, um im Arbeitsalltag den Themen und Anforderungen, die an sein Amt gestellt werden, entsprechen zu können, andererseits kann er nur Akzeptanz im Top-Management erlangen, wenn er sich auf deren Spielregeln einläßt.[451]

Die beiden Betriebsratsvorsitzenden stehen jeweils für sich genommen als einzelne Beispiele für eine Vielzahl anderer Betriebe. Sie zeigen gleichzeitig aber auch die unglaubliche Varianz, die beispielsweise zu den Interessenvertretungen der ersten Stunde besteht. Betriebsräte folgen heute vermehrt ihrem "eigenen Kurs", der nicht zwangsläufig mit den gewerkschaftlichen Zielen gleichgesetzt ist, obwohl weiterhin, wie bereits in Kapitel I.3.3.1 angeführt, eine enge faktische Beziehung zwischen Betriebsräten und Gewerkschaften besteht. Gerade der Betriebsratstyp des zweiten Beispiels ähnelt eher einem Top-Manager, der erst durch die Delegation von Aufgaben handlungs- und entscheidungsfähig wird, wodurch leicht der Vorwurf des "Schmusekurses"[452] entstehen und Befremdung in der Belegschaft aufkeimen kann.[453]

---

450 Vgl. Hank, R.: Geschätzt, verehrt, aber auch angepöbelt, in: FAZ vom 30. April 1994, S. 13.
451 Vgl. Hank, R. (1994): a.a.O., S. 13.
452 Vgl. ebenda, S. 13.
453 Siehe zu diesem Themenbereich auch die Kap. I.3.4.2 und I.3.4.3.

"Betriebsräte sitzen Managern gegenüber, die sich geschulter Zuarbeiter und neuester Informationstechnologien bedienen, sie müssen professionell nachziehen, wenn sie nicht in einigen Jahren hoffnungslos nachhinken wollen."[454]

Betriebsräte sind im Zeitverlauf zu einem akzeptierten Gremium geworden und es besteht - zumindest in Großbetrieben - eine Entwicklungstendenz hin zu einem "Co-Management" mit entsprechender Organisation und Ausstattung. So werden inzwischen bereits häufiger Stabsmitarbeiter im Betriebsrat eingesetzt, die die Interessenvertreter fachlich beraten oder die inhaltliche Vor- und Nachbereitung der laufenden Geschäfte übernehmen, insbesondere auf der Unternehmens- oder Konzernebene.[455] Durch das neue Verständnis der Betriebsratsarbeit findet allerdings keine Verlagerung innerhalb der Sozialpartnerschaft statt, sondern vielmehr eine Modifizierung von traditionellen Arbeitsstrukturen in Richtung eines aktivenInteressenmanagements, das neue Formen der Kooperation mit dem Management entwickelt.[456]

"Die neue Generation der Betriebsratsvorsitzenden sieht ihre Aufgabe viel stärker in der Einflußnahme auf die Betriebs- und Unternehmensebene."[457]

"Co-Management" umfaßt darüber hinaus den inneren Wandel des Betriebsrates, im Bezug auf eine gehobenere Qualifikation der Interessenvertreter, eine strategisch-initiative Haltung und Arbeitsweise, eine verstärkte Arbeitsteilung, einen höheren Grad an Delegation von Verantwortung und die Einbeziehung einer qualifizierten Arbeitnehmerschaft in betriebsrätliche Handlungsstrukturen. Diese Veränderungen in der Arbeitsweise sowie in der Qualifikation bilden die Grundlage für Bestrebungen, die innovative unternehmerische Konzepte für die Arbeitnehmervertretungen aufarbeiten, um die Effizienz der Arbeit weiter zu steigern. Als innovatives und erfolgreiches Beispiel für eine solche Weiterentwicklung kann das in Kapitel I.3.3.2 angeführte Konzept "Experten in eigener Sache"[458] gesehen werden, dasdas Konzept der Gruppen- bzw. Projektarbeit für die Betriebsräte nutzbar gemacht hat.[459]

Die Informationsbeschaffung und -weitergabe ist weiterhin ein wichtiges Professionalisierungsthema. Hier können durch ein effizientes Management sowohl die Passivität der Belegschaft, wie auch ihre Entfernung zum Betriebsrat überbrückt werden.

---

454 Schmidt, E.: Gewerkschaftliche Betriebspolitik für die Neunziger Jahre, in: Gewerkschaftliche Monatshefte, 2/1991, S.113.

455 Vgl. Hans-Böckler-Stiftung (Hrsg.): Zur Unterstützung des Betriebsrates durch angestellte Stabsmitarbeiter(Innen): Ergebnisse einer Befragung, Düsseldorf 1992, S. 9.

456 Vgl. Schölzel, G.: Interessenmanagement und Projektarbeit im Betriebsrat, In: Die Mitbestimmung, 9/1993, S. 50.

457 Wassermann, W.: Betriebsräte ohne Berührungsängste, in: Die Mitbestimmung, 4/1996, S. 7.

458 Vgl. Vassiliadis, M./Seidel, H.: Praxiserfahrungen mit dem Konzept "Experten in eigener Sache" in der Regionalgruppe Nordrhein-Westfalen, in: Der Betriebsrat, 5/1993, S. 110.

459 Vgl. Bundesmann-Jansen, J./Frerichs, J.: Ein neues Politikmodell für die betriebliche Interessenvertretung, in: Die Mitbestimmung, 6/1994, S. 13.

Klatt[460] schlägt in diesem Zusammenhang eine Art "Publicrelations"-Kampagne vor, die über die spezifische Nutzung technischer Medien (z.b. in Form einer Mitarbeiter- zeitung oder Umfragen zu strittigen Fragen), einer Vermarktung der Erfolge der Be- triebsratsarbeit bis hin zu einer zielgruppenorientierten Mitarbeiterwerbung verläuft. Diese Methode der indirekten Beteiligung, die z.b. bei der Frage der Besetzung des Betriebsratsvorsitzenden eine Einflußnahme ermöglicht, kann - in Entsprechung zu "unternehmenskulturellen" Bestrebungen des Managements - durch symbolische Handlungen Konsens und Identifikation mit dem Betriebsrat herstellen.

Modernen Betriebsräten fehlt es trotz ihrer fortgeschrittenen Professionalisierung häufig gerade in Belegschaften mit hohem Qualifikationsniveau an einflußreichem Durchsetzungspotential. Das Ansehen von Betriebsratsarbeit als "Ersatzkarriere" hat im Zuge der breiten Öffnung der Bildungswege an Attraktivität verloren. Ein Inge- nieur würde sich bei einer Kandidatur auf der Gewerkschaftsliste für den Betriebsrat in der Regel der Kritik seiner Fachkollegen aussetzen, diesen Weg mangels anderer Fähigkeiten als Ersatz zu "benötigen". Büßt der Betriebsrat aber sein innerbetriebli- ches Image ein, so verliert er damit einen Teil des fachlichen Vertrauensvorschusses, den er für die Durchsetzung der Interessen benötigt.[461] Dieser Befund unterstützt auch die These Kotthoffs, daß die neueren Entwicklungen der Beteiligungspolitik nicht auf eine breite "soziale" Bewegung hindeuten.[462]

Auf der anderen Seite ist das Ansehen der Betriebsräte auf der Managementebene gestiegen:

"Wenn es den Betriebsrat nicht gäbe, müßte man ihn erfinden."[463]

Die positive Bewertung der Arbeit des Gremiums durch das Management läßt sich durch empirische Untersuchungsergebnisse belegen: In einer Untersuchung von Eberwein/Tholen[464] äußerten sich 96 Prozent der 111 befragten Manager positiv über den Betriebsrat.[465] In einer Erhebung des Instituts der deutschen Wirtschaft, in die 500 Unternehmen mit ca. 3000 Betrieben einbezogen wurden, stellte sich heraus, daß Betriebsräte nach Meinung der Unternehmer eine "betriebliche Führungskraft", ein "Mitentscheidungsorgan" und "wichtiger Produktionsfaktor" sind.[466] Nach einer Un-

---

460 Vgl. Klatt, R.: Betriebspolitik à la carte, in: Die Mitbestimmung, 6/1994, S. 17.
461 Vgl. Prott, J.: Fachliche Kompetenz reicht nicht: Betriebsräte unter einem veränderten Erwar- tungsdruck, in: Die Mitbestimmung, 4/1994, S. 46.
462 Vgl. Kotthoff, H. (1995b): a.a.O., S. 442.
463 Eberwein, W./Tholen, J.: Managermentalität. Industrielle Unternehmensleitung als Beruf und Politik, Frankfurt/M. 1990, S. 263.
464 Vgl. ebenda, S. 263ff.
465 Die positive Einschätzung der betrieblichen Mitbestimmung wird allerdings zumeist nicht glei- chermaßen von allen Gruppen im Management geteilt. Insbesondere im Grundverständnis der Technik- und der Personalebene bestehen i.d.R. eklatante Unterschiede. Vgl. Wächter, H. et al. (1996): a.a.O., S. 65.
466 Vgl. Niedenhoff, H.-U. (1994): a.a.O., S. 19.

tersuchung von über 100 Führungskräften schätzen den Betriebsrat 50 Prozent besonders als "Ansprechpartner für die Geschäftsleitung", 29 Prozent in der Funktion als
"Interessenartikulation der Belegschaft", elf Prozent als "Informationsvermittler zwischen Geschäftsleitung und Belegschaft" sowie sechs Prozent als "Teil der Personalabteilung". Nur vier Prozent der Befragten halten den Betriebsrat für überflüssig oder
schädlich.[467]

Anders als in ihrer traditionellen Schutzfunktion werden Betriebsräte heute vermehrt
als verantwortlicher Träger der Organisationsentwicklung angesehen. Diese neue
Form des Sozialpaktes rührt zumeist aus prekären Unternehmenssituationen her, in
denen Betriebsräte eigene konzeptionelle Beiträge zur Umgestaltung leisten. Dadurch
steigt zwar ihre Verantwortlichkeit gegenüber den Wählern, weil ihnen durch diese
Koalition der "negative Gegenspieler" fehlt, allerdings erweitert sich auch die Chance
direkter Einflußnahme beträchtlich.[468] Betriebsräte wandeln damit ihre Funktion von
der "Reparatur" ungünstiger Entscheidungen hin zum aktiven Gestalter einer Interessenvertretungspolitik auf betrieblicher Ebene.

Aus den vorangegangenen Ausführungen kann gefolgert werden, daß die Heterogenität und Dynamik der Interessenvertretung und ihrer Arbeitsaufgaben aufgrund des
Wandels in Betrieb und Gesellschaft zugenommen hat. Diese Tendenz wird sich vermutlich künftig weiter verstärken, d.h. die praktische Arbeit der Betriebsräte wird
noch vielfältiger und anspruchsvoller. Gleichzeitig steigen die Ansprüche an ihre
Qualifikation und Kompetenz seitens des Managements wie auch seitens der Belegschaft, wodurch letztlich veränderte Rollenanforderungen entstehen. Diese Hypothese
stützt exemplarisch ein Auszug aus der Kurzfassung des Personal- und Sozialberich-
tes der Commerzbank:

> "Die Zusammenarbeit mit dem Gesamtbetriebsrat und dem Wirtschaftsausschuß
> war durchaus konstruktiv. Es ist nicht zu verkennen, daß die Geschwindigkeit der
> Veränderungen, denen sich das Kreditgewerbe [...] gegenübersieht, von unseren
> Arbeitnehmervertretungen zur Wahrung der Unternehmensinteressen ein qualitativ
> immer anspruchsvolleres und zeitlich immer höheres Engagement erfordert."[469]

Schwierig erscheint dabei, daß sich die Arbeitsgrundlagen der Betriebsräte seit Entstehung der gesetzlichen Festlegungen kaum verändert haben. Hier ist beispielsweise
zu denken an die Bestimmungen bzgl. der Anzahl der Freistellungen, ihre Entloh-
nungsgrundlage oder an die z.T. mangelhafte Unterstützung durch Expertenstäbe. Die
Notwendigkeit einer technisch und personell adäquaten Ausstattung wird letztlich
durch Beispiele aus der Betriebsratspraxis, wie das von Herrn Feuerstein, gestützt, um
die konstruktive Arbeit des Betriebsrates zu gewährleisten. Es besteht allerdings die

---

467 Vgl. Eberwein, W./Tholen, J. (1990): a.a.O., S. 263ff.
468 Vgl. Faust, M. et al.: Dezentralisierung von Unternehmen, 2. Aufl., München/Mering 1995, S.
    158ff.
469 Commerzbank (Hrsg.): Geschäftsbericht - Kurzfassung, Nr. 3, Frankfurt/M. 1996, S. 13.

Chance, aufgeführte Kernprobleme der Betriebsräte - teilweise - zu lösen, indem z.B. neue Management- und Organisationskonzepte auf die eigene Institution angewandt werden, wozu erste Umsetzungsansätze geschildert wurden.

6. Entwicklung eines analyseleitenden Konzepts zur Erfassung des Alltagshandelns

Als Grundlage für den empirischen Teil dieser Untersuchung wird nachfolgend, basierend auf den vorangegangenen Darstellungen verschiedener Einflußgrößen der Arbeit von Interessenvertretungen, ein theoretischer Bezugsrahmen entwickelt, der die Erfassung und Analyse des Alltagshandelns von Betriebsräten ermöglicht.[470]

"Theoretische (synonym: gedankliche, konzeptionelle) Bezugsrahmen [...] können als Erklärungsskizzen aufgefaßt werden, die aber in Anbetracht der 'chronischen Unreife' sozialwissenschaftlicher Forschung im allgemeinen und der Managementforschung im speziellen in der wissenschaftlichen Diskussion eine außerordentlich wichtige Rolle spielen."[471]

Wie an anderer Stelle bereits verdeutlicht, stößt eine isolierte Betrachtung von Funktionen, die Interessenvertretern innerhalb der industriellen Beziehungen durch die Betriebsverfassung zugewiesen werden, durch organisationelle und managerielle Entwicklungen zunehmend an ihre Grenzen. Zwar wird durch die hohe Verrechtlichung der Beziehung zwischen Arbeitgebern und Arbeitnehmern ein Muster vorgegeben, allerdings läßt sich festhalten, daß dieses faktisch in sehr unterschiedlicher Form ausgefüllt wird. Es bestehen demnach Handlungsspielräume für die handelnden Akteure, die in Zukunft durch sich verändernde Rahmenbedingungen noch weiter steigen werden.[472]

"In dem Maße wie die Arbeit nicht mehr programmiert ist, schwinden auch die Voraussetzungen für eine programmierte Interessenvertretung."[473]

Betriebsräte, deren Handlungseffizienz aus verschiedenartigen Blickwinkeln heraus betrachtet werden kann, wirken beinahe schon "polymorph": Nach einer stetigen Weiterentwicklung vom reinen Schutzorgan zum "Schattenboss"[474], der quasi "von Amts wegen für die menschengerechte Gestaltung von Arbeitssystemen zuständig ist"[475], lastet man ihm zu gleicher Zeit im Kontext moderner Managementkonzepte kontinuierliches Versagen an, das zumeist auf seine sachliche und fachliche Überforderung zurückgeführt wird.[476]

Wie noch zu zeigen ist, kann demnach eine ausschließlich am Rechtssystem orientierte oder anderweitig "isolierte" Betrachtung nicht als ausreichende theoretische

---

470 Die konkrete methodische Vorgehensweise wird in Kap. II.1. erläutert.
471 Schirmer, F.: Arbeitsverhalten von Managern, Wiesbaden 1992, S. 9.
472 Siehe dazu die Kap. I.5. und I.5.3.
473 Kotthoff, H. (1995b): a.a.O., S. 440.
474 Vgl. Behrens, B.: "Mitänanner redde", in: Wirtschaftswoche, 41/1996, S. 28.
475 Vgl. Kerst, C.: Betriebliche Arbeitsbeziehungen als Umsetzungsweg für Gestaltungswissen, in: WSI Mitteilungen, 7/1991, S. 432.
476 Vgl. Kotthoff, H. (1995b): a.a.O., S. 426f.

Grundlage zur Erfassung des Alltagshandelns von Betriebsräten angesehen werden, da einige Arbeitsbereiche der Interessenvertretung nicht in diese Struktur einzuordnen sind und arbeitsorganisatorische Entwicklungen, die einen wesentlichen Beitrag zur effizienten Aufgabenbewältigung leisten, unberücksichtigt bleiben. Um die Dynamik des Wandels der Alltagsanforderungen an Betriebsräte in die Betrachtung miteinzubeziehen, sind folglich zusätzliche Beschreibungsformen notwendig, die die Gesamtheit der "stofflichen" Handlungen von betrieblichen Interessenvertretungen zu erfassen helfen.

Die Analyse der verschiedenen Beschreibungsformen und die Diskussion ihrer Anwendbarkeit auf die zugrundegelegte Forschungsfrage, was Arbeitnehmervertreter tatsächlich tun, bildet den Kern der folgenden konzeptionellen Ausführungen. Dabei wird weitestgehend auf Untersuchungen aus der Führungskräfteforschung zurückgegriffen. Ihre Grundlagen werden in modifizierter Form auf den hier zu untersuchenden Gegenstandsbereich angewandt.

6.1 Ansätze zur Beschreibung des Arbeitsalltags

Bei der Literaturanalyse der Forschungen über Alltagshandlungen von Führungskräften stellte sich zunächst heraus, daß auch in diesem Bereich keine allgemein anerkannten Ansätze zur Erfassung des Phänomens "Arbeit" zur Verfügung stehen. Vielmehr wird das, was Manager täglich tun mit Hilfe verschiedener Beschreibungsformen beleuchtet.[477] Nach Ramme beispielsweise besteht die Arbeit von Führungskräften aus Fachaufgaben ihres Ressorts und aus Führungsaufgaben, die aus ihrer Managementfunktion resultieren. Die konkrete Erledigung beider Aufgabenbereiche vollzieht sich durch eine Reihe von Aktivitäten.[478] Zur Charakterisierung der Arbeit von Führungskräften werden in der Managementforschung vor allem vier Begriffe herangezogen:

a) Funktionen

b) Rollen

c) Aktivitäten

d) Aufgaben.

Im direkten Anschluß erfolgt nun zunächst eine kurze Darlegung der inhaltlichen Dimension dieser Begriffe bezogen auf Betriebsräte, bevor in Teilkapiteln die jeweiligen Einzelaspekte der Beschreibungsdimensionen einer näheren Analyse unterzogen werden.[479]

---

477 Vgl. Ramme, I.: Die Arbeit von Führungskräften, Köln 1990, S. 12ff.
478 Vgl. ebenda, S. 13f.
479 Neben diesen speziellen Bezeichnungen, die der Beschreibung des Alltagshandelns dienen, werden im folgenden auch "neutrale" Begriffe verwendet und zwar "Tun", "Alltagshandeln", "Tätigkeit" und "Arbeit".

Findet der Begriff *Funktion* des Gremiums Anwendung, wird im Grunde beschrieben, wieso Betriebsräte im Betrieb existieren. Im weitesten Sinne dient das Organ dem Interessenausgleich im Unternehmen, wobei das Betriebsverfassungsgesetz den konkretisierenden Rahmen zur Vertretung der Arbeitnehmerinteressen darstellt. Im Betrieb obliegt ihnen darüber hinaus im engeren Sinn eine Friedens-, Demokratisierungs- und Integrationsfunktion.[480]

Dem Betriebsrat werden von den interagierenden Interessengruppen bzw. Individuen innerhalb der betrieblichen Arena darüber hinaus ein Bündel unterschiedlichster Ansprüche entgegengebracht, d.h. es werden ihm bestimmte *Rollen* zugewiesen. Da einzelne Akteure unterschiedliche Interessen verfolgen, geraten Betriebsräte häufig in Rollenkonflikte, was insbesondere durch den Gegensatz von Kapital und Arbeit bedingt wird. Entsprechend rollentheoretischer Grundannahmen wird das Ergebnis, das sich in konkreten Handlungen und Politiken des Betriebsrates niederschlägt, als rolemaking bezeichnet. Diese bilden geclustert bestimmte Typologien von Betriebsräten heraus, die auf jeder Beschreibungsebene charakteristische Verhaltensweisen zusammenfassen und damit eine Zuordnung realer Betriebsratspolitiken ermöglichen.[481]

Während die beiden vorangegangenen Begriffe mit eher abstrakten und komplexen Dimensionen arbeiten[482], ist der Bereich der *Aktivitäten*, verstanden als sichtbare - und damit beobachtbare - Tätigkeiten, konkret faßbar und ermöglicht eine eindimensionale Interpretation. Forschungsarbeiten zur Arbeit von Führungskräften haben sich häufig dieser Untersuchungsdimension bedient[483], während sie für Betriebsräte bislang keine umfassende Anwendung gefunden hat.[484]

Als vierte und letzte Komponente ist die Arbeit von Betriebsräten durch bestimmte (Fach-)*Aufgaben* charakterisiert, worunter man einzelne Verantwortungs- bzw. Problembereiche versteht. Diese können nach der Dimension Zeit in permanente und situative Aufgaben unterschieden werden. Neben den permanenten, durch das Betriebsverfassungsgesetz konkretisierten Bereichen (personelle, soziale und wirtschaftliche Angelegenheiten), haben die Ausführungen der vorangegangenen Kapitel verdeutlicht, daß gerade kurzfristig auftretender Wandel der Arbeitswelt neue Aufgaben für die Interessenvertretung bereit hält. In modernen Organisationen liegen somit für den Betriebsrat Tendenzen eines "Job enlargements" (horizontale Erweiterung der

---

480 Vgl. Kißler, L. (1992): a.a.O., S. 32ff.
481 Siehe dazu vor allem die Forschungsarbeit von Kotthoff von 1981 und 1994 sowie deren Beschreibung in Kap. I.5.2.
482 Siehe dazu konkreter Kap. I.6.1.1.2.
483 Als Beispiel für viele andere sei hier aufgeführt Mintzberg, H.: The nature of managerial work, Englewood Cliffs 1973.
484 Als Ausnahme kann hier eine Untersuchung zur Mitbestimmung von Bürger (1992/1996) angeführt werden, der die Methode der teilnehmenden Beobachtung in einem Unternehmen angewendet hat.

Aufgaben und Inhalte) vor, die zu einer Erhöhung des Verantwortungs- und Entscheidungsspielraumes[485] von Arbeitnehmervertretern führen.

Die genannten vier Bereiche sollen im Rahmen einer detaillierten Betrachtung hinsichtlich ihrer Verwendbarkeit für die empirische Erfassung der Arbeit von Betriebsräten bewertet und einer kritischen Betrachtung unterzogen werden, um zu einem übergreifenden Schema zu gelangen, das die inhaltliche Einordnung einzelner Phänomene ermöglicht. Es geht in den folgenden Ausführungen entsprechend weniger darum, eine Programmatik aufzustellen, die sich an Erfordernissen einer "zeitgemäßen" Interessenpolitik orientiert, als vielmehr grundlegend Dimensionen bereitzustellen mittels derer erfaßt und beschrieben werden kann, was faktisch auf betrieblicher Ebene im Arbeitsalltag von Betriebsräten abläuft. Neben dieser eher formalen Beschreibung erfolgt in einem weiteren Schritt im Rahmen der aufgabenspezifischen Entwicklungen der Interessenvertretungspraxis die inhaltliche Konzentration auf personalpolitische Felder, die den Ergebnissen aus den Kapiteln I.3.2.2.2 und I.5.3 zufolge einen wesentlichen Aufgabenbereich moderner Interessenvertretungen darstellen.

6.1.1 Funktions- und rollenorientierte Beschreibung[486]

Die funktionsorientierte Beschreibung zielt darauf ab, die Tätigkeiten der Interessenvertreter als Summe der "Ausübung von Funktionen" nachzubilden.[487] Darunter fallen Rechte und Pflichten, die Betriebsräten durch regulierte Tatbestände zugeschrieben werden. Wie in den vorangegangenen Kapiteln deutlich wurde, unterliegt die Arbeit der Betriebsräte einer starken Dynamik, die sowohl durch gesellschaftliche, technisch-organisatorische, managerielle oder arbeitspolitische Einflüsse geprägt ist. Daraus folgt, daß die Funktion der Betriebsräte sich im Zeitablauf verändert. Darüber hinaus wird den Funktionen, die die betriebliche Interessenvertretung ausübt, von einzelnen Akteursgruppen unterschiedliche Bedeutung eingeräumt. So wird beispielsweise die Mitgliederwerbung vornehmlich von Gewerkschaften gefordert, was für das Management und die Arbeitnehmervertretung vermutlich nachrangige Bedeutung hat.

Unter Funktionen können demnach völlig unterschiedliche Inhalte gefaßt werden, je nachdem, welchen Blickwinkel der Betrachter einnimmt oder welches Mitglied des Betriebsrates beobachtet wird. Während beispielsweise der Betriebsratsvorsitzende neben seinen fachlichen Aufgaben auch Führungsfunktionen im Gremium wahrnimmt, trifft dies auf nicht-freigestellte Mitglieder nicht zu. Die Analyse der Arbeit von Betriebsräten mittels einer Orientierung an Funktionen ist außerdem problema-

---

485 Vgl. Wunderer, R./Grunwald, W.: Führungslehre, Band 2: Kooperative Führung, Berlin; New York 1980, S. 386f.

486 Wegen der bereits erwähnten hohen Abstraktheit beider Begriffe und ihrer geringen Trennschärfe werden diese hier in einem gemeinsamen Kap. behandelt.

487 Vgl. Schirmer, F. (1992): a.a.O., S. 14.

tisch, weil durch die Abstraktion, die dieser Beschreibungsform innewohnt, gerade die betrieblichen Unterschiede, die z.B. im Bereich der tariflichen Öffnungen auftreten, nicht eindeutig identifiziert werden können.

Vielmehr wäre im Rahmen einer funktionsorientierten Betrachtung ein zentraler Gesichtspunkt, inwieweit die Betriebsräte ihren per Gesetz festgelegten Auftrag zum Interessenausgleich wahrnehmen bzw. wie effizient sie von außen deklarierte Ziele erfüllen. Die bereits an anderer Stelle dargelegten faktisch auftretenden Handlungsspielräume konnten aber bereits verdeutlichen, daß dieser Aspekt zur Arbeitsbeschreibung schnell an seine Grenzen gerät. Dies um so mehr, als durch den Wandel in Organisationen neue Tätigkeitsfelder auftreten können, die bisher nicht gesetzlich erfaßt und geregelt sind, aber einen wesentlichen Teil der Arbeitstätigkeit von Betriebsräten ausmachen und ihnen neuartige Funktionen zuweisen.

Versteht man Organisationen als Ganzheit, in der einzelne Akteure Teilfunktionen übernehmen, beinhaltet diese Beschreibung auch Arbeitsbereiche, die den Betriebsräten in ihrer Position als Interessenvertreter von anderen Gruppierungen innerhalb und außerhalb der Unternehmung zugeschrieben werden. Gemeint sind hier Merkmale in der Arbeit von Betriebsräten, die auf einer bestimmten Stellung im System der Arbeitsbeziehungen beruhen, d.h. Rollenerwartungen, die ihnen von den betrieblichen und überbetrieblichen Akteursgruppen entgegen gebracht werden.

So wurden z.B. in Kapitel I.4.2.4 Rollen aufgeführt, die dem Betriebsrat im Kontext von neuen Produktionskonzepten zukommen. Durch die unterschiedlichen Zielsysteme, die die einzelnen Gruppen (Manager, Gewerkschaften[488] und Belegschaft) verfolgen, variieren die jeweiligen Anforderungen, die an den Betriebsrat gestellt werden. In diesem Verständnis werden bestimmte Ausprägungen des Verhaltens einer Rolle zugeordnet. Dabei können sich einzelne Rollen und Funktionen in Teilbereichen überschneiden.[489]

Im folgenden wird am Beispiel des Betriebsratsvorsitzenden auf der Basis der vorangegangenen Ausführungen ein Rollenset aufgeführt. Den Abschluß des Kapitels bildet die kritische Bewertung der ersten beiden angeführten Beschreibungsansätze in Hinsicht auf ihre Verwendbarkeit für die Analyse der Fallstudien.

---

488 Da bei der nachfolgenden Analyse die betriebliche Ebene im Vordergrund steht, werden die Gewerkschaften und ihre Verhaltensstrategien nur behandelt, wenn ihre Aktivitäten diesen Handlungsraum tangieren.

489 Beispielsweise treten in dem Rollenkonzept von Mintzberg Überschneidungen mit den Führungsfunktionen auf, die er selbst kritisiert. Vgl. Ramme, I. (1990): a.a.O., S. 69.

6.1.1.1 Rollenmodell eines Betriebsratsvorsitzenden

Innerhalb der rollentheoretischen Untersuchungen des Führungskräfteverhaltens gilt die Studie von Henry Mintzberg[490] als eine der anerkanntesten und wurde von einer Vielzahl von Autoren übernommen.[491] Er unterscheidet zehn verschiedene Rollen eines Managers im betrieblichen Alltag, die entweder einen interpersonellen, einen informationsbezogenen oder einen entscheidungsorientierten Rollenbezug aufweisen. Ausgangspunkt dieser Arbeitsbeschreibung von Managern ist die formelle Weisungsbefugnis der betrachteten Personen für eine bestimmte Organisationseinheit, aus der sich ein spezieller Status ergibt, der wiederum die Grundlage für interpersonale Beziehungen bildet, die eine Informationsressource darstellen.[492]

Wie bereits aus der Beschreibung der Konstituierung des Betriebsrates hervorging, lassen sich die beiden Faktoren (Positionsmacht und Status) für den Betriebsratsvorsitzenden bestätigen, der auf Basis des Wahlvorganges für eine bestimmte Zeitdauer in dieses formelle Amt eingesetzt wird. Zwar unterscheiden sich Zweck und Aufgabe von Führungskräften und Betriebsratsvorsitzenden in sachlicher Hinsicht, im Vergleich ihrer Struktur bzw. den ihnen innewohnenden Rollen ergeben sich aber Analogien.

"Überall besteht sein konkreter Beitrag in der Unterstützung oder gar Durchführung von betrieblichen Führungs-, Kontroll-, Verwaltungs- und Repräsentationsaufgaben."[493]

Die Vergleichbarkeit der Rollen ergibt sich auch daraus, daß ein Betriebsratsvorsitzender das Gremium Betriebsrat wie eine Abteilung führen muß.[494] Entsprechend führt Mintzberg selbst an:

"Manager's jobs are remarkly alike. The work of foremen, presidents, government administrators, and other managers can be described in terms of ten basic roles and six sets of working charakteristics."[495]

Eine generelle Unterscheidung zwischen der faktischen Arbeit von Führungskräften und der Arbeit von Betriebsräten kann demnach über die rollenorientierte Beschreibung nicht erfolgen. Feststellbar ist hiermit lediglich die differierende Gewichtung ihrer einzelner Rollen im gesamten Set oder die verschiedenartige Informationsmacht im Rahmen des ersten Rollenclusters.

---

490 Vgl. Mintzberg, H. (1973): a.a.O., S. 54ff.

491 Eine Auflistung von interessanten Studien dieses Bereiches finden sich bei Ramme, I. (1990): a.a.O., S. 41ff.

492 Vgl. Strehl, F.: Arbeitsrollen der Führungskräfte (nach Mintzberg), in: Kieser, A./Reber, G./Wunderer, R. (Hrsg.): Handwörterbuch der Führung. Stuttgart 1987, S. 34.

493 Vgl. Kotthoff, H.: Betriebsräte und betriebliche Herrschaft, Frankfurt/M.; New York 1981, S. 107.

494 Vgl. Knebel, H. (1991): a.a.O., S. 144.

495 Mintzberg, H. (1973): a.a.O., S. 4.

Die nachfolgende Abbildung faßt zunächst das Rollenset eines Betriebsratsvorsitzenden zusammen, bevor die interpersonellen, informations- und entscheidungsbezogenen Komponenten näher erläutert werden.[496]

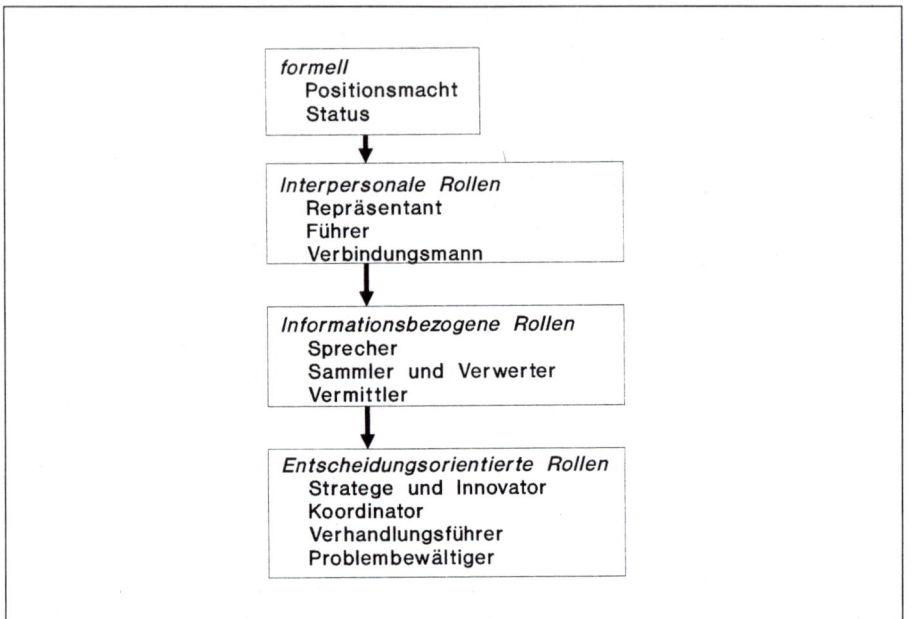

Abb. 14: Rollenmodell eines Betriebsratsvorsitzenden[497]

a) Interpersonelle Rollen

In diesen Bereich fallen hauptsächlich Routineaufgaben, die direkt aus der Position des Akteurs erwachsen. Ein Betriebsratsvorsitzender ist durch seine Stellung als Leiter des Betriebsrates auch der wesentliche Repräsentant des Gremiums, wodurch ihm bestimmte Pflichten obliegen. So ist er als Vertreter des Rates zu wichtigen Anlässen und Versammlungen eingeladen oder erhält in bei- oder übergeordneten Organen einen Sitz (z.B. in Betriebsausschüssen).

Darüber hinaus hat der Betriebsratsvorsitzende auch Funktionen eines Führers oder Vorgesetzten. Diese exponierte Stellung zeigt sich bereits darin, daß erst nach seiner Wahl die Konstituierung des Gremiums gesichert ist und Arbeitgeber Ver-

---

496 Die Wesensmerkmale der Rollen und ihre Beschreibungen stammen weitestgehend aus Mintzberg, H.: Zwischen Fakt und Fiktion - der schwierige Beruf Manager, in: Harvard Manager, 4/1990, S. 91ff. und wurden in Verbindung mit den Ausführungen der vorangegangenen Kapitel für den hier zu behandelnden Sachverhalt modifiziert.

497 Übertragung des Modells von Mintzberg, H. (1973): a.a.O., S. 59.

handlungen aufnehmen.[498] Diese bedeutungsvolle Stellung macht ihn nach außen zum Verantwortlichen für die Handlungen des Betriebsrates und bedingt im inneren Verhältnis die Führungsaufgabe seiner Kollegen in Form von Koordination, Motivation und Delegation. Hier liegt die wesentlichste Funktion des Betriebsratsvorsitzenden, die quasi auch die nachfolgenden Rollen unter b) und c) begründet. Seine Rolle als Verbindungsglied zwischen Gewerkschaften, Arbeitnehmern und Arbeitgebern stellt ihn ins Zentrum eines Netzwerkes, das seine Handlungen über die Grenzen des Betriebes hinaus verbindlich macht. Die Kommunikation läuft entsprechend nicht nur in vertikaler Richtung entlang der Hierarchielinie, sondern wird durch horizontale und diagonale Kontakte ergänzt[499], z.B. zu mittleren Führungskräften, einzelnen Mitarbeitern, Vertrauensleuten, Gewerkschaftsfunktionären und Arbeitsrichtern.

b) Informationsbezogene Rollen[500]

Durch die o.g. zentrale Rolle im Beziehungsgefüge des Betriebsrates ist der Vorsitzende quasi das "Nervenzentrum", da er durch seine vielfältigen Aufgaben - auch in anderen Gremien - in der Regel über mehr Informationen verfügt, diese zu seinen Zwecken nutzen kann und häufig wesentliche Beiträge zur Problembewältigung leistet. Dieses Faktum ergibt sich nicht zuletzt durch seine zentrale interpersonelle Rolle, da er formell dazu berechtigt ist, jederzeit zu jedem Organisationsmitglied Kontakt aufzunehmen. Durch die relativ problemlose Überwindung der betrieblichen Grenzen, z.B. im Aufsichtsrat, erhält er zusätzlich Informationen, die einem nicht-freigestellten Mitglied vorenthalten bleiben. Außerdem erwirbt er oft durch seine exponierte Stellung einen Vertrauensvorschuß, der erst die "außergewöhnliche" Informationsübertragung ermöglicht. Fehlen Informationen oder ist ein Kontakt schwierig, so obliegt es i.d.R. dem Betriebsratsvorsitzenden, dieses Defizit zu beseitigen. Einen Teil dieser Informationen leitet er weiter: an das übergeordnete Management bei gemeinsamen Verhandlungen, an den Rat innerhalb von Gremiensitzungen, an die Belegschaft im Rahmen von Belegschaftsversammlungen oder an die Gewerkschaften, z.B. bei regionalen Sitzungen. Dies ist gleichzeitig die dritte Rolle in seinem informationsorientierten Set, die ihn als Sprecher des Betriebsrates benennt. Das zentrale Geflecht von Kontakten, dessen Aufbau Geschick und Zeit erfordert, bewirkt vermutlich auch, daß gerade der Vorsitz des Betriebsrates meist über mehrere Wahlperioden personell unverändert bleibt.[501]

---

498 Siehe Kap. I.3.1.
499 Vgl. Staehle, W. H.: Management, 7.Aufl., München 1994, S. 550.
500 Hier zeigen sich deutliche Parallelen zur Typisierung von Böhle aus Kap. I.5.2.
501 Nach einer Untersuchung von Niedenhoff kann gerade beim Mandat des Vorsitzenden eine hohe personelle Konstanz festgestellt werden: 1994 wurden 70 Prozent dieser Positionsinhaber - ebenso wie in der vergangenen Wahlperiode - erneut in ihr Amt gewählt. Vgl. Niedenhoff, H.-U.: Betriebsratswahlen 1994, in: Personal, 1/1995, S. 46.

c) Entscheidungsorientierte Rollen

Die Informationsmacht des Betriebsratsvorsitzenden bedingt wesentlich seine entscheidungsorientierten Rollen im Bereich der Interessenvertretung. Er steht im
Zentrum vieler Planungsprozesse und ist durch seine herausragende Stellung im
Gremium in der Lage, Kurskorrekturen innerhalb der Betriebsratspolitik zu bewirken und erhält dadurch, nicht zuletzt gegenüber dem Management, einen besonderen Einfluß. Als zentrales Glied des Betriebsrates liegt sein Bestreben als Koordinator darin, die Wirksamkeit des Gremiums zu erhöhen, was auch die Adaption
veränderter Rahmenbedingungen anbelangt. So kann er in regionalen Sitzungen
mit anderen Betriebsräten seiner Branche neue Anregungen sammeln, das Fortschreiten von unternehmensübergreifenden Projekten betrachten und daraus gewonnene Erfahrung möglicherweise für das eigene Wirkungsfeld übernehmen. Dabei ist die Mitwirkung in unterschiedlichen Entscheidungsbereichen für den Vorsitzenden auch insofern von Bedeutung, als Mißerfolge in einem Projekt mit Erfolgen
einer anderen Ebene kompensiert werden können. Dadurch kann er höheres Ansehen erzielen, das letztendlich die Chance einer Wiederwahl erhöht. Durch die Zergliederung von Aufgabenbereichen und die Bündelung von Informationsmacht,
d.h. durch eine durchdachte Delegation (oder gerade durch deren Fehlen), kann
gleichzeitig anderen Mitgliedern die direkte Konkurrenz erschwert werden.[502]
Die Rolle des Problembewältigers ("trouble-shooters") kommt dem Betriebsratsvorsitzenden quasi schon durch seine betriebsverfassungsrechtlichen Pflichten zu.
Gemeint sind hier Reaktionen, die nicht durch eigenes Handeln verursacht wurden,
sondern von außen an seine Klientel oder den Betrieb herangetragen werden. Die
Schaffung sogenannter "sozialverträglicher Lösungen" stellt den Vorsitzenden insbesondere in Krisenzeiten ins Zentrum der Entscheidungen, da er als Verhand-
lungsführer seitens der Arbeitnehmervertretung fungiert.

Die rollentheoretische Betrachtung des Betriebsrates läßt den Vorsitzenden als eine
Art "Interessenpolitiker" erscheinen. Bezieht man diese Erkenntnisse allerdings in den
Kontext der hier zu klärenden Fragestellung ein, was Betriebsräte tatsächlich tun, so
wird deutlich, daß eine rollentheoretische Betrachtungsweise bereits einen interpreta-
tiven Schritt beinhaltet, der je nach zugrundegelegter Fragestellung Variationen im
Ergebnis zuläßt.[503]

"Verlangt die Verbetrieblichungstendenz von ihm, daß er die Rolle eines kompetenten Co-Managers übernimmt, dann die Partizipationstendenz, daß er als Mode-

---

502 Der Bereich Ressourcenverteilung, Delegation und Koordination wurde bereits in Kap. I.3.4.2
  und I.3.4.3 ausführlicher behandelt und wird deshalb hier nicht näher thematisiert.

503 Siehe dazu auch die "neuen" Rollen, die Betriebsräten im Kontext neuer Produktionskonzepte
  zukommen. Vgl. Kap. I.4.2.4.

rator zwischen den einzelnen Gruppen und ihren jeweiligen Interessen vermittelt ("Interessenmanagement").["504]

Um die elementaren Grundlagen der Arbeit des Betriebsrates zu beschreiben, ist demnach zunächst ein anderer Forschungsschritt notwendig.

6.1.1.2 Bewertung

Die Abstraktheit und Komplexität der beiden in diesem Kapitel beschriebenen Ansätze zur Erfassung des Wesens der Betriebsratsarbeit verhindern, daß sie Einzelbereiche voneinander trennbar benennen. So geben Funktionen unterschiedliche Ziele von Handlungen[505] an bzw. beschreiben in undifferenzierter Form, was getan werden soll und nicht, wie diese Dinge real umgesetzt werden.[506] Diese Art der Beschreibung macht zwar den Gesamtzusammenhang einer Tätigkeit rekonstruierbar, gibt aber allenfalls unspezifische Hinweise auf die Mikroebene der Arbeit von Betriebsräten.[507]

In der Rollenbeschreibung wird ein normatives Konzept vorgegeben,[508] das jedoch nur geringfügige Differenzierungen zwischen leitenden Positionen erlaubt. So wenden Betriebsratsvorsitzende als Leiter des Gremiums Betriebsrat den klassischen Managementprozeß ebenso an, wie andere Akteure in Leitungspositionen.[509] Darüber hinaus ist es z.t. schwierig einzelne Aktionen bestimmten Rollen eindeutig zuzuordnen,[510] insbesondere im Bereich der interpersonalen Rollen. Ebenso gelten beide Bereiche als nicht überschneidungsfrei,[511] was auch auf die große Interpretationsvarianz zurückzuführen ist. Eine Rekonstruktion der Wirklichkeit erlauben diese Beschreibungsformen, die eine Ordnung "erzeugen"[512], allerdings nur in eingeschränkter Form. Selbst wenn die vollständige Erfassung aller Anforderungen und Erwartungen

504 Müller-Jentsch, W. (1995a): a.a.O., S. 23.
505 Vgl. Strehl, F. (1987): a.a.O., S. 34.
506 Vgl. Mintzberg, H. (1990): a.a.O., S. 86, sowie Kap. I.4.2.
507 Vgl. Schirmer, F. (1992): a.a.O., S. 45.
508 Vgl. Schirmer, F.: Aktivitäten von Managern: Ein kritischer Review über 40 Jahre "Work Activity"-Forschung, in: Staehle, W.H./Sydow, J. (Hrsg.): Managementforschung, Bd. 1, Berlin/New York 1991, S. 238.
509 Vgl. dazu exemplarisch Schreyögg, G.: Der Managementprozeß - neu gesehen, in: Staehle, W. H./Sydow, J. (Hrsg.): Managementforschung, Bd. 1, Berlin; New York 1991, S. 258ff. und 265ff.
510 Vgl. Snyder, N./Wheelen, T. I.: Managerial roles: Mintzberg and the management process theorists, in: Academy of Management Proceedings, 1981, S. 251.
511 Vgl. Ramme, I. (1990): a.a.O., S. 67ff.
512 Vgl. Watzlawik, P.: Management oder Konstruktion von Wirklichkeiten, in: Derselbe: Münchhausens Zopf, München 1992, S. 157.

gelingen würde, könnte dadurch noch nicht auf ein konkretes Verhalten geschlossen werden.[513]

Die in mikropolitischer Sichtweise dargestellten Handlungsräume des Betriebsrates im rechtlichen und interaktionistischen Kontext belegen in anschaulicher Weise die Breite möglicher, in der Praxis auftretender Handlungsvarianten. Eine effiziente Interessenvertretung ist unter den Bedingungen moderner Produktionskonzepte folglich nicht allein das Produkt der Stärke eines isoliert wirkenden Organs, sondern gründet sich auf ein wirkungsvolles Zusammenspiel unterschiedlicher betrieblicher Gruppen:

- Qualifikation und Beteiligung der Belegschaft;
- homogenes oder heterogenes Managementinteresse mit stärker betriebswirtschaftlich oder humanisierungspolitisch ausgerichteten Zielen;
- Bereitschaft des Betriebsrates zur Delegation von Verantwortung;
- ein ausgebauter Vertrauensleutekörper als Informant zwischen Repräsentanten und Belegschaft;
- eine aufgeschlossene, "visionäre" Gewerkschaft.[514]

Ebenso ist der "Eigensinn der Subjekte"[515] Gegenstand der Betrachtung, der auch die Erfassung dynamischer Veränderungen ermöglicht, die z.b. aus den Erfahrungen oder eigenen Zielen des jeweiligen Akteurs resultieren. In der funktions- oder rollenorientierten Betrachtung wird dieser Aspekt der "inneren" Gestaltung des Handelns weitestgehend vernachlässigt. Kotthoff nennt in diesem Zusammenhang beispielhaft die Rolle des Betriebsrates als "Moderator", die beinahe wie ein "Drehbuch" formuliert ist und damit den Eindruck erweckt, als müsse sie der Betriebsrat lediglich einstudieren, um seine Arbeit zur Vollendung zu bringen.[516] Durch diese Abstrahierung wird ein wichtiger Aspekt ausgeblendet, dessen Erfassung für die Beschreibung der Arbeit von Betriebsräten wichtig erscheint.

"Alltagsprozesse in ihrer konkreten zeitlichen und räumlichen Strukturiertheit sollten in den Blick geraten, ohne sich sofort in anonyme Strukturgesetzlichkeiten aufzulösen."[517]

Als Fazit läßt sich hieraus ziehen, daß die Funktionsbetrachtung ebenso wie die Rollenbeschreibung im Kontext dieser Forschungsarbeit nicht zur grundlegenden empirischen Erfassung dessen, was Betriebsräte tun, geeignet sind. Sie lassen hinsichtlich der konkret auftretenden Handlungen einen zu hohen Interpretationsspielraum, und zum Teil können Tätigkeiten nicht eindeutig bestimmten Kategorien zugeordnet wer-

---

513 Dies zeigte sich bereits durch die Ausführungen über die bestehenden Handlungsräume. Walgenbach kommt in seiner Untersuchung über die Arbeit mittlerer Manager zu derselben Schlußfolgerung. Vgl. Walgenbach, P.: Mittleres Management, Wiesbaden 1994, S. 75.

514 Vgl. Lecher, W. (1995): a.a.O., S. 333.

515 Vgl. Türk, K. (1989): a.a.O., S. 125.

516 Vgl. Kotthoff, H. (1995b): a.a.O., S. 426.

517 Klatt, R.: Moderne Betriebsratsarbeit im Großbetrieb, in: Arbeit, 4/1995, S. 390.

den. Beide Beschreibungsdimensionen lassen sich aber sinnvoll zur Interpretation der Ergebnisse des empirischen Untersuchungsteils heranziehen. Dabei soll versucht werden, die Betriebsräte nicht hinsichtlich ihrer Interaktionsmuster mit dem Management zu typologisieren[518], sondern Muster in ihrer individuellen Arbeitsweise aufzuzeigen.

6.1.2 Aktivitätsorientierte Beschreibung

Situations- und personbezogene Determinanten bestimmen immer stärker das faktische Verhalten der Betriebsräte im dynamischer gewordenen Arbeitsalltag. Weltz bezeichnet die vorhandenen Handlungsstrukturen als Resultat innerbetrieblicher Regulation, Integration und Umstrukturierung im betrieblichen System:

"Aus dieser Konstellation von Partialinteressen, Kompetenzen und realen Einflußmöglichkeiten, aus den sich daraus ergebenden Konflikten, Allianzen und Konkurrenzen, aus den damit verbundenen Durchsetzungs- und Legitimationsnotwendigkeiten beziehen nun die innerbetrieblichen Vermittlungsmechanismen ihre Dynamik."[519]

Die Strukturen, die die faktische Ausprägung der Arbeitsbeziehungen in einer Organisation kennzeichnen, reichen demnach zurück auf Handlungen einzelner Individuen. Aufgrund der enormen Varianz möglicher Handlungsstränge wird angestrebt, alltägliche Prozesse empirisch erfaßbar zu machen und damit die Realität des Alltags von Betriebsräten abzubilden.

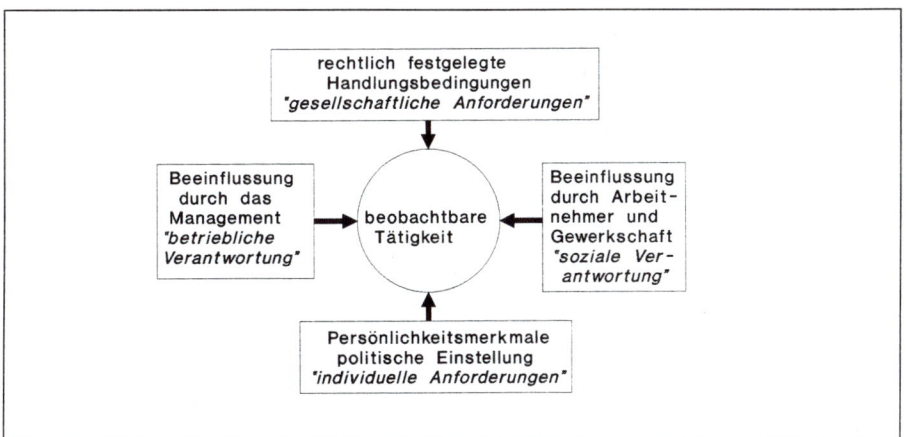

Abb. 15: Situative verhaltensbeeinflussende Faktoren

518 Siehe dazu Kap. I.5.2.
519 Weltz, F.: Wer wird Herr der Systeme?, in: Seltz, R./Mill, U./Hildebrandt, E. (Hrsg.): Organisation als soziales System, Berlin 1986, S. 152

Die alltäglichen Handlungen, bzw. die faktischen Aktivitäten des Betriebsrates, stellen demnach ein von inneren und äußeren Einflüssen geprägtes Produkt aus gesellschaftlichen, sozialen, betrieblichen und individuellen Anforderungen dar, das sich situativ beobachten läßt (Abb. 15). Darüber hinaus zeigen Katz/Kahn[520] vier Unsicherheitszonen auf, die das Verhalten beeinflussen können und deren Wirkungen bereits implizit in den Ausführungen der Kapitel I.4. und I.5. erläutert wurden:

- prinzipielle Unreife organisatorischer Gestaltung,
- Dynamik der Umwelt,
- Dynamik organisationsinterner Entwicklungen,
- Eigensinn der Organisationsmitglieder.

Das Zielsystem des Betriebsrates orientiert sich dabei nicht notwendigerweise an den ihm obliegenden Funktionen und Rollen, sondern kann z.B. durch individuelle Charakterzüge eines Betriebsratsmitglieds oder einer traditionell starken oder schwachen Interessenvertretung variieren. Differenzierte Machtkonstellationen im Betrieb, soziale Kompetenz und Fachwissen des Betriebsrates üben dabei ihren Einfluß aus, wie auch die wirtschaftliche Lage des Unternehmens oder Machtkämpfe innerhalb des Organs selbst.

"Handeln als Handeln von Personen/Subjekten ist Handeln in Situationen als konkrete Einheit von Subjekt und Objekt im Jetzt. Dabei wird diese Grundstruktur stets durch die Intentionalität des Bewußtseins des Subjekts strukturiert."[521]

Diese Erkenntnis legt - in Entsprechung zur mikropolitischen Handlungsausrichtung - nahe, konkrete Aktivitäten des Betriebsrates sowie ihnen innewohnende Kommunikations- und Arbeitsstrukturen, losgelöst vonfunktions- oder rollentheoretischen Vorstrukturierungen, aufzuzeichnen und zu analysieren. Durch diese Vorgehensweise wird die Gefahr zu großer Abstraktheit der Ergebnisse überwunden, da auftretende Handlungen in Zeitstudien direkt beobachtbar sind. Dabei können auch solche Merkmale der Arbeit von Betriebsräten festgehalten werden, die sie im aufgezeigten Anforderungsset von einer effizienten Arbeit abhalten oder die ihrem Funktionsbereich bisher nicht zugeordnet worden sind.

Die zur Beantwortung der Fragestellung, was Betriebsräte tatsächlich tun, angewendete Methode ist an die "Work Activity"-Forschung angelehnt, die im Bereich der Managementforschung eine lange Tradition aufweist[522] und die auf den hier zu betrachtenden Gegenstand, die Arbeit des Betriebsrates, übertragen werden soll.

---

520 Katz, D./Kahn, R. L. (1966): a.a.O., S. 304ff.

521 Martens, H.: Empirische Institutionenforschung - theoretische und methodologische Aspekte am Beispiel der Mitbestimmungsforschung, in: Göhler, G. (Hrsg.): Die Eigenart der Institutionen: zum Profil politischer Institutionentheorie, Baden-Baden 1994, S. 277.

522 Als älteste Arbeit gilt gemeinhin die Studie von Carlson, S.: Executive behaviour, Stockholm 1951, der das Verhalten der Manager nach der Tagebuchmethode aufzeichnete.

Innerhalb der Work Activity-Forschungsrichtung wird versucht, das Arbeitsverhalten von Managern als "[...] Beschreibung und Erklärung von Verhaltenssequenzen/ -strömen und typischen Mustern von Verhaltenssequenzen im alltäglichen Aufgabenvollzug von Managern"[523] abzubilden. Dazu sind folgende Begriffsklärungen in Analogie zu vorhandenen Arbeiten dieser Forschungsrichtung notwendig: *Verhalten* stellt im Kontext dieser Arbeit den weiten Begriff dar, unter den alle beobachtbaren Äußerungsformen fallen. Unter *Handeln* wird eine spezielle Verhaltensform verstanden, welche diejenigen Verhaltenssequenzen beinhaltet, die absichtlich unter Verfolgung eines Zweckes geschehen, die also bewußt ablaufen.[524] Während bei ersterem bestimmte Gesetzmäßigkeiten beschrieben werden, beinhaltet die Absichtlichkeit des Handelns implizite Regelstrukturen, die auf der Intention und dem Wissen der Akteure beruhen.[525]

Wesentlicher Ansatzpunkt der Work Activity-Forschung ist, möglichst operationale Beschreibungen dessen zu liefern, was Manager tatsächlich tun. Um ihren Alltag detailliert zu rekonstruieren, wird entsprechend innerhalb eines festgelegten Zeitraumes eine Beobachtung der Akteure durchgeführt, die sowohl Aufschluß über einzelne Aktivitäten als auch ihre Zwecke gibt.[526] Dabei stellte sich für Führungskräfte heraus, daß entgegen der traditionellen Vorstellung, sie nähmen in reflektierend-analytischer Arbeitsweise ihre Tätigkeit wahr, ihr Alltagsverhalten in Wahrheit bruchstückhaft und von ständigem Zeitmangel und Unterbrechungen gekennzeichnet ist.[527]

Untersuchungen im Bereich der Aktivitätsforschung des Managements[528] haben mit unterschiedlicher Betonung der o.g. Bestandteile des Verhaltens von Führungskräften u.a. versucht zu klären

- was Manager wirklich tun, d.h. wie ein typischer Tag aussieht, wieso sie sich in einer bestimmten Weise verhalten, ob und wieso in unterschiedlichen Situationen Variationen im Verhalten auftreten;
- welchen Charakter die Arbeit hat, d.h. welche Schlüsselprobleme, Herausforderungen und Ansprüche ihr zugrunde liegen, als auch wie und warum sich diese im Zeitverlauf verändern;
- welche Personen zu Managern werden, d.h. was sie dazu antreibt, welche Fähigkeiten und Fertigkeiten sie für ihre Tätigkeit mitbringen oder woher sie kommen.[529]

---

523 Schirmer, F. (1991): a.a.O., S. 210.
524 Vgl. Schirmer, F. (1992): a.a.O., S. 12f.
525 Vgl. Osterloh, M. (1993): a.a.O., S. 93.
526 Vgl. Schirmer, F. (1991): a.a.O., S. 213.
527 Vgl. Schreyögg, G./Hübl, G.: Manager in Aktion: Ergebnisse einer Beobachtungsstudie in mittelständischen Unternehmen, in: Zfo, 2/1992, S. 82.
528 Einen Überblick über diese Untersuchungen bietet Schirmer, F. (1992): a.a.O., S. 49ff.
529 Vgl. Kotter, J. P.(1982): a.a.O., S. 121.

Die Grundelemente dieses Forschungsansatzes decken sich in weiten Teilen mit der hier zu klärenden Forschungsfrage. Zur formalen Erfassung der Arbeit von Betriebsräten ("work characteristics"[530]) wird im folgenden entsprechend auf vorhandene Ansätze aus der Managementforschung zurückgegriffen, v.a. auf die Arbeit von Mintzberg, die bereits im Kontext der Rollenbeschreibungen angeführt wurde. Vor dem Hintergrund der Ausführungen des Kapitels I.4. erscheint außerdem wichtig, den Aufgabenzuwachs innerhalb der Interessenvertretungsarbeit zu erfassen und zu beschreiben. Die Grundlagen für diese inhaltliche, auf Aktivitätszwecke bezogene Analyse des Arbeitsverhaltens, wird in Kapitel I.6.1.3 näher erläutert.

6.1.2.1 Übertragung der Grundlagen der Work Activity-Forschung auf die vorliegende Problematik

Es ist für die empirische Untersuchung erforderlich, die jeweils spezifischen Arbeitssituationen der Betriebsräte festzuhalten und durch eine Strukturierung der Beobachtung die Vergleichbarkeit zwischen den Beobachtungssituationen herzustellen. Dabei ist die bloße Beschreibung und Analyse der alltäglichen Handlungen von größerem Interesse als deren Effizienzbeurteilung.[531] Letzteres würde voraussetzen, daß Prozesse bis zu ihrem inhaltlichen Abschluß betrachtet werden müßten, was innerhalb der Aktivitätsforschung nicht notwendigerweise gewährleistet ist, da eine Beobachtung mit festgelegter Zeitdauer dies nur zufällig leisten kann. Zentrales Interesse ist in der aktivitätsorientierten Beschreibung demnach, die Summe der Arbeitssequenzen des Betriebsrates festzuhalten und ihnen innewohnende Charakteristika oder Regelmäßigkeiten herauszufiltern.

Will man den Alltag des Betriebsrates betrachten, so stellt sich für den Forscher zunächst das Problem, daß hier keine homogene Gruppe vorliegt. So erscheint es wenig sinnvoll, nicht-freigestellte Mitglieder des Gremiums in einem zeitlich begrenzten Beobachtungszeitraum in die Aktivitätsbetrachtung miteinzubeziehen, da prozentual die ehrenamtliche Tätigkeit einen geringen Zeitraum gegenüber der normalen Arbeitstätigkeit einnimmt. Entsprechend bezieht sich die Forschungsmethode in erster Linie auf die freigestellten Betriebsräte. Um in dieser Akteursgruppe eine möglichst hohe Informationsfülle zu erhalten, bietet sich die Betrachtung des Betriebsratsvorsitzenden an, der bereits per Gesetz eine dominante Stellung hat.[532] Darüber hinaus gilt im allgemeinen, daß "[...] wenn im Unternehmen vom Betriebsrat die Rede ist oder von Mitbestimmung, dann meint man zunächst einmal den Vorsitzenden."[533]

---

530 Vgl. Schirmer, F. (1991): a.a.O., S. 222.

531 Vgl. Kieser, A.: Organisationsstruktur, in: Hauschildt, J./Grün, O. (Hrsg.): Ergebnisse empirischer betriebswirtschaftlicher Forschung, Stuttgart 1993, S. 74f.

532 Siehe Kap. I.3.1.

533 Bürger, M.: Betriebsalltag zwischen Kooperations- und Konfliktfähigkeit, in: Die Mitbestimmung, 2/1992, S. 41.

Durch die exponierte Stellung des Betriebsratsvorsitzenden kommt ihm, wie auch in Kapitel I.6.1.1.1 gezeigt wurde, die Rolle des Innovators zu, dem nicht zuletzt die Anpassung seines Organs an wechselnde Umweltbedingungen obliegt. Ausgehend von dem in Kapitel I.4 beschriebenen Wandel stellt der Vorsitzende als "individueller Aktivist" oder "Informationsüberbringer der Gewerkschaften" den zentralen Impulsfaktor für Veränderungen in der Arbeitsorganisation und dem interessenpolitischen Verhalten des Betriebsrates dar. Er ist der gewählte Sprecher der Interessenvertreter und damit auch der zentrale Ansprechpartner für das Management. Entsprechend bündelt er neben Fachkompetenz auch die wesentlichen Informationen aus den unterschiedlichen Handlungskontexten, in deren Zentrum er sich bewegt. Zudem verfügt er häufig über langjährige Erfahrungen in seinem Amt.

Daraus läßt sich für die durchzuführenden Untersuchungen rechtfertigen, den Betriebsratsvorsitzenden als zentrales Betrachtungssubjekt herauszufiltern. Die Konzentration des Forschungsinteresses auf diese Person ermöglicht aufgrund ihrer machtpolitisch hohen Stellung im Gremium die Berücksichtigung einer besonders hohen Zahl verschiedenartiger Informationen, die hier zusammenfließen, insbesondere aus Organen der überbetrieblichen Ebenen wie dem Aufsichtsrat. Durch die Einschränkung auf eine zu beobachtende Person können auch Aussagen, z.B. zu Persönlichkeitsmerkmalen, getroffen werden. Darüber hinaus bietet sich diese Vorgehensweise aus Gründen der besseren praktischen Durchführbarkeit des Vergleichs zwischen den einzelnen Untersuchungsobjekten an.

Zur Erfassung der Arbeit von Betriebsräten wird in einem ersten empirischen Schritt die Methode der Beobachtung angewendet. Dabei zeichnen die Betriebsratsvorsitzenden über einen festgelegten Zeitraum hinweg alle ihre Aktivitäten nach einem zuvor entwickelten Schema auf.[534] Die einzelnen Beobachtungskategorien können aus den Studien des Managementbereiches voll übernommen werden, da sich diese auf die Ermittlung des typischen Arbeitsverhaltens beziehen, ohne Berücksichtigung von besonderen Merkmalen der zu beobachtenden Person. Durch die Auswertung läßt sich ermitteln, wie die tägliche Arbeit durch einzelne Aktivitäten bewältigt wird.

Die präzise Strukturierung der Beobachtung schafft die Voraussetzung dafür, daß die formellen Handlungen verschiedener Untersuchungsobjekte miteinander verglichen werden können. Diese Orientierung ermöglicht zusätzlich den Vergleich der Arbeitsweisen und -strukturen zwischen den untersuchten Betriebsräten und den Ergebnissen der Beobachtungen bei Managern. Für die vorgefundenen Divergenzen und Konvergenzen sollen darüber hinaus Erklärungsansätze gegeben werden. Durch diese Vorgehensweise kann die in Kapitel I.6.1.1.1 beschriebene Analogie der Rollen beider Gruppen einer näheren Analyse unterzogen werden.

Um neben diesem formellen Ergebnis zusätzliche inhaltliche Ergebnisse zu erhalten, werden Interviews mit betrieblichen und externen Experten durchgeführt, deren

---

[534] Zu den methodischen Grundlagen der empirischen Untersuchung siehe Kap. II.1.

Grundlage die Erkenntnisse aus der Literaturanalyse und thematische Besonderheiten aus der Beobachtungsphase bilden. Entsprechend können die im vorangegangenen Teilkapitel vorgestellten Fragestellungen aus der Managementforschung durch verschiedene Untersuchungsschritte in ihrer Gesamtheit auf den Betriebsratsvorsitzenden übertragen werden.[535]

6.1.2.2 Ausgewählte Aktivitätsfelder und -formen

Um die Beobachtungen sowie die Auswertungen zu strukturieren, werden die quasi in Form einer Tagebuchaufzeichnung festgehaltenen Aktivitäten nach bestimmten Kriterien gegliedert. In formeller Hinsicht erfolgt hier die Einteilung in einzelne Bewertungskategorien, die sich eng an die bei Mintzberg (1973) und Schreyögg (1988) verwendeten anlehnen.

Zunächst werden einzelne *Kategorien von Aktivitäten*[536] benannt, die nach ihrer Häufigkeit in eine Rangfolge gebracht werden. Es erfolgt die Einteilung in Telefonate, Rundgänge, direkte Interaktion (Einzelgespräch oder Sitzung), Schreibtischarbeit und sonstige Aktivitäten, deren Häufigkeitsverteilung auch die Hauptinteraktionsform der Betriebsräte erkennbar werden läßt. Damit kann insbesondere festgestellt werden, auf welchem Wege Betriebsräte ihre Informationen vorwiegend erhalten bzw. welche Form von Informationen zur Entscheidungsfindung genutzt wird. Über die reine Kategorisierung hinaus findet in der Beobachtung demnach auch die *Bestimmung des Zwecks* der Aktivität ihren Niederschlag.

Die Erfassung der auftretenden Zahl von einzelnen Tätigkeiten im Verhältnis zur dafür benötigten Dauer erlaubt Rückschlüsse auf den *Arbeitsrhythmus*[537] der beobachteten Personen. Dabei wird ebenfalls erfaßt, ob dieser Rhythmus bewußt eingehalten wird oder einer Eigendynamik entspringt, die von außen durch *Unterbrechungen* gelenkt wird, z.B. durch Anrufe oder Besucher. Es zeigt sich folglich auch, wer die *Initiative* zur festgestellten Aktivität ergreift, d.h. ob man von eher geplanten oder ungeplanten Handlungen ausgehen kann.

Sind weitere Personen an den Aktivitäten beteiligt, wie es bei allen Formen der mündlichen Kommunikation der Fall ist, erfolgt die Einteilung in externe und interne *Teilnehmer*. Die Externen, d.h. Personen, die nicht Mitglieder des Betriebsrates sind, werden nach der Zugehörigkeit zu einer bestimmten Einheit verortet, z.B. ob sie dem Management, den Arbeitnehmern, Gewerkschaften oder sonstigen Akteursgruppen in oder außerhalb der Unternehmung zuzuordnen sind. Diese Aufzeichnung ermöglicht die Rekonstruktion üblicher Kommunikationsnetzwerke, die sich Betriebsräte auf-

535 Zur Präzisierung der inhaltlichen Fragestellungen siehe weiterführend Kap. I.6.1.3.
536 Mintzberg, H. (1973): a.a.O., S. 39ff.
537 Vgl. Schreyögg, G./Hübl, G. (1992): a.a.O., S. 84.

bauen. Diese Untersuchungskategorie kann weiterhin Aufschlüsse darüber liefern, wie die Funktionsteilung im Organ Betriebsrat selbst abläuft.[538]

Neben den formellen, quantitativen Informationen zum Tagesablauf geben die Aktivitätsprotokolle auch qualitative Hinweise auf strukturelle Muster und Gemeinsamkeiten der Arbeit von Betriebsräten. Über die genannten Interpretationsmöglichkeiten hinaus können innerhalb der Beobachtungszeit auch verschiedene Aufgaben, d.h. inhaltliche Probleme der Arbeit, protokolliert werden. Zusammenfassend läßt sich folgern, daß der Vorteil der aktivitätsorientierten Beschreibung vor allem in der Überschneidungsfreiheit und Informationsvielfalt der durch die Beobachtungsmethode gewonnen Ergebnisse liegt.

6.1.3 Aufgabenorientierte Beschreibung

Die vorangegangenen Ausführungen haben verdeutlicht, daß eine an traditionellen Strukturen ausgerichtete Sichtweise der Interessenvertretung nur unzureichend in der Lage ist, neue Wirkungsbereiche der Betriebsräte zu erfassen, die einer aktivgestalterischen Haltung zugrunde liegen.

"Entmystifiziert werden und zur Disposition stehen damit zählebige Vorstellungen von der Überlegenheit, Geschlossenheit, Rationalität und dem Strategiegehalt des Managementhandelns ebenso wie Leitbilder und Opfermythos initiativ-, weil machtloser Interessenvertretungen und Beschäftigten, die als 'Akteure zweiter Wahl' auf unternehmerische Rationalisierungspolitik nur defensiv reagieren können."[539]

Um solche Entwicklungstendenzen in der konkreten Arbeit der Betriebsräte berücksichtigen zu können, die sowohl veränderten Rahmenbedingungen als auch einer über die Jahre hinweg gewachsenen Professionalität geschuldet sind, muß die Annahme verworfen werden, Betriebsräte seien reine Funktionsträger mit klar definierten Rollen und Vorgehensweisen.[540] Wichtig erscheint deshalb vor allem der Einbezug solcher Tätigkeiten, die aus mikropolitischen Aushandlungsprozessen resultieren.

In Untersuchungen werden solche Einzelfälle zwar seit den 80er Jahren immer wieder empirisch belegt[541], ihren Niederschlag in der betriebswirtschaftlichen Forschung fanden sie allerdings bislang fast ausschließlich in Veröffentlichungen, die sich isoliert mit dem Akteur Betriebsrat beschäftigten. Die beschränkte Sicht der Interessenvertretung quasi als "Opfer" manageriellen Einflusses einerseits, und der Dominanz rechtlicher Pflichten andererseits, soll deshalb durch die hier verfolgte Untersuchung der Aufgabenbereiche überwunden werden. Ein Vorteil dieser Betrachtungsweise

---

538 Vgl. Mintzberg, H. (1973): a.a.O., S. 44ff.
539 Birke, M. (1992): a.a.O., S. 37
540 Vgl. Bürger, M. (1992): a.a.O., S. 38.
541 Vgl. die Untersuchungen von Birke (1992), Bundesmann-Jansen/Frerichs (1993) und Kotthoff (1994).

liegt darin, daß sich sowohl traditionell-rechtlich fundierte Arbeitsbereiche einbeziehen lassen, wie auch innovative, die beispielsweise aufgrund von unternehmensorganisatorischen Veränderungen entstehen.

Legt man die Arbeitsaufgaben des Betriebsrates ins Zentrum der Betrachtung, so erfolgt die Konzentration auf die inhaltliche Komponente alltäglichen Verhaltens. Dabei werden Arbeitsschritte nicht wie bei der formalen Sichtweise in ihrer isolierten Erscheinung erfaßt, sondern es werden Aktivitätsbündel zu Aufgabensequenzen geclustert und interpretiert. Über die reine Beobachtung von Häufigkeitsverteilungen hinaus wird hier folglich eine qualitative Erfassung des Beobachteten vorgenommen. Durch die zusätzliche direkte Abfrage konkreter Handlungsbereiche im Alltag sollen diese Annahmen über die inhaltlichen Elemente der Arbeit fundiert und komplettiert werden.

Unter Arbeitsaufgaben werden im folgenden diejenigen Tätigkeitsbündel gefaßt, die sich einem Problem- oder Verantwortungsbereich zuordnen lassen. Die jeweils in der Praxis aufgetretenen Probleme können durch einen Vergleich mit dem Betriebsverfassungsgesetz auf das Vorhandensein einer zugrunde liegenden Reglementierung hin geprüft werden. Durch diese Vorgehensweise gelingt es, traditionelle von modernen Arbeitsaufgaben zu trennen. Ziel dieser Betrachtungsweise ist die Benennung der Arbeitsgebiete von Betriebsräten in modernen Organisationen. Darüber hinaus kann festgestellt werden, in welcher Form Betriebsräte an Problemstellungen beteiligt werden, ob sie als reine Informationsvermittler fungieren, ob sie in die Planungen einbezogen sind oder bei der Umsetzung der Aufgaben aktiv mitwirken.

Dabei ist der Hintergrund der Aufgaben ebenso zu rekonstruieren, wie die Herangehensweise zu deren Lösung. Diese Analyse ermöglicht über die reine Aufgabenbenennung hinaus einen Einblick in die Arbeitsstrukturierung des Betriebsrates. Nicht angestrebt ist die Effizienzbeurteilung der Aufgabenerfüllung, weil dafür die Abgeschlossenheit der Prozesse Voraussetzung wäre. Durch die zeitliche Begrenzung der Erhebung ist dies allerdings nicht sicherzustellen. Darüber hinaus wäre eine Ausweitung der Untersuchung auf andere Akteursgruppen zu dieser Beurteilung nötig bzw. die Benennung von Effizienzkriterien, was letztlich zu weit von der grundlegenden Fragestellung wegführen würde, die die Tätigkeiten in den Vordergrund stellt und nicht deren Wirkung.

6.1.3.1 Allgemeine Aufgabenfelder

Die Gesamtheit der Aufgaben, die von Betriebsräten wahrgenommen werden können, lassen sich nach zeitlichen Kriterien in permanente und situative Felder einteilen.

Als "permanente Aufgaben" können diejenigen Problembereiche gefaßt werden, die im regulierten Rahmen liegen und die in Kapitel I.3.2 bereits ausreichend dargestellt wurden. Dazu gehören Bereiche wie die Stellungnahme zu personellen Einzelmaßnahmen ebenso wie die Durchführung von Betriebsratssitzungen, Sprechstunden oder Belegschaftsversammlungen.

Unter "situative Aufgaben" fallen insbesondere diejenigen Handlungsfelder, die sich unregelmäßig in verschiedenen Ausschüssen herausbilden, in denen Betriebsräte mitarbeiten. Zu denken ist hier sowohl an betriebliche Gremien, wie z.b. Abteilungsversammlungen, die sich mit variablen Themen beschäftigen, wie auch an überbetriebliche Ausschüsse wie den Gesamtbetriebsrat, den Wirtschaftsausschuß, eine Personalunion oder die Zusammenarbeit mit Sachverständigen. Die Themenvielfalt, die jeweils in einem solchen Forum behandelt wird, ist groß. Hinzu kommt der in Kapitel I.4 beschriebene Wandel, der eine Vielzahl solcher Aufgaben bedingt.

So ist beispielsweise der Umweltschutz kein unmittelbares und permanentes Wirkungsfeld der Betriebsräte, wenn keine direkte gesundheitliche Bedrohung für die Belegschaft vorliegt. Dennoch ist durch Ausschußarbeit in diesem Bereich eine Mitsprache und Verantwortungsübernahme möglich. Hier werden auch solche Fälle der Informationspolitik im Unternehmen berücksichtigt, innerhalb derer das Management freiwillig größere Wirkungsfelder gewährleistet, als gesetzlich vorgeschrieben, weil es die Ordnungsfunktion von Betriebsräten erkannt hat und diese ökonomisch sinnvoll nutzt.[542]

Als weitere Illustration kann die Schaffung von transnationalen Gremien angeführt werden. In Kapitel I.4.1.2. wurde bereits darauf hingewiesen, daß die Tradition von europäischen Betriebsräten weitaus länger besteht, als die gesetzlichen Grundlagen. Dies belegt die Dynamik, die die Betriebsratsarbeit von innen heraus entwickelt hat, in besonders anschaulicher Weise.

Wie die beiden Beispiele aus dem Alltag von Betriebsräten in Kapitel I.5.3 zeigten, machen erweiterte Aufgabenstrukturen häufig veränderte Arbeitsmittel erforderlich. Dabei zeigte sich, daß eine Erhöhung der Aufgaben, verbunden mit der Mitgliedschaft in verschiedenen Gremien, auch eine verbesserte Arbeitsausstattung mit sich bringt. So verfügt Herr Feuerstein, wegen der Vielzahl seiner überbetrieblichen Aufgaben über einen Stabsmitarbeiter, während Frau Riedel ein solcher nicht zur Seite steht. Die allgemeine Aufgabenerweiterung hat damit indirekt Auswirkungen auf die Möglichkeit des Einsatzes von Hilfsmitteln, die die Bewältigung des Arbeitsalltags erleichtern und damit auch auf die Arbeitsorganisation. Beide Bereiche sind also gleichermaßen in der empirischen Untersuchung zu berücksichtigen.

Desweiteren kann die Beteiligung von Betriebsräten in Steuerungsgremien zur Einführung neuer Produktionskonzepte angeführt werden. Zwar haben Betriebsräte keine gesetzlich manifestierte Grundlage zur Beeinflussung dieser Entwicklungen, sie können diese aber dann sichern, wenn seitens des Managements freiwillig ermöglicht

---

542 Vgl. Bessel, F.: Führung in Zusammenarbeit mit den Betriebsräten, in: Niedenhoff, H.-U. (Hrsg.): Die Zusammenarbeit mit dem Betriebsrat, Köln 1990, S. 44f. sowie Kap. I.5.2.

wird, innerhalb der konzeptionellen Gestaltung Mitsprache auszuüben. Dies belegen zahlreiche Untersuchungen zu diesem Thema.[543] Die Geschäftsleitung ihrerseits hat durch diese Beteiligung i.d.R. den Vorteil, daß der Durchsetzungswiderstand bei der Einführung neuer Maßnahmen gesenkt wird, wodurch letztlich eine Reduktion der Transaktionskosten[544] erreicht wird.

Die empirisch beobachtbaren Aufgaben sollen in einem interpretativen Schritt entsprechend den unterschiedlichen Problembereichen zugeordnet und in ihrer speziellen Ausprägung benannt werden, um letztlich Aussagen über die Aufgabenstruktur der Betriebsratsarbeit treffen zu können. Darüber hinaus ermöglicht diese Differenzierung, Hinweise auf Persönlichkeitsanforderungen an Betriebsräte im Hinblick auf eine effiziente Wahrnehmung ihres Amtes zu geben, die über rein fachliche Belange, wie Kenntnisse des Arbeitsrechtes, hinausgehen.

Bereits in dieser kurzen Erläuterung zeigt sich, daß die Erfassung der Gesamtheit der Problembereiche des täglichen Handelns von Betriebsräten sehr komplex ist und daher in der hier vorgelegten Untersuchung nicht in ihrer Vollständigkeit erfolgen kann.[545] Statt dessen wird der Fokus der Arbeit auf die Beschreibung und Analyse von innovativen Arbeitsfeldern gelegt, indem sie der These folgt, daß insbesondere durch den organisatorisch-technischen Wandel im Zeitverlauf eine Erweiterung der Aufgaben des Betriebsrats stattgefunden hat. Außerdem werden personalpolitische Aufgaben herausgefiltert, da dieser Aspekt in der Betriebsräte-Forschung bislang häufig "stiefkindlich" behandelt wurde.[546]

6.1.3.2 Personalpolitische Handlungsfelder als zentraler Betrachtungsgegenstand

Aus o.a. Gründen, erfolgt bei der Erfassung der inhaltlichen Ausprägung der Betriebsratsarbeit neben der Fokussierung auf innovative Arbeitsgebiete eine Konzentration auf personalpolitische Felder. Diese Einschränkung erscheint sinnvoll, da einerseits bereits die Vertretung der Interessen der Beschäftigten durch das Organ Betriebsrat eine Beschäftigung mit dem Personalbereich nahelegt. Andererseits bewirken die in Kapitel I.4 beschriebenen Entwicklungen, daß sich die Regelungsinhalte der Interessenvertretung zunehmend innerhalb von Themenkreisen wie Personalentwicklung, Fragen der Arbeitsorganisation und Führungsstrukturen abspielen.[547]

Zum weiteren Verständnis sollen zunächst zentrale Begriffe vorgestellt werden. Da eine detaillierte inhaltliche Diskussion der zum Themenbereich gehörenden Termini

---

543 Siehe insbesondere die Literaturangaben in Kap. I.4.2.
544 Die Definition von Transaktionskosten erfolgte bereits an anderer Stelle. Siehe Kap. I.4.2.3.
545 Die Beschränkung erfolgt aus zeitlichen und personellen Gründen. Hier bietet sich allerdings ein interessantes Untersuchungsfeld, für darauf aufbauende Forschungsarbeiten.
546 Vgl. Breisig, Th. (1993b): a.a.O., S. 226f.
547 Vgl. Bleicher, S. (1992): a.a.O., S. 25.

zu weit führen würde, erfolgt die Vorstellung verschiedener Definitionen, die nach einer kritischen Auswahl dieser Arbeit zugrundegelegt wurden. Dabei waren insbesondere die Bezugspunkte des Begriffsverständnisses von Bedeutung.

Für den Begriff Personalpolitik wird die Definition von Macharzina herangezogen: *Personalpolitik* meint in seinem Verständnis alle Grundsatzentscheidungen allgemeiner Art, die auf die Gesamtheit der Beschäftigten des Unternehmens wirken. Entsprechend sind

"personalpolitische Entscheidungen generelle und grundsätzliche Entscheidungen, welche auf den Interessenausgleich zwischen Arbeitnehmern und Unternehmensleitung ausgerichtet sind."[548]

Der definitorische Schwerpunkt liegt hier implizit auf zwei Ebenen: Einerseits wird der Zusammenhang von personalpolitischen Entscheidungen mit der Unternehmenspolitik angesprochen ("policy"), andererseits werden die Machtressourcen und Handlungsstrategien angesprochen, die Grundlage der Entscheidungen im Personalbereich sind ("politics").[549]

Personalarbeit meint alle konkreten Maßnahmen, die aus dem Einsatz menschlicher Arbeitskräfte im Unternehmen resultieren[550], d.h. der Begriff umfaßt die konkrete Umsetzung der Personalpolitiken.

Personalmanagement entspricht dem erstgenannten Teilbereich der Personalpolitik. Wächter versteht die "*Personalfunktion* als Teil eines übergreifenden Managementprozesses [.], der in allen seinen Phasen von personellen Aspekten durchzogen ist [...]."[551] Dabei soll der verhaltenswissenschaftliche Aspekt hervorgehoben werden, wodurch eine Überleitung zum Begriff der *Personalführung* als Bestandteil von Management[552] ermöglicht wird, die letztlich die Steuerung des Verhaltens der Organisationsmitglieder beinhaltet.[553]

Der Begriff *Personalwirtschaft* dagegen hebt auf die Bedingungen und Alternativen des Einsatzes von Personal in der arbeitsteiligen Unternehmung ab, wobei in der Regel ein ökonomisches Verständnis zugrundeliegt.[554] Träger der Personalwirtschaft sind entsprechend im allgemeinen Verständnis die Unternehmensleitung, alle Vorge-

---

548 Macharzina, K.: Personalpolitik, in: Gaugler, E./Weber, W. (Hrsg.): Handwörterbuch des Personalwesens, 2. neubearb. u. erg. Aufl., Stuttgart 1992, Sp. 1781.
549 Vgl. Wächter, H. (1992d): a.a.O., S. 320.
550 Vgl. Wächter, H. (1992c): a.a.O., Sp. 2202.
551 Vgl. Wächter, H. (1992d): a.a.O., S. 318.
552 Vgl. Staehle, W. H. (1987): a.a.O., S. 533ff.
553 Vgl. beispielhaft Neuberger, O.: Führen und geführt werden, 3. neu bearb. Aufl. von "Führung", Stuttgart 1990 sowie Kap. I.6.1.3.2.5.
554 Vgl. Drumm, H. J.(1995): a.a.O., S. 9.

setzten, die personalwirtschaftlichen Fachabteilungen, Personalreferenten, d.h. alle Akteure, die personalwirtschaftliche Entscheidungen treffen.[555]

Die Einflußnahme des Betriebsrates auf die Personalarbeit ist seit seiner Entstehung in deutschen Unternehmen kontinuierlich gestiegen.[556] Entsprechend können auch Betriebsräte zu deren Trägern gerechnet werden[557], da sie bereits durch die verschiedenen gesetzlichen Partizipationsmöglichkeiten Einfluß auf die Personalwirtschaft haben. Zu denken ist hier insbesondere an die direkte Mitgestaltung, die Betriebsräte in ihrer täglichen Arbeit leisten, z.b. in den Bereichen Entlohnung, Arbeitszeit oder Weiterbildung. Diese Tätigkeit ist nicht explizit gesetzlich verankert. Eine Ausnahme stellt hier lediglich die Position des Arbeitsdirektors dar, der nach § 33 Mitbestimmungsgesetz implizit als Träger und Organisator für personalwirtschaftliche Belange fungiert.[558]

Bezieht man zusätzlich mit ein, daß den Verantwortlichen im Personalbereich z.T. eine große Entfernung von der Basis zum Vorwurf gemacht wird, was u.a. durch Dezentralisierungtendenzen im Personalmanagement zu überwinden versucht wird[559], so kann beispielsweise das Modell der Montanmitbestimmung einen Vorbildcharakter erhalten. Durch die enge Kooperation zwischen Arbeitsdirektor und Betriebsrat können Informationen, Stimmungen oder Meinungen aus der Belegschaft leichter an die verantwortliche Stelle herangetragen und bereits frühzeitig in die Planung und Durchführung verschiedenster Maßnahmen miteinbezogen werden.[560] Betriebsräte nehmen in diesem Verständnis vor allem auf operativer Ebene Personalaufgaben wahr und üben indirekt Einfluß auf die Personalpolitik aus.

"Gegenüber Managern mit dem strukturellen Vorteil ausgestattet, auf mehr oder minder allen Unternehmensebenen agieren zu können, eignen sie sich bevorzugt zur Schlichtung von Konflikten und zur Behebung von im sozialen Bereich angesiedelten Störungen. Sie werden so zu einem integralen Bestandteil einer oftmals noch informellen, kommunikativ-vermittelnden Steuerung dezentraler Organisationsformen."[561]

---

555 Vgl. Drumm, H. J.(1995): a.a.O., S. 30.

556 Vgl. Wächter, H. (1992d): a.a.O., S. 326.

557 Vgl. Wächter, H. (1992c): a.a.O., Sp. 2206.

558 Vgl. zu diesem Themenbereich Wagner, D.: Die Organisation des Personalwesens, in: Personal, 5/1993, S. 472ff.; Heese, A.: Der Arbeitsdirektor im Strukturwandel der Stahlindustrie, in: Arbeit 3/1994, S. 274ff.

559 Vgl. Oechsler, W. A.: Personal und Arbeit, 4. Aufl., München; Wien 1992, S. 3ff.

560 Vgl. Weck, J.: Der Arbeitsdirektor, seine Stellung und Funktion im Rahmen der Mitbestimmungsgesetze, Diss. Münster 1994, S.106.

561 Dörre, K./Neubert, J.: Neue Managementkonzepte und industrielle Beziehungen: Aushandlungsbedarf statt "Sachzwang Reorganisation", in: Schreyögg, G./Sydow, J. (Hrsg.): Managementforschung, Bd. 5, Berlin; New York 1995, S. 200.

Die jeweilige Breite der wahrgenommenen Aufgaben, die der Personalarbeit zuge-rechnet werden können, sowie der dabei entstehende Einfluß, z.B. innerhalb von Aus-schüssen zur Eingruppierung oder über Arbeitszeit, ist wesentlich abhängig von si-tuativen Faktoren. Dazu gehören vor allem die in Kapitel I.3. aufgeführten Faktoren wie Größe und Funktionsdifferenzierung des Betriebsrates, der Organisationsgrad der Belegschaft sowie die Beteiligungsbereitschaft des Managements.[562]

In der neueren Lehrbuchliteratur aus dem Personal- und Managementbereich findet dieser Bedeutungszuwachs allerdings nur geringfügige oder keine Beachtung. Ob-wohl der Betriebsrat durch seine Professionalität und die Fähigkeit zur Verknüpfung unterschiedlicher rechtlicher Einflußgrundlagen durchaus in der Lage ist, in nahezu allen Unternehmensbereichen mitzuwirken,[563] wird er weiterhin häufig als Hindernis für eine erfolgsorientierte Unternehmensführung beschrieben.[564] Die Darstellung be-schränkt sich zumeist ausschließlich auf rechtliche Aufgabenbereiche, während Ent-wicklungen im Sinne mikropolitischer Aushandlungsprozesse ausgeblendet blei-ben.[565]

Diese Kritik kann auch auf die Mitbestimmungsforschung selbst übertragen werden, die personalwirtschaftliche Aspekte weitestgehend zugunsten der Beschäftigung mit der Unternehmensverfassung vernachlässigt.[566]

Die mangelnde Würdigung des Betriebsrates als Träger der Personalarbeit erstaunt um so mehr, als bei einer Befragung von über 800 Personalleitern zum Stellenwert einzelner Aufgabenfelder des betrieblichen Personalwesens[567] der Zusammenarbeit

---

562 Vgl. Wächter, H.: (1992d): a.a.O., Sp. 2207.
563 Vgl. Breisig, Th. (1993b): a.a.O., S. 228.
564 Die Interessenvertretung und die verständigungsorientierten Mitbestimmungsrechte werden z. B. bei Steinmann/Schreyögg unter externe Restriktionen für das Managerhandeln gefaßt und als Hindernis erfolgsorientierten unternehmerischen Handelns interpretiert. Vgl. Steinmann, H./Schreyögg, G.: Management, 2. Aufl., Wiesbaden 1991, S. 587f. Gleiches gilt für die Aus-führungen von Drumm, der Betriebsräte als Restriktion unternehmerischen Handelns der Per-sonalverantwortlichen beschreibt. Vgl. Drumm, H. J. (1995): a.a.O., S. 28ff und S. 37ff.
565 Bei Steinmann/Schreyögg wird die Beteiligung des Betriebsrates in sozialen, personellen und wirtschaftlichen Angelegenheiten anhand arbeitsrechtlicher Grundlagen dargestellt. In dem fünften Abschnitt über den Personaleinsatz wird nur seine Beteiligung an personellen Einzel-maßnahmen erwähnt, während z.B. im Rahmen der Personalplanung die konkreten Beteili-gungsformen unterbleiben. Vgl. Steinmann, H./Schreyögg, G. (1991): a.a.O., S. 86ff und 587f. Ebenso tritt bei Scholz die Einflußnahme des Betriebsrats nach dem Betriebsverfassungsgesetz in den Vordergrund. Vgl. Scholz, Ch.: Personalmanagement, 3. Aufl., München 1993, S. 60ff.
566 Vgl. Drumm, H. J.: Personalwirtschaft - Auf dem Weg zu einer theoretisch-empirischen Perso-nalwirtschaftslehre, in: Hauschildt, J./Grün, O. (Hrsg.): Ergebnisse empirischer betriebswirt-schaftlicher Forschung, Stuttgart 1993, S. 699.
567 Nach Beyer stellt der Begriff "Personalwesen" den institutionellen Aspekt in den Vordergrund und bezieht sich direkt auf die Aufgaben der Personalabteilung. Vgl. Beyer, H.-T.: Personalle-xikon, München; Wien 1990, S. 251.

mit dem Betriebsrat die höchste Priorität eingeräumt wurde und diese auch im Hinblick auf die Zukunft als eines von drei zentralen Felder bezeichnet wurde.[568] Dieses Ergebnis kann als weiteres Indiz für die große faktische Bedeutung der Betriebsräte im Rahmen des betrieblichen Personalwesens interpretiert werden, das noch einmal den politischen Stellenwert des Betriebsrates im betrieblichen Alltag unterstreicht. Ihr Einfluß bei der Einführung moderner Produktionskonzepte, der in einer Vielzahl neuerer Studien festgestellt wurde, verdeutlicht ebenfalls die Flexibilisierung der Mitbestimmung in der Praxis.[569] Spricht man vom Betriebsrat als Co-Manager, so sind seine wesentlichen Funktionen sicherlich zu einem großen Teil im Personalbereich zu finden.

Einen weiteren Hinweis auf die enge Beziehung zwischen Arbeitnehmervertretung und Personalwesen gibt auch der Einsatz von Betriebsräten in Führungspositionen im Personalbereich: So wurde bei der Bertelsmann Distribution der ehemalige Betriebsratsvorsitzende zum Personalleiter gewählt.[570] Der ehemalige Vorsitzende des Betriebsrates von Mettler-Toledo ist inzwischen als Personalchef bei dem Möbelhersteller Steffen tätig.[571] Diese - wenn auch seltenen - Beispiele zeigen, daß das Anforderungsprofil eines erfahrenen Betriebsrates sich offenbar nur geringfügig von dem einer Führungskraft im Personal- und Sozialwesen unterscheidet:

"In einem gut geführten Unternehmen arbeiten beide gemeinsam im Rahmen des Betriebsverfassungsgesetzes und Arbeitsrechtes an der Lösung derselben personellen Probleme. Es geht um die Personalplanung, den Personaleinsatz, die Entgeltfindung, die Personalentwicklung und Qualifizierung, die Anwendung des Tarifvertrages, arbeitsrechtliche Fragen, usw. [...]. Und diejenigen Betriebsräte, die gleichzeitig als Arbeitnehmervertreter im Aufsichtsrat einer Aktiengesellschaft einen Platz haben, sollten darüber hinaus noch eine Menge betriebswirtschaftlicher und volkswirtschaftlicher Kenntnisse haben, um dort ihre Aufgaben wirklich erfolgreich wahrnehmen zu können."[572]

Innerhalb der einzelnen personalpolitischen Aufgabenfelder (Personalplanung, Personalentwicklung, Vergütungspolitik, Arbeitsgestaltung und Personalführung) soll in der empirischen Untersuchung des II. Teils dieses Forschungsvorhabens der Blickpunkt auf den jeweiligen aktiven Gestaltungsbeitrag von Betriebsräten gelenkt werden.

---

568 Vgl. Töpfer, A./Zeidler, M.: Aufgabenfelder des betrieblichen Personalwesens für die 90er Jahre, in: Personalwirtschaft, 5/1987, S. 200.

569 Vgl. Wächter, H.: Professionalisierung im Personalbereich, in: DBW, 2/1987, S. 147ff.

570 Vgl. Knebel, H.: Betriebsrat als Führungskraft, in: Personal, 5/1991, S. 144.

571 Vgl. Hasel, M./Kluge, N.: Seitenwechsel - Interview mit Ernst Terzenbach, in: Die Mitbestimmung, 2/1996, S. 27.

572 Knebel, H. (1991): a.a.O., S. 144.

6.1.3.2.1 Personalplanung

Unter Personalplanung werden alle systematischen Überlegungen gefaßt, die der Bestimmung und Bereitstellung personeller Kapazität für den betrieblichen Arbeitspro-
zeß dienen.[573] Dieser übergeordnete Begriff umfaßt in traditioneller Sichtweise die
planerischen Maßnahmen zu folgenden Unterpunkten: Bestimmung des qualitativen
und quantitativen Personalbedarfs, Ermittlung des qualitativen und quantitativen Per-
sonalbestandes, Personalfreisetzung, -beschaffung, -einsatz, -ausbildung und
-entwicklung, sowie die Steuerung und Erfassung der Personalkosten.[574]

Der Schwerpunkt liegt in diesem Kapitel vor allem auf quantitativen und personellen
Einzelmaßnahmen, die zum Bereich der Personalbeschaffung, des Personaleinsatzes
und der Personalfreisetzung gehören. Die qualitativen Aspekte dieses Themenkom-
plexes werden im folgenden Kapitel gesondert behandelt. Durch diese Einteilung soll
die besondere Bedeutung des Personals, sowie der Investitionen in das betriebliche
Humankapital noch einmal herausgestellt werden.[575]

Gemäß dem Betriebsverfassungsgesetz besteht eine Vielzahl von Möglichkeiten an
Problemen mitzuwirken, die zu diesem personalwirtschaftlichen Bereich gehören:

- Förderung der Beschäftigung und Eingliederung älterer, ausländischer und schwerbehin-
  derter Arbeitnehmer; Hinzuziehung eines Sachverständigen (§ 80: Initiativrecht);
- Einsicht in Personalakten (§ 83: Informationsrecht);
- Beschwerdeführung bei Unrechtbehandlung im Einzelfall (§ 84, 85: Informationsrecht);
- Soziale Angelegenheiten (§ 87: Mitgestaltung);
- Personalplanung und Personalmaßnahmen (§ 92: Informations- und Beratungsrecht sowie
  Vorschlagsrecht zur Einführung von Personalplanung);
- Durchführung von internen Arbeitsplatzausschreibungen (§ 93: Initiativrecht);
- Gestaltung von Personalfragebögen, Beurteilungsgrundsätzen und Arbeitsverträgen (§ 94:
  Zustimmungsrecht);
- Einführung und Gestaltung von Auswahlrichtlinien bei Einstellung, Versetzung, Um-
  gruppierung, Kündigung (§ 95: Zustimmungs- und Initiativrecht);
- Mitbestimmung bei personellen Einzelmaßnahmen, wie Ein- und Umgruppierung, Ein-
  stellung und Versetzung sowie Information über Bewerbungsunterlagen bzw. Auswir-
  kungen von personellen Maßnahmen (§ 99: Informations-, Widerspruchs- und Aufhe-
  bungsrecht);
- vorläufige personelle Maßnahmen (§ 100: Aufhebungsrecht);
- Mitbestimmung bei Kündigung im Einzelfall und Information über Gründe für diese
  Maßnahme (§ 102: Anhörungs- und Widerspruchsrecht);
- Außerordentliche Kündigung von Mitgliedern der Betriebsverfassungsorgane (§ 103:
  Widerspruchsrecht);

---

573 Vgl. Remer, A.: Personalmanagement. Mitarbeiterorientierte Organisation und Führung im
     Unternehmen, Berlin; New York, 1978, S. 244.
574 Vgl. Rationalisierungs-Kuratorium der Deutschen Wirtschaft (Hrsg.): RKW-Handbuch Perso-
     nalplanung, 2. Aufl., Neuwied 1990, S. 18.
575 Siehe dazu auch Kap. I.3.1.2.

- Entfernung betriebsstörender Arbeitnehmer (§ 104: Initiativrecht);
- personelle Veränderungen bei leitenden Angestellten (§ 105: Informationsrecht);
- Interessenausgleich bzw. Aufstellung eines Sozialplans bei Betriebsänderungen (§ 112: Initiativrecht).

Da Betriebsräten darüber hinaus bei Planungen von Bauvorhaben und Investitionen (§ 90 BetrVG) sowie bei Änderungen der Betriebsorganisation und des Betriebszwecks, die mit Einschränkungen, Verlagerungen, Stillegungen oder dem Zusammenschluß von Unternehmensteilen zusammenhängen (§ 111 BetrVG) ein Mitspracherecht haben, kann eine weitergehende Beteiligung erfolgen, frühzeitig Informationen vorausgesetzt.[576] In diesem Falle ist die Einbeziehung der Interessenvertreter bereits bei organisatorischen Änderungen möglich, die etwaige Konsequenzen für die Arbeitnehmer haben. Betriebsräte haben so die Chance, Änderungen mitzugestalten, anstatt nur als "Schadensbegrenzer" zu fungieren. Durch die Mitsprache über § 106 BetrVG, in Verbindung mit dem Wirtschaftsausschuß, hinsichtlich des Produktionsprogrammes oder der wirtschaftlichen Lage und Entwicklung des Unternehmens kann dieser "Frühwarneffekt" noch weiter verstärkt werden.[577]

Ein Problem in diesem Bereich betrifft die Personalplanung selbst, die auch unabhängig von der Problematik der Interessenvertretung im Betrieb eher als Nachfolgeplanung denn als Strukturplanung angesehen wird.

"Die durch rechtliche Bestimmungen eingeengte Basis betrieblicher Interessenvertretung wird zudem noch entscheidend dadurch geschmälert, daß im Hinblick auf die dominierenden ökonomischen Handlungsziele im Betrieb und die Systematik und Struktur personeller Planung, Personalplanung den ökonomisch-technischen Planungsbereichen des Unternehmens nicht als gleichwertig gegenübersteht."[578]

Entsprechend ist der Einfluß der Betriebsräte dort besonders stark, wo es um sozialverträgliche Maßnahmen des Personalabbaus geht. Ein Beispiel dafür sind die unter das Stichwort "Qualifizieren statt Entlassen" fallenden Beschäftigungsgesellschaften, die ein Auffangbecken für "Rationalisierungsverlierer" darstellen, die weitergebildet werden, um ihre Chancen auf eine Anschlußbeschäftigung zu erhöhen.[579] Diese Tendenz liegt vor allem darin begründet, daß der Betriebsrat per Gesetz im Bereich Personalplanung weitgehend kollektive Schutzrechte ausübt, wohingegen der individuelle Interessenschutz der Beschäftigten weitgehend außen vor bleiben.[580] Ausnahmen bilden hier die Mitbestimmung im Falle der Kündigung des Arbeitnehmers durch §

---

576 Siehe dazu die Ausführungen in Kap. II.4.2.2.2.
577 Vgl. Rummel, C.: Die Beteiligung des Betriebsrats an der Personalplanung und an personellen Einzelmaßnahmen, Köln 1978, S. 38.
578 Piefer, W.: Personalplanung und Betriebsrat, Diss. Köln 1980, S. 276.
579 Vgl. Bosch, G.: Qualifizieren statt Entlassen, Opladen 1990, S. 8.
580 Vgl. Heinze, M.: Personalplanung, Einstellung und Kündigung. Die Mitbestimmung des Betriebsrates bei personellen Maßnahmen, Stuttgart 1982, S. 295.

102 BetrVG und das Kündigungsschutzgesetz, die durch die Anhörungspflicht des Betriebsrates und durch eine detaillierte Festlegung von Fristigkeiten seine Position in diesem Teilbereich stärken, was auch für einen möglichen Rechtsstreit gilt.[581]

Für den Bereich der Personalplanung gilt zusammenfassend, daß die Einflußmöglich-keiten des Betriebsrates wegen der Vielzahl der rechtlichen Grundlagen zunächst besonders hoch erscheinen. Die Qualität der Einbeziehung ist durch einen Überhang an reinen Informations- und Beteiligungsrechten allerdings relativ gering. Die faktischen Eingriffsmöglichkeiten des Betriebsrates hängen aber wesentlich von seiner frühzeitigen Information ab, was bereits an anderer Stelle als prekäres Feld deklariert wurde.

Das Informationsverhalten stellt auch in der Personalplanung ein Problem dar. Kirsch et al.[582] stellten in einer Untersuchung fest, daß i.d.R. in diesem Planungsbereich die Informationslage schlecht ist bzw. erst nach Beendigung der Planung informiert wird. Eine Ausnahme bildete dabei lediglich die Personaleinsatzplanung, was vermutlich auf die geringe Konflikthaftigkeit dieses Bereiches im Gegensatz beispielsweise zu Personalabbauplanungen zurückzuführen ist. Allerdings fanden die Autoren auch heraus, daß im Rahmen der Investitionsplanung dem Betriebsrat früher Informationen vorlagen, hier aber die frühzeitige Einflußnahme in der Tendenz geringer ausfiel. Positive Informationen, die Erweiterungsinvestitionen ohne Zweifel darstellen, werden bei der Interessenvertretung vermutlich keine Einwände hervorrufen, so daß diese früher durch das Management weitergeleitet werden.[583]

Unter Einbeziehung der Tatsache, daß die Komplexität der Unternehmensgebilde weiter zunimmt, so wird die Schwierigkeit der Folgenabschätzung planerischer Maß-nahmen für die Beschäftigten und den Betriebsrat weiterhin steigen. Da innerhalb der Mutterunternehmen jeweils die Rahmenplanung für alle untergeordneten Betriebe verbindlich vereinbart wird, ist hier insbesondere für den Gesamt- bzw. den Konzern-betriebsrat ein wichtiges Feld zu sehen, in dem bereits an vorgeschalteter Stelle Probleme bei detaillierten Umsetzungsmaßnahmen begrenzt werden können.[584] Zudem gilt im Bereich moderner Organisationen, daß die Schnelligkeit der ökonomisch-technischen Entwicklungen eine umfassende und langfristige Personalplanung viel-fach bereits ad absurdum führt. Insofern sind übergreifende Entwicklungslinien und deren Folgenabschätzung zentrale Punkte für die Interessenvertretung der Arbeitneh-mer. Dabei kommt ihnen die Aufgabe zu, die Informationsbeschaffung nicht als Bringschuld des Managements, sondern als reine Holschuld anzusehen, wobei auch

---

581 Vgl. Höland, A.: Das Verhalten von Betriebsräten bei Kündigungen, Frankfurt/M.; New York 1985, S. 82ff.

582 Vgl. Kirsch, W./Scholl, W./Paul, G.: Mitbestimmung in der Unternehmenspraxis, München 1984, S. 377ff.

583 Vgl. ebenda, S. 312ff.

584 Vgl. Mohr, A.: Personalplanung und Betriebsverfassungsgesetz. Beteiligungsmöglichkeiten für den Betriebsrat, Köln 1977, S. 118f.

über informelle Wege ein enges Informationsnetz im Mitarbeiterkreis über die Vertrauensleute und nicht-freigestellten Betriebsräte notwendig ist.[585]

6.1.3.2.2 Personalentwicklung

Der Begriff der Berufsbildung wird im Betriebsverfassungsgesetz nicht konkret definiert. Diese Offenheit des Begriffes birgt die Möglichkeit, im konkreten Einzelfall zu prüfen, ob es sich um Bildungsmaßnahmen handelt. Die Weite der Interpretationsmöglichkeiten soll im folgenden verdeutlicht werden.

In den Bereich der Personalentwicklung fällt sowohl die Aus- wie auch die Weiterbildung der Beschäftigten. Personalausbildung umfaßt im wesentlichen die berufliche Erstausbildung, die in Deutschland auf dualem Wege durchgeführt wird, wobei die Vermittlung sowohl schulischer wie auch berufspraktischer Kenntnisse erfolgt.[586]

Unter Personalentwicklung versteht man im allgemeinen:

"[..] die Erweiterung und Verbesserung aller derjenigen Kenntnisse und Fähigkeiten des Personals, die in der Unternehmung zur Erreichung der Unternehmungsziele gegenwärtig und zukünftig genutzt werden können, wobei individuelle Zielsetzungen - als Nebenbedingungen - zu beachten sind."[587]

Nach Neuberger umspannt der Begriff Personal drei Ebenen, die wiederum verschiedene Grundlagen für qualifikationsfördernde Maßnahmen bieten:

- das Individuum,
- die Gruppe,
- die Organisation.

Entsprechend gehören neben der individuellen Weiterbildung oder Qualifizierung ebenso die Team- und die Organisationsentwicklung in den begrifflichen Kontext von Personalentwicklung.[588] Dieses weitgefächerte Begriffsverständnis bietet die Möglichkeit, z.B. Qualitätszirkel, die u.a. eine Förderung der sozialen Kompetenz und des kooperativen Verhaltens bewirken[589] - was i.d.R. auf anderem Wege nur schwer vermittelbar ist - als Personalentwicklungsmaßnahmen zu deklarieren und sie somit zum Gegenstand der Mitbestimmung zu machen.[590]

Im Laufe der Zeit hat sich folglich ein größerer Einflußbereich für die Betriebsräte innerhalb der Personalentwicklung herauskristallisiert, als dies seinerzeit vom Ge-

---

585 Siehe dazu im folgenden vor allem Kap. II.4.1.4.2.
586 Vgl. Döll, M./Röhrig, M./Hardes, H.-D.: Berufsausbildung, in: Breisig, Th. et al. (Hrsg.): Handwörterbuch Arbeitsbeziehungen in der EG, Wiesbaden 1993, S. 101f.
587 Kick, Th./Scherm, E.: Individualisierung in der Personalentwicklung, in: ZfP, 1/1993, S. 39.
588 Vgl. Neuberger, O.: Personalentwicklung, Stuttgart 1991, S. 12f.
589 Diese Kompetenzen werden auch als innovatorische Qualifikationen bezeichnet. Vgl. Breisig, Th.: Betriebliche Sozialtechniken, Bd. 2, Neuwied 1990, S. 129.
590 Vgl. Breisig, Th. (1993a): a.a.O., S. 13.

setzgeber beabsichtigt wurde. Dies findet auch im unternehmerischen Alltag Niederschlag, da der Bildungsbereich und ein damit verbundenes Lernmilieu immer häufiger
als Teil der Unternehmenskultur gesehen wird, für den breit angelegte Entwicklungs-
konzepte definiert und strategisch umgesetzt werden. In der Praxis ist eine Ablösung
von der traditionellen Definitionsweise der Personalentwicklung als ein untergeord-
neter Bereich der Personalplanung erfolgt. Sie geht nun weit über die bloße qualitative Deckung spezieller Bedarfe hinaus.[591]

Regelungen des Betriebsverfassungsgesetzes in diesem Bereich betreffen die Themen:

- Berufliche Entwicklung des einzelnen Arbeitnehmers (§ 81: Informationsrecht);
- Einführung betrieblicher Berufsbildungsmaßnahmen im Rahmen betrieblicher Berufsbil-
  dungseinrichtungen (§ 87: Mitbestimmungsrecht);
- Ermittlung des Bildungsbedarfs aufgrund veränderter Arbeitsanforderungen (§ 90: Beteiligungsrecht);
- Einführung betrieblicher Bildungsmaßnahmen auf der Basis gesicherter arbeitswissen-
  schaftlicher Erkenntnisse über die menschengerechte Gestaltung der Arbeit (§ 91: Mitbestimmungsrecht);
- Planung der betrieblichen Berufsbildung, Einrichtung und Ausstattung (§ 92: Informati-
  ons- und Beratungsrecht);
- Teilnahme an Planungen zu Maßnahmen der betrieblichen und außerbetrieblichen Berufsbildung sowie deren Förderung (§§ 96 - 97: Initiativ- und Beratungsrecht);
- Mitbestimmung bei der betrieblichen Berufsbildung und bei der Bestellung und Abberufung des Ausbildungspersonals sowie Vorschlagsrecht bzgl. der Teilnahme an betrieblichen Berufsbildungsmaßnahmen (§ 98: Aufhebungs-, Veto- und Initiativrecht);
- Vermeidung von Kündigung, wenn diese durch zumutbare Umschulungs- und Fortbil-
  dungsmaßnahmen verhindert werden kann (§ 102: Widerspruchsrecht);
- Ermittlung von Fortbildungs- und Schulungsbedarf aufgrund von Betriebsänderungen (§§
  111 - 112: Beteiligungsrecht).

Der kurze Überblick zeigt bereits die weitreichenden Einflußmöglichkeiten, die den
Betriebsräten in diesem Bereich gegeben werden. Zusätzlich wirken noch die Regelungen des Berufsbildungsgesetzes. Durch die genannten gesetzlichen Regulierungen
besteht für Arbeitgeber und Betriebsrat in diesem Kontext ein nützlicher Zwang zum
Konsens, der dem Management die nötige Akzeptanz geplanter Schulungen bei der
Belegschaft sichert, die wesentliche Grundlage für den Erfolg von Bildungsmaßnahmen ist.[592]

"Der Betriebsrat - in der Betriebswirtschaftslehre oft als reiner Kostenfaktor de-
nunziert [...] - nimmt hier fundamentale Personalfunktionen wahr im Sinne der

---

591 Vgl. Hanft, A./Küpper, W.: Aufbruchstimmung in der Personalentwicklung, in: Personalführung, 3/1992, S. 196.

592 Vgl. Hammer, U.: Berufsbildung und Betriebsverfassung, Baden-Baden 1990, S. 184.

Austarierung und Koordination von Bildungsangeboten und -bedarfen."[593]

Eine mögliche Spaltung der Belegschaft in Rationalisierungsgewinner und -verlierer, die auch unterschiedliche Zugangschancen zu Qualifizierungen haben, kann der Betriebsrat durch Interventionen vermeiden bzw. lindern. So besteht die Möglichkeit, auf eigene Initiative Bildungsbedarfsanalysen einzuleiten, wobei zu erwarten ist, daß vorausschauende und bedarfsbezogene Bildungsmaßnahmen in ihrer Bedeutung als Wettbewerbsfaktor auch seitens des Management eine positive Resonanz finden werden.[594]

Die Einflußnahme des Betriebsrates variiert in diesem Bereich der Personalarbeit im Hinblick auf die Mitbestimmungsgegenstände: Während häufig Einfluß auf die Auswahl der Teilnehmer ausgeübt wird, geschieht dies selten bei der Auswahl der Inhalte. In die Methoden- und Referentenwahl greifen Interessenvertreter fast nie gestalterisch ein.[595]

Personalentwicklung ist damit nicht nur ein zentrales Feld innerhalb neuer Produktionskonzepte, sondern bietet auch eine Zukunftschance für ein intensives, strategisches Co-Management durch die Interessenvertreter im Sinne der Belegschaft, das neben einer allgemeinen Erhöhung des Wissensstandes der Mitarbeiter auch eine größere Arbeitsplatzsicherheit für die Randbelegschaft ermöglichen kann. Eine derartige aktive Vorgehensweise setzt die Wirksamkeit der Interessenvertretung für alle Beschäftigtengruppen hinauf.

Wichtig für die Einflußnahme des Betriebsrates auf die Personalentwicklung ist auch die Ausarbeitung eigener personalwirtschaftlicher Zielsetzungen, die er in den Planungsprozeß einbringen kann, z.B.:[596]

• Entwicklung beruflicher Perspektiven für diejenigen Arbeitnehmer, deren Tätigkeit durch den Strukturwandel oder Reorganisationsmaßnahmen verändert wird oder völlig entfällt;

• Entwicklung von Qualifikationsmaßnahmen für neue Technologien, neue Arbeitsweisen und Funktionen;

• Weiterentwicklung von Qualifikationen und vom Leistungspotential der Mitarbeiter als Basis für eine fortschrittliche Entwicklung des Betriebes oder für neue Tätigkeiten und Geschäftsfelder;

• Gründung eines Ausschusses für Personalentwicklung, der bestehende und künftige Qualifikationsbedarfe für alle Arbeitnehmer ermittelt.

Durch spezielle Betriebsvereinbarungen zu betrieblichen Bildungsmaßnahmen können - gerade unter dem Gesichtspunkt der Fortentwicklung von beteiligungsorien-

---

593 Breisig, Th. (1993a): a.a.O., S. 17.
594 Vgl. Hendrich, W.: Betriebliche Weiterbildung und Arbeitspolitik, Oldenburg 1994, S. 215.
595 Vgl. Iller, C.: Interessenvertretung und betriebliche Weiterbildung, Bremen 1992, S. 66.
596 Vgl. Klein-Schneider, H.: Im Dreisprung, in: Die Mitbestimmung, 2/1996, S. 33f.

tierten Managementmethoden - betriebsspezifische Lösungen angeboten werden, die einerseits ausreichende Flexibilität für die Arbeitgeber bieten, aber andererseits dem Betriebsrat vielseitige Kontroll- und Einflußmöglichkeiten garantieren. Gerade für Klein- und Mittelbetriebe mit eher schwachen Interessenvertretungsgrundlagen bietet dies eine sinnvolle Möglichkeit, ihren Einfluß auf die Personalentwicklung zu erhöhen.[597]

Für eine betriebs- und bedürfnisnahe Bildungspolitik des Betriebsrates ist eine intensive Zusammenarbeit mit den Vertrauensleuten besonders wichtig. Dies gilt insbesondere für die Erfassung der jeweiligen Bedarfe in Unternehmen. Bei Gruppenarbeit treten beispielsweise spezifische, arbeitsplatznahe Qualifizierungen mit überfachlichen Anforderungen in den Vordergrund. Durch diese "Individualisierung von Weiterbildung" entstehen divergente Wissens- und Erfahrungsstände in der Belegschaft.[598] Eine derartige Veränderung der Qualifizierungen erschwert deren objektive Meß- und Vergleichbarkeit und damit die Abschätzung möglicher Konsequenzen für die Leistungsgerechtigkeit der Entlohnung.

Ebenso ist die direkte Einbindung betroffener Arbeitnehmer gefordert, um eine proaktive Kultur von Verhandlung und Entscheidung zu ermöglichen, die diese auch - Kenntnisse der sozialen Bedürfnisse der Belegschaft vorausgesetzt - in ihre Vertretungspolitik einbezieht.[599] Fehlt eine solche dezentrale Informationsgrundlage, die auch die Basis einer veränderten, effizienteren Arbeitsteilung bilden kann, so wird es in den meisten Fällen bei einer - noch relativ weit verbreiteten - "abstrakten" Interessenvertretung bleiben, die nicht in der Lage ist, betriebliche Probleme aktiv anzugehen und auszugleichen.[600]

6.1.3.2.3 Vergütungspolitik

Die Entlohnung ist für den Arbeitnehmer ein zentraler Aspekt der individuellen Arbeitstätigkeit. Die Vergütung kann materieller oder immaterieller Natur sein, wobei erstere in Form von Geldwerten (Direktentgelt und Neben- bzw. Sozialleistungen) den Normalfall darstellt. Die Entgeltgestaltung kann vereinfacht nach unterschiedlichen Kriterien erfolgen und zwar im wesentlichen hinsichtlich Leistung (Zeit-, Akkord-, Prämien-, Pensumlohn), Anforderung (Rangfolge-, Lohngruppenverfahren) oder Qualifikation (Skill-Based bzw. Knowledge-Based Pay).[601]

---

597 Vgl. Auer, M. (1994): a.a.O., S. 170f.

598 Vgl. Hendrich, W. (1994): a.a.O., S.224 sowie Kap. I.4.2.3.

599 Vgl. Ridder, H.-J.: Personalentwicklung und technischer Wandel, in: Personalwirtschaft, 3/1988, S. 126.

600 Vgl. Heimann, K.: Gewerkschaftliche Reformpolitik in einer Qualifikationsgesellschaft, in: WSI Mitteilungen, 6/1992, S. 326.

601 Vgl. Schanz, G. (1993): a.a.O., S. 484ff.

Da die Leistungsbewertung zumeist die zugrundeliegenden Daten zur Ein- bzw. Höherstufung in Lohngruppen darstellt,[602] wird der Bereich der Personalbeurteilung hier implizit mitbehandelt.[603] Beurteilungssysteme beinhalten heutzutage neben der vergangenheitsbezogenen Bewertung der Arbeitsleistung[604] auch häufig eine Potentialanalyse, die die Ermittlung der theoretischen Aufstiegschancen der Arbeitnehmer zum Inhalt hat.[605] Über die Personalbeurteilung können demnach indirekt auch Einflüsse auf die Personalentwicklung ausgeübt werden.

Das Betriebsverfassungsgesetz sieht im betrachteten Aufgabenfeld die folgenden Bereiche für die Mitwirkung des Betriebsrates vor:

- Kenntnisnahme der Lohn- und Gehaltslisten (§ 80: Informationsrecht);
- Leistungsbeurteilung und Berechnung des Entgelts im Einzelfall (§ 82: Informationsrecht);
- Einsicht des Arbeitnehmers in Personalakten zur Kenntnisnahme der Beurteilungen unter Hinzuziehung des Betriebsrats (§ 83: Informationsrecht);
- Beschwerderecht über den Betriebsrat bei ungerechtfertigter Beurteilung (§ 85: Initiativrecht);
- Fragen der betrieblichen Lohngestaltung, Entlohnungsgrundsätze und -methoden sowie zum Zeitpunkt, Ort und Art der Auszahlung der Arbeitsentgelte (§ 87: Zustimmungsrecht);
- Festlegung von Beurteilungsgrundsätzen (§ 94: Zustimmungsrecht).

Bei der Entgeltpolitik fallen Entlohnungsgrundsätze ebenso in den Gestaltungsbereich der Betriebsräte, wie die gerade in neuerer Zeit aktuellen Bewertungsformen der Gruppenarbeit, die auch andere als rein monetäre Formen der Leistungsentlohnung vorsehen.[606]

Dem Betriebsrat kommt im Bereich der Lohnpolitik zunächst die zentrale Bedeutung zu, die Entscheidungen über Tarife für die jeweilige Branche in der Unternehmung zusammen mit dem Arbeitgeber umzusetzen, d.h. der Abschluß von Tarifverträgen birgt für den Betriebsrat Durchführungspflichten.[607] Die Tariflohnbewegungen werden i.d.R. von gesamtwirtschaftlichen oder branchenspezifischen Größen beeinflußt.[608] Dabei variiert die Verdienstspanne innerhalb der Tarifbereiche zwischen 116

---

602 Vgl. Maier, W.: Arbeitsanalyse und Lohngestaltung, Stuttgart 1988, S. 100f.

603 Zu diesem Themenbereich siehe beispielhaft: Breisig, Th.: Personalbeurteilung als Führungsinstrument, Berlin 1989.

604 Siehe dazu auch Kap. 3.3.1.2.

605 Vgl. Jedzig, J.: Mitbestimmung bei der Einführung von Verfahren zur Potentialanalyse, in: DB, 26/1996, S. 1337ff.

606 Vgl. Schmeer, B.: Neue Trends bei den Vergütungssystemen, in: Personalführung, 9/1996, S. 789 sowie Kap. I.4.2.3.

607 Vgl. Ottmann, Ch.: Das Betriebsverfassungsrechtliche Rechtsverhältnis zwischen Arbeitgeber und Betriebsrat, Diss. Tübingen 1993, S. 55 sowie Kap. 3.2.2.1.

608 Vgl. Meyer, W.: Bestimmungsfaktoren der Tariflohnbewegung, Frankfurt/M.; New York 1990, S. 136.

Prozent (Lohn in der holzverarbeitenden Industrie) und 412 Prozent (Gehalt in der Landwirtschaft).[609]

Betriebsräte haben entsprechend der Teilung in sektorale und betriebliche Lohnpolitik einen doppelten Einflußbereich: Während sie über die Mitwirkung in Tarifkommissionen den gewerkschaftlichen Kurs beeinflussen können, richten sie auf Betriebsebene ihren Einfluß direkt auf die Ausgestaltung der Löhne und Gehälter.[610] Weitere Kontrollfunktionen obliegen ihnen innerhalb der Lohn- oder Tarifausschüsse, die, paritätisch besetzt, über Einzelfragen der innerbetrieblichen Regelungen beraten. Ausnahmen bilden dabei nach § 77 Abs. 3 BetrVG allerdings die Arbeitsentgelte und sonstigen Arbeitsbedingungen, die nicht Gegenstand von Betriebsvereinbarungen sein können, wenn sie bereits durch einen Tarifvertrag geregelt sind, der keine diesbezügliche Öffnungsklausel enthält.[611] Dies stellt zwar zunächst eine Restriktion dar, wird jedoch durch die faktische Bindung zwischen Gewerkschaft und Betriebsrat über entsprechende Kommissionen zum Teil wieder aufgefangen.

Tarifverträge beinhalten weiterhin Vorgaben über die Einordnung in Lohn- und Gehaltsraster. Die Verantwortung für die Gleichbehandlung der Mitarbeiter bei der Einstufung und Umgruppierung in entsprechende Lohngruppen nach festgelegten Kriterien ist ein wichtiger Aspekt in der Betriebsratsarbeit.[612] In der Praxis, insbesondere in Großunternehmen, bestehen zu diesem Zweck in der Regel spezielle Ausschüsse, die sowohl allgemeine Kriterien der Einordnung vereinbaren können, als auch spezielle personelle Maßnahmen festlegen.[613] In diesem Zusammenhang ist der Betriebsrat auf detaillierte Kenntnisse über die Personalentwicklung und die Arbeitsgestaltung angewiesen. Durch die Mitwirkung innerhalb des Bereiches der Personalbeurteilung bestehen weitere Möglichkeiten, die Höherstufung von Mitarbeitern zu beeinflussen und somit die gehaltliche Besserstellung zu bewirken. Eine andere indirekte Maßnahme bildet die Mitbestimmung bei Überstunden, deren Genehmigung ebenfalls einen Einfluß auf die Höhe des Entgelts des Arbeitnehmers hat. Da in der Praxis die Mehrarbeit immer häufiger einer zeitlichen Begrenzung unterliegt, verliert dieses Feld zunehmend an Bedeutung.

6.1.3.2.4 Arbeitsgestaltung

Die Gestaltung der Arbeit beschäftigt sich direkt mit den Arbeitsaufgaben des Mitarbeiters und umfaßt neben ergonomischen Kriterien zeitliche und organisatorische

---

609 Vgl. Bispinck, R.: Bundesrepublik Deutschland, in: Bispinck, R./Lecher, W. (Hrsg.): Tarifpolitik und Tarifsysteme in Europa, Köln 1993, S. 65.

610 Vgl. Revel, S. W.: Tarifverhandlungen in der Bundesrepublik Deutschland, Baden-Baden 1994, S. 44.

611 Vgl. Teschner, E.: Lohnpolitik im Betrieb, Frankfurt/M.; New York 1977, S. 94.

612 Vgl. Keim, R./Unger, H.: Kooperation statt Konfrontation, Köln 1986, S. 125.

613 Siehe Kap. I.3.4.2.

Aspekte, die den jeweiligen wirtschaftlichen, technischen und personellen Anforderungen der Unternehmung genügen sollen.[614] Neben dem Gesundheits- und Unfallschutz steht im Zentrum dieses Aufgabengebietes vor allem die Gestaltung der Arbeitsbedingungen.[615] Als zentrale Problemlagen gelten hier:

- der *Arbeitsinhalt* (Standardisierung, Arbeitszerlegung),
- die technischen *Arbeitsbedingungen* (ergonomische Gestaltung, Sicherheitsvorschriften),
- das *Arbeitsumfeld* (Lärm, Schmutz, Beleuchtung, Klima),
- die *Arbeitszeit* (Länge, Pausen)[616].

Das in neuerer Zeit wohl am intensivsten diskutierte Feld der Arbeitsgestaltung ist die in Kapitel I.4.2. angeführte Gruppenarbeit, die besondere Anforderungen an die Abstimmung der Arbeitsorganisation stellt.

Zur Arbeitsgestaltung und Personalorganisation gibt das Betriebsverfassungsgesetz folgende Einflußmöglichkeiten des Betriebsrates vor:

- Änderungen von technischen Anlagen, Arbeitsverfahren, Arbeitsabläufen oder Arbeitsplätzen (§ 81: Informationsrecht);
- Gestaltung des Arbeitsplatzes und des Arbeitsablaufs (§ 82: Vorschlagsrecht);
- Form und Ausgestaltung der kollektiven Arbeitszeitregelungen, Verhütung von Arbeitsunfällen (§ 87: Zustimmungsrecht);
- freiwillige Betriebsvereinbarungen zu Unfall- und Gesundheitsschutz (§ 88: Initiativrecht);
- Einschaltung von Kontrollorganen zum Arbeitsschutz (§ 89: Initiativrecht);
- Planung und Gestaltung von Arbeitsplätzen, -verfahren und -abläufen (§ 90: Informations- und Beratungsrecht);
- nicht menschengerechte Arbeitsplätze (§ 91: Widerspruchsrecht);
- Planungen zu Änderungen in der Betriebsorganisation, des Betriebszwecks oder der Betriebsanlage (§ 111: Informations- und Beratungsrecht).

Die einheitliche Gestaltung der Arbeitszeit war in der Vergangenheit eine wesentliche Domäne der Gewerkschaften, die neben der Lohnpolitik hier besonders hohen Einfluß auf die betriebliche Interessenvertretung ausgeübt hat.[617] In der Praxis ergab sich insbesondere in diesem Bereich eine starke Hinwendung zu betrieblichen Lösungen, bei denen zugunsten der Sicherung von Arbeitsplätzen die Arbeitszeiten (gekoppelt an veränderte Einkommensregelungen) flexibler gehandhabt wurden, um eine verbesserte Arbeits- und Kapitalkostensituation zu erreichen. Wohl bekanntestes Beispiel der letzten Jahre ist hier VW mit der 4-Tage-Woche.[618]

---

614 Vgl. Lattmann, C.: Die Personalfunktion in der Unternehmung, Frauenfeld 1995, S. 161.

615 Thon-Jacobi, W.: Arbeitsschutzalltag, Frankfurt/M. 1989, S. 25f.

616 Vgl. Domsch, M.: Personal, in: Baetge, J. (Hrsg.): Vahlens Kompendium der Betriebswirtschaftslehre, Band 1, München 1984, S. 506.

617 Vgl. Joachim, P./Seifert, H.: Neue Technik und Arbeitszeitgestaltung, Opladen 1991, S. 23.

618 Vgl. Hartz, P. (1994): a.a.O., S. 59ff.

Einen weiteren Entwicklungsbereich bei Regelungen zur Arbeitszeit stellen in modernen Organisationen die Bemühungen um Flexibilisierung dar.[619] Wird nur die Dauer der Arbeitszeit verändert, so kann diese über die Mitbestimmungsgegebenheiten, insbesondere durch den Abschluß von Betriebsvereinbarungen gehandhabt werden. Als Beispiele gelten hier die Gleitzeit oder Teilzeitarbeit. Problematischer stellen sich Tendenzen dar, die den regelmäßigen Kontakt zur Belegschaft für den Betriebsrat erschweren, wie z.b. Teleheimarbeit oder Kapovaz, den kurzfristigen Abruf des Arbeitnehmers bei besonderem Arbeitsanfall.[620] Die Vertretungsarbeit und die Schutzfunktion dieser Arbeitnehmerschicht ist insbesondere durch die unregelmäßige Arbeitszeit sowie durch die fehlende betriebliche Präsenz, wodurch dem Betriebsrat häufig auch Kenntnisse über spezielle Probleme der Gruppe fehlen, erschwert.

Von besonderem Interesse im Bereich der Arbeitsgestaltung waren darüber hinaus seit Anfang der 70er Jahre Forschungen zur "Humanisierung der Arbeit". Da gerade dieser Bereich in vielen Einzelfragen im Rahmen eines speziellen Forschungsprogramms untersucht wurde, wird auf eine weitere Darstellung an dieser Stelle verzichtet.[621]

Generell fallen dem Betriebsrat bei der Arbeitsgestaltung nur relativ geringe Mitbestimmungsmöglichkeiten zu, da wiederum eine Dominanz von reinen Informationsrechten besteht. Dies gilt um so mehr, als § 91 BetrVG bei konkreten Fragestellungen nur dort ein Veto des Betriebsrates zuläßt, wo spezielle Arbeitsbelastungen durch Veränderungen des Arbeitsplatzes oder der -abläufe auftauchen. Daher besteht seitens der betrieblichen Interessenvertreter der Wunsch nach einer Stärkung ihrer diesbezüglichen Rechtsposition, die allerdings von den Arbeitgebern abgelehnt wird.[622]

Formal betrachtet kommt dem Betriebsrat hier eine große Bedeutung zu, da das Engagement von Arbeitnehmern bei veränderten Arbeitsverfahren in vielen Fällen wesentlich von der Befürwortung der Interessenvertretung abhängt, was sich z.B. in Forschungen zu modernen Produktionskonzepten feststellen ließ.[623] Da die positive Ein-

---

619 Als gemeinsamer Nenner der verschiedenen Modelle einer Jahres- oder Lebensarbeitszeit kann die Entkopplung der persönlichen Arbeitszeit von der Betriebsnutzungszeit angesehen werden. Vgl. Göbel., J. (1996): a.a.O., S. 844ff; Siehe auch die vier Fallbeispiele aus dem Bereich von Arbeitszeitinnovationen in: Hoff, A./Ebbing, U./Kutscher, J.: Arbeitszeit-Konflikte, in: Strümpel, B./Dierkes, M. (Hrsg.): Innovation und Beharrung in der Arbeitspolitik, Stuttgart 1993, S. 158ff.

620 Vgl. Ergenzinger, R.: Re-Vitalisierung der Arbeitszeit-Gestaltung im Rahmen von Unternehmung, Mitarbeiter und Familie, in: Scholz, C./Oberschulte, H. (Hrsg.): Personalmanagement in Abhängigkeit von der Konjunktur, München; Mering 1994, S. 214.

621 Vgl. zu diesem Themenfeld exemplarisch Pöhler, W.: Damit die Arbeit menschlicher wird. Fünf Jahre Aktionsprogramm HdA, Bonn 1979; Projektträgerschaft "Humanisierung der Arbeit" (Hrsg.): Projektstatusbericht 1988/89, Bonn o.J.

622 Vgl. Kreikebaum, H.: Arbeitsgestaltung und Betriebsverfassung: eine empirische Untersuchung zum autonomen Arbeitsschutz bei Arbeitgebern und Betriebsräten, Berlin 1990, S. 138.

623 Vgl. Wächter, H. et al. (1996): a.a.O., S. 65f.

stellung und aktive Unterstützung seitens der Belegschaft ein wesentlicher Erfolgsfaktor für Maßnahmen aus dem Bereich der Arbeitsgestaltung ist, steht zu vermuten, daß das Management eine intensive Information und Beteiligung des Betriebsrates innerhalb der Planungsphase anstrebt, um dessen Zustimmung zu erlangen. Ob und wie stark der Betriebsrat selbst durch eine aktive Beteiligung die Arbeitsbedingungen für die Belegschaft erweitert, hängt im wesentlichen von dessen Selbstverständnis ab.[624]

6.1.3.2.5 Personalführung

Nach § 87 Abs. I BetrVG obliegt dem Betriebsrat ein Mitbestimmungspotential bzgl. der Ordnung des Betriebs und des Verhaltens der Arbeitnehmer. Entsprechend ist er mitverantwortlich für die Personalführung[625], die definiert werden kann als:

> "[...] eine interaktive, d.h. sich 'von Angesicht zu Angesicht' vollziehende Beeinflussung schwerpunktmäßig des Untergebenen durch den Vorgesetzten, die sich auf ein positionsbedingtes Sanktionspotential und einen Informationsvorsprung seitens des Vorgesetzten gründet und auf die Erreichung bestimmter Ziele - bzw. anders gewendet - auf eine Verhinderung respektive Beseitigung nicht (ziel-) konformen Verhaltens der Untergebenen gerichtet ist."[626]

Folgt man dieser Definition, so kann der Betriebsrat direkte Führungsfunktionen übernehmen. Im Falle eines Streiks beeinflußt der Betriebsrat beispielsweise die Belegschaft dahingehend, für eine bestimmte Zeitdauer gegen das Interesse des Arbeitgebers die Arbeit niederzulegen, indem er die Belegschaft z.B. zur Solidarität mit anderen Betrieben oder Abteilungen aufruft. Darüber hinaus kann der Betriebsrat auch durch Überzeugungsarbeit zu einer reibungslosen Umsetzung von Führungsentscheidungen des Arbeitgebers durch eine gezielte Informationspolitik beitragen.[627] Beide Beispiele verdeutlichen den hohen Grad an Einfluß, den der Betriebsrat durch gezielte Politik auf die Arbeitnehmer ausüben kann.

Für diese Aufgabe braucht vor allem der Betriebsratsvorsitzende spezielle Motivations-, Kommunikations- und Integrationsfähigkeiten, die noch einmal unterstreichen,

---

624 Vgl. hierzu weiterführend Duell, W.: Die Rolle des Betriebsrats im Prozeß qualifizierender Arbeitsgestaltung, in: Duell, W./Frei, F. (Hrsg.): Arbeit gestalten, Mitarbeiter beteiligen, Frankfurt/M.; New York 1986, S. 145f.

625 Ausgeklammert bleibt in diesem Kontext die Führung innerhalb des Rates, da diese Rolle, entsprechend der Ausführungen in Kap. I.6.1.1.1, lediglich dem Betriebsratsvorsitzenden zugeordnet werden kann.

626 Breisig, Th.: Führungsmodelle und Führungsgrundsätze - verändertes unternehmerisches Selbstverständnis oder Instrument der Rationalisierung, Spardorf 1987, S. 73.

627 Vgl. Wiese, G.: Mitbestimmung und Führungsentscheidung, in: Kieser, A./Reber, G./Wunderer, R. (Hrsg.): Handwörterbuch der Führung, Stuttgart 1987, Sp. 1482.

daß bei der Interessenvertretungsarbeit - ebenso wie bei der Managementtätigkeit[628] - die Interaktion mit Menschen im Zentrum des täglichen Handelns steht, sei es im Kontakt mit dem Management, mit den übrigen Betriebsratsmitgliedern oder mit der Belegschaft. Die rechtlichen Regelungen, die in der personalwirtschaftlichen Literatur starke Betonung finden, bilden lediglich den Rahmen der Arbeit bzw. die Anspruchsgrundlage, die als Machtressource im Kontakt mit dem Arbeitgeber genutzt werden kann. Faktisch ist aber gerade der Einfluß innerhalb des Kontaktnetzes des Betriebsrates auf soziale Beziehungen und Interaktionen bedeutsam.

6.2 Zusammenfassung

Nachdem in Kapitel I.6.1. zunächst die einzelnen Dimensionen aufgezeigt wurden, die zur Erfassung und Interpretation der Arbeit der Betriebsräte dienen, wird auf dieser Basis im folgenden Teil II versucht, durch die analytische Untersuchung des faktischen Arbeitsverhaltens von Betriebsräten in modernen Organisationen vier zentrale Fragen zu klären:

1. Wie arbeiten Betriebsräte?

2. Über welche Kontaktnetzwerke verfügen sie?

3. In welchen Arbeitsfeldern sind Betriebsräte beteiligte Akteure?

4. Welche Aufgaben nehmen Betriebsräte in diesen Feldern wahr?

Bei der Erfassung des Wesens der Arbeit von Betriebsräten stehen zwei Aspekte im Vordergrund: erstens der aktivitätsorientierte und zweitens der aufgabenorientierte. Die inhaltlichen Schwerpunkte der Analyse liegen im ersten Bereich eindeutig auf formaler Ebene, wobei charakteristische Merkmale der Tätigkeiten von Betriebsräten z.B. hinsichtlich Art, Anzahl, Dauer von Arbeitsformen und -kontakten in einer Beobachtungsstudie erfaßt werden. Ebenso wird angestrebt, die Arbeitsorganisation innerhalb des Gremiums darzustellen, und zu prüfen, wie der Betriebsrat die ihm obliegenden Aufgaben verteilt und bewältigt. Im zweiten Bereich werden sowohl die jeweiligen Problemfelder der Interessenvertretungsarbeit ermittelt als auch die Aufgaben des Betriebsrates im zentralen Gebiet der Personalarbeit sowie in innovativen Feldern.

Durch die Kombination der beiden Forschungsansätze werden die Kritikpunkte relativiert, die bei einer isolierten Verwendung auftreten würden. So kritisiert Mintzberg:

"[...] work-activity studies [...] provide a number of significant conclusions about charakteristics of managerial work but almost nothing about work content."[629]

---

628 Vgl. Eberwein, W./ Tholen, J.: "What do managers really do?" - Zum berufsbezogenen Rollenverständnis von Top-Managern in Arbeit und Familie, in: Schienstock, G. (Hrsg.): Management aus soziologischer Sicht, Wiesbaden 1993, S. 219.

629 Mintzberg, H. (1973): a.a.O., S. 24.

Diese inhaltliche Interpretation ist durch die zusätzlich herangezogene Aufgabenbe-
schreibung gegeben, die auch Handlungsfelder erfaßbar macht, die nicht im Betriebsverfassungsgesetz vorzufinden sind. Insofern kann die Unsicherheitszone, die bei der
Analyse der Arbeit von Betriebsräten bei den erstgenannten Methoden auftritt, durch
die Verknüpfung der Dimensionen "Aktivität" und "Aufgabe" minimiert werden. Ab-
straktionen der vorgefundenen Fallbeispiele erfolgen schließlich mittels funktions-
und rollenorientierter Beschreibungen.[630]

Durch Anwendung der Work Activity-Forschung können zusätzlich anhand eines
Vergleichs mit Studien aus dem Führungskräftebereich Aussagen zu Divergenzen und
Konvergenzen im Management verschiedener Organisationen getroffen werden. Diese Vorgehensweise bietet sich an, weil einerseits enge Parallelen in der Regulations-
weise von Konflikt- und Entscheidungsprozessen zwischen Betriebsrat und Management bestehen,[631] andererseits aber gerade der aktive Ausbau und die Verhandlung
von Alternativen zur Managementplanung Betriebsräte vielfach vor Probleme stellt.

Dabei können die empirischen Untersuchungen einen Beitrag leisten, das traditionelle
Bild des passiven Betriebsrates durch eine "modernisierte Fassung" zu ersetzen, die
die inhaltliche Komponente des Begriffes Co-Management deutlich macht. Es soll
vor allem der politische Charakter einzelner Aktivitäten herausgehoben werden, um
einerseits zu zeigen, daß das rechtliche Regelungswerk des Betriebsverfassungsgesetzes nur mehr einen Teilbereich der Tätigkeiten widerspiegelt und andererseits, daß
durch die aktive Gestaltung der Arbeit die Betriebsräte selbst - mit einem unterschiedlich hohen Maß an Einfluß durch das Management - neue Wirkungsfelder er-
schlossen werden. Durch die Betrachtung alltäglicher Phänomene können somit
strukturtheoretische Annahmen über Betriebsräte einer Überprüfung unterzogen werden.[632]

Zuletzt wird versucht, Hinweise auf die Arbeitsorganisation innerhalb des Gremiums
selbst zu erhalten und zu verarbeiten. Dieser Gesichtspunkt ist von besonderem Gewicht, wenn man sich die Vielfalt und Komplexität der in den vorangegangenen Kapiteln aufgezeigten Entwicklungen vor Augen führt. Die Handlungsfähigkeit in unterschiedlichsten Gremien und Kontexten würde beinahe schon eine "Multipersonalität"
des Betriebsrates voraussetzen.[633] Insofern ist eine wichtige Anforderung in modernen Organisationen auch die Spezialisierung und Funktionsteilung innerhalb des
Gremiums und eine entsprechende strategische Gestaltung personeller und arbeitsorganisatorischer Art.

630 Siehe Kap. I.6.1.1.
631 Vgl. Birke, M./Schwarz, M. (1989): a.a.O., S. 194.
632 Vgl. Martens, H. (1994): a.a.O., S. 279.
633 Vgl. Hamel, W.: Der professionelle Betriebsrat: Anforderungen und Qualifikationen im Umbruch, in: Personalwirtschaft, 9/1987, S. 360.

II. EMPIRISCHE UNTERSUCHUNG DES ARBEITSALLTAGS VON BE-TRIEBSRÄTEN IN MODERNEN ORGANISATIONEN

1. Methodische Vorgehensweise

1.1 Untersuchungsziel

Die Ausführungen des I. Teils dieser Untersuchung zeigten, wie sehr sich die Bedeutung und der Stellenwert der betrieblichen Interessenvertretung seit ihrer Entstehung verändert hat, was sich auch darin manifestiert, daß moderne Betriebsräte als Co-Manager bezeichnet werden. Entsprechend wandelte sich mit der Zeit das Verhältnis zu wichtigen Bezugsgruppen des Betriebsrates: seinem betrieblichen Gegenpol - den Arbeitgebern - sowie zur Gewerkschaft. Diese veränderten Beziehungen stehen häufig im Zentrum empirischer Forschungen zur Entwicklung der Mitbestimmung in Deutschland.[634] Insbesondere die mikropolitischen Aushandlungsprozesse zwischen Arbeitnehmern und Arbeitgebern beeinflußten wissenschaftliche Abfassungen, beispielsweise zur weiterhin aktuellen Technologiedebatte.[635] Erkenntnisse darüber, wie sich diese Reifezeit strukturell und inhaltlich auf die Arbeit des Gremiums Betriebsrat auswirkte, liegen bisher jedoch kaum vor.[636]

Die vorliegende Studie macht daher die Betriebsräte selbst zum Objekt der Untersuchung und hinterfragt, welcher Gestalt die tägliche Arbeit der Interessenvertreter ist.[637] Im Zentrum der Analyse stehen die Betriebsratsvorsitzenden, weil sie als Gegenpart der Geschäftsleitung Impulse nach außen setzen, gestalterisch auf die innere Konstellation der Arbeitnehmervertretung einwirken und eine Schlüsselrolle im betrieblichen Alltag bekleiden.[638] Entsprechend verändern sich bei einem personellen Wechsel dieser Position in der Regel sowohl die politischen Strategien gegenüber dem Management als auch die Arbeitsorganisation im Betriebsrat.

Das Gremium ist nach den Ergebnissen der Literaturstudie im heutigen betrieblichen Geschehen nicht länger auf die Rolle eines weitgehend reaktiven Schutzgremiums verkürzt zu sehen, das wie ein "Gesetzeshüter" Überschreitungen vereinbarter Regulierungen zum Interessenausgleich ahndet oder wie ein Richter die Waage zwischen Leistung und Entlohnung sucht, sondern es wirkt direkt gestalterisch auf die betrieblichen Gegebenheiten und Strategien und stellt dem Management eigene Ideen zur Diskussion. Dabei wird u.a. die Personalabteilung in ihrer Arbeit unterstützt.

---

634 Vgl. exemplarisch die Untersuchung von Osterloh (1993).
635 Vgl. exemplarisch Schumann, M. et al. (1994): a.a.O., S. 332ff. und 499ff.
636 Eine wichtige Ausnahme bildet hier die Studie von Kotthoff aus dem Jahre 1994.
637 Eine andere Arbeit, die den Alltag von Betriebsräten zu beschreiben versucht, stammt von Bürger, M.: Zur Alltagstypik von Betriebsratshandeln, Projektbericht, Dortmund 1996.
638 Vgl. dazu auch Kap. I.6.1.1.1, in dem das Rollenmodell eines Betriebsratsvorsitzenden dargestellt wurde.

Das Erkenntnisinteresse dieser Untersuchung liegt in erster Linie darin, den viel-schichtigen Alltag der Betriebsräte zu erfassen und zu beschreiben. Die qualitative Deskription des Arbeitsalltags von Betriebsräten mittels Einzelfallstudien ermöglicht einerseits die Herausarbeitung komplexer Deutungssysteme und Handlungskontexte sowie andererseits die Fortentwicklung der Erkenntnisse über das Gremium. Die vor-liegende Arbeit ist demnach eine explorative, beschreibende Studie.[639] Um subjekti-ve Deutungsmuster möglichst zu vermeiden, werden verschiedene empirische Me-thoden verwendet, deren Durchführung jeweils differenzierte Schwerpunkte setzt, wodurch die Rekonstruktion des Alltags von Betriebsräten ermöglicht werden soll.

1.2 Erhebungstechniken

Für die Erhebung werden verschiedene Methoden der qualitativen Sozialforschung angewendet. Diese Vorgehensweise wird auch als "multipler Operationalismus" be-zeichnet. Dabei wird unterstellt, daß die unterschiedlichen Methoden keine identi-schen Schwächen haben, so daß durch eine kombinierte Anwendung eine gegenseiti-ge Fehlerkorrektur zu erwarten ist. Das Verfahren der "methodological triangulation" stammt begrifflich aus der Trigonometrie und meint das Anvisieren eines Zielpunktes von mindestens zwei Ausgangspunkten aus, mit anschließender Kontrolle der gemes-senen Entfernungen und Winkel.[640]

Zunächst findet die *Dokumentenanalyse* Anwendung. Unter Dokumenten versteht man unterschiedlichste Formen von Aufzeichnungen.[641] Dazu gehören im hier vor-liegenden Fall Pressemeldungen über die Unternehmen,[642] Geschäftsberichte und Werkszeitschriften ebenso wie interne Papiere, z.B. bestehende Betriebsvereinbarun-gen oder Sitzungsprotokolle.

Als weiteres Instrument wird ein *standardisierter Fragebogen* verwendet. Er dient vor allem der Beantwortung allgemeiner Fragen, die die Größe des Betriebsrates, die Zahl der Freistellungen, den Organisationsgrad und Ausschußtätigkeiten betreffen.[643] Darüber hinaus wird der Fokus auf Fragen gelegt, die spezifische Aufgabenbereiche des Betriebsrates und seine Informationssituation zu erfassen helfen. Vor der konkre-ten Durchführung in den Untersuchungsobjekten wird ein Pretest mit einer zusätzli-chen Person durchgeführt, um die Verständlichkeit der Fragen und die Dauer der Be-antwortung festzustellen. Die so ermittelten Informationen stellen einerseits formale Gegebenheiten der Gremien auf einer vergleichbaren Basis bereit und können ande-

---

639 Vgl. Spöhring, W.: Qualitative Sozialforschung, Stuttgart 1989, S. 42f.

640 Vgl. ebenda, S. 320ff.

641 Vgl. Mayrhofer, W.: Nonreaktive Methoden, in: Becker, F. G./Martin, A.: Empirische Perso-nalforschung, München; Mering 1993, S. 19.

642 Aus Gründen des Datenschutzes werden die Unternehmen im folgenden nicht namentlich be-nannt.

643 Dieser Teil des Fragebogens ist eng angelehnt an den in der Untersuchung von Osterloh (1993) verwendeten.

rerseits als zusätzliche Grundlage für die nachfolgenden Interviews verwendet werden.

Bei der empirischen Untersuchung der Arbeit der Betriebsräte wird die qualitative *Interviewtechnik* angewendet, wobei hier dem problemzentrierten Interview[644] mit festgelegten Themen und relativ offenen Fragen der Vorzug gegeben wurde. Die Leitfadenkonstruktion orientiert sich im wesentlichen an den Ergebnissen der theoretischen Vorarbeiten sowie an der Auswertung des vorab beantworteten Fragebogens. Die verwendeten Frageformen haben unterschiedliche Qualitäten und finden im Mix Anwendung:[645]

a) *Sondierungsfragen:* Einstiegsfragen, Erfassung der subjektiven Bedeutung des Themas für den Befragten.

b) *Leitfadenfragen:* Themenaspekte, die als wesentlichste Fragestellungen im Interviewleitfaden festgehalten sind und die in ihrer standardisierten Form die Vergleichbarkeit der Ergebnisse ermöglichen.

c) *Ad hoc Fragen:* spontan formulierte Fragen, die sich als wichtig für die Fragestellung erweisen, jedoch nicht im Leitfaden enthalten sind.

Die Interviews werden mit dem Tonband aufgezeichnet und im Anschluß transkribiert, um die Vollständigkeit der Informationen zu gewährleisten und die volle Konzentration des Interviewers auf die Gesprächsführung zu lenken.

Es liegt demnach keine standardisierte Befragung vor.[646] Durch den jeweiligen Bezug zu den Vorinformationen über die Untersuchungsobjekte enthalten die Leitfäden zwar identische Themenfelder, die sich aus den zugrundeliegenden Forschungsfragen ergeben, die inhaltliche Ausprägung weist aber nicht notwendigerweise Homogenität auf. Außerdem finden pro Fallstudie mehrere Interviews zu verschiedenen Zeitpunkten der Untersuchung statt, deren Inhalt davon abhängt, was die anderen Methoden an Informationen zutage gefördert haben. So werden z.B. Interviews nach Ablauf der Beobachtung geführt, um verbleibende offene Fragen zu erläutern sowie die Validität der Interpretationen zu prüfen. Treten in der Auswertung offene Felder auf, so finden - unter Berücksichtigung der Bedeutung und Länge der Fragen - telefonische Interviews statt.[647]

Als vierte Technik wird die *Beobachtung* angewendet. Diese umfaßt die Sammlung von Daten innerhalb der Arbeitssituation durch den Beobachteten, d.h. es erfolgt eine Aufschreibung der Arbeitsaktivitäten. Durch diese Forschungsmethode gelingt die

---

644 Unter diesen Begriff werden alle Formen der offenen, halbstrukturierten Befragung gefaßt. Vgl. Witzel, A.: Verfahren der qualitativen Sozialforschung, Frankfurt/M. 1982, S. 70ff.

645 Vgl. Modrow-Thiel, B.: Qualitative Interviews - Vorgehen und Probleme, in: Becker, F. G./Martin, A. (Hrsg.): Empirische Personalforschung, München; Mering 1993, S. 133.

646 Vgl. Atteslander, P./Kopp, M.: Befragung, in: Roth, E.: Sozialwissenschaftliche Methoden, 2. Aufl., München; Wien 1987, S. 155.

647 Vgl. Atteslander, P./Kopp, M. (1987): a.a.O., S. 170.

größtmögliche Nähe zum Forschungsobjekt, weil die Innenperspektive der Alltagssituation erfaßt wird.[648]

Beobachtungen "[...] können in explorativen Untersuchungen dazu dienen, Einblicke in ein noch wenig bearbeitetes Forschungsgebiet zu bekommen, um Hypothesen zu ermitteln, die später getestet werden können."[649]

Zur Information über Einzelereignisse oder Ereignisketten gilt diese Forschungsmethode als "Prototyp" bzw. beste Erfassungsmethode.[650] Weiterhin stellt sie ergänzendes Material zu den mit anderen Methoden gemachten Ergebnissen bereit und bildet in deskriptiven Studien die einfachste Methode der Datensammlung.[651] Sie ist außerdem dann von Nutzen, wenn unvorhersehbare, aber theoretisch bedeutsame Entdeckungen im Verlauf der Untersuchung auftreten, deren Protokollierung bei einer zu eng gefaßten Analyse nicht möglich gewesen wäre ("serendipity pattern").[652]

In der vorliegenden Untersuchung findet sowohl die Selbst- als auch die Fremdbeobachtung Anwendung. Die Schwierigkeiten der Selbstbeobachtung liegen in der Simultanität von Aufschreibung und Aktivität, die hohe Anforderungen an die Untersuchungsperson stellt, wodurch möglicherweise in den Aufzeichnungen Verfälschungen auftreten können.[653] Ebenso stellt die Nachprüfbarkeit der Ergebnisse ein Problem dar. Dem steht positiv gegenüber, daß bei der personellen Identität von Beobachter und Beobachtetem weniger Wahrnehmungsprobleme auftreten, da der Kontext der Arbeitstätigkeit und ihre "Kodierung" dem Objekt selbst vertrauter ist. Daneben wird das Verhalten nicht durch eine künstliche Situation beeinflußt.[654] Im hier vorliegenden Forschungsinteresse ist vor allem aus Vertraulichkeitsgründen eine mehrtägige Fremdbeobachtung kaum möglich. Zu denken ist dabei an persönliche Gespräche von Betriebsräten mit Mitarbeitern der Personalabteilung über personelle Einzelmaßnahmen. Da sich durch die Anwendung der Selbstbeobachtung die Ausklammerung solcher Termine vermeiden läßt, wodurch der Arbeitsalltag ohne Verfälschungen aufgezeichnet werden kann,[655] wird dieser Methode weitgehend der Vorzug gegeben.

---

648 Vgl. Mayring, P.: Einführung in die qualitative Sozialforschung, München 1990, S. 57.

649 Vgl. Schnell, R./Hill, P./Esser, E.: Methoden der empirischen Sozialforschung, 2. Aufl., Oldenburg 1990, S. 369.

650 Vgl. Zelditch, M.: Methodologische Probleme der Feldforschung, in: Hopf, C./Weingarten, E.: Qualitative Sozialforschung, Stuttgart 1979, S. 135.

651 Vgl. Schnell, R./Hill, P./Esser, E. (1990): a.a.O., S. 369.

652 Vgl. Grümer, K. W. (1974): a.a.O., S. 50.

653 Defizite der Untersuchungsmethode der Beobachtung werden generell in intra- und intersubjektive Fehler eingeteilt. Vgl. Schnell, R./Hill, P./Esser, E. (1990): a.a.O., S. 364ff.

654 Vgl. Huber, O.: Beobachtung, in: Roth, E. (Hrsg.): Sozialwissenschaftliche Methoden, 2. Aufl., München; Wien 1987, S. 126ff.

655 Vgl. Mc Call, G. J.: Qualitätskontrolle der Daten bei teilnehmender Beobachtung, in: Gerdes, K. (Hrsg.): Explorative Sozialforschung, Stuttgart 1979, S. 141.

Um die einzelnen Phänomene festzuhalten, erfolgt im Vorfeld der einwöchigen Beobachtung die theoriegeleitete Entwicklung eines Kategorienschemas, das als Raster
für die Beobachtungsprotokolle verwendet wird, wodurch letztlich die Vergleichbarkeit und Verallgemeinerbarkeit der Ergebnisse in der Schlußauswertung gewährleistet
ist.[656]

"Eine Beobachtungskategorie Kj ist ein Kode, der einer Beobachtungseinheit Ei
zugeordnet wird, wenn in der Beobachtungseinheit Ei das die Kategorie Kj definie-
rende Verhalten aufgetreten ist."[657]

Dabei wird darauf geachtet - wie auch im Leitfaden zum qualitativen Interview -, Offenheit gegenüber dem Forschungsgegenstand zu bewahren, d.h. es wird keine voll-
ständig strukturierte Beobachtung durchgeführt. Treten nicht vorhergesehene Beob-
achtungseinheiten oder Ausprägungen auf, so werden diese in Feed-back-Gesprächen
mit den Beobachtern aufgegriffen.

Die Methode der Fremdbeobachtung wird zusätzlich in Sitzungen, im Betriebsratsbüro oder im Sekretariat angewendet. Sie bietet die Möglichkeit, zusätzliche Informationen über die Organisation und Strukturierung des Gremiums bzw. andere Aufgabenfelder der nicht direkt interviewten Gruppenmitglieder zu erhalten. Ebenso kann
der Vorsitzende dabei auch im Kreise seiner Betriebsratskollegen oder im Vertrauensleutekörper beobachtet werden, wodurch Informationen bereit stehen, die auf anderem Wege nicht zu gewinnen sind.

1.3 Auswertungstechniken

Neben mathematisch-statistischen Verfahren (Häufigkeitsauszählungen, Mittelwert-
bildungen), die zur Auswertung der Ergebnisse aus Fragebögen und Beobachtung
dienen, findet bei der Untersuchung der Dokumente und Interviews vor allem die
qualitative Inhaltsanalyse Anwendung. Der Grundgedanke dieser Methode ist,
sprachliches Material systematisch zu analysieren, indem die Texte zergliedert und
schrittweise bearbeitet werden, nachdem in einem Kategoriensystem Analyseaspekte
fixiert wurden. Dabei liegt der Fokus vor allem darauf, den Kontext von Textbe-
standteilen, latente Sinnstrukturen und markante Einzelfälle herauszufiltern. Darüber
hinaus ist jedoch auch zu ermitteln, was im Text nicht direkt vorkommt.[658] Um dies
zu gewährleisten, wird im Zusammenhang mit den Interviews eine Bandaufnahme
gemacht, deren Transkription eine detaillierte Analyse erlaubt. Die Methode gilt als
besonders geeignet für theoriegeleitete Forschungen mit großen Materialmengen.

---

656 Vgl. Mayring, P. (1990a): a.a.O., S. 57.
657 Huber, O. (1987): a.a.O., S. 133.
658 Vgl. Mayring, P. (1990a): a.a.O., S. 86.

Zur Auswertung des Textmaterials bedient man sich verschiedener Techniken, die im folgenden kurz beschrieben werden:[659]

- *Zusammenfassung*: Materialreduktion, indem durch Abstraktion ein überschaubares Corpus der wesentlichsten Inhalte erzielt wird, das immer noch Abbild des Grundmaterials ist;

- *Explikation* bzw. enge/weite Kontextanalyse: fragliche Textteile werden durch zusätzliches Material ergänzt, das das Verständnis erweitert und die Textstelle erläutert, erklärt und ausdehnt;

- *Strukturierung* (durch Kategorien, Ankerbeispiele, Kodierregeln): bestimmte Aspekte werden aus dem Material herausgefiltert, um unter vorher festgelegten Ordnungskriterien einen Querschnitt durch das Material zu legen oder diesen aufgrund ausgewählter formaler, inhaltlicher, typisierender oder skalierender Kriterien einzuschätzen.

Die generelle Stärke der qualitativen Inhaltsanalyse liegt in ihrer Nachvollziehbarkeit und der intersubjektiven Überprüfbarkeit durch die vorher festgelegten Interpretationsschritte, die letztlich die Übertragung auf andere Gegenstände ermöglicht.[660] Bei der Anwendung dieser Methode sind zudem folgende Gesichtspunkte zu beachten:[661]

a) Das Erhebungsverfahren muß möglichst *natürlich* und an der Alltagskommunikation orientiert sein, da ungewöhnliche Erhebungssituationen auch zu verfremdeten Befunden führen.

b) *Offenheit* ist für die erste Forschungsphase, das Design und die theoretische Anknüpfung des Projektes notwendig, d.h. Hypothesen und Variablen werden erst im Verlauf der Forschung generiert. Dies ist weiterhin notwendig für die Analysemethode und daraus resultierende Interpretationen.

c) Soziale Wirklichkeit entsteht kommunikativ-situativ. Soll die Inhaltsanalyse an dieser Wirklichkeit anknüpfen, muß mindestens symbolisch ein *kommunikativer Akt* mit den Alltagsmenschen erfolgen.

d) Das Merkmal *Interpretativität* gilt vorwiegend bei der Auswertung. Erhobene Daten dienen entsprechend nicht der Falsifizierung vorab formulierter Behauptungen, sondern zur Gewinnung von Hypothesen auf der Basis des Materials und werden auf dem Wege der Interpretation genutzt.

Durch diese Auswertungsmethode soll es gelingen, die Arbeit des Betriebsrates formal und inhaltlich zu beschreiben, Arbeitsstrukturierungen herauszufiltern sowie einzelne zentrale Tatbestände in den Fallbeispielen zu interpretieren.

---

659 Vgl. Mayring, P.: Qualitative Inhaltsanalyse, 2. Aufl., München 1990, S. 54ff.
660 Mayring, P. (1990b): a.a.O., S. 49.
661 Vgl. Lamnek, S.: Qualitative Sozialforschung, Band 2: Methoden und Techniken, München 1989, S. 197f.

1.4 Auswahl der Untersuchungsobjekte

In der vorliegenden Arbeit wurde der Untersuchung mehrerer Unternehmen der Vorzug gegenüber einer intensiven Einzelfallstudie gegeben. Wie im theoretischen Teil deutlich wurde, haben Betriebsräte zwar weitgehend festliegende Funktionen, aber unterschiedliche Ziele, Arbeitsorganisationen oder allgemeine Rahmenbedingungen. Die Analyse verschiedener Fälle eröffnet somit eine differenziertere Sichtweise auf den Untersuchungsgegenstand und stellt den Alltag des Betriebsrates in unterschiedlichen Kontexten dar. Folglich ist mit dieser Vorgehensweise kein beurteilender Vergleich angestrebt, sondern die Darstellung verschiedener Realitäten von Betriebsratsarbeit.[662] Darüber hinaus kann durch eine Gegenüberstellung verschiedener Räte herausgefiltert werden, welche Konvergenzen und Divergenzen zwischen den Alltagswelten bestehen.

Die Auswahl der Untersuchungsobjekte richtete sich vor allem an der Größe und der Branche aus.[663] Die Betriebe sollten zu international tätigen Konzernen[664] gehören. Dies geschah einerseits, weil der Trend zu Konzernierungen in der Vergangenheit zugenommen hat. Andererseits können in solchen Großorganisationen voraussichtlich die in Kapitel I.4. beschriebenen Wandlungsprozesse und deren Effekte auf die Interessenvertretung beobachtet werden. Darüber hinaus nimmt mit der Betriebsgröße auch das Spektrum verschiedener Einsatzmöglichkeiten für die Betriebsratsmitglieder in unterschiedlichen Gremien zu. Bereits in den Ausführungen des ersten Teils dieser Arbeit wurde zudem darauf hingewiesen, daß Veränderungen in der Interessenvertretungspolitik von Großbetrieben eine Art Vorbildcharakter für globale Entwicklungen haben kann. Zu denken ist hier beispielsweise an das Aufkommen von europäischen Betriebsräten.

Zusätzlich wurde darauf geachtet, daß die Untersuchungsobjekte unterschiedlichen Branchen angehören. Dies geschah aufgrund der Annahme, daß verschiedene Produktionsbereiche auch Variationen in technischer und wirtschaftlicher Entwicklung bedingen. Ebenso kann die jeweilige Gewerkschaftszugehörigkeit u.U. weitere Besonderheiten für die Arbeit von Betriebsräten mit sich bringen. Die ausgewählten Organisationen stehen demnach exemplarisch für bestimmte Branchen und entsprechende Gewerkschaften. Als weiteres Kriterium wurde die Existenz eines Euro-Betriebsrates hinzugezogen, um auch diesen Bereich zu berücksichtigen, der, wie Kapitel I.4.1 zeigte, zur Erweiterung der Aufgabenvielfalt des Gremiums beiträgt.

---

662 Vgl. Martin, A.: Die Beurteilung des betrieblichen Personalwesens als Aufgabe der Personalforschung, in: Becker, F. G./Martin, A. (Hrsg.): Empirische Personalforschung, München; Mering 1993, S. 159ff.

663 Daneben spielte natürlich auch aus persönlichen Gründen die Erreichbarkeit der Unternehmen eine Rolle, sowie deren Bereitschaft, sich an einer solchen Untersuchung zu beteiligen, was insbesondere durch die Anwendung der Beobachtung nicht in jedem Fall gewährleistet war.

664 Die begriffliche Definition erfolgte bereits in Kapitel I.3.1.

Alle drei im Zeitraum von Dezember 1995 bis Oktober 1996 in die Fallstudien einbezogenen Unternehmen erfüllen die o.g. Kriterien. Eine Abweichung erfolgte lediglich dahingehend, daß die geplante Betrachtung der Euro-Betriebsräte entfiel, da nur einer der Interviewpartner aktives Mitglied in einem entsprechenden Gremium ist.

1.5 Ablauf der Untersuchung

Der konkrete Ablauf der empirischen Untersuchung erfolgte im wesentlichen in zehn aufeinanderfolgenden Schritten:

1. Sammlung von Informationen über die ausgewählten Unternehmen und die zugehörigen Branchen anhand von Geschäftsberichten, Zeitungsartikeln, und Aufsätzen. Vorgespräche und Übersendung einer Kurzfassung des Forschungsvorhabens.

2. Entwurf, Pretest und Versendung eines standardisierten Fragebogens, der Grunddaten über den Betrieb, die Organisation der betrieblichen Interessenvertretung und die Person des Betriebsratsvorsitzenden bereitstellte. Diesen füllten die in die Untersuchung einbezogenen Personen vor dem ersten Interview aus. Zielperson der Befragung war jeweils der Betriebsratsvorsitzende der ausgewählten Betriebe.

3. Auswertung des bislang vorliegenden Datenmaterials. Die so generierte Datenlage verhinderte, daß in den Interviews ein zu hoher Zeitanteil auf allgemeine Fragen zur Unternehmens- und Betriebsratsstruktur entfallen mußte. Gleichzeitig konnten auf dieser Basis bereits in einer frühen Phase spezielle Fallbeispiele aus dem Unternehmensalltag in das Interview eingebunden werden.

4. Entwurf eines Interviewleitfadens, der bezogen auf die im ersten Untersuchungsteil gewonnenen Ergebnisse im wesentlichen vier Bereiche umfaßte:

- Aufgabenbereiche der Betriebsratstätigkeit,
- Organisation der Arbeit,
- Wandel in Funktion und Rolle,
- Daten zur Person.

Der Leitfaden war halbstandardisiert, d.h. die Reihenfolge der Fragen, die Auslassung einzelner Themen sowie die Einbeziehung von Sondierungsfragen erfolgte je nach Interviewverlauf und oblag der Entscheidung der Interviewerin in der konkreten Situation.

Gleichzeitig erfolgte die Erstellung eines Beobachtungsbogens, für die Selbstbeobachtung der Betriebsräte. Die Beobachtungskategorien resultieren aus den in Kapitel I.6.1.2.2 aufgeführten Aktivitätsfeldern und -formen.[665]

Beide Erhebungsinstrumente wurden einem Pretest unterzogen und nachfolgend überarbeitet.

---

[665] Siehe dazu ausführlich Kap. II.3.

5. Durchführung des ersten Interviewlaufs sowie Vorgespräch und Terminabsprache bezüglich der Selbstbeobachtung. Bei dieser Gelegenheit wurde die Bereitstellung weiterer Dokumente wie Werkzeitungen und Betriebsvereinbarungen vereinbart. Teilweise erfolgten in dieser Phase auch Expertengespräche mit weiteren Mitgliedern des Betriebsrates oder der Personalabteilung.

6. Transkription und erste Analyse der Interviews, Auswertung der neuen Dokumente sowie Verarbeitung der Beobachtungsergebnisse mit Hilfe der in Kapitel II.1.3 beschriebenen Techniken.

7. Rücksprache zu den Protokollen der Selbstbeobachtung teils per Telefon, teils im persönlichen Gespräch. In zwei der Untersuchungsobjekte ergab sich hierbei wiederum die Möglichkeit, selbst an Sitzungen teilzunehmen oder weitere Expertengespräche zu führen.

8. Auswertung der Selbst- und Fremdbeobachtung. Erstellung und Übersendung eines Papiers, in denen die Ergebnisse der Auswertung einer weiteren Überprüfung durch die Beobachter unterzogen werden können.

Entwurf eines speziellen Interviewleitfadens für jedes einzelne Untersuchungsobjekt auf der Basis der bisherigen Analyseergebnisse, der sich konkret auf ausgewählte kritische Ereignisse bezieht und einzelne Aspekte aus dem Bereich der Personalarbeit bzw. innovativer Aufgaben oder Arbeitsweisen für eine intensive Diskussion auswählt.

9. Durchführung des zweiten Interviews. Dabei erfolgte gleichzeitig ein Feedback-Gespräch über die Ergebnisse der Beobachtung. Zusätzlich wurde die weitere Verfahrensweise und Zusendung der restlichen Auswertungspapiere vereinbart.

10. Transkription der Interviews sowie Endauswertung aller vorhandenen Datenquellen.

2. Vorstellung der Untersuchungsobjekte

In den folgenden Ausführungen werden zunächst grundlegende Angaben über die drei Untersuchungsobjekte und ihre Betriebsräte gemacht.[666] Jeweils am Ende der Kapitel schließt sich ein kurzer Vergleich der wichtigsten Ergebnisse bzgl. der Rahmenbedingungen der Betriebsratsarbeit an. Aus Gründen der Anonymität, die den Befragten zugesichert wurde, werden die Namen der Untersuchungsobjekte und der Betriebsräte nicht genannt. Statt dessen erfolgt eine durchgehende Kennzeichnung mit Buchstaben. Entsprechend bleiben auch detaillierte betriebliche oder unternehmensbezogene Daten zum Teil ausgeklammert, die die Identifikation der Untersuchungsobjekte ermöglichen würden.

2.1 Betriebs- und unternehmensbezogene Daten[667]

Der untersuchte *Betrieb A* ist ein rechtlich selbständiges, hundertprozentiges Tochterunternehmen eines deutschen Pharma- und Chemiekonzerns, der international erfolgreich tätig ist. Die Belegschaft beläuft sich im Konzern auf über 160.000 (1995). Auf dem Gelände des untersuchten Werkes soll ein Industriepark mit mittelständischem Charakter entstehen. Deshalb sind dort weitere Geschäftseinheiten angesiedelt, die größtenteils zum Konzern gehören. Insgesamt beträgt die Zahl der auf dem Gelände Beschäftigten ca. 5.000 Personen. Im Betrieb A, der auf eine über 100jährige Geschichte zurückblickt, sind davon mehr als 3.000 Personen beschäftigt.

Gemäß der Ordnung nach Industriegewerkschaften ist im Betrieb A die IG Chemie-Papier-Keramik vertreten, deren Organisationsgrad in der Belegschaft 67 Prozent beträgt. Die Zahl der Vertrauensleute liegt bei 160. Daneben gibt es auch Mitglieder der DAG, deren konkrete Zahl bzw. deren Organisationsgrad nicht genau ermittelt werden konnte.

Betrieb B ist eine rechtlich selbständige, hundertprozentige Tochter eines deutschen Konzerns der Montanindustrie, der auf internationaler Ebene erfolgreich arbeitet. Die Belegschaft beträgt im Konzern über 120.000 (1995), von denen über 80.000 im Inland tätig sind. Die Beschäftigtenzahl im Betrieb B selbst beträgt ca. 1.700 Personen. Im Betrieb B gibt es 100 Vertrauensleute, die der IG Metall zugeordnet sind. Der Organisationsgrad der Belegschaft liegt bei ca. 94 Prozent. Da weniger als ein Prozent der Arbeitnehmer Mitglieder der DAG sind, werden diese im folgenden nicht gesondert aufgeführt.

---

666 Die Zahlen und Daten stammen aus Geschäftsberichten, Werkzeitungen und anderen internen Papieren sowie aus Interviews mit Mitgliedern der Personalabteilung und des Betriebsrats, deren genaue Quellen bzw. Namen aus Gründen der Anonymität hier nicht genannt werden. Der Zeitraum der Erhebung erstreckte sich von Dezember 1995 bis Oktober 1996.

667 Die Ausführungen dieses Kapitels beruhen vor allem auf den Ergebnissen der Fragebogenauswertung sowie auf Teilen der Dokumentanalysen.

Betrieb C gehört als hundertprozentiges Tochterunternehmen zu einem deutschen Konzern der Nahrungsmittelindustrie, der wiederum an einen ausländischen Großkonzern angehängt ist. Die Belegschaft beziffert sich in Deutschland auf über 13.000 (1995), davon beinahe 8.000 im Teilkonzern, dem auch Betrieb C zugeordnet ist. Im untersuchten Werk sind ca. 400 Personen beschäftigt, d.h. ca. 4,5 Prozent der Gesamtbelegschaft. Gemäß der Ordnung nach Industriegewerkschaften ist im Betrieb C die NGG vertreten. Der Organisationsgrad in der Belegschaft liegt bei ca. 70 Prozent und es gibt 14 Vertrauensleute.

Alle drei untersuchten Betriebe sind Teile von international erfolgreichen Großkonzernen in Deutschland. Obwohl ihnen jeweils die Eigenverantwortung für das Ergebnis obliegt, hat die Muttergesellschaft nach Aussage der Befragten starken Einfluß auf die Produktions-, Finanz-, Marketing- und Personalpolitik. Die Größe der Betriebe - und damit die Größe der Betriebsräte[668] - variiert. Insofern ist zu vermuten, daß sich auch die Anforderungen, die an die einzelnen Vorsitzenden gestellt werden, unterscheiden. Gemeinsam ist den untersuchten Objekten, daß sowohl auf Unternehmens-, Konzern- als auch auf europäischer Ebene ein Gremium der Interessenvertretung besteht.[669]

Betrachtet man den Organisationsgrad, so läßt sich in allen drei Betrieben eine überdurchschnittlich hohe Anzahl gewerkschaftlich organisierter Arbeitnehmer feststellen.[670] Dieser läßt darauf schließen, daß die Interessenvertreter in den untersuchten Betrieben über eine hohe Durchsetzungsmacht verfügen. Sie wird weiterhin dadurch gestärkt, daß maximal Gewerkschaftsdualismus auf Betriebsebene vorliegt, der weitgehend verhindert, daß sich innerhalb des Vertrauensleutekörpers oder des Betriebsrates durch Unterschiede in der gewerkschaftlichen Zugehörigkeit Konflikte ergeben.[671]

---

668 Siehe Kap. I.3.4.1.

669 In C gibt es keinen Konzernbetriebsrat im herkömmlichen Verständnis. Allerdings tagt dort auf Konzernebene ein Arbeitskreis der Betriebsräte, der sich zwei Mal im Jahr mit der Unternehmensleitung trifft und so bestehende Informationsrechte wahrnimmt. Da im Unternehmen i.d.R. starke Unterschiede zwischen den Produkten und Absatzmärkten der einzelnen Werke auftreten, wäre eine weitergehende einheitliche Interessenvertretung nur schwer zu realisieren. Die Aushandlung von Rahmenbedingungen kann deshalb auf dieser Ebene vernachlässigt werden. Statt dessen bietet diese Konstruktion den Vorteil mehr Mitglieder in das Gremium aufnehmen zu können, als nach § 55 BetrVG vorgesehen. Diese Erweiterung ist vor allem für kleinere Einheiten des Konzerns von Vorteil.

670 Der durchschnittliche Organisationsgrad lag in der BRD im Jahre 1994 bei 33 Prozent. Vgl. Niedenhoff, H.-U. (1995): a.a.O., S. 44.

671 Innerhalb der bundesdeutschen Grenzen mag diese Feststellung beinahe als selbstverständlich gelten. Im Vergleich zu unserem französischen Nachbarn hingegen, wo zumeist innerbetrieblicher Gewerkschaftspluralismus vorliegt, bietet dieser Sachverhalt aber große Vorteile. Vgl. beispielhaft zu diesem Themenbereich: Schneider-Winden, S. (1996): a.a.O., S. 95.

2.2 Organisation der Betriebsräte und Rahmenbedingungen ihrer Arbeit

a) Betrieb A

Der Betriebsrat des Untersuchungsobjektes A besteht seit 1952, d.h. seit der Geltung des Betriebsverfassungsgesetzes. Die Mitgliederzahl des Gremiums liegt im Untersuchungszeitraum entsprechend § 9 BetrVG bei 29 Personen[672], von denen sieben freigestellt sind, was den Maßgaben des § 38 BetrVG entspricht. Der Gesamtbetriebsrat hat 36 Mitglieder und der Konzernbetriebsrat setzt sich aus 42 Personen zusammen.

Der Betriebsratsvorsitzende, der seit fast 40 Jahren zum Unternehmen gehört, war fünf Jahre Vertrauensmann, ist seit 21 Jahren Betriebsratsmitglied und bekleidet seit 1989 das Amt des Vorsitzenden. Vor seiner Freistellung war er als Laborant im Forschungsbereich tätig. Er arbeitet in verschiedenen Ausschüssen mit, ist allerdings kein Aufsichtsratsmitglied.[673] Sein Engagement in der IGCPK geht über den Verwaltungsstellenbereich hinaus.

Gemäß § 28 Abs. I BetrVG hat der Betriebsrat einzelne Fachausschüsse gebildet, in denen spezielle Aufgaben behandelt werden (Abb. 16).[674] Der Betriebsratsvorsitzende ist Mitglied des Personal- und Tarifausschusses, in ersterem als Ausschußsprecher. Darüber hinaus arbeitet er im Gesamtbetriebsrat, im Betriebsausschuß und im Wirtschaftsausschuß mit.

Bezeichnung	Häufigkeit des Treffens
Personalausschuß	wöchentlich
Tarifausschuß	zweimal im Monat
Berufsbildungsausschuß	viermal im Jahr
Arbeitssicherheits- und Umweltausschuß	sechsmal im Jahr
Datensichtausschuß[675]	viermal im Jahr
Wohnungsausschuß	monatlich
Ausschuß betriebliches Vorschlagswesen	monatlich
Küchen- und Sozialausschuß	vier- bis fünfmal im Jahr

Abb. 16: Ausschüsse des Betriebes A

672 Zum Zeitpunkt der Betriebsratswahl 1994 waren die Ausgliederungen noch nicht vollzogen, d.h. im Betrieb A waren über 5000 Personen beschäftigt. Bei den Wahlen 1998 wird sich der Betriebsrat entsprechend verkleinern.
673 Der Aufsichtsrat beruht auf der Grundlage des Mitbestimmungsgesetzes und beraumt vierteljährlich Sitzungen an. Zudem verfügt er über vier spezielle Ausschüsse, die sich mit den Themenbereichen Personal, Finanzen, Sozialpolitik und technische Wissenschaft beschäftigen.
674 Siehe dazu grundlegend Kap. I.3.1.
675 Der Datensichtausschuß kümmert sich um Aufgaben, die mit der EDV zusammenhängen, z.B. um die angewandte Hard- und Software oder die ergonomische Gestaltung von EDV-Arbeitsplätzen.

In den ersten sechs genannten Ausschüssen befinden sich jeweils Arbeitgeber- und Arbeitnehmervertreter, wobei eine paritätische Besetzung nur zeitweilig im Arbeitssicherheits- und Datensichtausschuß vorliegt. Ansonsten überwiegen in der Regel die Mitglieder des Betriebsrates. Der Betriebsausschuß, der einmal im Monat tagt, um die laufenden Geschäfte des Betriebsrates durchzuführen,[676] besteht aus neun Personen. Auch hier werden die Maßgaben des § 27 BetrVG erfüllt.

Der Wirtschaftsausschuß tagt monatlich. Er setzt sich aus vier Vertretern der Geschäftsleitung, einem leitenden Angestellten und sieben Betriebsräten zusammen. Letztere erhalten dort insbesondere schriftliche Informationen über Bilanz, Gewinn- und Verlustrechnung, Geschäfts- und Zwischenberichte, die Unternehmensplanung sowie über sonstige bedeutende Veränderungen, z.B. über Werksgründungen oder die Aufnahme neuer Produktionszweige.

Betriebsversammlungen werden im Werk regelmäßig im Abstand von drei Monaten abgehalten und dauern in der Regel 1 1/2 Stunden. Die Beteiligung der Belegschaft an diesen Veranstaltungen liegt bei 10 bis 20 Prozent. Abteilungsversammlungen nach § 43 BetrVG werden im Betrieb A nicht durchgeführt. Als weiteres Informationsmittel für die Belegschaft gibt der Betriebsrat sechsmal im Jahr eine eigene Zeitschrift heraus.[677] Aus diesem Grund wird die allgemeine Werkzeitschrift nicht als Informationsmedium von den Interessenvertretern genutzt.

b) Betrieb B

Der Betriebsrat des Untersuchungsobjektes besteht seit 1917, allerdings damals in Form von Arbeitnehmerausschüssen.[678] Erst seit 1952 besteht ein Betriebsrat im herkömmlichen Sinne, der sich an den Maßgaben des Betriebsverfassungsgesetzes orientiert. Die Mitgliederzahl des Gremiums liegt im Untersuchungszeitraum entsprechend § 9 BetrVG bei 19 Personen, von denen sieben freigestellt sind, was über die Maßgaben des § 38 BetrVG hinausgeht. Die erhöhte Zahl ist auf ein Zugeständnis des Arbeitgebers zurückzuführen, der eine Überschreitung der gesetzlichen Mindestregelung aufgrund des hohen Arbeitsanfalls befürwortete. Der Betriebsrat in seiner Gesamtheit tagt alle 14 Tage. Zusätzlich trifft sich der Betriebsratsvorsitzende B ein- bis zweimal pro Woche mit den freigestellten Kollegen, die im geschäftsführenden Ausschuß sind, um die anliegenden Probleme der Woche zu besprechen. Der Gesamtbetriebsrat hat acht Mitglieder und der Konzernbetriebsrat setzt sich aus 40 Personen zusammen. Das freigestellte Betriebsratsmitglied B ist auf allen Ebenen zum Vorsitzenden der Arbeitnehmervertretung gewählt worden.

Der Betriebsratsvorsitzende, der seit 35 Jahren im Unternehmen beschäftigt ist, war zehn Jahre Vertrauensmann, ist seit 16 Jahren Betriebsratsmitglied und bekleidet seit

---

676 Siehe hierzu Kap. I.3.1.
677 Siehe dazu ausführlicher Kap. II.4.3.3.
678 Siehe hierzu die Ausführungen in Kap. I.2.1.

sieben Jahren das Amt des Vorsitzenden. Vor seiner Freistellung war er als Betrieb-selektriker tätig. Er arbeitet in verschiedenen Ausschüssen mit und ist zudem Mitglied im Aufsichtsrat. Dieser beruht auf der gesetzlichen Grundlage des Montan-Mitbestimmungsgesetzes[679] und beraumt vierteljährlich Sitzungen an.

Gemäß § 28 Abs. I BetrVG hat auch der Betriebsrat B einzelne Fachausschüsse ge-bildet, in denen spezielle Aufgaben behandelt werden (Abb. 17). Der Betriebsratsvor-sitzende ist Mitglied der Ausschüsse für Personalplanung, für Gruppenarbeit sowie für AT-Angestellte. Darüber hinaus ist er Mitglied im Betriebs- und im Wirtschafts-ausschuß.

Bezeichnung	Häufigkeit des Treffens
Personalplanung	wöchentlich
Entlohnung	wöchentlich
betriebliches Vorschlagswesen	monatlich
Wohnungen und Wohnheim	wöchentlich
Arbeitsschutz und Ergonomie	wöchentlich
Soziale Angelegenheiten	monatlich
Aus- und Weiterbildung	zweimal im Monat
Gruppenarbeit	monatlich
DV-Systeme	nach Bedarf
AT-Angestellte	nach Bedarf

Abb. 17: Ausschüsse des Betriebes B

In den vier erstgenannten Ausschüssen befinden sich jeweils Arbeitgeber- und Ar-beitnehmervertreter, wobei in allen Fällen die Anzahl der Vertreter des Betriebsrates überwiegt. Die o.g. Häufigkeit der Zusammenkünfte variiert bei Bedarf: So tagt z.B. der Personalplanungsausschuß bei einer beschlossenen Schließung eines Betriebstei-les fast täglich, um betriebsbedingte Kündigungen weitestgehend zu vermeiden.

Der Betriebsausschuß hat sieben Mitglieder. Er kommt zweimal in der Woche zu-sammen, um die laufenden Geschäfte des Betriebsrates durchzuführen.[680] Auch hier werden die Maßgaben des § 27 BetrVG erfüllt.

Der Wirtschaftsausschuß tagt monatlich. Er setzt sich paritätisch aus vier Vertretern der Geschäftsleitung und vier Betriebsräten zusammen. Letztere erhalten dort insbe-sondere schriftliche Informationen in Form von Zwischenberichten, Personal- und Investitionsplänen sowie Mitteilungen über sonstige bedeutende Veränderungen, z.B. über Werksgründungen oder die Aufnahme neuer Produktionszweige.

Betriebsversammlungen werden im Werk regelmäßig im Abstand von drei Monaten abgehalten und dauern in der Regel zwei bis drei Stunden. Die Beteiligung der Beleg-schaft an diesen Veranstaltungen liegt bei ca. 66 Prozent. Abteilungsversammlungen

679 Siehe hierzu Abbildung 2.
680 Siehe hierzu die grundlegenden Ausführungen in I 3 1

nach § 43 BetrVG werden im Betrieb B nicht durchgeführt. Als weiteres Informationsmittel für die Belegschaft gibt der Betriebsrat zusammen mit dem Vertrauensleutekörper vierteljährlich ein Informationsblatt heraus. Die allgemeine Werkzeitschrift wird nicht als Informationsmedium von den Interessenvertretern genutzt.

c) Betrieb C

Der Betriebsrat des Untersuchungsobjektes besteht seit 1960. Die Mitgliederzahl des Gremiums liegt im Untersuchungszeitraum entsprechend § 9 BetrVG bei neun Personen, von denen nur eine Person, der befragte Vorsitzende, freigestellt ist, was den Maßgaben des § 38 BetrVG entspricht. Allerdings besteht im Betrieb eine Sonderregelung, die besagt, daß in Abwesenheit des Betriebsratsvorsitzenden die Freistellung auf seinen Stellvertreter übergeht. Durch diese Vereinbarung ist gewährleistet, daß jederzeit ein Ansprechpartner des Betriebsrates zur Verfügung steht. Der Betriebsrat tagt wöchentlich ca. zwei Stunden und beruft darüber hinaus bei Bedarf Sondersitzungen ein.

Der Gesamtbetriebsrat hat 46 Mitglieder. Ein Konzernbetriebsrat existiert nicht. An seiner Stelle wurde ein Arbeitskreis der Betriebsräte gegründet, der sich zweimal jährlich mit dem Vorstand trifft, um übergreifende Themen zu besprechen. Auf europäischer Ebene findet in einem Produktionsbereich des Konzerns regelmäßig eine Konferenz der Interessenvertreter statt, an der der Betriebsratsvorsitzende teilnimmt. Das zweite Treffen dieser Art wurde von Betriebsrat C mitorganisiert. Sie bringt firmenübergreifend Betriebsräte aus europäischen Unternehmen des speziellen Produktzweiges, der Produzenten wie auch der Verarbeiter, zusammen.

Der Betriebsratsvorsitzende, dessen Betriebszugehörigkeit sich auf 32 Jahre beläuft, ist seit 28 Jahren Vertrauensmann und Betriebsratsmitglied. Im Jahre 1990 wurde er zum Vorsitzenden gewählt und ist seit sechs Jahren kontinuierlich in dieser Position. Vor seiner Freistellung war er in der Lohnbuchhaltung in einer leitenden Position tätig. Im Betrieb C ist mit ihm erstmals ein Angestellter zum Vorsitzenden gewählt worden. Betriebsrat C arbeitet in verschiedenen Ausschüssen mit, ist allerdings kein Aufsichtsratsmitglied[681]. Er engagiert sich ebenfalls stark in der örtlichen Verwaltungsstelle der NGG.

Gemäß § 28 Abs. I BetrVG hat der Betriebsrat auch hier einzelne Fachausschüsse gebildet (Abb. 18). Der Betriebsratsvorsitzende ist Mitglied der Ausschüsse für Arbeitsplatzbewertung, Lohn und Gehalt, betriebliches Vorschlagswesen und soziale Aufgaben. Desweiteren ist er Mitglied im Betriebs- und im Wirtschaftsausschuß. Für letzteren liegt ebenfalls eine Sonderregelung vor: Um zu gewährleisten, daß alle Mitglieder des Geschäftsführenden Ausschusses des Gesamtbetriebsrats im Wirtschafts-

---

681 Der Aufsichtsrat beruht auf der Grundlage des Mitbestimmungsgesetzes (siehe Abb. 2) und beraumt jährlich eine Sitzungen an.

ausschuß präsent sein können, einigte man sich im Konzern darauf, statt monatlich nur vier Mal im Jahr zu tagen. Eine Ausnahme bilden Sondersitzungen.

Bezeichnung des Ausschusses	Häufigkeit des Treffens
Arbeitsplatzbewertung	nach Bedarf
Lohn und Gehalt	nach Bedarf
betriebliches Vorschlagswesen	nach Bedarf
soziale Angelegenheiten	nach Bedarf
Kantinenausschuß	nach Bedarf
Unfall- und Gesundheitsschutz	monatlich

Abb. 18: Ausschüsse des Betriebes C

In den genannten Ausschüssen befinden sich jeweils Arbeitgeber- und Arbeitnehmervertreter, wobei eine paritätische Besetzung für die Bereiche Arbeitsplatzbewertung, betriebliches Vorschlagswesen und Kantine vorliegt. In den Bereichen Lohn und Gehalt sowie soziale Angelegenheiten liegen keine gemeinsamen Ausschüsse vor. Der Betriebsausschuß tagt wöchentlich, um die laufenden Geschäfte des Betriebsrates durchzuführen, und umfaßt insgesamt drei Mitglieder.[682] Die Mitgliederzahl ist demnach niedriger, als nach § 27 BetrVG vorgesehen.

Der Wirtschaftsausschuß tagt vier Mal im Jahr. Er setzt sich aus sechs Arbeitgebervertretern und elf Betriebsräten zusammen. Üblicherweise erhalten die Betriebsräte ca. 14 Tage vor dem Sitzungstermin schriftliche Informationen über die verschiedensten Bereiche: Bilanz, Gewinn- und Verlustrechnung, Geschäfts- und Zwischenberichte, Unterlagen über die Personal- und Investitionsplanung sowie über sonstige bedeutende Veränderungen, z.B. über Produktionsschwankungen oder Absatzprobleme.

Betriebsversammlungen werden im Werk regelmäßig im Abstand von drei Monaten abgehalten und dauern in der Regel 1 1/2 Stunden. Die Beteiligung der Belegschaft an diesen Veranstaltungen liegt bei 70 Prozent. Abteilungsversammlungen nach § 43 BetrVG werden im Betrieb C je nach Bedarf durchgeführt. Als weiteres Informationsmittel für die Belegschaft nutzt der Betriebsrat die - von ihm ins Leben gerufene - allgemeine Werkzeitschrift des Betriebes.[683]

d) Zusammenfassung

Alle drei untersuchten Betriebsräte haben eine unterschiedliche Anzahl an Mitgliedern und Freistellungen, die jeweils mindestens den Maßgaben des Betriebsverfassungsgesetzes entsprechen. Bei der Zahl der Freigestellten treten Abweichungen nach oben auf: In Betrieb B und zeitweise in Betrieb C ist deren Anzahl höher, als das Gesetz vorschreibt. In beiden Fällen dient diese Irregularität dazu, die Leistungsfähigkeit des Betriebsrates zu erhalten, die wegen der häufigen arbeitsbedingten Abwesenheit

---

682 Siehe hierzu in Kap. I.3.1.
683 Siehe zu diesem Themenkomplex ausführlich Kap. II.4.3.3.

des Vorsitzenden ansonsten gemindert wäre. In beiden Fällen wurde die Erhöhung der Freistellungen nicht seitens des Arbeitgebers blockiert, obwohl es ihm auf diese Weise möglich gewesen wäre, die Funktionalität des Gremiums zu beeinträchtigen.[684]

Eine andere, von der gesetzlichen Grundlage abweichende Konstellation findet sich in Unternehmen C bei der Größe und Zusammensetzung des Wirtschaftsausschusses. Normalerweise tagt dieser Ausschuß monatlich. Indem die Häufigkeit der Treffen reduziert wurde, konnte die Anzahl der Entsendungen erhöht werden, wodurch nunmehr die Mitglieder des Gesamtbetriebsrats und des Wirtschaftsausschuß personenidentisch sind. Der Vorteil dieser Regelung liegt darin, daß die Mitglieder einen homogeneren Informationsstand haben. Da zudem die Möglichkeit besteht, Sondersitzungen einzuberufen, können in Krisenzeiten, die einen intensiveren Informationsaustausch notwendig machen, häufiger Treffen einberufen werden, so daß dem Betriebsrat nach eigener Einschätzung keine Nachteile hinsichtlich seiner Handlungsfähigkeit entstehen.[685]

Die Vorsitzenden der drei Betriebsräte blicken auf eine langjährige Betriebszugehörigkeit[686] wie auch Rats- und Gewerkschaftsmitgliedschaft zurück. Ihre "Karriere" in der Interessenvertretungsarbeit begann jeweils im Vertrauensleutekörper, gefolgt von mehreren Jahren als "normales" Mitglied des Betriebsrates. Sie verfügen damit quasi über eine duale Ausbildung für ihre Position: Einerseits haben sie sich in ihrer Berufstätigkeit spezielle Kenntnisse auf Betriebsebene angeeignet, beispielsweise über Berufsgruppen und Arbeitsplätze. Andererseits konnten sie in ihrer Laufbahn als Interessenvertreter Wissen erlangen, das über betriebliche oder berufspraktische Erfahrungen hinausgeht: Durch "learning by doing" ebenso wie durch zusätzliche Möglichkeiten der Weiterbildung. Dazu gehören neben rechtlichen und ökonomischen Kenntnissen auch methodische und soziale Qualifikationen. Alle drei Befragten werten diese Vergrößerung ihres potentiellen Handlungsraumes als positiv.

Die Vorsitzenden sind jeweils seit mindestens sechs Jahren im Amt und gehören damit bereits zur "neuen Generation" der Betriebsräte. Während die "klassischen" Betriebsräte in der Regel aus dem Facharbeiterpool rekrutiert wurden, zeigt sich ein Umbruch dahingehend, daß zwei der drei untersuchten Mandatsträger aus dem Ange-

---

684 Das Ergebnis deutet darauf hin, daß die positive Grundeinstellung der Arbeitgeber, die Eberwein/Tholen (1990) in ihrer Studie feststellten, auch in den hier untersuchten Betrieben vorzufinden ist.

685 Die Geschäftsleitung des Unternehmens C akzeptierte diesen Vorschlag, weil die alternative Handhabung wegen der sonst anfallenden hohen Reisekosten der Ratsmitglieder Einsparungen ermöglicht und dem Arbeitgeber keine Nachteile entstehen.

686 Niedenhoff bezifferte die durchschnittliche Betriebsangehörigkeit der 1994 gewählten Betriebsräte auf zwanzig Jahre. Alle drei Vorsitzenden der hier vorliegenden Untersuchung überschreiten diese Zahl bei weitem. Vgl. Niedenhoff, H.-U. (1995): a.a.O., S. 46.

stelltenbereich stammen. Dieser Wandel wirkt sich auch auf das Selbstverständnis, die Einstellungen und Arbeitsweisen der Betriebsräte aus.[687]

Alle drei Betriebsratsvorsitzenden bekleiden weitere Ämter. Ihr Tätigkeitsbereich ist nicht auf die Betriebsebene beschränkt, sondern umfaßt auch Aktivitäten auf überbetrieblicher Ebene. Darüber hinaus arbeiten sie in verschiedenen Fachausschüssen - teils als Sprecher, teils als Mitglieder - mit. Sie verfügen folglich über ein hohes Engagement, das sich auch in ihrer zusätzlichen Arbeit in der Gewerkschaft manifestiert.

Die größte Anzahl und thematische Breite fachbezogener Ausschüsse findet sich in Betrieb B. Hier liegt mit dem Ausschuß für Gruppenarbeit außerdem die einzige Abweichung von "typischen" Arbeitsfeldern der betrieblichen Interessenvertretung vor.[688] Eine Begründung für diesen Befund kann nicht eindeutig gegeben werden. Da der Betriebsrat weder die höchste Anzahl Freigestellter noch Mitglieder hat, könnte eine Ursache darin liegen, daß Betrieb B in den Bereich der Montanmitbestimmung fällt, die als die ausgeprägteste Form der Mitbestimmung gilt.[689]

Bei der Betrachtung der Gesamtheit der Räte gibt die Betriebsratsgröße ebenfalls keine hinreichende Begründung für die Existenz und Anzahl von Ausschüssen, denn das Quantum der Ausschüsse steigt nicht proportional zur Mitgliederzahl oder zur Summe der Freistellungen. Es kann vielmehr vermutet werden, daß ein kausaler Zusammenhang zu Fachgremien auf Arbeitgeberseite besteht, da eine Vielzahl der Ausschüsse von Vertretern beider Interessengruppen besetzt ist. Die untersuchten Betriebsräte bilden insbesondere in den Fachbereichen Spezialisten heraus, in denen sie vom Arbeitgeber permanent mit Expertenwissen konfrontiert werden. Vorschläge können so gezielter präsentiert werden, und finden nicht aufgrund fachlicher Mängel sofortige Ablehnung. Darüber hinaus bieten paritätische Arbeitskreise die Möglichkeit, die einseitige Einflußnahme des Managements in speziellen Fachgebieten zu begrenzen.[690]

Auf formaler Ebene kann in allen drei Betrieben von einem überwiegend konsensorientierten Kooperationsverhältnis[691] zwischen Betriebsrat und Management ausgegangen werden: In Betrieb B gab es lediglich einige spontane Arbeitsniederlegungen von kurzer Dauer. In Betrieb C fand 1992 ein einwöchiger Streik statt. Verfahren vor

---

687 Bei den Wahlen des Jahres 1990 legte eine Vielzahl der langjährig tätigen Vorsitzenden aus Facharbeiterkreisen ihre Ämter nieder und eine neue Generation kam in leitende Positionen. Vgl. Wassermann, W. (1996): a.a.O., S. 7.

688 Siehe dazu Kap. I.3.4.1 und I.3.4.2.

689 Siehe hierzu noch einmal Abbildung 2 in Kap. I.2.4.

690 Vgl. Bundesmann-Jansen, J./Frerichs, J. (1993): a.a.O., S. 136.

691 Die Einteilung in ein konflikt- und konsensorientiertes Kooperationsmodell geht zurück auf Thomssen, W.: Wirtschaftliche Mitbestimmung und sozialer Konflikt, Neuwied/Berlin 1970, S. 28f. Eine andere Bezeichnung der Ausgestaltung dieser Arbeitsbeziehung ist die der "kooperativen Konfliktverarbeitung". Vgl. Weltz, F.: Kooperative Konfliktverarbeitung, in: GMH, 5/1977, S. 292f.

der Einigungsstelle oder sonstige Arbeitsgerichtsverfahren gab es in keinem der Untersuchungsobjekte. Faktisch folgt daraus, daß auftretende Konflikte zwischen Arbeitgeber- und Arbeitnehmervertretern auf betrieblicher Ebene in direkter Interaktion gelöst werden.

In allen drei Untersuchungsobjekten gab es in den letzten Jahren personelle Veränderungen in leitenden Funktionen der Personalabteilungen. Die Arbeitsbeziehung zwischen den Interessengruppen, die zuvor durch langjährige Kenntnis und gegenseitiges Vertrauen kooperativ geprägt war,[692] verändert sich durch einen Wechsel der Akteure. Auf mikropolitischer Ebene braucht es Zeit, die Kräfteverhältnisse neu auszuloten. Betriebsrat C hält im Rahmen dieses Prozesses sogar nach Jahren wieder ein Verfahren vor der Einigungsstelle für notwendig. Den Betriebsräten bietet sich durch solche personellen Variationen im Arbeitsumfeld die Chance, ihre innerbetriebliche Machtposition auszubauen sowie traditionelle Verhandlungsstrategien und Arbeitsstrukturen zu ihren Gunsten zu verändern. Wird diese Möglichkeit umgekehrt durch das Management wahrgenommen, können die Einflußbereiche des Betriebsrates beschnitten werden.

"Die Redeweise von 'Beziehungsmustern' bedeutet dabei, daß das Handeln keineswegs ausschließlich durch instrumentell-rationale Kalküle bestimmt ist, sondern ebenso von den Vorstellungen über die Identität und Legitimität der anderen Seite, von Interpretationen der gemeinsamen Situation, von symbolisch-rituellen Konstruktionen und von persönlich-emotionalen Bindungen, die sich aus der Erfahrung des vorausgegangenen Handelns gebildet haben."[693]

Es zeigt sich in den empirischen Ergebnissen erneut, daß die Beziehung zwischen Management und Betriebsrat nicht statisch ist, sondern stets einem dynamischen Wandel unterworfen ist.[694] Dieser tritt insbesondere bei personellen Veränderungen, wie sich am Beispiel von Betrieb C zeigt, ein. Aber auch neue Verhandlungsgegenstände oder -strategien beider Parteien bieten Möglichkeiten zu einer Verschiebung in den bestehenden Kräfte- bzw. Machtverhältnissen. Dies kann auch als Beweggrund dafür gesehen werden, daß sich Betriebsräte von einem vorwiegend reaktiven Organ mit Schutzfunktionen wegbewegt haben und mit einer aktiveren Haltung nun verstärkt gestalterische Möglichkeiten wahrnehmen.

---

692 Zur Bedeutung von Vertrauen in der Betriebspolitik siehe beispielhaft Bundesmann-Jansen, J./Frerichs, J. (1993): a.a.O., S. 135.

693 Kotthoff, H. (1995a): a.a.O. S. 550.

694 Dieses Faktum dokumentieren auch die Veränderungen in den Untersuchungsergebnissen der bereits häufiger angeführten Wiederholungsstudie von Kotthoff (1994).

3. Die Struktur des Alltags eines Betriebsrates

3.1 Bereiche der Aktivitätsanalyse

Um eine aktivitätsorientierte Beschreibung der Betriebsratsarbeit realisieren zu können,[695] wurde die Methode der strukturierten Beobachtung vorgenommen. Die untersuchten Betriebsratsvorsitzenden führten über einen Zeitraum von fünf einander folgenden Tagen eine Selbstbeobachtung durch. Die schriftliche Niederlegung erfolgte konkret anhand eines Aufzeichnungsrasters[696], das fünf Kategorien zur Beschreibung der Aktivitäten vorgab:

a) Aktivitäten (Telefonate, Face-to-face Gespräche, Sitzungen, Schreibtischarbeit, Rundgänge, Sonstiges),

b) Teilnehmer (Betriebsrat, Management, Belegschaft, Externe),

c) Zweckbestimmung (Information, Entscheidungsfindung, Sonstiges),

d) Initiative (eigene, fremde, gesetzlich vorgeschriebene),

e) Unterbrechungen.

Die Auswahl der genannten Beobachtungskategorien erfolgte in Anlehnung an die Studien von Schreyögg/Hübl und Mintzberg[697], so daß abschließend ein Vergleich der Tätigkeiten von Managern und Betriebsratsvorsitzenden möglich ist.[698] Dem Vorsitzenden des Rates oblag die Aufgabe, die Dauer seiner Einzelaktivitäten in o.g. Raster einzutragen. Um Unklarheiten der Aufzeichnungen vor der Auswertung zu beseitigen, wurde nach Ablauf der Beobachtungszeit und Durchsicht der Bögen ein intensives Feed-back-Gespräch geführt, um eventuelle Vervollständigungen vornehmen zu können und Zusatzinformationen zu erhalten.

Daran anschließend erfolgte die Auswertung durch unterschiedliche mathematisch-statistische Verfahren (Ermittlung von absoluten und relativen Häufigkeiten sowie Durchschnittswerten), die im folgenden in Auszügen graphisch dargestellt werden. Die Aufzeichnungen umfaßten den gesamten Arbeitstag des Betriebsratsvorsitzenden,

---

695 Siehe Kap. I.6.1.2.

696 Siehe Kap. I.6.1.2.2 sowie II.1.2.

697 Vgl. hierzu die Untersuchungen von Schreyögg/Hübl (1992) und Mintzberg (1973). Auch die Berechnungen und Darstellungsformen der Ergebnisse sind an diesen Quellen orientiert, um eine möglichst große Vergleichbarkeit zu erreichen.

698 Die angeführten Untersuchungen fanden zu unterschiedlichen Zeitpunkten statt und beziehen unterschiedliche Personenkreise und Unternehmensgrößen ein. Dennoch besitzen die Befunde über typische Aktivitätsmuster von Managern eine hohe Aussagekraft und werden die zentralen Ergebnisse durch Folgeuntersuchungen bestätigt. Aus diesem Grund erscheint die Verwendung der Studien für einen Vergleich - trotz der genannten Unterschiede - durchaus zulässig und sinnvoll. Aufgrund der geringen Zahl betrachteter Fälle sind die Befunde aber nicht verallgemeinerbar. Hierzu könnten Folgeuntersuchungen einen Beitrag leisten, indem entweder beide Akteursgruppen zeitgleich in einem Unternehmen untersuchen oder aber die Untersuchung auf eine größere Anzahl von Betrieben oder andere Branchen ausweiten.

allerdings wurden z.B. Pausen- und Anfahrtszeiten (sonstige Aktivitäten) abgerechnet, so daß als Basis der Berechnungen die reine Arbeitszeit angesetzt wurde.

Insgesamt umfaßt ein Arbeitstag des *Betriebsrates A* im Durchschnitt 9,5 Stunden. Die sonstigen Aktivitäten belaufen sich auf ca. 1,25 Stunden, so daß von einer effektiven durchschnittlichen Arbeitszeit von ca. 8 Stunden und 15 Minuten ausgegangen werden kann.

Ein Arbeitstag des *Betriebsrates B* zieht sich, ohne Berücksichtigung der sonstigen Aktivitäten, im Durchschnitt über 10,5 Stunden hin. Die Pausen- und Abfahrtszeiten umfassen ca. 1,2 Stunden, so daß die effektive durchschnittliche Arbeitszeit ca. 9 Stunden und 20 Minuten beträgt. Zum Zeitpunkt der Untersuchung lag im Untersuchungsobjekt allerdings eine Besonderheit vor, weil das Management das Bevorstehen einer Betriebsänderungen angekündigt hatte.[699] Durch eine Vielzahl darauf basierender Sondersitzungen ist die tägliche Arbeitszeit möglicherweise etwas höher als gewöhnlich. Betriebsrat B gab allerdings an, daß z.b. eine Sechs-Tage-Woche durchaus üblich ist: Einerseits finden Belegschaftsversammlungen regelmäßig an Samstagen statt, andererseits nutzt er diesen Tag zu Rundgängen im Betrieb, zu denen ihm während der Woche häufig die Zeit fehlt.[700]

Bei *Betriebsrat C* dauert ein Arbeitstag inkl. der abgezogenen Aktivitäten im Durchschnitt 9,75 Stunden. Die sonstigen Aktivitäten belaufen sich auf ca. 0,5 Stunden, so daß von einer effektiven durchschnittlichen Arbeitszeit von ca. 9 Stunden und 15 Minuten ausgegangen werden kann.

Zunächst fällt bei einem Vergleich der Arbeitszeiten auf, daß Betriebsrat B, der auch auf Unternehmens- und Konzernebene an der Spitze der Gremien steht, die höchste Anwesenheitszeit aufweist. Gerade in seiner Funktion als Konzernbetriebsratsvorsitzender muß er lange Wegstrecken zwischen einzelnen Tagungsorten zurücklegen, die hier zu Buche schlagen. Zwar ist Betriebsrat C auf europäischer Ebene aktiv, wo sich Koordinationsprozesse schwierig gestalten, doch finden die dortigen Treffen sehr selten statt.[701] Wie aus den Betrachtungen des Kapitels I.6.1.1.1 geschlossen werden kann, stellt der Vorsitz eines Gremiums auch besondere Anforderungen an den Positionsträger. Insofern fällt die zeitliche Inanspruchnahme der Betriebsräte A und C, die "nur" als einfache Mitglieder in anderen Gremien tätig sind, geringer aus als bei Betriebsrat B.

Auch bei der Betrachtung der effektiven Arbeitszeit weist Betriebsrat B die höchste Stundenzahl auf. Allerdings ist der Abstand zu Betriebsrat C sehr gering. Hier liegt der Schluß nahe, daß wegen der Größe des Betriebes C der dortige Vorsitzende als einziger Freigestellter auch eine Vielzahl von allgemeinen Schreibtischtätigkeiten zu

---

699 Siehe dazu weiterführend Kap. II.4.2.2.2.
700 Wegen des relativ kurzen Beobachtungszeitraumes von nur fünf Tagen kann in diesem Zusammenhang keine gesicherte Aussage gemacht werden.
701 Siehe dazu Kap. I.4.1.2 und II.2.2.

erfüllen hat, die sowohl in Betrieb A als auch in B von Sekretariaten erledigt werden können.

3.1.1 Arbeitsrhythmus

Um den Arbeitsrhythmus der Betriebsratsvorsitzenden zu erfassen, werden verschiedene Einzelaspekte[702] gemessen. Neben der Gesamtzahl der pro Tag ausgeführten Aktivitäten (in absoluten Häufigkeiten), der durchschnittlichen Dauer der Aktivitäten (nach einem vorgegebenen Raster[703]) wird auch die durchschnittliche Dauer einzelner Tätigkeitsarten (Schreibtischarbeit, Touren[704], Telefonate, Gespräche) in absoluten und relativen Zahlen aufgeführt.

Betrachtet man die Gesamtheit der Aktivitäten pro Tag, so gelangt man zu einer durchschnittlichen Zahl von verschiedenen Tätigkeiten:

*   Betriebsrat A: 24 Aktivitäten,
*   Betriebsrat B: 14 Aktivitäten,
*   Betriebsrat C: 23 Aktivitäten.

Während bei Betriebsrat A und C eine nahezu identische Anzahl von täglichen Aktivitäten festgestellt werden kann, tritt bei Betriebsrat B eine geringere Zahl auf. Daraus folgt, daß bei der zugrundegelegten Arbeitszeit Betriebsrat A und C bis zu drei Aktivitäten pro Stunde erledigen, während von Betriebsrat B nur ca. 1,5 stündlich durchgeführt werden.

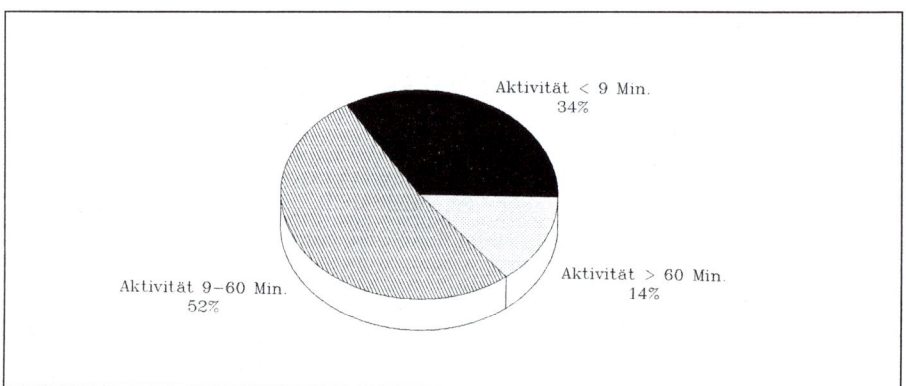

Abb. 19: Dauer der Aktivitäten

Dies kann entweder darauf zurückgeführt werden, daß er aufgrund seiner Stellung als Konzernbetriebsratsvorsitzender seltener mit direkten Anfragen konfrontiert wird

---

702 Siehe hierzu Kap. I.6.1.2.2.
703 Vgl. Schreyögg, G./Hübl, G. (1992): a.a.O., S. 85.
704 Unter "Touren" werden Rundgänge verstanden, die sich sowohl auf einzelne Abteilungen wie auch auf den gesamten Betrieb erstrecken können.

oder Störungen bewußt durch sein Sekretariat vermieden werden. Die geringe Zerstückelung des Arbeitstages ermöglicht B, sich intensiver mit solchen Aktivitäten zu befassen, für die große Konzentration und ein hoher Zeitbedarf nötig sind.

Betrachtet man nun die Dauer einzelner Aktivitäten der Vorsitzenden (Abb. 19), so ergibt sich in der Zusammenfassung der Einzelergebnisse eine Dominanz von Tätigkeiten, die zwischen 9 und 60 Minuten währen. Ihr Anteil liegt bei durchschnittlich 52 Prozent. Die Aktivitäten unter neun Minuten schlagen mit 34 Prozent, jene über 60 Minuten mit 14 Prozent zu Buche. Bei der Betrachtung der einzelnen Werte nimmt Betriebsrat B eine Sonderstellung ein, da er durchschnittlich zehn Prozent mehr Zeit mit Aktivitäten über 60 Minuten zubringt als die Betriebsräte A und C. Die auffällig niedrigere Zahl der Tätigkeiten pro Tag weist wieder darauf hin, daß Betriebsrat B häufiger mit zeitintensiven Aktivitäten beschäftigt ist als die beiden anderen betrachteten Personen. Dieser Befund hängt mit seinem vergleichsweise hohen Verantwortungsbereich zusammen sowie mit der in Betrieb B zum Zeitpunkt der Untersuchung festgestellten Sondersituation.

Differenziert man die Dauer der Aktivitäten nach Tätigkeitsarten, so ergibt sich folgendes Bild (Abb. 20).

	Betriebsrat A	Betriebsrat B	Betriebsrat C
Schreibtischarbeit	17	62	34
Telefonate	5	7	6
Gespräche	23	49	15
Sitzungen	96	129	132*
Touren	23	10	123

Abb. 20: Durchschnittliche Dauer der Aktivitäten nach Tätigkeitsarten (in Minuten)

Die Dauer einzelner Aktivitäten steht im Verhältnis zu den jeweiligen Tätigkeitsarten und deren Intensität. So wird z.B. das Telefon häufig zur Vereinbarung von Terminen benutzt, um eine längere Geprächszeit - weitgehend ohne Störungen - zu gewährleisten. Die Dauer von Sitzungen liegt hingegen aufgrund der Interaktion mehrerer Personen und der Vielzahl zu behandelnder Themen entsprechend höher und schwankt bei den untersuchten Objekten zwischen 1,5 und 2 Stunden. Diese Kategorie umfaßt alle Zusammenkünfte verschiedener Akteursgruppen, die aufgrund von Terminen langfristig festgelegt sind und auf gesetzlichen Grundlagen oder betrieblichen Übereinkünften beruhen.

---

* Im Beobachtungszeitraum fanden bei Betriebsrat C vergleichsweise selten Sitzungen statt, diese aber außerordentlich lange. Diese Zahl muß insofern als "Ausreißer" gewertet werden. Da die Beobachtung innerhalb der allgemeinen Ferienzeit stattfinden mußte, ist davon auszugehen, daß diese Zahl im normalen Alltag eher niedriger liegt. Diese Vermutung bestätigt sich, wenn man weitere Variablen in die Berechnung miteinbezieht. Siehe dazu Abbildung 20.

"Zwar haben die Sitzungen durchaus unterschiedliche Funktionen; da aber hinsichtlich des Bedeutungsgehalts für die handelnden Personen keine prinzipiellen Unterschiede festzustellen sind, können sie demselben Situationstyp zugerechnet werden."[705]

Im Vergleich der Betriebsräte fällt auf, daß Betriebsrat B die meiste Zeit mit der Erledigung von Schreibtischarbeiten, Sitzungen und Gesprächen verbringt. Aus seiner Position als Konzernbetriebsratsvorsitzender resultiert, daß viele Treffen mit Personen aus dem Top-Management stattfinden. In Teil I wurde bereits auf die enge Beziehung zwischen Arbeitsdirektor und Betriebsratsvorsitzenden in der Montanmitbestimmung hingewiesen. Zusammengenommen erklären diese Faktoren sowohl die Gesprächsdauer, die aufgrund der räumlichen Entfernung innerhalb des Betriebes zeitintensiv geführt werden, als auch die aufwendige Schreibtischarbeit, die zur Vorbereitung dieser Gespräche nötig ist.[706] Auch der höhere Zeitanteil für Sitzungen kann so erklärt werden. Diese finden einerseits mit dem Management statt, andererseits hat Betriebsrat B aber zudem mindestens wöchentlich Sitzungen mit seinen Betriebsratskollegen, um den beiderseitigen Informationsaustausch zu ermöglichen.[707]

In der Übersicht sticht weiterhin der hohe Zeitanteil für Touren bei Betriebsrat C ins Auge. Solche Rundgänge im Betrieb dienen verschiedenen Zwecken:[708]

• der Betriebsrat macht sich ein eigenes Bild über betriebliche Geschehnisse,

• er verschafft sich einen Eindruck von den Problemen und Stimmungen der Belegschaft,

• er kann andere Betriebsräte besuchen, die z.B. nicht freigestellt sind und ihnen bei konkreten Problemen in ihrer Abteilung unterstützend zur Seite stehen,

• er gibt sich "präsent", signalisiert seine Bereitschaft zur Kommunikation und nutzt die Möglichkeit, Informationen zu erhalten und weiterzugeben.

Als einziger freigestellter Betriebsrat sucht C häufig den Betrieb auf, da er z.B. mit Ingenieuren Rundgänge macht, um Arbeitssicherheitsstandards zu prüfen. Während in den anderen Betriebsräten diese Aufgabe bei dem Freigestellten liegen würde, der dieses Thema verantwortlich bearbeitet, ist Betriebsrat C hier selbst gefordert. Neben den genannten Begründungen für Rundgänge können diese außerdem der Mitgliederwerbung dienen. Die Methode des Rundganges ist aufgrund der genannten Gründe durchaus wichtig für den Betriebsrat: Sein Informationsstand steigt und sein Image in der Belegschaft wird verbessert.[709]

---

705 Bürger, M. (1996): a.a.O., S. 69.
706 Siehe dazu ausführlicher Kap. II.3.1.2.
707 Wiederum bleibt anzuführen, daß die besondere Situation, in der sich der Betrieb zum Zeitpunkt der Untersuchung befand, hier ihren Niederschlag findet.
708 Bürger kommt hier zu ähnlichen Ergebnissen. Vgl. Bürger, M. (1996): a.a.O., S. 59f.
709 Siehe Kap. II.4.2.

Die Sonderstellung von Betriebsrat C zeigt sich auch in einem anderen Kontext. Der Arbeitsrhythmus wird zwar von allen drei Beobachteten weitgehend selbst gesteuert, dennoch können im Tagesverlauf unvorhergesehene Störungen auftreten. Die Unterbrecherquote, d.h. der durchschnittliche zeitliche Aufwand für unvorhergesehene Telefonate oder spontane Besuche liegt im einzelnen bei

- Betriebsrat A: 29 Prozent,
- Betriebsrat B: 21 Prozent,
- Betriebsrat C: 39 Prozent.

Die höchste Zahl der täglichen Unterbrechungen findet sich bei Betriebsrat C, der als einziger Freigestellter für alle Anfragen der Beschäftigten und des Managements der zentrale Anlaufpunkt ist. Entsprechend häufig kommen unvorhergesehene Dinge auf ihn zu, die seinen Tagesablauf stören und ihn von einer konzentrierten Arbeit ablenken.

Betriebsrat B hingegen war in der Beobachtungszeit häufig zu Besprechungen außerhalb des Werkes geladen. Es ist anzunehmen, daß die angeführte Unterbrecherquote ansonsten höher liegen würde. Außerdem betonte er, daß aufgrund der zu dieser Zeit angekündigten Betriebsänderung seine Arbeitstätigkeit primär auf die Vorbereitung diesbezüglicher Gespräche, Sitzungen und Sonderaktionen ausgerichtet war und Anfragen mit geringerer Wichtigkeit im Vorfeld durch das Sekretariat auf einen späteren Zeitpunkt verschoben wurden. Betriebsrat A stellt mit dem mittleren Wert demnach vermutlich den "Normalfall" dar.[710]

Grundsätzlich kann festgehalten werden, daß der Arbeitstag eines Betriebsrates zerstückelt ist und eine hohe Varianz von Themen und Aktivitäten aufweist. Dies läßt sich dadurch erklären, daß sich ein Betriebsratsvorsitzender einer Vielzahl von Adressaten mit unterschiedlichen Erwartungen gegenübersieht, die möglichst simultan zu erfüllen sind, was sich entsprechend in seiner Aufgabenstruktur widerspiegelt. Die Strukturierung des Arbeitstages kann aber in weiten Teilen von ihm selbst bestimmt werden, wobei typische Unterbrechungen telefonische Anfragen zur Terminabsprache sind.

3.1.2 Aktivitätsarten

Im folgenden werden einzelne Aktivitätsarten näher betrachtet sowie ihre Planmäßigkeit. In der Forschungsarbeit von Bürger, der sich in seiner Untersuchung über die Alltagstypik der Betriebsräte ausgewählten Aktivitätsarten zugewandt hat, werden sieben verschiedene Aktivitäten benannt, deren Funktionen im folgenden kurz dargestellt sind:[711]

---

710 Siehe zu den hier erfolgten Ausführungen und Interpretationen auch Abbildung 22.
711 Vgl. Bürger, M. (1996): a.a.O., S. 47ff.; mit Ausnahme der institutionalisierten Vesper-Pause konnten alle von Bürger thematisierten Bereiche auch in der hier vorliegenden Untersuchung beobachtet werden.

1. *Vesper-Pause*: Es handelt sich hier um eine unbezahlte, tarifvertraglich festgelegte Frühstückspause für Arbeiter und Angestellte, die vorwiegend einen Rahmen für regelmäßige informelle Gespräche bietet, für die keine terminlichen Absprachen nötig sind.

2. *Vertrauliches Gespräch*: Ein solches kann mit allen im Unternehmen tätigen Personen stattfinden, zeichnet sich aber besonders durch eine enge Begrenzung des Personenkreises und die Abgeschlossenheit des Gesprächsortes aus. Zentrales Anliegen ist dabei, mit dem Betriebsrat gezielt vertrauliche Informationen auszutauschen.

3. *Rundgang*: Kennzeichen dieser Aktivität ist der Besuch eines Betriebes oder einer Abteilung, um sich entweder über die dortige Stimmung zu informieren, sich von bestimmten Sachverhalten ein eigenes Bild zu machen, eher zufällige Gespräche zu führen oder sich einfach nur als präsent darzustellen.

4. *Unterwegs-Sein*: Gemeint ist hier eine vergleichbare Situation zu oben: Der Betriebsrat befindet sich gezielt auf dem Weg zu einer Sitzung oder Abteilung, wobei es zu kurzen Begegnungen mit anderen Personen kommt. Diese zufälligen Treffen bringen für den Betriebsrat als "öffentliche Person" die Verpflichtung mit sich, Ansprechbereitschaft zu zeigen oder selbst etwas zu sagen. Bei diesen Zusammenkünften kommt es relativ häufig vor, daß der Betriebsrat regelrecht "hofiert" wird.[712]

5. *Schreibtisch*: Unter diese Kategorie fallen bei Bürger - anders als im Kontext der vorliegenden Untersuchung - alle Aktivitäten, die im Büro ausgeübt werden, sei es ein Telefonat, die Erledigung von Post oder die Verwaltung der Sozialkasse. Die konkreten Funktionen dieser Tätigkeiten bedürfen im einzelnen keiner weiteren Erläuterung. Die Bedeutung des Schreibtisches als Ruhepol zwischen Terminen und Gesprächen erscheint aber erwähnenswert, weil sich dort die Möglichkeit bietet, Informationen zu verarbeiten sowie Strategien zu entwerfen oder zu überdenken.

6. *Offizielle Sitzung*: Zusammenkünfte, die aufgrund betrieblicher oder gesetzlicher Regelungen zustande kommen und über einen längeren Zeitraum hinweg terminiert sind, fallen unter diesen Begriff. Die durch einen sehr formellen Charakter gekennzeichneten Treffen werden einerseits als Pflicht angesehen, sind aber andererseits notwendiger Bestandteil der Arbeit, um eigenes Handeln offiziell darstellen zu können und das anderer Teilnehmer zu kontrollieren.

7. *Öffentliche Veranstaltung*: Diese Situation umfaßt Versammlungen, die vom Betriebsrat durchgeführt werden, ohne daß eine Personenbeschränkung vorliegt und

---

712 Dies bestätigte sich auch im Rahmen der Fremdbeobachtungen in den Betrieben B und C.

gilt bislang als die am weitesten verbreitete Form der Öffentlichkeitsarbeit.[713]
Aus Gründen der Vergleichbarkeit zu den Managementforschungen wurden diese
Aktivitäten in der vorliegenden Untersuchung zu vier Tätigkeitsbereichen zusam-
mengefaßt (Abb. 21).

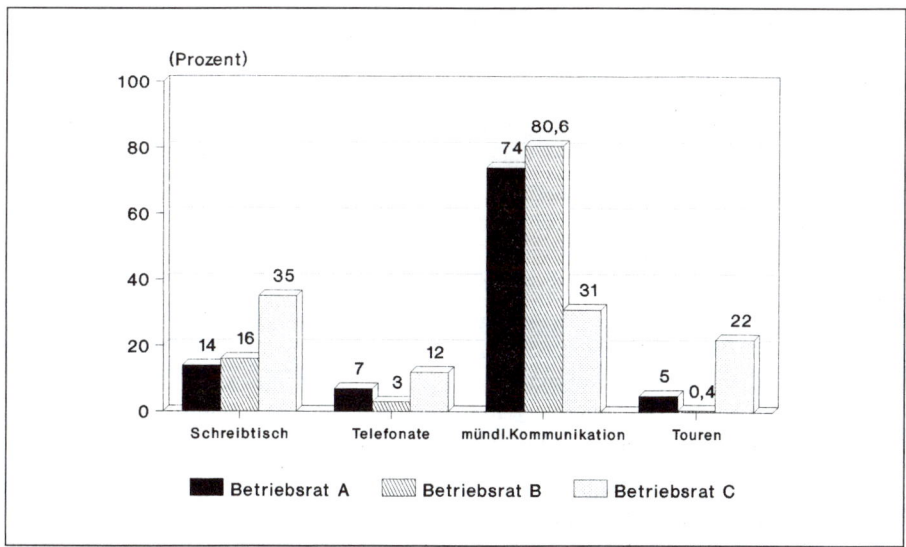

Abb. 21: Verteilung der Tätigkeitsbereiche

Bezüglich der Verteilung der einzelnen Tätigkeitsarten, die die Betriebsratsvorsitzenden durchführen, dominiert eindeutig die mündliche Kommunikation (Gespräche und
Telefonate). Auch Touren dienen der mündlichen Informationsbeschaffung und
-weitergabe. In erster Linie werden dort informelle Gespräche geführt - z.B. vor dem
Kaffeeautomaten oder auf dem Weg zu einer Sitzung. Damit erhöht sich der Zeitanteil für mündliche Kommunikation um ein weiteres. Gleichzeitig sinkt aber auch die
Zahl der geplanten Gespräche, die somit auf anderem Wege geführt werden.[714] Betriebsräte verbringen demzufolge durchschnittlich zwischen 70 und 80 Prozent ihrer
Zeit in Interaktion zu anderen Personen. Dieses Ergebnis korrespondiert eng mit der
in Kapitel I.6.1.1.1 angeführten Bedeutung informationsbezogener Rollen für das
Amt des Betriebsratsvorsitzenden.

---

713 Darüber hinaus konnten in der vorliegenden Untersuchung im Zusammenhang mit einer Betriebsänderung in B, die in Kapitel II.4.2.2.3 exemplarisch die Wechselwirkungen von situati-
vem Kontext und Aufgabenstellung verdeutlichen soll, weitere sichtbare Tätigkeiten festgestellt
werden. Es handelt sich dabei um außerordentliche informelle Zusammenkünfte mit den betroffenen Arbeitnehmern oder Managern sowie Maßnahmen zur Koordination von Protestaktionen
bzw. Demonstrationen.
714 Siehe dazu auch Abbildung 22.

Betriebsrat B macht besonders selten Touren im Betrieb und bedauert das ebenso wie Betriebsrat A. Während bei B durch die Vielzahl von Ämtern, die er außerdem noch bekleidet und aufgrund der Sondersituation einer bevorstehenden Betriebsänderung die Zeit fehlt, ist A durch Personalabbaumaßnahmen und Umstrukturierungen im Werk intensiv mit personalplanerischen Dingen beschäftigt. Dies erklärt einerseits die niedrige Zahl an Rundgängen, andererseits aber auch seine höhere zeitliche Beanspruchung durch Gespräche.

Es kann festgehalten werden, daß die beobachteten Betriebsräte der mündlichen Kommunikation klar den Vorzug gegenüber der schriftlichen Form geben.Informationen werden meist in Gesprächen gesammelt und im Gedächtnis gespeichert.[715] Bei einem ohnehin knappen Zeitbudget ist die schriftliche Übermittlung und Abfassung von Informationen offenbar zu zeitintensiv, weshalb unterschiedliche direkte Kommunikationsformen vorgezogen werden.[716] Eine Ausnahme hiervon stellen vor allem Sitzungsprotokolle oder Entwürfe für Vereinbarungen dar, deren korrekte und sorgfältige Erfassung ein wichtiger Bezugspunkt für die Arbeit von Betriebsräten - insbesondere im Entscheidungsprozeß oder im Konfliktfall - sein kann. Der geringe Anteil schriftlicher Niederlegung von Fakten bzw. Vorgängen erschwert dem Vorsitzenden allerdings die Delegation konkreter Aufgaben an andere Mitglieder des Gremiums oder macht zumindest einen hohen mündlichen Kommunikationsaufwand erforderlich.

Splittet man die mündliche Kommunikation nach verschiedenen Kategorien auf (Abb. 22), so fällt zunächst der dominierende Anteil der Sitzungen auf, die im Durchschnitt bei den betrachteten Betriebsräten 59 Prozent ausmachen. Dies überrascht nur wenig, wenn man sich die in Punkt II.2.2 aufgeführten Ausschußtätigkeiten von Betriebsräten vor Augen führt sowie die Leitungsfunktion des Betriebsratsvorsitzenden, die schon im Betriebsverfassungsgesetz verankert ist.[717] Darüber hinaus sind Sitzungen zur Koordination des Rates selbst vonnöten. Es finden demnach sowohl formal festgelegte, fremd- wie auch eigeninitiierte Versammlungen statt, die jeweils in unterschiedlicher Weise zusammengesetzt sind.[718]

---

715 Bei Betriebsrat C entfällt gezwungenermaßen ein hoher Zeitanteil auf die Schreibtischarbeit, was auf seine alleinige Freistellung und den Mangel eines Sekretariats zurückgeführt werden kann. Somit liegt hier kein Hinweis auf einen höheren Stellenwert der schriftlichen Kommunikation vor.

716 Die schnelle Verfügbarkeit von Informationen ist besonders in Entscheidungssituationen bedeutsam. Vgl. O'Reilly, C. A.: The use of information in organizational decision making, in: Research in Organizational Behaviour, 5/1983, S. 118f.

717 Siehe auch Kap. I.3.1 sowie I.6.1.1.1.

718 Die Zusammensetzung der Sitzungen schlägt sich somit auch auf die potentiellen Gesprächspartner nieder. Im folgenden wird deshalb auch die Zuordnung "Gemischt" für diese Kategorie verwendet.

Absolut gesehen dominiert die geplante mündliche Kommunikation[719] mit durchschnittlich 84 Prozent gegenüber der ungeplanten mit 16 Prozent. So ist der Betriebsratsvorsitzende z.B. darauf bedacht, seinen Tagesablauf weitestgehend selbst zu strukturieren. Dieses Verhalten hängt unter anderem damit zusammen, daß Sitzungen nicht ad hoc durchgeführt werden können, sondern einer Vorbereitungszeit bedürfen, z.B. um Daten und Fakten zuvor eingehend zu prüfen.

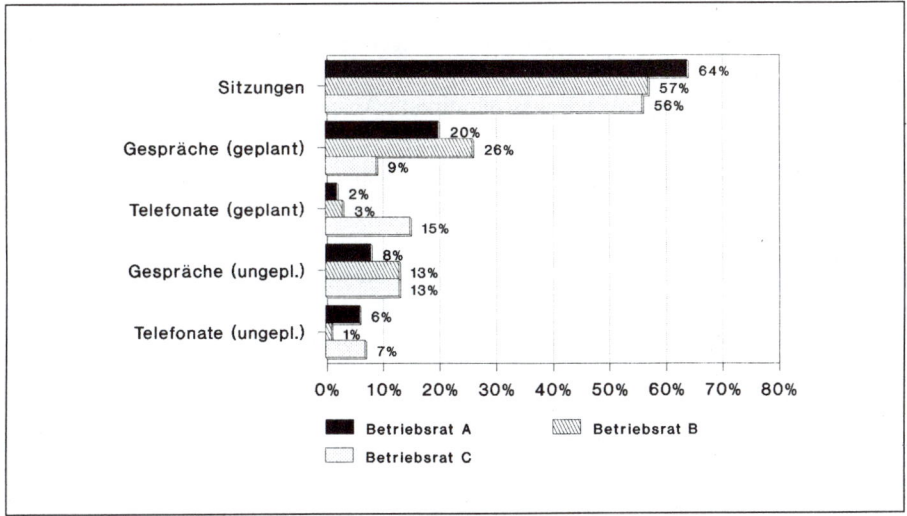

Abb. 22: Mündliche Kommunikation

Die Einzelergebnisse bestätigen die Befunde der in Kapitel II.3.2.1 getroffenen Aussagen. Die geringe Anzahl ungeplanter Telefonate des Betriebsrates B macht die Auffangwirkung der Sekretärin hier besonders deutlich. Diese Filterfunktion ist vor allem wichtig, um dem Vorsitzenden die kontinuierliche Arbeit an zeitintensiven und/oder vertraulichen Themen zu ermöglichen. Die vergleichsweise hohe Zahl spontaner Gespräche ergibt sich daraus, daß Betriebsrat B grundsätzlich eine Politik der "offenen Tür" betreibt. Gerade wegen seiner relativ häufigen Abwesenheit nutzt er dieses Mittel, um seinen Wissensstand über den eigenen Betrieb stets aktuell zu halten. Diese Verbindung ist ihm sehr wichtig:

"Hier habe ich die Kollegen, die mich wählen und unterstützen. Und wenn ich da hinten bin, das ist zwar toll, aber das nützt mir alles nichts. Wenn die Kumpels mich hier nicht mehr wählen, dann ist Sense. Und dafür muß ich was tun."[720]

---

719 Sitzungen zeichnen sich bereits aufgrund des vergrößerten Personenkreises als geplant aus. Der Wert wurde entsprechend aus den Mittelwerten von Sitzungen, geplanten Telefonaten und Gesprächen errechnet.

720 Zitat aus einem Interview mit Betriebsrat B. Zu den weiteren Besonderheiten des Wahlamtes siehe weiterführend Kap. II.4.1.5.

Diese Strategie bietet Betriebsrat B die Gelegenheit, trotz seiner häufigen Abwesenheit das "Ohr am Herzen des Betriebes" zu behalten. Folglich werden die ungeplanten Gespräche hier in der Regel mit Betriebsratskollegen geführt. Anders bei Betriebsrat C, dem als einzigem Freigestellten von der Belegschaft besonderes Vertrauen entgegengebracht wird und der sich dadurch häufig in die Rolle eines "Seelsorgers"[721] versetzt sieht.

Bei Betriebsrat A werden Unterbrechungen zu beinahe gleichen Teilen von der Belegschaft, Betriebsratskollegen und dem Management verursacht. In diesem Rat ist aber auch, wie an anderer Stelle noch näher erläutert wird, eine sehr transparente funktionale Einteilung gegeben, was die direkte Ansprache des jeweiligen Experten erleichtert.[722]

Die höchste Anzahl geplanter Telefonate pro Arbeitstag führt Betriebsrat C. Dies erklärt sich durch seine bereits beschriebene Sonderstellung: Die zeitintensiven Vorbereitungen, z.B. von Betriebsvereinbarungen, trägt er in der Regel allein. Dabei versichert er sich aber gerne der Unterstützung durch die Gewerkschaft oder Kollegen des Arbeitsgerichtes. Betriebsrat C gleicht mit dieser Maßnahme das Fehlen von fachkundigen, permanent zur Verfügung stehenden Mitarbeitern aus. Da solche Telefonate zumeist eine längere Dauer aufweisen, ist eine vorherige Planung notwendig, um ihre Effektivität zu sichern.

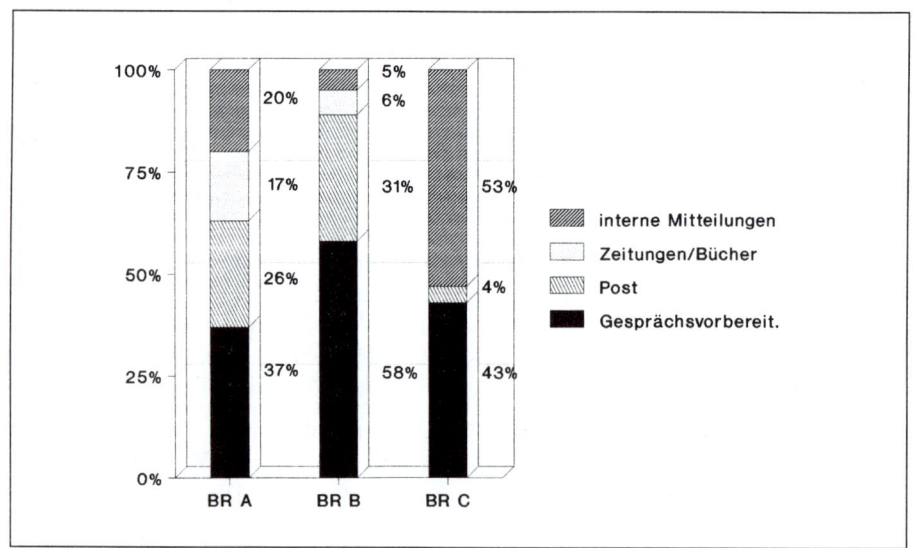

Abb. 23: Schreibtischarbeit

---

721 Zitat aus einem Interview mit Betriebsrat C. Siehe zu diesem Themenkomplex weiterführend
Kap. II.4.2.2.3.
722 Siehe weiterführend Kap. II.4.1.2.

In gleicher Weise kann die Schreibtischarbeit in einzelne Arbeitssequenzen aufgeschlüsselt werden. Unter Schreibtischarbeiten sind jene Aktivitäten zusammengefaßt, die eine Beschäftigung mit Schriftstücken betreffen. In diesen Bereich fallen hier keine Telefongespräche, obwohl sie in der Regel vom Schreibtisch aus geführt werden (Abb. 23).

Bei allen drei Betriebsräten entfällt ein hoher Anteil der Schreibtischarbeit auf die Vorbereitung von Gesprächen. Dieser Befund korreliert mit der dominanten Stellung, die Gespräche und Sitzungen im Alltag der Betriebsräte einnehmen. Absolut gesehen verwendet

- Betriebsrat A: 27 Minuten,
- Betriebsrat B: 50 Minuten,
- Betriebsrat C: 84 Minuten

pro Tag auf vorbereitende Aktivitäten für Gespräche bzw. Sitzungen. Betriebsrat C nimmt auch in diesem Bereich aufgrund seiner Position als einziger Freigestellter eine Sonderstellung gegenüber A und B ein. Er wendet einen vergleichsweise höheren Zeitanteil für dieses Gebiet auf. Bei Betriebsrat A und B werden zur Vorbereitung i.d.R. zusätzlich Gespräche mit den jeweiligen Fachleuten des Rates geführt.[723]

Im Fall von Betriebsrat B läßt sich ein hoher Posteingang feststellen. Das Amt des Konzernbetriebsratsvorsitzenden ist mit einer verstärkten externen Beachtung verbunden. Dies zeigte sich auch in einem anderen Kontext: Im Beobachtungszeitraum war er der einzige der beobachteten Betriebsräte, der direkte Kontakte zur Presse hatte.

Besonders ausgewogen ist der Bereich der Schreibtischarbeit bei Betriebsrat A. Er liest auch regelmäßig Zeitschriften und Bücher. Dieser Zweig der Schreibtischarbeit fehlt bei Betriebsrat C völlig, wohingegen auf die Erstellung und Bearbeitung interner Mitteilungen[724] bei ihm ein hoher Zeitanteil entfällt. Dies ist vor allem deshalb vonnöten, weil er jegliche Schreibarbeiten selbständig ausführen muß. Bei Betriebsrat C schlägt sich dieser Mangel auch darin nieder, daß er Kopierarbeiten sowie die Aktenverwaltung selbst durchführen muß.

Es bleibt festzuhalten, daß den Betriebsräten nur ein geringer Prozentsatz ihrer Arbeitszeit verbleibt, um sich intensiv und ohne ständige Unterbrechungen mit einzelnen Sachthemen auseinanderzusetzen (z.B. Auswirkungen der Einführung von SAP auf die Belegschaft), es sei denn, direkte Gespräche leisten dazu durch die Weitergabe grundlegender Informationen einen Beitrag. Ansonsten müssen solche Aktivitäten, die großer Konzentration bedürfen, außerhalb der Regelarbeitszeit (abends bzw. am Wochenende) durchgeführt werden.

---

723 Siehe ausführlicher Kap. II.4.1.2.

724 Dieser Bereich umfaßt sowohl die Bearbeitung von internen Unterlagen (z.B. Protokolle oder Anträge auf Mehrarbeit) als auch die Erstellung von Einladungen zu Belegschaftsversammlungen oder Informationen für Kollegen aus dem Rat.

3.1.3 Aktionspartner

Um die Vielfalt zu bearbeitender Themen bewältigen zu können, ist für den Betriebs-
ratsvorsitzenden ein gut funktionierendes Kontaktnetzwerk von Interesse, zumal die
Bedeutung der Informationsmacht, wie bereits in Kap. I.5.2. deutlich wurde, als
Grundlage vorausschauender, aktiver Handlungen besonders hoch ist.[725] Neben den
Kollegen aus dem Betriebsrat pflegen Betriebsratsvorsitzende interne Kontakte zur
Belegschaft und zum Management. Bei den hier aufgeführten Netzwerken wurde
nicht   unterschieden   zwischen   formellen   Kontakten   und   überwiegend
"mikropolitischen" informellen Kontakten, die nicht mit formalen Organisationsstrukturen identisch sind, aber für das "Network building" zentrale Bedeutung haben.[726]

Bei den aufgeführten Zahlen gilt es, folgende Besonderheit zu beachten: In Sitzungen,
die sehr häufig sowohl mit Mitgliedern des Betriebsrates als auch des Managements
verbracht werden, die hier unter das Merkmal "Gemischt" zusammengefaßt wurden,
verläuft die Kommunikation i.d.R. nicht innerhalb der eigenen "Fraktion", sondern
primär mit den Managern. Dadurch wird die Zahl der Managementkontakte ebenso
wie die der externen Gesprächspartner (z.B. im Aufsichtsrat) aufgewertet. Externe
Kommunikationspartner können Unternehmensberater, Arbeitsrichter, Journalisten
oder Gewerkschaftsfunktionäre sein. In Abbildung 24 sind die jeweiligen Zeitanteile,
die auf die einzelnen Kooperationspartner entfallen, gemessen an der gesamten für
Kommunikation aufgewendeten Zeit, dargestellt.

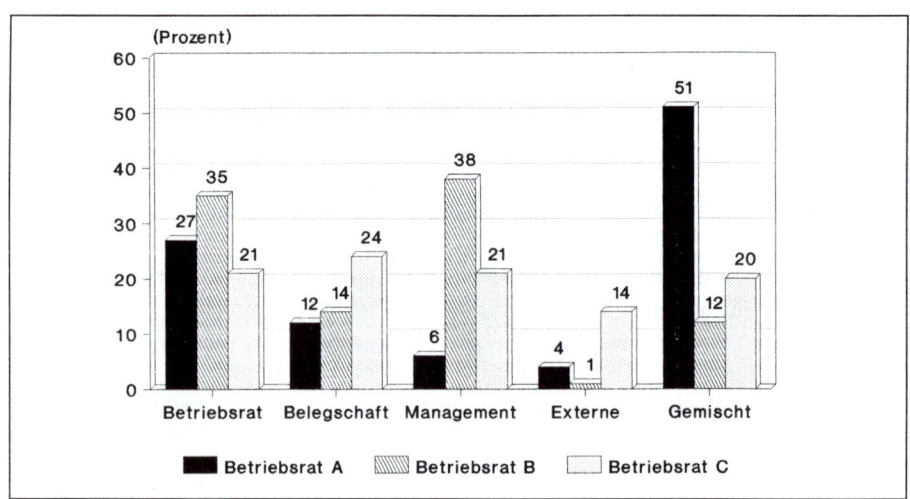

Abb. 24: Kommunikationspartner

---

725 Siehe weiterführend Kap. II.4.1.4.2.
726 Vgl. hierzu auch Schirmer, F. (1991): a.a.O., S. 232.

Betriebsrat A verbringt ca. 51 Prozent der Zeit, die er in Kontakt zu anderen Personen steht, in gemischten Kreisen. Dieser Zeitanteil ist im Vergleich zu den beiden anderen Räten besonders hoch, weil zur Zeit der Beobachtung eine Reihe von Sitzungen im Zusammenhang mit den Ausgliederungen einzelner Betriebsteile stattfanden.[727]

Außerhalb von gemischten Unterredungen (im Durchschnitt 28 Prozent) verbringen Betriebsräte viel Zeit in Kontakt zu den Betriebsratskollegen (im Durchschnitt 28 Prozent). Setzt man eine Arbeitsteilung im Rat voraus, so ist der Austausch von Informationen für die Funktionsfähigkeit des gesamten Organs von besonderer Bedeutung. Dies gilt um so mehr, da die Interessenvertreter überwiegend mündlich kommunizieren. Entsprechend verbringen Betriebsräte absolut gesehen mindestens zwei Stunden pro Tag nur mit Kollegen. Darin enthalten sind sogenannte Touren, bei denen der Betriebsratsvorsitzende einen Rundgang ausschließlich im Betriebsratsbüro macht. Dabei besteht die Gelegenheit, auch mit denjenigen Kollegen ein Gespräch zu führen, denen er im Kontext einzelner Ausschüsse vergleichsweise selten begegnet. Zudem verschafft er sich dadurch einen Überblick über generelle Stimmungen im Gremium oder beschäftigt sich mit aktuellen Problemen vor Ort.

Rundgänge innerhalb des Unternehmens bieten sich an, um sich aus erster Hand über verschiedenste Aspekte des betrieblichen Geschehens zu informieren, wozu aber nach Aussage der Vorsitzenden A und B mittlerweile häufig die Zeit fehlt. Früher gebrauchten sie dieses Mittel häufiger. Inzwischen stehen aber eine Vielzahl dringlicher Umstrukturierungsprobleme an, die kaum Zeit für diese Art der Kontaktpflege lassen, so daß die Informationen aus der Arbeitnehmerschaft zumeist aus zweiter Hand stammen. In direktem Kontakt mit der Belegschaft stehen A und B ungefähr eine Stunde pro Tag. Diese Zahl erscheint relativ gering, wenn man die Vielzahl der Mitarbeiter sowie die individuellen Vertretungsmöglichkeiten, die gesetzlich festgelegt sind, berücksichtigt. Die Belegschaftsmitglieder wenden sich i.d.R. mit ihren speziellen Anfragen an diejenigen Ratsmitglieder, zu denen sie in direktem Kontakt stehen. Insofern kann die These aufgestellt werden, daß mit der Wichtigkeit der Individualfälle auch die hierarchische Stufe des kontaktierten Betriebsrates steigt. Bei Betriebsrat B, der sich durch seine Sonderrolle als Gesamt- bzw. Konzernbetriebsrat häufig außerhalb des Werkes befindet, sind keine permanenten Ansprechzeiten gewährleistet. Um für seine Wählerschaft dennoch eine Möglichkeit einzuräumen, ihn regelmäßig anzutreffen, erscheint er täglich bereits ca. 30 Minuten früher an seinem Arbeitsplatz. Diese Zeit ist für Anfragen aus der Belegschaft als eine Art "Sprechstunde" reserviert.[728]

Bei Betriebsrat C beläuft sich der Zeitanteil für Belegschaftskontakte auf zwei Stunden. Da er dieses Arbeitsgebiet nicht auf andere Freigestellte delegieren kann, ist der

---

727 Andere Abweichungen von den Mittelwerten wurden implizit bereits in den vorangegangenen Kapiteln erläutert.
728 Siehe dazu auch die Ausführungen über den Arbeitsbereich der Personalpflege in Kap. II.4.2.2.

direkte Kontakt häufiger. Hier spielt die Größe des Werkes allerdings eine Rolle: Durch die im Vergleich geringste Belegschaftszahl kennen C mehr Mitarbeiter persönlich als z.b. Betriebsrat A, der für weit mehr Personen zuständig ist. Dadurch steigt bei Betriebsrat C die Zahl der informellen Kontakte, so daß eine direkte Ansprache seiner Person erleichtert wird. Dies gilt gleichermaßen für die Belegschaft und das mittlere Management.[729]

Die Anzahl der direkten Managementkontakte liegt im Kommunikationsnetzwerk der Räte mit durchschnittlich 21 Prozent an dritter Stelle. Im Unternehmen B ist der Kontakt zum Arbeitsdirektor von zentraler Bedeutung, der in der Mehrzahl der durchgeführten Gespräche der Hauptansprechpartner ist. Dieser Befund leitet sich bereits aus der speziellen Handlungssituation des Arbeitsdirektors ab, der als Vertreter der Arbeitnehmerinteressen im Vorstand auf eine intensive Kooperation mit dem Betriebsratsvorsitzenden - insbesondere auf gesamtbetrieblicher oder Konzernebene - angewiesen ist.[730] In den Betrieben A und C sind im Managementbereich vor allem leitende Mitarbeiter der Personalabteilung mit dem Betriebsrat in Kontakt. Diese enge Zusammenarbeit leitet sich insbesondere aus den Ausschußtätigkeiten her, z.B. ist Betriebsrat A sowohl Mitglied des Personal- wie auch des Tarifausschusses. An zweiter Stelle stehen in der Regel Mitarbeiter des mittleren Managements.

Externe Gespräche führen die beobachteten Betriebsratsvorsitzenden nur in geringem Maße (durchschnittlich sechs Prozent). Innerhalb von Ausschüssen kommen externe Vertreter anderer Unternehmen hinzu, wie z.B. im Rahmen des Aufsichtsrates, in dem Betriebsrat B als Arbeitnehmervertreter fungiert. Der Mangel an ständig präsenten Betriebsratskollegen spiegelt sich bei Betriebsrat C auch im hohen Prozentsatz der externen Kontakte wider, die er ersatzweise zu seiner Unterstützung heranzieht. Hier ist die Gewerkschaft ein wichtiger Ansprechpartner und Dienstleister. Insbesondere zu dieser Organisation hat der Betriebsratsvorsitzende C enge Kontakte, so daß nach der im Werk verbrachten Arbeitszeit im Durchschnitt zumeist weitere zwei Stunden auf Gewerkschaftsarbeiten entfallen. Darüber hinaus ist C ehrenamtlich am Arbeitsgericht tätig und zieht auch die dortigen Kollegen bei Fachfragen zu Rate.

3.1.4 Aktivitätsgründe und -initiativen

Abschließend wird die Frage behandelt, welchen Zweck die Aktivitäten verfolgen bzw. auf wessen Initiative hin sie entstehen.

Der weitaus größte Teil der Aktivitäten (Abb.25) ist bei den untersuchten Betriebsräten darauf ausgerichtet, Informationen weiterzugeben bzw. zu erhalten. Zwischen fünf und sechs Stunden an einem Arbeitstag dienen diesem Zweck. Diese Tatsache korrespondiert eng mit den Ergebnissen bezüglich des hohen Prozentsatzes mündli-

---

729 Vgl. Klatt, R. (1995b): a.a.O., S. 393; zum Themenbereich der informellen Kontakte erfolgen in Kap. II.4.1.4.2 weitere Ausführungen.
730 Vgl. hierzu exemplarisch Wagner, D. (1994): a.a.O., S. 37f. sowie Kap. I.6.1.3.2.

cher Kommunikation, die eine raschere Informationsübermittlung bzw. -beschaffung erlaubt.[731] Dem Informationszweck werden Sitzungen des Wirtschaftsausschusses ebenso wie informelle Gespräche oder Rundgänge zugeordnet.

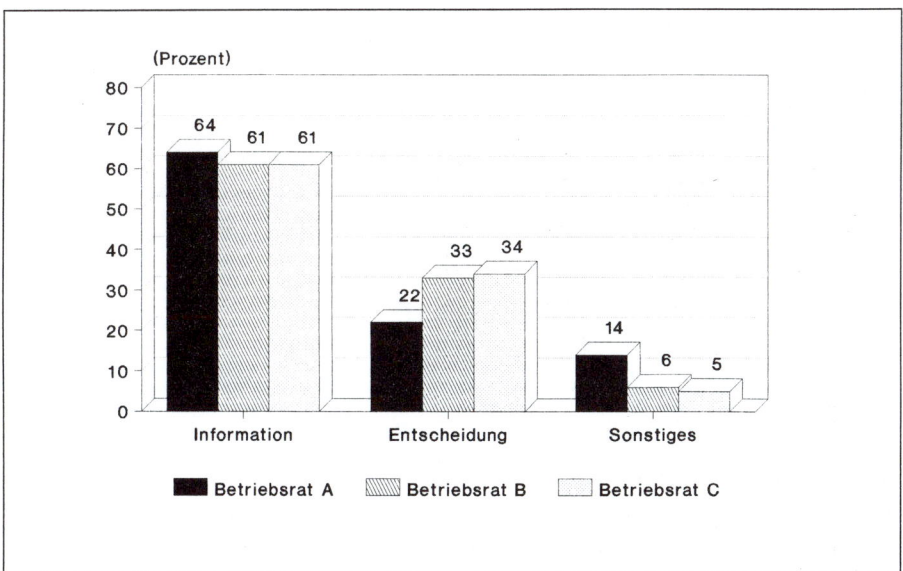

Abb. 25: Zweck der Aktivität

Auf die konkrete Entscheidungsfindung entfällt mit durchschnittlich 30 Prozent der Arbeitszeit ein vergleichsweise hoher Anteil der zweckgerichteten Aktivitäten. Die Mitgliedschaft bzw. Leitungsfunktion in unterschiedlichen Gremien erklärt diesen Anteil weitestgehend.[732] Da Informationen immer auch Grundlage der Entscheidungsfindung sind, gehen beide Aktivitätszwecke Hand in Hand. Desgleichen werden beide aufgrund zeitlicher Vorteile zumeist in mündlicher Form abgewickelt. Für Betriebsräte ist, ebenso wie für Manager, die Aktualität der Informationen häufig wichtiger, als deren exakte Fundierung, denn nur durch die frühzeitige Kenntnis einzelner Problembereiche ist eine aktive Betriebsratspolitik möglich. Gerüchte nehmen diesbezüglich eine ebenso wichtige Stellung ein, wie z.B. Prognosen über einen Arbeitsplatzabbau oder soziale Spannungen.[733]

---

731 Siehe Kap. II.3.1.2.

732 Auf die Kategorie "Sonstiges" entfielen hier Aktivitäten wie Flüge, Anfahrten oder Fototermine.

733 Insbesondere Vermutungen über Betriebsänderungen sind hier von zentraler Bedeutung. Ähnliches gilt bei Managern z.B. für Wettbewerbsstrategien von Konkurrenten. Vgl. Schreyögg, G./Hübl, G. (1992): a.a.O., S. 87. Siehe dazu auch das Fallbeispiel aus Betrieb B in Kap. II.4.2.2.1.1, in dem die Initiative zur Beschäftigung mit Gruppenarbeit auf Gerüchte über eine Betriebsschließung zurück geht.

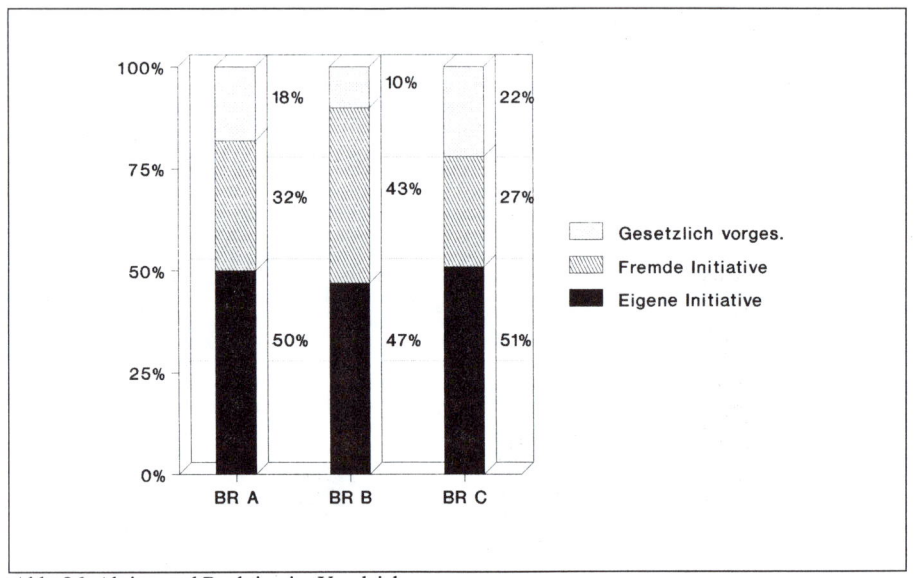

Abb. 26: Aktion und Reaktion im Vergleich

Davon ausgehend, daß rechtliche Rahmenbedingungen einerseits, sowie das Management andererseits die Struktur der Handlungen eines Betriebsrates stark beeinflussen, ist die vergleichende Analyse der Aktivitätsinitiative interessant.

Unter gesetzliche bzw. generell initiierte Aktivitäten fallen z.b. Ausschußsitzungen des Betriebsausschusses oder des Gesamtbetriebsrates, die im Durchschnitt 16 Prozent der Aktivitäten einnehmen. Dieses Ergebnis spiegelt die enge Einbindung der Betriebsräte in formale Sachzwänge und erstaunt um so mehr, wenn man die relativ hohe Zahl rechtlich festgesetzter Gremien in Verhältnis zur geringen Anzahl freigestellter Betriebsräte setzt.

Als Reaktionen, die in den betrachteten Fällen durchschnittlich 34 Prozent einnehmen, werden alle Aktivitäten bezeichnet, die von außen an den Betriebsrat herangetragen werden.[734] Der erhöhte Anteil bei Betriebsrat B ist vor allem auf seine zusätzlichen Ämter auf übergeordneten Ebenen zurückzuführen. Er ist relativ häufig Ansprechpartner der Geschäftsleitung, die ihn teilweise früher in Planungen einbezieht als andere Mitglieder des Betriebsrates. Informationsorientierte Gespräche mit der Geschäftsleitung, v.a. mit dem Arbeitsdirektor, spielen im betrachteten Fall demnach eine große Rolle.[735]

---

734 Dieser Prozentsatz beinhaltet auch die im vorangegangenen als "Unterbrechungen" bezeichneten Aktivitäten.
735 Siehe auch Kap. I.2.2, I.6.1.3.2 sowie weiterführend Kap. II.4.1.4.2.

Knapp die Hälfte der Arbeitszeit (durchschnittlich 49 Prozent) wird von den Betriebsräten selbst verwaltet. Daraus läßt sich folgern, daß sie, anders als aufgrund allgemeiner Rahmenbedingungen anzunehmen ist, nicht vorrangig in einer von kurzfristigen
Zwängen beherrschten Arbeitssituation tätig sind, sondern Arbeitsaktivitäten in einem
hohen Maße selbst bestimmen können. Die Planung ihres Arbeitstages wird den jeweiligen Erfordernissen angepaßt. Dafür ist die herausragende Stellung innerhalb des
Gremiums, das dem Vorsitzenden in vielen Bereichen die Rolle des Initiators zuschreibt, verantwortlich.[736]

3.2 Wesentliche Merkmale der Arbeitstätigkeit eines Betriebsrates

Zusammenfassend kann festgehalten werden, daß die Arbeit eines Betriebsratsvorsitzenden in der aktivitätsorientierten Betrachtungsweise im wesentlichen durch vier
Hauptmerkmale charakterisierbar ist:

1) der *Bruchstückhaftigkeit seiner Tätigkeiten*, die die Vielfalt des Betriebsratsamtes
   sowohl hinsichtlich der zu bearbeitenden Themenbreite als auch der verschiedenen
   Akteure und ihren Anforderungen widerspiegelt,

2) der *Dominanz der mündlichen Kommunikation*, die schneller als die schriftliche
   Informationsübermittlung funktioniert und ein flexibleres Zeitmanagement erlaubt,

3) dem Aufbau und der Ausgestaltung von vorwiegend *betriebsintern ausgerichteten
   Kontaktnetzwerken*, die die Beschaffung und den Transport von Informationen er-
   leichtern, die wiederum im Prozeß der Entscheidungsfindung ein erhebliches
   Machtpotential darstellen,

4) einem überwiegend *aktiven und selbstbestimmten Handeln*, dessen Rhythmus eher
   durch die Vielzahl unterschiedlicher Handlungskontexte als durch das Management
   oder gesetzliche Rahmenbedingungen bestimmt wird.

3.3 Vergleich zu Managementstudien

Vergleicht man den Arbeitsalltag von Managern mit dem von Betriebsräten fallen
vordergründig zunächst bestehende Divergenzen auf. In den Zuständigkeiten, der
Ausbildung der Akteure sowie der Ausstattung ihrer Abteilungen mit Personal und
Technik unterscheiden sich beide Gruppen stark voneinander. Bereits in Teil I. dieser
Untersuchung wurde jedoch darauf hingewiesen, daß Betriebsräte auf gemeinsamen
Handlungsebenen mit Managern, wie beispielsweise im Aufsichtsrat, effektiv arbei-
ten und daß ihre Tätigkeit von Führungskräften zumeist anerkannt und befürwortet
wird. Darüber hinaus werden sie inzwischen in einer Funktion als Co-Manager im
Unternehmen gesehen, eine Bezeichnung, die auf ansteigende Konvergenzen in der
Tätigkeit beider Gruppen hindeutet.

Auffällig ist zunächst, daß alle drei Betriebsräte länger arbeiten als die wöchentliche
Arbeitszeit es vorschreibt. Ihre leitende Funktion als Vorsitzende und ihre Rolle an

---

736 Siehe dazu Kap. I.6.1.1.1.

der Spitze des Gremiums erklärt diese Tatsache. Auch Manager arbeiten i.d.R. mehr als acht Stunden täglich. Sie werden im Gegenzug außertariflich bezahlt. Betriebsräte erhalten zwar gemäß § 37 Abs. IV BetrVG regelmäßige Gehaltserhöhungen, die sich an ihrer originären betrieblichen Karriere orientieren, ihre Entlohnung bleibt aber in der Regel hinter der von Führungskräften zurück. Um weiteren Aufschluß über Konvergenzen und Divergenzen zwischen der Managertätigkeit und der von Betriebsräten zu erhalten, werden im folgenden zwei Studien herangezogen, die in ähnlicher Weise Aktivitätsanalysen bei Führungskräfte zum Inhalt haben.[737]

Ähnliche Hauptcharakteristika, wie im vorangegangenen Kapitel kurz zusammengefaßt, stellten Schreyögg/Hübl für Manager mittelständischer Unternehmen in ihrer Studie von 1988 fest.[738] Auch die Managertätigkeit ist geprägt durch einen bruchstückhaften, weitgehend selbstbestimmten Arbeitsalltag und die Vorliebe für mündliche Kommunikation in einem ausgeprägten Kontaktnetzwerk. Ein Unterschied zwischen den untersuchten Führungskräften und den Betriebsräten besteht allerdings z.B. in der Konstellation ihres jeweiligen Kommunikationsnetzes. Manager stehen weitaus häufiger in Verbindung zu externen Personen (durchschnittlich 37 Prozent der Gesamtzeit für Kontakte[739]). Da die Kooperationsnetzwerke auf den jeweiligen Wirkungsbereich ausgerichtet sind, liegt diese Abweichung quasi in der Natur der Aufgaben begründet. Betriebsräte konzentrieren sich zentral auf den Betrieb und die dort Beschäftigten. Bei Managern sind hingegen durch ihren direkten Bezug zu Arbeits-, Absatz- oder Beschaffungsmärkten nicht nur innere, sondern auch äußere Prozesse für die Funktionalität ihrer Arbeit relevant.

Vergleicht man die Anzahl der Einzelaktivitäten eines Betriebsrates pro Tag mit denen einer Führungskraft, so kann die These, daß dieser Anteil in beiden Fällen negativ mit der Größe der Betriebe korreliert, bestätigt werden[740]: Mintzberg stellte in Großunternehmen eine Zahl von 22 Einzelaktivitäten pro Arbeitstag fest, während in mittelständischen Betrieben 68 Arbeitssequenzen beobachtet wurden. In der hier vorliegenden Studie wurden bei Betriebsräten eine Zahl von durchschnittlich 20 Aktivitäten festgestellt. Demnach scheint die Struktur des Unternehmens die Anzahl zu verrichtender Tätigkeiten zu beeinflussen, so daß in größeren Organisationseinheiten sowohl bei Betriebsräten als auch bei Managern die Bruchstückhaftigkeit des Alltages abnimmt. Verantwortlich dafür ist möglicherweise eine verstärkte Funktionsdifferenzierung. Dabei wird gleichzeitig unterstellt, daß die Hierarchie des Betriebsrates tenden-

---

737 Exemplarisch wurden hier die Studien von Schreyögg/Hübl (1992) und Mintzberg (1973) herangezogen (Eine Übersicht weiterer vorhandener Studien findet sich bei Ramme, I. (1990): a.a.O., S.17ff.). Aufgrund der an anderer Stelle bereits beschriebenen Unterschiede der Untersuchungen kommt den im folgenden dargestellten Ergebnissen der Gegenüberstellung lediglich der Charakter von Trendaussagen zu.

738 Vgl. Schreyögg, G./Hübl. G. (1992): a.a.O., S. 88.

739 Vgl. ebenda, S. 87.

740 Vgl. ebenda, S. 84.

ziell der des Managements angepaßt ist[741], wodurch sich Parallelen in der Stellung und damit in der Aufgabenstruktur bei den untersuchten Personen der Groß (Führungskräfte und Betriebsratsvorsitzende) ergeben.

Im Hinblick auf die durchschnittliche Dauer der Aktivitäten, differiert der Alltag von Managern und Betriebsräten allerdings in Teilbereichen: Aktivitäten, die kürzer als neun Minuten dauern, nehmen bei Managern 49 Prozent eines Arbeitstages ein, bei Betriebsräten 34 Prozent. Dieser Unterschied kann darin begründet sein, daß beispielsweise Telefonate mit externen Kooperationspartnern bei Managern relativ häufig vorkommen, während sie bei Betriebsräten nur vergleichsweise selten beobachtet werden konnten. Aktivitäten von mehr als 60 Minuten weisen hingegen eine starke Ähnlichkeit auf: Bei Mintzberg entfielen 10 Prozent auf diese Kategorie, während in der hier vorliegenden Studie 14 Prozent festgestellt wurden.[742] In diesen Bereich fallen vor allem Gespräche und Sitzungen von längerer Dauer.

Ähnliche Parallelen in der Arbeitstätigkeit von Managern und Betriebsräten lassen sich bei dem Vergleich der Aktivitätsarten feststellen. Führungskräfte widmen ebenfalls 80 Prozent ihrer Zeit der verbalen Kommunikation.[743] Vergleicht man die Ergebnisse der an einem Arbeitstag verrichteten Tätigkeiten der drei Studien, so gelangt man zu den in Abbildung 27 zusammengefaßten Ergebnissen.

In der Abbildung sind einzelne Tätigkeitsbereiche, die im Alltag der betrachteten Gruppen auftreten, aufgeführt. Einerseits ist dort ersichtlich, welchen prozentualen Anteil die Tätigkeit an einem normalen Arbeitstag hat, andererseits ist die durchschnittliche Dauer einer Aktivität aus dem Tätigkeitsbereich angegeben. So entfielen z.B. in der Untersuchung von Mintzberg sechs Prozent der täglichen Arbeitszeit von Managern auf Telefonate, die im Durchschnitt jeweils sechs Minuten dauern.

Der Vergleich der durchschnittlichen Aufteilung der Arbeitstage ergibt wieder ähnliche Trends bei den Ergebnissen der Mintzberg-Studie und der vorliegenden Untersuchung. Aus dem Rahmen fällt allerdings der höhere Prozentsatz der Touren sowie deren weitaus längere Dauer bei den Betriebsräten. Wie bereits ausgeführt ist dafür primär seine notwendige direkte Präsenz im Unternehmen verantwortlich.[744] Durch das Arbeitsmittel "Rundgang" besteht eine starke Verbindung des Betriebsrates zur Arbeitnehmerschaft.[745] Im Gegensatz dazu ist der direkte Belegschaftskontakt von Managern eher selten. Sie erhalten ihre Belegschaftsinformationen i.d.R. eher aus zweiter Hand.

---

741 Vgl. Wächter, H. et al. (1996): a.a.O., S. 21.
742 Die im Abschnitt angeführten Zahlen stammen aus: Mintzberg, H. (1973): a.a.O., S. 105 sowie aus Kap. II. 3.1.1.
743 Vgl. Schreyögg, G./ Hübl, G.: a.a.O., S. 86.
744 Vgl. Bürger, M. (1996): a.a.O., S. 59.
745 Siehe zu diesem Themenbereich auch die detaillierten Ausführungen in Kap. II.4.2.

Kategorien	Mintzberg-Studie n = 5 25 Tage	Schreyögg-Studie n = 3 5 Tage	Eigene Studie n = 3 5 Tage
Schreibtischarbeit			
prozentual	22 %	20 %	22 %
durchschnittliche Dauer	15 Min.	9 Min.	37 Min.
Telefonate			
prozentual	6 %	15 %	7 %
durchschnittliche Dauer	6 Min.	3 Min.	6 Min.
Mündliche Kommunikation (geplant)			
prozentual	10 %	16 %	10 %
durchschnittliche Dauer	12 Min.	5 Min.	30 Min.
mündliche Kommunikation (ungeplant)			
prozentual	59 %	45 %	52 %
durchschnittliche Dauer	68 Min.	65 Min.	78 Min.
Touren			
prozentual	3 %	4 %	9 %
durchschnittliche Dauer	11 Min.	34 Min.	52 Min.
	----------	----------	----------
	100 %	100 %	100 %

Abb. 27: Vergleich durchschnittlicher Arbeitstage von Managern und Betriebsräten

Divergenzen zwischen der Arbeit von Führungskräften und Managern bestehen tendenziell bei der Häufigkeit formeller Sitzungen, die bei Mintzberg mit 43 Prozent angegeben sind und bei Betriebsräten mit 59 Prozent wesentlich mehr Raum einnehmen.[746] Die Differenz kann u.a. auf dem höheren Anteil gesetzlich festgeschriebener Zusammenkünfte für den Betriebsrat beruhen. Bestätigt wird diese These durch den Vergleich der Initiatoren einzelner Handlungen. Hier sehen sich Manager mit 1,2 Prozent rechtlicher bzw. generell geplanter Aktivitäten (z.B. Jahresversammlungen) konfrontiert.[747] Bei Betriebsräten liegt die Zahl solcher Aktivitäten mit ca. 16 Prozent deutlich höher.

Ungefähr die Hälfte der Alltagstätigkeiten der betrachteten Betriebsräte ist von ihnen selbst initiiert. In der Untersuchung von Schreyögg liegt dieser Anteil bei Managern im Durchschnitt 10 Prozent höher.[748] Die restliche Zeit verbringen Betriebsräte zu ca. 33 Prozent in Situationen, deren Initiative von anderen Gruppen oder Personen in ihrem Umfeld ausgeht. Trotz der speziellen Funktion des Betriebsrates als Dienstleister der Belegschaft ist der selbstbestimmte Anteil der Arbeitszeit folglich ver-

---

746 Vgl. Mintzberg, H. (1973): a.a.O., S. 106.
747 Vgl. Schreyögg, G./Hübl, G. (1992): a.a.O., S. 88.
748 Vgl. ebenda, S. 88.

gleichsweise hoch. Es kann davon ausgegangen werden, daß betriebliche Interessenvertreter ihren Bereich zeitlich ebenso aktiv managen, wie es bei Führungskräften der Fall ist.

Beide betrachteten Akteursgruppen verbringen einen großen Anteil ihrer täglichen Arbeitszeit in Kontakt mit anderen Personen zum Zweck der gezielten Beschaffung und Weitergabe von Informationen. Bei diesen Treffen wird in der Regel eine Vielzahl von Themen behandelt. Konkrete Entscheidungen fallen dabei allerdings eher selten. Insgesamt stellt folglich das Management von Informationen den Hauptbestandteil der Tätigkeit von Betriebsräten und Führungskräften dar.[749]

Als Fazit dieses Vergleiches bleibt festzuhalten, daß die Struktur des Alltags von Betriebsratsvorsitzenden und Managern eine große Zahl von Konvergenzen vermuten lassen. Der Befund, daß die Aktivitäten beider Funktionsträger formal hohe Übereinstimmungen aufweisen, mag zunächst verwundern. Angesichts der Tatsache, daß beide Akteure mit der Leitung eines bestimmten Verantwortungsbereiches befaßt sind, wodurch ähnliche Anforderungen an sie gestellt werden, liegen die Parallelen in der konkreten Bewältigung des Arbeitsalltags allerdings nahe. Der Vergleich der empirischen Ergebnisse aus der Aktivitätsforschung bestätigt demnach die Konvergenz, die sich innerhalb des Rollenmodells auf theoretischer Ebene zwischen Betriebsratsvorsitzenden und Führungskräften bereits angedeutet hat.[750] Darüber hinaus agieren beide Akteursgruppen in einem vergleichbaren Handlungskontext - dem Unternehmen - wobei zumindest im Personalbereich sehr ähnlichen Aufgaben wahrgenommen werden.[751] Entsprechend weisen in diesem Zusammenhang auch die Handlungsbedingungen Konvergenzen auf.

Die These, ein Betriebsrat weiche aufgrund dieser Faktoren von seiner eigentlichen Aufgabe ab und verliere den Kontakt zu seiner Klientel, der Belegschaft,[752] läßt sich auf der Basis dieser Ergebnisse jedoch nicht bestätigen. Vielmehr läßt sich aufgrund der Dominanz formeller Gegebenheiten folgern, daß die Vorsitzenden der Räte sich heute im Gegenzug professioneller Führungsmethoden, also des "Handwerks des Managements", bedienen. Gemeinsame Handlungsebenen auf denen eine effektive Mitarbeit der Betriebsräte vor allem deshalb vonnöten ist, weil nahezu jede (Fehl-) Entscheidung Effekte auf die Beschäftigungssituation hat, begünstigten vermutlich diese Erweiterung ihrer Kompetenzen. Insofern verwundert nicht, daß Arbeitnehmerver-

---

749 Vgl. Kotter, J. P. (1982): a.a.O., S. 87.
750 Siehe dazu Kap. I.6.1.1.1.
751 Siehe auch Kap. I.6.1.3.2.
752 Dies ist neben dem Vorwurf der fehlenden sozialen Kompetenz ein häufig genannter Kritikpunkt bzgl. der Leistungsfähigkeit von Betriebsräten. Vgl. Georg, A.: Betriebsratshandeln im präventiven Arbeitsschutz, Literaturbericht, Dortmund 1994, S. 4.

treter z.B. in Aufsichtsratsfunktionen durchaus als kompetente, unternehmerisch den-
kende Mitgestalter anerkannt werden.[753]

Der Begriff Co-Manager umfaßt insofern auch die formale Ähnlichkeit von Arbeitsweisen und Arbeitsinhalten bei Betriebsräten und Managern. Die inhaltliche Ausprägung der Tätigkeiten im Alltag der betrieblichen Interessenvertreter wird basierend
auf den Auswertungsergebnissen der qualitativen Interviews in den folgenden Kapiteln näher beleuchtet. Im Vordergrund der Ausführungen steht dabei, welche Aufgaben und Handlungsfelder ein Betriebsratsvorsitzender konkret innerhalb seiner Arbeit
als Co-Manager behandelt.

---

753 Ein gutes Beispiel bildet hier Karl Feuerstein, der Konzernbetriebsratsvorsitzende der Daimler-
Benz AG, dessen wesentliche Tätigkeiten bereits in Kap. I.5.3. beschrieben wurden. Vgl. außerdem beispielhaft Behrens B. (1996): a.a.O., S. 28.

4. Betriebsratshandeln zwischen Tradition und Innovation

Nachdem im vorangegangenen Kapitel der Schwerpunkt der Ausführungen bei den formalen Kennzeichen des Alltagshandelns der Betriebsräte auf Basis der Beobachtungsergebnisse lag, werden in den nachfolgenden Kapiteln konkrete Arbeitsweisen und Aufgabenstellungen dargestellt und analysiert, die auf betrieblicher Ebene in den untersuchten Betrieben aufgetreten sind.[754]

Es wird dabei nicht angestrebt, die Effektivität der Alltagsarbeit der Betriebsräte durch Vergleiche zwischen den drei Untersuchungsobjekten zu prüfen, sondern vielmehr unterschiedliche Wege zwischen traditionellem und innovativem Handeln aufzuzeigen. Diese Art der Betrachtung soll dazu verhelfen, den Betriebsrat nicht weiterhin in einer verkürzten eindimensionalen Form zu sehen, sondern die besondere Dynamik der Profession der betrieblichen Interessenvertretung ins Blickfeld zu rücken.

Typische Beispiele werden verdeutlichen, wie das spezifische Spektrum von Beziehungen, Erwartungen und Meinungen in der betrieblichen Arena auf den Alltag jedes einzelnen Betriebsrates wirkt. Die folgenden Ausführungen zeichnen demnach kein idealtypisches Bild eines Betriebsratsvorsitzenden. Vielmehr gilt es, einen Beitrag dazu zu leisten, die "black box" Betrieb[755] dahingehend mit Inhalt zu füllen, daß Beispiele für konkretes Arbeitshandeln von Betriebsräten innerhalb der jeweiligen Handlungssysteme anschaulich gemacht werden. Die Darstellung des Alltags von Betriebsräten wird somit um die Sichtweise des Subjektes erweitert, indem die Bedeutung von Tätigkeiten und ihre Folgen mit in die Beschreibung einfließen.

4.1 Arbeitsbedingungen in Betrieb und Unternehmen

4.1.1 Grundlagen betrieblicher Aushandlungsprozesse

Die Arbeit der Betriebsräte bewegt sich dort im wesentlichen innerhalb der folgenden drei Spannungsfelder:[756]

- rechtliche Maßgaben versus betriebliche Anforderungen,
- ökonomische Gesetzmäßigkeiten versus soziale "Ideale"[757],
- Interessen des Management versus Interessen der Belegschaft.

Die empirische Untersuchung erbrachte Hinweise auf diese Spannungsfelder, die jeweils faktisch unterschiedlich ausgeprägt sein können. Welche Interessen jeweils im

---

754 Die folgenden Ergebnisse basieren auf den qualitativen Auswertungen von betriebsinternen Dokumenten, z.B. Werks- und Betriebsratszeitungen, Fremdbeobachtungen sowie betrieblichen Interviews.
755 Vgl. Birke, M./Schwarz, M. (1989): a.a.O., S. 33.
756 Siehe auch Kap. I.3.3.2.
757 Gemeint sind hier insbesondere gewerkschaftliche Bestrebungen, die in der Regel eine Maximierung der Rechte und Möglichkeiten der Arbeitenden im Betrieb vorsehen.

Vordergrund stehen, ist i.d.R. das Ergebnis betrieblicher Aushandlungsprozesse.[758] Die Diskrepanz zwischen rechtlichen Maßgaben einerseits und betrieblichen Anforderungen andererseits treten beispielsweise in Betrieb C zutage. Wie bereits an anderer Stelle erwähnt, existieren dort abweichende Regelungen bezüglich des Wirtschaftsausschusses.[759] Das bestehende Recht sieht ein monatliches Treffen vor. Auf betrieblicher Ebene wurde es "eingetauscht" - es finden faktisch nur noch vier Treffen pro Jahr statt - gegen eine Erhöhung der Mitgliederzahl des Ausschusses. Die Ursache für solche Abweichungen liegt in der weit gefaßten Rechtsgrundlage, die für ein Bündel von Betrieben gilt und die vor Ort bestehenden Rahmenbedingungen nicht im Detail berücksichtigen kann.

"Grundlage unserer Arbeit ist natürlich das Betriebsverfassungsgesetz. Es gehört ja zu unseren Pflichten, auf die Einhaltung von Gesetzen, Verordnungen und Vereinbarungen zu achten. Trotzdem gibt es natürlich immer solche Grauzonen, wo man eigentlich mit dem Gesetz nicht mehr so recht auskommt. [...] Wenn man in einem Betrieb irgendwelche Dinge auf die Reihe bringen kann und sei es nur bestimmte Pausenregelungen oder Schichtrhythmen zu verändern oder neu einzuführen, da schaut man manchmal besser nicht ins Gesetz hinein. Das ist zum Wohl des Betriebes, aber auch zum Wohl der Beschäftigten."[760]

Bei alltäglichen Handlungen lotet der Betriebsrat aus, wo unter Zulässigkeitsgesichtspunkten eine Gesetzeslücke für Regelungen zugunsten der Beschäftigten besteht. Das Zitat belegt, daß dabei auch ökonomische Gesichtspunkte - das Wohl des Betriebes - Berücksichtigung finden. Eine großzügige Auslegung gesetzlicher Grundlagen, die bei der Rechtsprechung vor einem Arbeitsgericht möglicherweise Nachteile erbringen könnte, setzt nach Meinung der Befragten allerdings ein offenes, vertrauensvolles Betriebsklima zwingend voraus. In anderen Situationen kann es entsprechend ebenso vorkommen, daß eine enge Gesetzesauslegung bevorzugt wird, um bestimmte Maßnahmen zu blockieren.

Der Grat zwischen tolerierbaren und abzulehnenden Abweichungen von regulierten Tatbeständen ist sehr schmal. Während in dem hier geschilderten Fall die positiven Effekte für die Arbeit des Betriebsrates überwiegen und kaum Kritik hervorrufen, ist beispielsweise das Verhalten des Betriebsrates der metallverarbeitenden Viessmann Werke GmbH & Co. seitens der Gewerkschaften und der Öffentlichkeit stark getadelt worden. Dort hatte der Betriebsrat die Erhöhung der wöchentlichen Arbeitszeit auf 38 Stunden pro Woche vereinbart, um einer von der Geschäftsleitung vorgesehenen Produktionsverlagerung in die Tschechische Republik entgegenzuwirken und 250 Ar-

---

758 Siehe Kap. I.5.1.1.
759 Siehe Kap. II.2.2.
760 Zitat aus einem Interview mit Betriebsrat C.

beitsplätze im Inland zu sichern.[761] Daraus folgt, daß die Beurteilung fallweisen Handelns neben dem individuellen Blickwinkel auch stets die Berücksichtigung der Rahmenbedingungen notwendig macht.

Die Untersuchung hat ergeben, daß die Vereinbarung von alternativen betriebsspezifischen Lösungen zunimmt. Dies deutet darauf hin, daß in der Praxis die starren gesetzlichen Fundamente aufweichen, wodurch die Handlungsspielräume von Betriebsräten erweitert werden. Das konkrete Verhalten richtet sich folglich nicht allein nach instrumentell-rationalen Kalkülen, sondern steht zusätzlich unter dem Einfluß von innerbetrieblichen Beziehungsmustern.[762]

"Mitbestimmungsstrukturen sind unterschiedliche Begabungen und Potentiale, die ein mehr oder weniger wirksames Mitbestimmen ermöglichen."[763]

Es bestätigte sich, daß konkrete Tätigkeiten eines Betriebsrates sich vor allem aus mikropolitischen und kommunikativen Prozessen auf betrieblicher Ebene herleiten. Insofern kann man nicht von einer verallgemeinerbaren Struktur der Mitbestimmung sprechen, da diese in weiten Teilen auch von den jeweils vorherrschenden unternehmensstrukturellen und -kulturellen Maßgaben beeinflußt wird. Deren Bedeutung für das faktische Handeln von Betriebsräten illustriert das folgende Zitat:

"Natürlich habe ich hier die Möglichkeit einen Betriebsratsausschuß einer bestimmten Größe zu machen. Aber in einem Unternehmen, wo ich Tag für Tag Mühe habe, die Beschlußfähigkeit des Betriebsrates herzustellen - und das sind nun mal 5 Leute - ist das banal. [...] Natürlich hätte ich vor einem Arbeitsgericht schlechte Karten, nur man muß das alles ein bißchen pragmatisch angehen. Wir haben das im Rat abgestimmt und es gibt da keine Probleme."[764]

Insbesondere im Verhältnis zwischen Interessenvertretern und Arbeitgebern finden die gemeinsamen Handlungen auf betrieblicher Ebene im Rahmen einer auf Dauer angelegten Kooperation statt. Werden also formelle oder informelle Regeln von einer der Parteien verletzt, so wirkt sich dies auf die gesamte Beziehung aus. Diese Handlungsstrategie wird als "Tit for Tat" ("Wie Du mir, so ich Dir") betitelt, und zeichnet sich durch vier wesentliche Charakteristika aus:

"Sie ist erstens freundlich, d.h. der Spieler weicht nicht als erster von der Kooperation ab. Sie ist zweitens wehrhaft, d.h. der Spieler reagiert sofort auf defektes Spiel. Sie kann drittens verzeihen, d.h. der Spieler trägt defektes Spiel nicht nach, sondern

---

761 Inzwischen ist die Unterlassungsklage, die seitens der IG Metall gegen das Unternehmen betrieben wurde, vom Gericht abgewiesen worden. Vgl. exemplarisch o. V.: Gericht weist Klage der IG Metall ab, in: FAZ vom 29. Oktober 1996, S. 19; Vgl. zum Thema der verstärkten Erpreßbarkeit der Betriebsräte auch beispielhaft Müller-Jentsch, W. (1996): a.a.O., S. 46.
762 Vgl. dazu auch Kotthoff, H. (1995a): a.a.O., S. 550.
763 Ebenda, S. 550.
764 Zitat aus einem Interview mit Betriebsrat C.

ist sofort wieder zur Kooperation bereit, wenn der andere kooperativ spielt. Sie ist viertens berechenbar, denn die andere Seite weiß immer genau woran sie ist."[765] In den drei untersuchten Betrieben liegt eine Mitbestimmungskultur vor, die auf langjährigen Beziehungen beruht und sich damit als Basis für diese Handlungsstrategie eignet. Die Vorsitzenden erwarten folglich bei einer veränderten personellen Konstellation einen Wandel in der Kooperationsbeziehung. Die vormals vorhandene Stabilität gerät vorübergehend ins Wanken. Das Vertrauen in die Entscheidungsregeln muß wieder erneuert werden. Hilfreich wirkt dabei ein fester "Kooperationskern"[766], der auf verbindlichen Regelungen beruht und nicht ohne weiteres durch neue Mitglieder zerstört werden kann.[767] Erst diese Vertrauenskomponente ermöglicht eine Ablösung von rechtlichen Standards, da auf ihrer Grundlage keine Nachteile aus alternativen Vereinbarungen zu erwarten sind.

"Es herrschte ein menschlich einwandfreies Miteinander, wenn es natürlich auch oftmals in der Sache zu Problemen kam. [...] Wir waren immer bemüht, die Türe nicht zuzuschlagen. Trotz aller konträrer Auseinandersetzungen muß man sich hinterher noch die Hand geben können. Und das ist immer gelungen, auch wenn wir uns in der Vergangenheit öfter mal vor dem Arbeitsgericht gesehen haben."[768]

In den betrachteten Fallstudien beruht die Organisation der Arbeitsbeziehungen auf einem Minimum an Konsens. Beide Akteursgruppen verfügen über ein Kernwissen bezüglich der generellen strategischen Ausrichtung des Verhaltens des Partners. Besteht bei einem speziellen Tatbestand Dissens über die zu verfolgenden Ziele, so erfolgt kein koordiniertes organisiertes Handeln.[769] Ist der Konflikt nicht auf dem Verhandlungswege beizulegen, kann als letzte Möglichkeit der Weg zur Einigungsstelle eingeschlagen werden.[770] Diese Form der Konfliktregulierung wird insbesondere von Betriebsrat C vorwiegend dann in Betracht gezogen, wenn aufgrund eines personellen Wechsels der Verhandlungspartner die vorhandenen Machtressourcen neu ausgelotet werden müssen.

Abbildung 28 faßt diese Beziehung zwischen Konsens, Dissens und organisationalem Handeln noch einmal zusammen. Das Problemlösungspotential im Betrieb steigt mit einer kooperativen Beziehung und sinkt, wenn Verstöße gegen gemeinsame Regeln auftreten oder permanente Uneinigkeit besteht.

---

765 Nagel, B.: Wie effizient sind Tarifvertrag und Mitbestimmung, in: GMH, 2/1996, S. 104.

766 Vgl. ebenda, S. 104.

767 Die Verläßlichkeit von Handlungen ist an konkrete Personen gebunden, wobei die Anerkennung des Gegenübers das Grundelement einer für beide Seiten befriedigenden Kooperation darstellt. Vgl. Kotthoff, H. (1994): a.a.O., S. 25.

768 Zitat aus einem Interview mit Betriebsrat C.

769 Vgl. Raub, S./Büchel, B.: Organisationales Lernen und Unternehmensstrategie - "core capabilities" als Ziel und Resultat organisationalen Lernens, in: Zfo, 1/1996, S. 29 sowie Kap. I.4.2.2.2.

770 Siehe auch Kap. I.3.2.

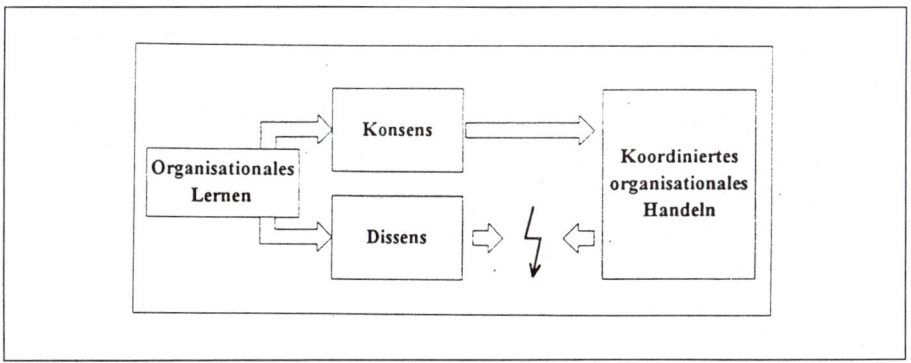

Abb. 28: Konsens, Dissens und organisationales Handeln[771]

4.1.2 Die Bedeutung der Arbeitsteilung im Gremium

Die Tätigkeit des Betriebsrates gliedert sich in Problembereiche, diedie gesamte Organisation, einzelne Gruppen oder Individuen betreffen. Um die Koordination zwischen diesen Aufgaben und einen umfassenden Informationsstand zu gewährleisten, liegen bei allen drei untersuchten Betrieben feste Termine für Betriebsratssitzungen vor. Die Sitzungsdauer bleibt in der Regel offen. Treten zwischen diesen Zusammenkünften unvorhergesehene Schwierigkeiten auf, werden je nach konkretem Problemdruck Sondersitzungen für alle Betriebsräte oder einzelne Ausschüsse anberaumt. Die terminliche Organisation der Arbeit ist also bedarfsorientiert.[772]

Bei der Delegation von Aufgaben erfolgt der Einbezug von Personen mit entsprechenden Fachkenntnissen in spezifische Bereiche der Vertretungsarbeit.[773] Zu diesem Zweck werden zunächst im Betriebsausschuß Vorschläge gesammelt, die dann im Betriebsratsplenum zur Diskussion stehen und letztlich die Konstitution des Ausschusses sowie die Ernennung eines Sprechers zur Folge haben. Die Delegierten sind jeweils mit bestimmten Befugnissen ausgestattet, so daß sie z.b. im Personalausschuß personelle Einzelmaßnahmen selbständig verabschieden können oder im Tarifausschuß Überstundengenehmigungen erteilen. Sie entlasten damit den gesamten Rat von auftretenden Routineaufgaben. Im Kontext einer Vereinbarung zur Gleitzeit war in Betrieb A beispielsweise das Vorgehen dergestalt, daß nach der Vorbesprechung des Themas ein Ausschuß gewählt wurde, der eine Vereinbarung mit dem Arbeitge-

---

771 Raub, S./Büchel, B. (1996): a.a.O., S. 29.

772 Siehe zum prozentualen Anteil von Sitzungen auch Kap. II.3.1.2.

773 Die Aufgabenverteilung orientiert sich i.d.R. am Vorwissen und an den Neigungen der Mitglieder. Betriebsrat C erläuterte z.B., daß er als Sprecher im Ausschuß Arbeitsplatzbewertung fungiert. Diese Besetzung sei quasi "historisch" gewachsen. Im Jahre 1973 wurde der Ausschuß gegründet. Er selbst war damals noch nicht im Betriebsrat, sondern hat als Vertreter des Arbeitgebers in der Kommission mitgearbeitet. Vor allem wegen seines hohen Vorwissens und der genauen Kenntnis der "anderen Seite" übernahm er die Betreuung dieses Ausschusses.

ber vorbereitete. Eine Rückkopplung von Informationen erfolgte regelmäßig an den gesamten Betriebsrat, um letztendlich die Entscheidung über den Entwurf zu treffen.

Die Maßgaben des § 28 BetrVG sehen die fakultative Bildung von Ausschüssen zur Vorbereitung von Fachfragen vor. In Kapitel II.2.2 wurden bereits diejenigen Fachausschüsse genannt, die in den drei untersuchten Betrieben existieren. Dabei zeigte sich, daß insbesondere in den Tätigkeitsfeldern Stäbe herausgebildet werden, die zu den permanenten Arbeitsaufgaben des Betriebsrates gehören.[774] Übereinstimmend gibt es Ausschüsse zu den Bereichen:

- Entlohnung,
- Aus- und Weiterbildung,
- Arbeitssicherheit,
- betriebliches Vorschlagswesen,
- soziale Angelegenheiten.

Parallel zu den Fachgremien des Rates bestehen auch auf Arbeitgeberseite entsprechende Foren. Beide bringen wiederum gemeinsame Ausschüsse vor, die allerdings in der Regel eine größere Zahl von Arbeitnehmervertretern aufweisen. In diesem Zusammenhang kann man erkennen, daß der Betriebsrat inzwischen vergleichbare Strukturen wie das Management herausgebildet hat, d.h. es existiert eine Art von Nebenhierarchie.[775] Zwar verhindert die personelle Beschränkung ein Linie-Stab-System[776], da die Fachleute sowohl die Entscheidungsvorbereitung durchführen, als auch innerhalb der Linie die Entscheidungen treffen. Allerdings ist die funktionale Organisation mit speziellen Referenten zu Kerntätigkeitsfeldern im Alltag des Betriebsrates durchaus üblich.[777]

Das durchgängige Vorhandensein von Ausschüssen in den betrachteten Betrieben läßt den Schluß zu, daß bei der Bildung von Fachgremien eine Entwicklung über die rechtlichen Maßgaben hinaus stattgefunden hat. Die Bildung solcher Stäbe gilt heute bereits als selbstverständlich. Dies liegt einerseits in der daraus resultierenden Steigerung der Arbeitsfähigkeit des Gremiums durch deren Entlastungsfunktionen, sowie andererseits in der Erhöhung der Verhandlungsstärke gegenüber dem Management aufgrund des vorhandenen Expertenwissens begründet.

Die zentrale Bedeutung der Ausschüsse legt nahe, daß sich die Betriebsratsvorsitzenden in ihrer Führungsfunktion besonders um deren Effizienz bemühen, zumal es in der Regel einige Zeit dauert, bis die Konstitution solcher Gruppen ihre Funktionalität fördert.[778] So schildert Betriebsrat C, daß er in regelmäßigen Abständen an Sitzungen derjenigen Gremien teilnimmt, in denen er kein Mitglied ist, um die

---

774 Siehe auch Kap. I.6.1.3.1.
775 Siehe auch Kap. I.3.4.2.
776 Vgl. Schanz, G.: Organisationsgestaltung, 2. Aufl., München 1994, S. 30.
777 Siehe weiterführend auch Kap. II.4.1.4.2.
778 Vgl. Schanz, G. (1994): a.a.O., S.186.

"Marschrichtung" zu beobachten und gegebenenfalls die Zusammensetzung oder die Arbeitsweise zu verändern. Desgleichen gilt, wenn sich nach einer Betriebsratswahl die Mitgliederstruktur des Rates verändert. Im Kontext seiner entscheidungsorientierten Rollen kommt hier die Funktion des Betriebsrates als Koordinator klar zum Ausdruck.

In Betrieb A ist der Betriebsrat noch einen Schritt weiter gegangen: In der Betriebsratszeitung[779] wurden die einzelnen Ausschüsse, ihre Sprecher und sonstigen Mitglieder, ihre Aufgabenstellung sowie die gesetzlichen Grundlagen vorgestellt. Beispielsweise ist für den Betriebsausschuß seine Zuständigkeit für die Koordinierung der Betriebsratsarbeit, seine Arbeitsschwerpunkte (Strukturmaßnahmen, Betriebsvereinbarungen, Sozialpläne, Umsetzung von Arbeitszeitverkürzungen) und der zugrundeliegende § 27 BetrVG angeführt. Diese Vorstellung des Betriebsrates erfolgte zu zwei Zeitpunkten: Nach der letzten Wahl und im Zuge der Ausgliederung einzelner Betriebsteile, die auch eine veränderte personelle Besetzung nach sich zog. Desweiteren wurde die Belegschaft dazu aufgerufen, bei spezifischen Problemen das jeweils vorgestellte Betriebsratsmitglied als kompetenten Ansprechpartner in Anspruch zu nehmen.

Betriebsrat A nutzt die betriebsinterne Öffentlichkeitsarbeit einerseits, um der Belegschaft die Komplexität und Vielfalt der Betriebsratsarbeit zu verdeutlichen.[780] Andererseits ermöglicht dieses Vorgehen, die sachbezogenen Zuständigkeiten einzelner Mitglieder des Rates transparent zu machen, damit diese in der Belegschaft als Fachleute Bekanntheit erlangen. Dadurch können Anfragen gezielt an die Person herangetragen werden, die Experten eines bestimmten Wissensgebietes sind. Die Qualität der Auskunft ist dementsprechend hoch und trägt dazu bei, die Zufriedenheit des Mitarbeiters mit seinen gewählten Vertretern zu heben. Es kann zudem erreicht werden, daß die Anfragen unter den einzelnen Mitgliedern nicht proportional zu ihrer Erreichbarkeit oder ihrem Bekanntheitsgrad verlaufen, sondern nach dem Grad ihrer Kompetenz ausfallen. Die Betriebsräte selbst sind dadurch in die Lage versetzt, eine Arbeitsweise zu realisieren, in der die Arbeitsbelastung zumindest prinzipiell gleichmäßig verteilt ist und durch die sich ihr jeweiliges Fachwissen sinnvoll ergänzt. Die funktionale Arbeitsteilung stellt auch im Kontakt mit dem Management einen Vorteil dar, das sich in gleicher Weise direkt an die zuständigen Personen wenden kann. Um die Funktionsfähigkeit des Gremiums permanent zu sichern, bedient sich Betriebsrat A außerdem, wie jede effizient geführte Unternehmensabteilung, einer Urlaubsplanung.

Der Betriebsrat des Betriebes A hat mit der engen Decke der Freigestellten nicht nur eine funktionale und ökonomische Arbeitsteilung erreicht, indem sich möglichst jede

---

779 Siehe zum Thema Öffentlichkeitsarbeit ausführlich Kap. II.4.3.3.
780 Gleiches gilt für Betriebsrat C, der in der Werkzeitschrift seines Betriebes regelmäßig in der Sparte "Bericht aus dem Betriebsrat" die Schwerpunkte der Arbeit des Gremiums darstellt.

Person für mindestens einen Ausschuß verantwortlich zeichnet, sondern sie auch für die Belegschaft transparent gemacht. Diese Strategie betont die Funktion des Betriebsrats als Dienstleister für die Belegschaft, der sein Expertenwissen zur Verfügung stellt.

Die professionalisierte Funktionsdifferenzierung wird inzwischen auch auf Bereiche ausgedehnt, die nicht zu den traditionellen Arbeitsgebieten gehören. Wie bereits erwähnt, existiert in Betrieb B sogar ein Ausschuß für Gruppenarbeit.[781] Die spezifischen Fachkenntnisse und der hohe Informationsstand des Betriebsrates in diesem Themenkreis führen zu besonders weitreichenden Einflußmöglichkeiten. Gefahren, daß die Interessenvertretung in diesem Bereich unwirksam ist, können damit weitgehend vermieden werden.[782]

> "Gruppenarbeit ist ein Thema des Betriebsrates. Wenn irgendwo an irgendeiner Stelle sich zum Thema Gruppenarbeit geäußert wird, macht das der Betriebsrat oder der Aus- und Weiterbildungsleiter, der da topfit ist und der auch der Leiter dieser ganzen Arbeit ist. Das ist etwas, was wir richtig puschen."[783]

Dieser Ausschuß in Betrieb B wurde aus dem Personalplanungsausschuß ausgegliedert, weil die Komplexität des Themas dort nicht zu bewältigen war. So nehmen die Mitglieder beispielsweise auch an Präsentationsveranstaltungen gegründeter Arbeitsgruppen teil. Gerade wegen der Vielschichtigkeit der Aufgaben, die mit Gruppenarbeit zusammenhängen, erschien die Bildung eines gemeinsamen Gremiums, in dem Betriebsräte und Mitarbeiter aus den Bereichen Personalplanung sowie Aus- und Weiterbildung zusammenarbeiten, vorteilhaft. Trotz der positiven Erfahrungen aus der Gründung dieses neuen Ausschusses sieht Betriebsrat B allerdings von der Bildung weiterer permanenter Gremien zu anderen Aufgabenbereichen ab, um einer zu starken Bürokratisierung des Rates entgegenzuwirken. Darüber hinaus handelt es sich bei den aktuellen Themen im Betrieb häufig um zeitlich befristete Projekte, für die sich eher die Gründung von projektbegleitenden Arbeitsgruppen anbietet.[784] Diese können auch aus Personen zusammengesetzt sein, die auf verschiedenen Fachgebieten arbeiten, wodurch Schnittstellen einzelner Sachverhalte abgedeckt werden.

> "Wenn ich von Arbeitsgruppen rede, dann meine ich damit Gruppen, denen ich eine bestimmte Arbeit übertrage, die auch außerhalb ihres zuständigen Ausschusses zu erledigen ist. [...] Ich habe z.B. eine Arbeitsgruppe gebildet, um die Umfrage [zur Kantine] vorzubereiten. [...] Die Leute sind ja viel näher an der Belegschaft als

---

781 Siehe Kap. II.2.2.
782 Siehe weiterführend Kap. II.4.2.2.1.1.
783 Zitat aus einem Interview mit Betriebsrat B.
784 Projektgruppen, die auch als "Task Forces" bezeichnet werden, sind definiert als institutionalisierte Zusammentreffen, die der zeitlich begrenzten Zusammenarbeit mehrerer Personen dienen. Vgl. Schanz, G. (1994): a.a.O., S. 186; Siehe zum Thema Projektarbeit auch Neuberger, O. (1991): a.a.O., S. 227ff.

ich das bin. Die sind integriert in bestimmte Schichten, innerhalb bestimmter Abteilungen. Die sind direkt beim Volk."[785]

Bei der projektorientierten Arbeitsorganisation nutzen die einzelnen Betriebsratsmitglieder ihr unterschiedliches Potential: Während beim Spezialistentum in Ausschüssen gerade die langfristige Auseinandersetzung Freigestellter mit Themen als notwendige Bedingung für eine effiziente Arbeit gilt[786], erweist sich die Belegschaftsnähe der nicht-freigestellten Mitglieder als Vorteil, wenn praxisnahe Informationen benötigt werden. Die speziellen Fähigkeiten der haupt- und ehrenamtlichen Betriebsratsmitglieder werden durch diese Arbeitsteilung effektiv genutzt. Die direkte Einbindung in Projekte, die erfolgreich abgeschlossen werden, fördert insbesondere bei den nicht-freigestellten Mitgliedern die Motivation, sich stärker in der Vertretungsarbeit zu engagieren.[787]

Im Bereich der Informationsübermittlung aus den Betrieben ist außerdem das Netz der Vertrauensleute von Bedeutung, deren Zuständigkeitsbereich hinsichtlich der zu betreuenden Anzahl an Beschäftigten noch enger begrenzt ist. Werden diese aktiv in die Arbeit des Betriebsrates einbezogen, erhöht sich folglich die Zahl der Personen, auf die Aufgaben delegiert werden können. Dabei ist von Vorteil, wenn beide Gremien nicht deckungsgleich sind. So erhöht sich für den Vorsitzenden C die Zahl seiner potentiellen Hilfskräfte um ein vielfaches, da nur drei der Vertrauensleute gleichzeitig im Betriebsrat tätig sind.

Ebenso ist in der Projektarbeit möglich, einzelne Belegschaftsmitglieder aktiv in die Arbeit miteinzubeziehen, wenn diese anwendbare Kompetenzen besitzen. Eine derartige personelle Erweiterung wird von den betrachteten Betriebsräten faktisch z.T. genutzt. Das durchgängige Vorhandensein von projektorientierten Arbeitsformen führt bei den Betriebsräten außerdem zu einem Kompetenzzuwachs, da die Initiatoren und Moderatoren besonderes Fachwissen benötigen:

"- *Fachkompetenz*, um das Arbeitsthema überhaupt festlegen und inhaltlich bearbeiten zu können,

- *Methodenkompetenz*, die sich auf die organisatorische und inhaltliche Projektplanung und -überwachung sowie auf verschiedene Arbeits- und Moderationstechniken bezieht,

- *soziale Kompetenz*, die sich auf Fragen der Prozeßgestaltung, Gruppenleitung und Konfliktlösung bezieht."[788]

---

785 Zitat aus einem Interview mit Betriebsrat C.

786 Siehe dazu auch Kap. I.3.4.2 und II.4.1.5.

787 Die zentrale Wirkung der Einbindung und Qualifikation im Kontext von Gruppenarbeit betont auch Breisig in seiner Abhandlung über Projektgruppen. Vgl. Breisig, Th.: Betriebliche Sozialtechniken, Bd. 3, Neuwied 1990, S. 85f.

788 Ducki, A./Bamberger, E./Brauer K.: Projektorientierte Arbeitsformen, in: Mitbestimmung, 12/1995, S. 55. Siehe auch Kap. I.4.2.3.

Bei der Unterstützung ihrer Arbeit durch Externe besteht bei allen drei Betriebsräten weitgehende Übereinstimmung: Kontakt zur Gewerkschaft nehmen sie vor allem dann auf, wenn Rechtsfragen zu klären sind oder organisatorische Probleme vorliegen. Hier ist der Kontakt zur Verwaltungsstelle maßgebend. Bei besonders schwerwiegenden Entscheidungen, wie z.b. der Vereinbarung eines Sozialplanes, wird vorwiegend die Hauptverwaltung kontaktiert. Die Gewerkschaftsorganisation fungiert faktisch somit weitgehend als Dienstleister.

In Betrieb B delegierte der Vorsitzende den direkten Kontakt zur örtlichen Gewerkschaft wegen zeitlicher Restriktionen weitestgehend auf den Leiter des Vertrauenskörpers. Eine Ausnahme bilden Anlässe, bei denen die Präsenz des Vorsitzenden wegen politischer Notwendigkeiten unumgänglich ist. In diesen Fällen vermeidet Betriebsrat B, sich in den Vordergrund zu spielen, um die Kollegen, die in diesen Bereichen den wesentlichen zeitlichen und persönlichen Input geben, nicht zu demotivieren. Bei den anderen beiden untersuchten Betriebsräten liegt diese Aufgabe weiterhin bei den Vorsitzenden, die zudem innerhalb der Gewerkschaften weitere Ämter innehaben.[789] Die in Kapitel I.3.3.2. angeführte personelle Verflechtung von Betriebsräten und Gewerkschaften bestätigt sich somit in den Fallbeispielen.

Steht bei der zuständigen Gewerkschaft kein entsprechender Fachmann bereit, so wenden sich die Vorsitzenden auch an andere Organisationen oder Fachleute. Zum Thema Gruppenarbeit zog z.b. Betriebsrat B einen Unternehmensberater hinzu, der zwar von der Unternehmung eingesetzt worden war, aber auch der Interessenvertretung unterstützend zur Verfügung stand.

Wenn ein Problem eine gerichtliche Auseinandersetzung nach sich zieht, werden auch Fachanwälte konsultiert, obwohl diese hohe Kosten verursachen. Zusätzlich können Betriebsräte in ihrer Arbeit Unterstützung durch Fachleute anderer Institutionen erhalten, mit denen sie z.T. informelle Kontakte pflegen: Betriebsrat C hat z.B. durch seine ehrenamtliche Richtertätigkeit engen Kontakt zum Arbeitsgericht. Zudem sitzt er in einer Vielzahl weiterer Gremien, z.B. in der Vertreterversammlung der Berufsgenossenschaften. Durch seine ehemalige Tätigkeit in der Lohnbuchhaltung kennt er darüber hinaus Ansprechpartner für sozialversicherungsrechtliche Fragen. Der externe Personenkreis, der Stellungnahmen zu Problemen in der Betriebsratsarbeit abgeben kann, ist demnach sehr weitreichend. Dieses Netzwerk trägt dazu bei, notwendige Daten oder Meinungen schnell und effizient zu erlangen und erhöht deren sachliche Richtigkeit.

Insgesamt ist die Bedeutung der Delegation für die Vorsitzenden vor allem wegen zeitlichen Engpässen besonders hoch. Ohne die aktive Unterstützung der Kollegen im Rat wäre es ihnen nicht möglich, zusätzliche Ämter in übergeordneten Gremien

---

789 Betriebsrat C ist alternierender Vorsitzender der örtlichen Verwaltungsstelle der NGG und Betriebsrat A ist als "Multifunktionär" sowohl im Haupt-, Bezirks- und Verwaltungsstellenvorstand sowie im Bundesangestelltenausschuß der IG Chemie.

wahrzunehmen. Bei der Aufgabenteilung im Rat spielen Vertrauen und Fachkompetenz eine große Rolle. Betriebsrat B lobt hier besonders die Zusammenarbeit mit seinem Stellvertreter, der weitgehende Handlungskompetenz genießt, und dem Leiter des Vertrauenskörpers:

"Wir haben morgen früh einen Termin, wo ich hin müßte, aber nicht kann. Den Termin sag ich nicht ab, sondern da gehen die beiden hin. Die wissen was wir wollen und dann ist das genauso gut, als würde ich da hingehen. [...] Und wenn die unsicher sind, dann sagen die: Wir machen keine Vereinbarung, wir müssen darüber erst noch einmal reden. Das läuft wirklich prima und erlaubt mir dann auch einen gewissen Freiraum."[790]

Die Kollegen im Rat können allerdings nicht in jedem Falle stellvertretend eingesetzt werden, da bestimmte Personenkreise, z.B. die Geschäftsführung oder der Vorstand, die persönliche Anwesenheit des Vorsitzenden erwarten und für Verhandlungen voraussetzen. Hier unterstützen die Betriebsratskollegen den Vorsitzenden in der Form, daß sie ihm für die Vorbereitung der Sitzungen den Rücken freihalten, indem sie ihn von routinemäßigen Alltagspflichten entbinden.

Als Fazit kann für die Gestaltung der Arbeitsorganisation der betrachteten Betriebsräte festgehalten werden, daß sie, ebenso wie andere moderne Organisationen, durch Dezentralisierungstendenzen gekennzeichnet ist, um eine höhere Flexibilität zu bewirken. Die Arbeitsteilung stellt faktisch besondere Anforderungen an die Kompetenzen, das Engagement und die interne Koordinationsleistung des Rates.[791] Sie beeinflußt außerdem die Machtverteilung innerhalb des Gremiums, da der Betriebsratsvorsitzende Handlungsverantwortung - zeitlich befristet oder dauerhaft - auf einzelne Mitglieder überträgt. Grundlage dafür ist innerhalb des Beziehungssystems der Interessenvertreter ein hohes Maß an Vertrauen und Loyalität.[792]

4.1.3 Anforderungen an die Qualifikation der Mitglieder

Die Ausbildung der Betriebsräte ist in der Regel nicht auf die Breite der Kompetenzen ausgerichtet, die für ihre Amtsausübung notwendig ist. Je nach dem Grad der Bildung und Ausbildung der Betriebsräte bestehen in verschiedenen Bereichen Verständnisprobleme. Über Lehrgänge oder Seminare wird versucht, hier einen Ausgleich zu schaffen. Von Bedeutung sind dabei neben den o.g. Themen auch Spezialgebiete, wie z.B. neue Techniken, betriebliche Lohngestaltung oder Arbeits- und Ge-

---

790 Zitat aus einem Interview mit Betriebsrat B.
791 Siehe dazu ausführlicher Grün, O.: Delegation, in: Kieser, A./Reber, G./Wunderer, R. (Hrsg.): Handwörterbuch der Führung, Stuttgart 1987, Sp. 139.
792 Beide Elemente sind Erfolgsfaktoren der delegativen Führung. Vgl. Wunderer, R.: Delegative Führung, in: Kieser, A./Reber, G./Wunderer, R. (Hrsg.): Handwörterbuch der Führung, 2. Aufl., Stuttgart 1995, Sp. 235.

sundheitsschutz.[793] Dieser Mangel an Fachkenntnissen läßt sich nicht verhindern, da die Arbeit als Betriebsrat keine Profession mit einer entsprechenden Ausbildung ist, sondern zunächst als Ehrenamt neben der normalen Arbeitstätigkeit übernommen wird. Mit der hierarchischen Stellung innerhalb der Interessenvertretung steigen aber auch die qualifikatorischen Anforderungen. Während z.b. der Großteil der Mitglieder lediglich an Entscheidungsprozessen mitwirkt, obliegt den Betriebsausschußmitgliedern der Entwurf von Betriebsvereinbarungen oder sie treffen eigenverantwortliche Entscheidungen in ihrer Funktion als Delegierte.

Theoretisches Wissen ist in einer überaus großen Zahl von Arbeitsbereichen des Betriebsrats notwendig. Wenn es z.b. um finanztechnische oder steuerrechtliche Auswirkung bestimmter Maßnahmen geht, fehlt selbst langjährigen Mitarbeitern im Rat häufig das nötige Fachwissen. Durch die breite Palette von Spezialgebieten, die in einem Unternehmen thematisiert werden und die die Arbeit der Interessenvertretung berühren, lassen sich verbleibende Defizite auch durch Erfahrungswissen nicht völlig beseitigen. Die Hinzuziehung von Experten erweist sich hier als unumgänglich. Darüber hinaus werden immer neue Themengebiete für die unternehmerische Arbeit bedeutsam, die den Betriebsräten eine Auseinandersetzung und permanente Erweiterung ihres Wissensstandes abverlangen, um damit verbundene Auswirkungen auf ihre Arbeit abschätzen zu können.[794] Als Beispiel für einen solchen Trendbegriff nennt Betriebsrat B den "Shareholder-Value".[795]

Als wesentlicher Faktor für die effiziente Erfüllung des Amtes gilt deshalb die Bereitschaft, sich permanent fortzubilden. Nach Meinung von Betriebsrat C sollten dabei möglichst alle zur Verfügung stehenden Bildungsangebote genutzt werden, egal ob seitens der Gewerkschaft, der Arbeitgeber oder religiöser Bildungswerke. C selbst hat auch Schulungen im Arbeitgeberverband besucht, um einzelne Sachverhalte aus einem anderen Blickwinkel zu betrachten. Ideologische Schranken, die Betriebsräten häufig aufgrund ihrer engen Verbindung zur Gewerkschaft nachgesagt werden, lassen sich in diesem Kontext nicht feststellen.

Neben der Bildungsbereitschaft ist ein hohes Maß an persönlichem Engagement notwendig, das auch impliziert, einen Teil der Freizeit zu opfern. Gerade hier wird in

---

793 Vgl. Schneider, W.: Betriebsratswahlen 1994: Geschlossenheit statt Aufspaltung, in: Die Mitbestimmung, 3/1994, S. 6 sowie Kap. II.4.2.2.1

794 Derzeit sind in diesem Zusammenhang vor allem Kenntnisse über wirtschaftliche Zusammenhänge, Abläufe und Auswirkungen auf die Kosten von Bedeutung. Vgl. Richard, D.: Jeder Betriebsrat braucht ökonomische Kenntnisse, in: Arbeit und Arbeitsrecht, 2/1996, S. 57f.

795 Auf diesen Begriff soll hier nicht näher eingegangen werden. Zur näheren Auseinandersetzung siehe: Bühner, R. (Hrsg.): Der Shareholder-Value-Report, Landsberg 1994; Rappaport, A.: Shareholder-Value als Maßstab für die Unternehmensführung, Stuttgart 1995; Brune, J. W.: Der Shareholder-Value-Ansatz als ganzheitliches Instrument strategischer Planung und Kontrolle, Diss. Köln 1995; Raster, M.: Shareholder-Value-Management: Ermittlung und Steigerung des Unternehmenswertes, Wiesbaden 1995.

Zukunft möglicherweise ein neues Problem entstehen, da die generelle Bereitschaft, sich zu engagieren, bei den Beschäftigten in den letzten Jahren abgenommen hat.[796] Für die Mitarbeit im Betriebsrat ist auch das Ansehen der einzelnen Mitglieder im Betrieb bedeutsam.

"Ich denke, eine Grundvoraussetzung für jemanden, der sich zu einer Betriebsratswahl stellt, ist, daß der eine Anerkennung im Betrieb hat und die Kollegen nicht sagen, der will nur weg von der Arbeit. Das muß ein guter Mann im Betrieb sein."[797]

Eine weitere Voraussetzung für das Amt des Betriebsrates ist ein hohes Maß an Selbstbewußtsein und interpersonellen Fähigkeiten, die gemeinsame Entscheidungen und Handlungen ermöglichen. Beides wird besonders bei Meinungsverschiedenheiten mit dem Arbeitgeber benötigt. So bemerkte Betriebsrat A bereits häufiger, daß er in einer Diskussion durch großes Engagement, guten Durchblick und hohe analytische Fähigkeiten argumentativ auch gegen Akademiker bestehen konnte.

"Was ein Betriebsrat können sollte, ist Querdenken und Zusammenhänge schnell erkennen. Das ist unheimlich wichtig, daß einer etwas vorbringt und man nicht auseinandergeht und nachher feststellt, es hat ja keiner dagegen angesprochen. Da muß man viele Dinge sofort in Frage stellen [...] Oft ist es nicht die Intelligenz. Manchmal ist es auch wichtig, daß einer im richtigen Moment auf den Tisch haut und alles in Frage stellt."[798]

Zentrale Punkte der Fortbildung von Betriebsräten sind demnach gerade im Zuge einer anwachsenden Akademisierung des Managements, dessen Qualifikationsvorteile meist nicht aufzuholen sind[799], die Vermittlung von strategischem Geschick, sozialer Kompetenz und eines hohen Maßes an Kritikfähigkeit. Dabei vermissen Betriebsräte in ihrem Amt häufig die "kritische Kollegialität". Um das Verständnis zwischen den Mitgliedern im Betriebsrat zu verbessern, wendet Betriebsrat B in seinem Gremium die Methode der "Job-rotation" an. Monat für Monat wird ein anderes Mitglied an Sitzungen des Betriebsausschusses beteiligt, um auch den nicht-freigestellten Personen die Gelegenheit zu geben, sich ein Bild darüber zu machen, was in diesem Gremium passiert. Die Teilnahme bezieht sich auch auf die zweimal wöchentlich stattfindenden Frühbesprechungen, damit die dort diskutierten Themen ebenso wie grundlegende Arbeitsweisen bekannt werden. B zielt mit dieser Methode auf eine

---

796 Eine mögliche Begründung sehen die Befragten einerseits darin, daß der gesellschaftliche Wert von Freizeit und Individualität zugenommen hat, andererseits daß Vorgesetzte durch die Verknappung der Arbeitsplatzressourcen vermeintlich stärkeren Druck auf die Arbeitnehmer ausüben können, wodurch diese zu vermeiden suchen, durch bestimmte Handlungen aufzufallen. Siehe dazu auch Kap. II.4.1.6.

797 Zitat aus einem Interview mit Betriebsrat B.

798 Zitat aus einem Interview mit Betriebsrat A.

799 Siehe Kap. I.3.4.3.

Bewußtseinsveränderung ab, mittels derer die hierarchischen Unterschiede nicht zu einer Spaltung innerhalb des Gremiums selbst führen. Durch die Veranschaulichung dessen, was die Freigestellten in ihrer täglichen Arbeit tun, vermindert sich die Distanz zwischen haupt- und ehrenamtlichen Mitgliedern. Darüber hinaus birgt diese Methode der Weiterbildung aber auch für den Vorsitzenden selbst Vorteile, weil durch die größere Nähe der nicht-freigestellten zur Belegschaft andere Sichtweisen in die Diskussionen mit einfließen.

"Der Kollege, der jetzt gerade da ist, [...] der gibt zu allem seinen Senf dazu und sehr oft aus einer ganz anderen Sicht. [...] Das erfrischt sehr. [...] Und man lernt, das viele Dinge, die man aus seiner täglichen Arbeit heraus als selbstverständlich ansieht, überhaupt nicht selbstverständlich sind."[800]

Der Vorsitzende selbst benötigt für die effiziente Ausübung seiner Aufgaben ebenfalls spezielle Kompetenzen und Fähigkeiten. Einerseits stehen seine Führungsqualitäten und sein Durchsetzungsvermögen im Vordergrund. Andererseits muß er unter Beweis stellen, daß er auch als Spitzenmann des Gremiums Teammitglied bleibt, mit dem sich gemeinsame Vorschläge erarbeiten lassen. Die Gefahr, daß ihm "Klüngel" mit dem Management nachgesagt wird[801], entsteht vor allem, wenn sich andere Mitglieder des Rates uninformiert oder übergangen fühlen.

"Das machen sie nur einmal, weil sie dann nie mehr alleine eine Entscheidung herbeiführen können, ohne 'zig Sitzungen einzuberufen. Und sie müssen im Team arbeiten können. Wir versuchen immer, Diskussionen, die wir zu einem Thema führen, ohne den Arbeitgeber zu regeln. Wenn wir wissen, worum es geht, stimmen wir uns vorher ab. Aber wenn wir unterschiedlicher Meinung sind - das merken wir ja -, dann redet kaum noch jemand. Dann sagen wir, wir ziehen uns zurück oder machen einen neuen Termin. Wir würden uns nie wegen unterschiedlichen Meinungen zerfleischen."[802]

Das Zitat verdeutlicht die machtpolitische Bedeutung des Auftretens "wie ein Mann". Die Voraussetzung für diese strategische Komponente ist eine intensive Kenntnis der Betriebsräte untereinander, was ein nicht zu vernachlässigender Vorteil der - oft kritisierten - geringen personellen Ausstattung ist. Denn nur durch eine enge Kooperation wird ein Verständnis, das quasi ohne Worte abläuft, ermöglicht.

Neben den Ansprüchen an ihre Aus- und Weiterbildung bleibt für Betriebsräte weiterhin von zentraler Bedeutung, "die Sprache des Kumpels zu verstehen und zu sprechen"[803]. Dies ist für jeden Interessenvertreter insofern besonders wichtig, als die

---

800 Zitat aus einem Interview mit Betriebsrat B.
801 Siehe Kap. I.3.4.2. sowie I.5.1.1.
802 Zitat aus einem Interview mit Betriebsrat B.
803 Zitat aus einem Interview mit Betriebsrat B.

Grundlage seiner Stellung in der (Wieder-)Wahl durch die Belegschaft liegt,[804] die bei zu großer Distanz zur Klientel gefährdet ist.

4.1.4 Unternehmensbezogene Strukturen

Die unternehmensbezogenen Rahmenbedingungen beeinflussen die Arbeit der Betriebsräte in weiten Bereichen. Im folgenden wird insbesondere auf zwei Komplexe verwiesen, die sich in der Untersuchung als besonders bedeutsam herausstellten: Zum einen die Struktur des Unternehmens und zum anderen die Kooperationsnetzwerke der Betriebsräte innerhalb der betrieblichen Arena.

4.1.4.1 Unternehmensorganisation

Alle drei untersuchten Betriebe sind Teil eines Großkonzerns. Jeder der Befragten arbeitet zusätzlich in Ämtern auf den übergeordneten Ebenen. Entscheidungen und Vereinbarungen, die auf überbetrieblicher Ebene getroffen werden, haben stets Auswirkungen auf die betriebliche Ebene. Die Arbeiten auf Unternehmens- bzw. Konzernniveau bilden zudem einen wesentlichen Bestandteil der täglichen Arbeit, der im Laufe der Zeit an Bedeutung gewonnen hat. Durch die verstärkte Internationalisierung und Konzernierung wird dieser Trend noch weiter zunehmen. Aus diesem Grund wird im folgenden untersucht, welchen Einfluß die Makroebene (z.B. der Konzernbetriebsrat) auf die Mikroebene (Arbeit der Betriebsräte) hat.

Die Bewertung der originären Zuständigkeiten der Gremien auf den verschiedenen Ebenen differiert bei den untersuchten Betriebsräten:[805] Einerseits wird eine Verlagerung von Entscheidungsmacht auf die Konzernebene befürchtet,[806] wodurch der faktische Einfluß der Betriebsräte sinken kann, andererseits wird die zentrale Bedeutung der Konzernebene zur Erlangung von Informationen betont.[807]

"Diese ganzen Ausgliederungen bedeuten ja, daß ein Gesamtbetriebsrat immer weniger stark ist und alles, was aus seinem Bereich hinaus geht, in den Konzernbereich hineinwächst. Damit bekommt der Konzernbetriebsrat, obwohl der im Gesetz

---

804 Diesem Themenbereich widmen sich die Ausführungen des Kap. II.4.1.5.

805 Diese Varianz in den Einschätzungen läßt sich auch bei anderen Räten feststellen, Vgl. exemplarisch Kall, S.: Begrenzter Zugewinn - Interview mit Gewerkschaftern und Arbeitnehmervertretern in: Die Mitbestimmung, 42. Jg., 10/1996, S. 38 - 42.

806 Diese Wirkung erfolgt vor allem innerhalb multinationaler Konzerne. Vgl. Benz-Overhage, K. (1996): a.a.O., S. 37.

807 Konsequenzen, die aus der Verminderung der Freistellungen infolge von Ausgliederungen entstehen, wurden hier nicht angesprochen, da bis zur kommenden Betriebsratswahl die personelle Besetzung des Gremiums bestehen bleibt. Andere Unternehmen treten diesen Wirkungen beispielsweise durch veränderte Konstituierungen des Vertrauensleutekörpers entgegen. Vgl. exemplarisch o. V.: An der Spitze, Interview mit Naumann, R., Obernauer, V., Schiller, H. und Schnaubelt, W., in: Die Mitbestimmung, 1/1995, S. 44. Zu konkreten Auswirkungen von Umstrukturierungen auf die Interessenvertretung in Betrieb A, siehe weiterführend Kap. II.4.3.2.

noch gar nicht richtig vorgesehen ist, von der Wertigkeit her in ein paar Jahren eine wesentlich stärkere Gewichtung. Ebenso wird es für die Betriebsräte, die im Konzern drin sind, schwieriger, einen konkreten Ansprechpartner zu finden."[808]

Im vorliegenden Fall lassen sich durch die starken Zergliederungen in der Unternehmensstruktur von Betrieb A die Zuständigkeiten für Einzel-, Gesamt- und Konzernbetriebsrat nicht eindeutig zuordnen, da die Grenzen des Unternehmens immer stärker verwischen. Die Ausgliederung einzelner Betriebsteile kann Veränderungen bei den zugrundeliegenden rechtlichen und tariflichen Regulierungen bewirken und erschwert die Interessenvertretung oder macht sie zumindest weniger transparent.[809] Insbesondere im Kontext von Betriebsänderungen tauchen solche Fälle in letzter Zeit immer häufiger auf.

Um den Folgen einer Zergliederung entgegenzuwirken, wurde in Unternehmen C die Konstellation von Gremien sowie die Häufigkeit der Treffen verändert. Wie bereits in Kapitel II.2.2 erwähnt, fungiert der geschäftsführende Ausschuß des Gesamtbetriebsrats personenidentisch als Wirtschaftsausschuß. Die Übereinstimmung beider Gremien hat zwei Seiten: Einerseits ist durch die Deckungsgleichheit der Personen der Informationsfluß verbessert worden, da keine zusätzlichen Papiere zwischen den Mitgliedern notwendig sind, um den Stand der Informationen anzugleichen und eine vernünftige Diskussionsgrundlage herzustellen. Andererseits sind im Regelfall wesentliche Bereiche des Konzerns nicht im Gesamtbetriebsrat vertreten, da nach § 47 BetrVG nur eine begrenzte Anzahl von Personen vorgesehen ist, von denen wiederum nur ein geringer Prozentsatz im Ausschuß des Gesamtbetriebsrats mitarbeitet. Dieser Kreis konnte durch die alternative Regelung vergrößert werden.

Schwierigkeiten für die konkrete Arbeit liegen in Betrieb C bei der verstärkten Verlagerung der Entscheidungskompetenzen auf die Konzernmutter. Der Betriebsrat führte dazu beispielhaft an, daß Forderungen zur Bewilligung von Anträgen der Geschäftsleitung, z.B. zum Einkommensausgleich bei Genehmigung von Wochenendarbeit, früher unmittelbar mit dem Werksleiter abgeklärt wurden. Von diesem erhielt er entweder eine Ablehnung oder die Bedingungen für eine Umsetzung im beiderseitigen Einvernehmen. Heute ist er häufig gezwungen, einen schriftlichen Antrag zu stellen, der Verhandlungen über mehrere Wochen nach sich zieht. Wird letztlich festgestellt, daß keine Entscheidungskompetenz auf betrieblicher Ebene besteht, erfolgt die Weitergabe an die Zentrale. Insofern hat sich die Entscheidungsfindung durch immer häufigere Verlagerung der Entscheidungsmacht von der betrieblichen Ebene auf die Konzernebene wesentlich verlängert. Die Verlagerung der Entscheidungskompetenz zur Erhöhung der Prozeßeffizienz auf eine möglichst niedrige Stufe innerhalb der

---

808 Zitat aus einem Interview mit Betriebsrat A.
809 Siehe zum Stichwort Ausgliederungen Kap. I.4.2 sowie ausführlich Kap. II.4.3.2. Vgl. Röder, G./Grager, N. (1996): a.a.O., S. 1674.

Hierarchie ist hier demnach nicht erfolgt[810], was für die dezentrale Organisationsstruktur der Betriebsräte in diesem Kontext Probleme aufweist. Darüber hinaus entfällt zumeist mangels direkter Kenntnis die persönliche Vertrauensbasis.

Es zeigt sich, daß in den Unternehmen A und C die Entwicklung offenbar darauf hinausläuft, daß Vertrauensbeziehungen und klare Machtstrukturen zunehmend durch unpersönliche Verfahren ersetzt werden. Dadurch wächst die Unübersichtlichkeit und Anonymität im Unternehmensgebilde. Ebenso sinkt die Transparenz der formalen und informellen Prozesse und Verfahren, wodurch die Arbeit der Betriebsräte ebenso wie die Strategieentwicklung schwieriger werden.[811] Dieses Beispiel illustriert somit die These, daß Managementstrategien begrenzende Wirkungen auf die Handlungsmöglichkeiten der Betriebsräte haben können.

Demgegenüber betont Betriebsrat B die zentrale Bedeutung des Konzernbetriebsrates als Informations- und Beratungsgremium, weil dort eine Vielzahl von Informationen gebündelt zusammenlaufen.[812] In dieser Betrachtungsweise stehen die Interessenvertreter einzelner Betriebe nicht ohnmächtig den auf höherer Ebene getroffenen Entscheidungen gegenüber, vielmehr obliegt ihnen die konkrete Ausgestaltung der auf übergeordneter Ebene verabschiedeten Empfehlungen. Hier lassen sich Parallelen zu der in Kapitel II.4.1.1 geschilderten faktischen Ausgestaltungsmöglichkeit rechtlicher Gegebenheiten erkennen. Die Aufteilung der operativen Geschäfte zwischen der Mikro- und Makroebene bietet demnach für Betriebsräte insofern praktische Vorteile, als auf betrieblicher Ebene durch informelle, langjährige Kontakte bessere Umsetzungs- und Kontrollmöglichkeiten von Vereinbarungen bestehen.

Die zentrale Bedeutung der betrieblichen Ebene ist eng mit der Struktur des Konzerns verbunden. In Konzern B sind die einzelnen Betriebsteile nicht in identischen Branchen tätig, so daß eine übergreifende Regelung bereits durch unterschiedliche Gewerkschaftszugehörigkeit, Produktionsverfahren, Arbeitszeitregelungen und Belegschaftsstrukturen erschwert wird. Als aktuelles Beispiel für eine dennoch existierende konzernweite Regelung kann für Betrieb B die Einführung von SAP[813] angeführt werden, wobei aber lediglich die notwendigen Regelungen zum Datenschutz in einheitlicher Weise festgelegt wurden.

So charakterisiert, erscheint der Konzernbetriebsrat zunächst als eine "Lichtquelle [.], die je nach Bedarf an- und ausgeknipst werden kann."[814] Während Betriebsrat B den Regelungen auf Konzernebene lediglich richtungsweisenden Charakter zuschreibt,

---

810 Vgl. Picot, A./Reichwald, R./Wigand, R. T. (1996): a.a.O., S. 205.
811 Vgl. auch Klatt, R. (1995b): a.a.O., S. 393.
812 Diese differenzierte Sichtweise ist vermutlich darauf zurückzuführen, daß Betriebsrat B in der Beobachtungsgruppe die einzige Person ist, die den Vorsitz im Konzernbetriebsrat innehat.
813 Der Begriff SAP umfaßt spezielle EDV-Anwendungen und Programme, die von der SAP AG, Walldorf, entwickelt und vertrieben werden.
814 Nagel, B. (1994): a.a.O., S. 191.

sieht Betriebsrat A durch die starke Zergliederung die Gefahr einer Verselbständigung des Konzernbetriebsrats. Das Aufbrechen traditioneller Unternehmensstrukturen zeigt demnach eine direkte Wirkung auf die Funktionalität der Mitbestimmungsstruktur. Die Untersuchung von Nagel unterstützt diese unterschiedliche Bedeutung des Konzernbetriebsrats in der Praxis, je nachdem, wie dieser seine Tätigkeit versteht und seine Handlungspotentiale ausnutzt.[815]

4.1.4.2 Kooperationsnetzwerke

Wie in Kapitel II.3.1.2 beschrieben, ist die mündliche Kommunikation die zentrale tägliche Arbeitsaktivität der Betriebsräte. Aus diesem Grund ist von Interesse, zusätzlich zu den formalen Aussagen über die Häufigkeit des Kontaktes mit anderen Akteursgruppen[816] auch die Form dieser Kontakte näher zu betrachten.

Betriebsräte sind keine isoliert handelnden Organe, sondern stellen das Bindeglied zwischen einer Vielzahl von Akteursgruppen dar. Entsprechend sollten Kooperationen zu allen Teilen des Systems gewährleistet sein. Diese Erkenntnis war bereits in der grundsätzlichen Ausgestaltung des Gremiums implizit enthalten, indem der Gesetzgeber vorsah, daß der Betriebsrat analog zu den vorherrschenden Gruppen der Belegschaft zusammengesetzt ist. Die Bedingung, der Betriebsrat solle quasi eine Miniatur der Belegschaftsstruktur darstellen, ist aber in vielen Fällen heute nicht mehr gegeben. Aufgrund ihrer Verantwortung für alle Gruppen, insbesondere aber für sozial Benachteiligte, ergibt sich hier faktisch das Problem, daß manche Abteilungen nicht durch Interessenvertreter repräsentiert werden.

"Diese Streuung mit Männlein und Weiblein, jung und alt, verschiedenen Großgruppen, Ausländer und Deutschen, das ist real nicht so gegeben, wie es im Betriebsverfassungsgesetz vorgesehen ist."[817]

Die konstruktive Einbindung von Vertrauensleuten kann dieses Defizit allerdings ausgleichen. So deutet sich in Betrieb C an, daß der Vertrauensleutekörper den Querschnitt der Belegschaft eher widerspiegelt als der Rat selbst: Während im Betriebsrat z.B. erst ein Ersatzmitglied weiblich ist, besteht die Gruppe der Vertrauensleute zur Hälfte aus Frauen.

Die Betriebsräte betonen, daß sie aus dem Kreis der Arbeitnehmer die größte Informationsfülle schöpfen. Dominant sind dabei vor allem die Kontakte zu den Vertrauensleuten und Ratskollegen, da aus zeitlichen Gründen bei allen Befragten der direkte Kontakt zur Belegschaft häufig geringer ausfällt als sie es sich wünschen. Offenbar bringt der Vorsitz im Gremium tatsächlich mit sich, daß eine faktische Distanz zu den Arbeitnehmern entsteht. Diese Entfremdungserscheinung ist durch die Funktion des

---

815 Vgl. ebenda, S. 190f.
816 Siehe dazu Abb. 24.
817 Zitat aus einem Interview mit Betriebsrat A.

Betriebsrats als "Dolmetscher"[818] zwischen verschiedenen Gruppen und deren Welten unvermeidlich. Die Befragten sind sich dessen allerdings bewußt und versuchen dieser Entkopplung durch die Delegation der unmittelbaren Belegschaftskontakte auf ihre Kollegen sowie durch zusätzliche eigene Interaktionen entgegenzuwirken. Während Betriebsrat B aus diesen Gründen an Samstagen Rundgänge macht, nutzt Betriebsrat A vor allem informelle Zusammentreffen, wie z.B. Jubilar- oder Betriebsfeiern zu Gesprächen über den Arbeitsplatz, die Abteilung oder andere Sachverhalte. Bei Betriebsrat C, dem kleinsten Rat, zeigte sich, daß der Vorsitzende dort intensive Kontakte über Rundgänge pflegt. Hier bestätigt sich die These aus Kap. I.3.4.1, daß bei geringer Betriebsgröße und Funktionsdifferenzierung die Distanz zur Belegschaft besonders gering ist.

"Ohne den Kontakt zur Belegschaft ist das Amt tot."[819]

Kooperationen mit den Beschäftigten stellen für den Betriebsrat eine zentrale Aufgabe dar, denn der Rückhalt seiner Politik in der Belegschaft ist sein wesentliches Machtpotential. Entsprechend werden die Mitarbeiter vor allem dann aktiv in die Arbeit miteinbezogen, wenn die mehrheitliche Meinung gefragt ist. In Unternehmen C wandte der Betriebsrat z.B. die Methode der Befragung an, um sich ein Bild über Wünsche zur Umgestaltung der Kantine zu machen. Bei solchen Aktionen liegt die Rücklaufquote nach seinen bisherigen Erfahrungen weit über 50 Prozent.

Wie sich bereits in Kapitel II.4.1.4.2 andeutete, hat der Kontakt zum Management durch Routinesitzungen zu den unterschiedlichsten Themen- und Arbeitskontexten weitgehend formellen Charakter. Dennoch lassen sich verschiedene Kooperationsformen unterscheiden: Das Management gilt einmal als Zuträger offizieller Informationen, z.B. in Form von Plänen und Rapporten aus dem Personal- und Finanzbereich. Betriebsrat C führt beispielhaft aus, daß ihm vierwöchig Berichte der operativen Gesellschaften zukommen. Diese werden zwar permanent und ohne Verzögerung zur Verfügung gestellt, die Überprüfung der Daten wird allerdings kaum unterstützt und bei Nachfragen kommt es häufiger zu mangelhaften Auskünften. Das Verhalten einzelner Bereiche des Managements variiert allerdings: Die Informationen werden unzureichender, je tiefer die Ebene in der Unternehmenshierarchie liegt. Während in der Generaldirektion bei einer Nachfrage ein Großteil der Informationen direkt bereitgestellt wird, sinkt die Offenheit bei der Geschäftsführung bereits deutlich, wohingegen Betriebsrat C auf der Werksleitungsebene feststellte, daß Informationen zum Teil noch gar nicht bekannt geworden waren. Die Informationspolitik in den oberen Hierarchiestufen ist in Unternehmen C demnach als zielgerichteter zu bewerten als in den niedrigeren. Den Informationsvorsprung gegenüber der Werksleitung - die ihm vor allem aufgrund seiner Arbeit in übergeordneten Gremien zukommt - hat Betriebsrat C allerdings oftmals positiv für seine Arbeit nutzen können.

---

818 Vgl. Klatt, R. (1995b): a.a.O., S. 405.
819 Zitat aus einem Interview mit Betriebsrat C.

Auf der anderen Seite spielt das Management im Rahmen der informellen Kontakte im Unternehmen eine große Rolle, weil auf diesem Wege aus nahezu allen Bereichen vertrauliche Informationen erlangt werden können, die offiziell nicht oder nur verspätet preisgegeben werden. Eine frühzeitige Information bildet aber die zentrale Bedingung dafür, daß der Betriebsrat durch Überraschungseffekte nicht in eine Position gerät, in der er lediglich aus der Defensive reagieren kann.

Gut funktionierende Informationskanäle sind essentiell für die Handlungsmacht des Betriebsrates, vor allem dann, wenn wichtige Entscheidungen im Mutterunternehmen getroffen werden. Vor dem Beginn der Strukturmaßnahmen in Unternehmen A hat ein Werksleiter im Vorfeld Andeutungen gegenüber dem Betriebsrat gemacht, die es ihm ermöglichten, Druck auf die Geschäftsleitung auszuüben.[820] Gelingt es den Betriebsräten nicht, frühzeitig Informationen zu beschaffen, können sie Entscheidungen höchstens verzögern, aber nicht aktiv mitgestalten. Insofern bewegen sich seine Einflußmöglichkeiten nur in einem beschränkten Rahmen und beruhen vor allem auf einer vernünftigen Argumentationsbasis[821] sowie einer direkten Ergreifung von Maßnahmen während der Planungsphasen. Entsprechend behandeln Betriebsräte ihre informellen Quellen, die vor allem aus dem mittleren Management stammen, mit Bedacht:

"Einen Informanden preisgeben, heißt, keine Informationen mehr zu bekommen."[822]

Die bereits an anderer Stelle erwähnte Tatsache, daß Betriebsrat A allmorgendlich zunächst einen Rundgang im Betriebsratsbüro macht sowie die zentrale Informationsstellung des Sekretariats von Betriebsrat B[823] verdeutlichen ebenfalls die Wichtigkeit der informellen Kommunikation bei den Betriebsräten. Hier kommt erneut eine Parallele zu der Arbeit von Führungskräften zum Vorschein, die bereits in Kapitel II.3.2 Erwähnung fand: Zentraler Erfolgsfaktor der Arbeit im komplexen System einer Unternehmung ist der Aufbau und die Pflege von Kontaktnetzwerken.

Die besondere Vertretungswirksamkeit von montanmitbestimmten Unternehmen bestätigt diese These insofern, als die institutionalisierte enge Kooperation mit dem Ar-

---

820 Dank der frühzeitigen Information konnte eine verbesserte Verhandlungsgrundlage geschaffen werden, wodurch der Betriebsrat eine Erhöhung der Regelungen des Sozialplans auf 95 Prozent des Nettogehalts erreichte, die in anderen Betrieben des Konzerns um 5 Prozent niedriger liegen.
821 Siehe dazu ausführlicher Kap. II.4.1.3.
822 Zitat aus einem Interview mit Betriebsrat C.
823 Siehe dazu die Ausführungen zur "offenen Tür"-Politik in Kap. II.3.1.2.

beitsdirektor als Vorteil gegenüber anderen Mitbestimmungsformen gilt.[824] Der Arbeitsdirektor ist für die Interessenvertretung die zentrale Figur im Vorstand, nicht zuletzt, weil er nicht gegen die Stimmen der Arbeitnehmervertreter bestellt werden kann und im Sinne der rechtlichen Grundlagen die Verpflichtung hat, die Interessen der Beschäftigten zu wahren.[825] Die Intensität der Beziehung zwischen Arbeitsdirektor und Betriebsrat hat aber auch ihre Kehrseite. Betriebsrat B stellt an seinen eigenen Handlungen fest, daß er dazu tendiert, den Kontakt zu anderen Personen nicht direkt aufzunehmen, sondern Anfragen indirekt über den Arbeitsdirektor zu tätigen oder bei festgelegten Terminen mit Dritten dessen Unterstützung in Anspruch zu nehmen. Insofern kann der gute Kontakt zum Top-Management verhindern, daß Betriebsräte ihre eigenen Kooperationsnetzwerke ausweiten, weil der vertrauensvollen Basis, auf der die Zusammenarbeit mit dem Arbeitsdirektor beruht, der Vorzug gegeben wird.

Auch bei den anderen Unternehmen konnte festgestellt werden, daß besonders enge Kontakte zur Arbeitgeberseite vorwiegend im Personalbereich zu finden sind. Die Verbindung zwischen beiden Gruppen ist bereits durch das Tagesgeschäft[826] und die Zusammenarbeit in paritätischen Ausschüssen[827] vorgegeben. Darüber hinaus beschreibt Betriebsrat A einen engen persönlichen Kontakt zu den Referenten, die ebenso wie die Betriebsräte dezentral organisiert sind und einzelne Betriebe betreuen. So treten sie häufig in Verbindung, wenn z.B. eine Disziplinarmaßnahme ansteht, jemand gestohlen hat oder eine Versetzung stattfinden soll. Allerdings nehmen die Häufigkeit der informellen Treffen sowie Absprachen mit der Höhe der hierarchischen Stufe ab, ebenso wie die Frequenz des Zusammentreffens. Minimal ist folglich der direkte Kontakt zum Personaldirektor, der zumeist nicht an den speziellen Ausschüssen beteiligt ist. Hat der Betriebsratsvorsitzende allerdings ein spezielles Anliegen, so ist in der Regel eine Zusammenkunft mit dem Personaldirektor möglich. Anders als in der Montanmitbestimmung bestimmt hier folglich die Position in der Hierarchie die Häufigkeit und Qualität des Kontaktes.

Es bestätigt sich, daß der soziale Austausch auf betrieblicher Ebene die Personalisierung der Beziehung zwischen Mitarbeitern des Personalbereiches und des Betriebsrates fordert und fördert.[828] Das Beispiel der Kooperation des Vorsitzenden und des

---

824 Die Anerkennung des Arbeitsdirektors innerhalb des Vorstandes, die maßgeblich von der Fachkompetenz und Persönlichkeit des Mandatsträgers abhängt, findet hier keine weitere Erwähnung, da diese Thematik den Rahmen der Arbeit überschreiten würde. Vgl. dazu exemplarisch Wagner, D. (1994): a.a.O., S. 138 - 143; Wagner, D.: Personalvorstände (Arbeitsdirektoren) in mitbestimmten Unternehmen, in: DBW, 5/1993, S. 653ff. Allerdings stellte Wagner in einer Untersuchung fest, daß die Position des Arbeitsdirektors im Vorstand sowohl aus Selbst- wie auch aus Fremdsicht inzwischen weitgehende Akzeptanz gefunden haben. Vgl. Wagner, D.: Personal ist Chefsache, in: Die Mitbestimmung, 2/1996, S. 25.
825 Siehe Kap. I.2.3 und I.6.1.3.2.
826 Dieser Punkt bildet das Zentrum der Ausführungen von Kap. II.4.2.2.1.
827 Siehe dazu Kap. II.2.2.
828 Vgl. dazu auch Kotthoff, H. (1995b): a.a.O., S. 433.

Arbeitsdirektors, deren Beziehungsintensität stark vom "Miteinander-Können" abhängt, verdeutlichte die Nachteile, die eine enge Beziehung in sich bergen kann. Bezieht man die Überlegung mit ein, daß aufgrund unübersichtlicher werdender Unternehmensgebilde die Transparenz betrieblicher Entscheidungsprozesse zunehmend schwieriger wird, erscheint ein funktionierendes informelles Netz mit engen persönlichen Beziehungen bis ins Top-Management als wichtige Bedingung für die Arbeit der Räte. Betriebliche Intransparenz läßt einen wachsenden Bedarf an Ersatzkommunikation entstehen.[829]

In den Kooperationen von Betriebsräten bestehen formelle und informelle Beziehungen, die sich drei unterschiedlichen Formen von Netzwerken zuordnen lassen, deren Qualitäten zwar sehr unterschiedlich sind, die aber gleichermaßen wichtige Bedingungen für die effiziente Arbeit in modernen Organisationen darstellen:[830]

1) Es besteht ein *Beratungsnetzwerk*, das häufig über die Grenzen des Betriebes hinausreicht, in dem externe Personen durch fachliche Hinweise zur Lösung von Problemen beitragen.[831]

2) Daneben besteht ein *Kommunikationsnetzwerk*, das durch formale Sitzungen vorgegeben ist, z.B. im Rahmen der Ausschußarbeit. Dieser Bereich zeichnet sich vor allem dadurch aus, daß die Beteiligten sich regelmäßig über Fragen im Kontext ihrer Arbeit unterhalten.

3) Als drittes besteht das *Vertrauensnetzwerk*, in dem auch "delikate" Geschäftsinformationen oder Gerüchte auf informellem Wege ausgetauscht werden und das durch große Offenheit gekennzeichnet ist. Gerade auf diesen Kanälen spielen sich im wesentlichen mikropolitische Prozesse ab.[832]

Die Art des Kontaktes zu einzelnen Akteursgruppen im Netzwerk variiert dabei deutlich: Während im Kontext mit der Belegschaft und den Kollegen aus dem Betriebsrat durch den befragten Betriebsrat B eine sehr natürliche Beziehung beschrieben wird, weisen die Aufgaben mit dem Management und Externen eher formalen, geschäftlichen Charakter auf.

Zusammenfassend läßt sich festhalten, daß Betriebsräte über sehr differenzierte Kommunikationsarten in der Lage sind, hierarchische Grenzen zu überspringen und zu allen Ebenen der Unternehmung Kontakte herzustellen.[833] Diese Möglichkeit kommt keiner anderen Gruppe in der Unternehmung zu und stellt eine wesentliche

---

829 Siehe zum Stichwort "Ersatzkommunikation" bzw. "informale Kommunikation" weiterführend den Aufsatz von Klatt, R.: Kommunikation im betrieblichen Sozialsystem, in: Arbeit 4/1993, S. 383.
830 Diese Einteilung geht zurück auf Krackhardt, D./Hanson, J.R.: Informelle Netze - die heimlichen Kraftquellen, in: Harvard Business Manager, 1/1994, S. 17.
831 Siehe Kap. II.4.1.2.
832 Vgl. Schanz, G. (1994): a.a.O., S. 36.
833 Diese Auffassung vertritt auch Kotthoff. Vgl. Kotthoff, H. (1995b): a.a.O., S. 431.

Machtressource der betrieblichen Interessenvertreter dar. Betriebsräte nutzen ihre intensive Interaktion, wie an anderer Stelle bereits erwähnt, auch zur Entscheidungsfindung und zur Entwicklung von Zielvorgaben. Die Praxis des Betriebsrates weist demnach - insbesondere unter Berücksichtigung der Ergebnisse des Kapitels II.4.1.1 - Parallelen zu kooperativen Managementsystemen auf.[834]

4.1.5 Besonderheiten des Wahlamtes

Das Wahlamt und seine vermittelnde Stellung zwischen Belegschaft und Management stellt den Betriebsrat vor besondere Anforderungen. Gerade die verschärfte internationale Wettbewerbssituation oder Standortverlagerungen von Produktionsstätten ins Ausland konfrontieren den Betriebsrat mit Entscheidungsprozessen, deren Grundlagen und Auswirkungen den Beschäftigten nicht immer einfach zu vermitteln sind. Sieht er sich z.B. vor der Alternative, gesunde Abteilungen aufzustocken und Arbeitsplätze dort zu sichern anstatt kranke Abteilungen zu sanieren, kann sich unter dem Gesichtspunkt des Wohls des Gesamtbetriebes auch der Betriebsrat zumeist nicht der Sinnhaftigkeit solcher Entscheidungen verschließen.

Der Ausgleich zwischen ökonomischer und sozialer Verantwortung ist für den Betriebsrat folglich von zentraler Bedeutung, hängt doch seine potentielle Wiederwahl von seinem Ansehen in der Belegschaft ab, die ihn in erster Linie an den Erfolgen mißt, die er für seine Klientel erzielt.[835]

"Ganz wichtig ist, das man immer versucht, nachvollziehen zu können, was der Kumpel eigentlich will und daran denkt, wo man hergekommen ist. Der Kumpel, der mag so gut, so schlecht, so schlau, so dumm sein, wie er will, der wählt mich. Ich bin von dem abhängig. Und wenn jemand das nicht mehr tut, das merkt der Kumpel. Dieses Bodenständige, das muß erhalten bleiben."[836]

Besonders schwierig erscheint dieser Balanceakt, wenn ein Vorsitzender zusätzlich im Aufsichtsrat oder Konzernbetriebsrat sitzt. Während ein Manager bei einem Aufstieg in die "Zentrale" kaum mehr mit den von unternehmerischen Entscheidungen betroffenen Betriebsteilen in Berührung gerät und sich voll auf die Arbeit dieser Ebene konzentrieren kann, sind die Vorsitzenden von Betriebsräten in einer Position, die ihnen abverlangt, Entscheidungen, die auf höheren Ebenen getroffen werden, direkt vor der Belegschaft zu vertreten.[837] Dem Vorsitzenden kommt damit eine Meta-Aufgabe zu: Einerseits bewirkt er die Einarbeitung sozialer Elemente in ökonomische Entscheidungen, andererseits obliegt ihm gegenüber den Beschäftigten die Rechtfer-

---

834 Dies gilt vor allem für die vorgefundenen Formen der Kommunikation, Interaktion, Entscheidungsfindung und Zielvorgaben. Vgl. Oechsler, W. A. (1992): a.a.O., S. 312. Siehe auch Kap. II.3.3.
835 Siehe Kap. I.3.4.2.
836 Zitat aus einem Interview mit Betriebsrat B.
837 Siehe zu diesem Gesichtspunkt ausführlich Kap. II.4.2.2.3.

tigung für die "Mitarbeit" an unternehmerischen Maßnahmen - vor allem, wenn sie mit negativen Konsequenzen verbunden sind. Gelingt ihm die Begründung für seine Handlungen nicht, erfolgt möglicherweise keine Wiederwahl seiner Person, wodurch er auch seine Position auf Konzernebene verliert. Um in diesem Spannungsfeld effizient arbeiten zu können, benötigt der Betriebsrat ein hohes Maß an Gradlinigkeit und Verbindlichkeit.

Die Befragten sind sich der Gratwanderung innerhalb ihres Amtes und möglicher Konsequenzen im Falle der Enthebung durchaus bewußt. A berichtete beispielsweise, daß er sich vor der Zustimmung zur Freistellung mit seiner Familie besprochen hat.

"Es könnte ja sein, wenn man drei Jahre aussetzt und dann so gegen die Reihe redet, daß die dann sagen, war schön, daß du drei Jahre Betriebsrat warst. Dann mach du mal was ganz hinten in der Abteilung. Weiterbeschäftigt werden muß man ja, aber ein Anrecht auf die gleiche Tätigkeit hat man nicht. Nur die Berufsausbildung. Ich hab dann gesagt, o.k., das Risiko gehst du ein."[838]

Alle drei untersuchten Betriebsräte sind bereits seit langer Zeit Mandatsträger. Offenbar haben sie inzwischen Strategien erlernt, die ihnen eine größere Verweildauer im Amt ermöglichen.[839] Zudem besteht insbesondere von Seiten der Belegschaft der Wunsch nach Verläßlichkeit und Engagement ihrer Interessenvertreter, so daß die Wiederwahl nicht allein aus direkt spürbaren Vorteilen, wie der Wahrung materieller Besitzstände, resultiert. Die Kontinuität der personellen Besetzung des Betriebsrates ist wiederum für die Arbeitsbewältigung dienlich:

"Wenn ein neues Mitglied des Betriebsrates in die Position des Vorstandes kommt, dann wird es für ihn eine ungleich größere Mühe bedeuten als für mich. Ich mach das seit dem Jahre 1968. Da ist vieles schon Routine und man hat seine Nachschlagewerke. Da schaut man, was man damals gemacht hat und das wird dann ein bißchen modifiziert und der Entwicklung angepaßt, dann ist das keine so große Sache."[840]

Der Trend einer erhöhten Konstanz im Betriebsrat bestätigt sich auch bei der Untersuchung der Wahlen von 1994 durch Niedenhoff: Sowohl bei der Wiederwahl der Vorsitzenden als auch der anderen Ratsmitglieder liegt der Anteil bei ca. 70 Prozent.[841] Die potentielle Fluktuation im Rat, die lange Jahre auch als Begründung für die Schwierigkeit der Funktionsdifferenzierung angeführt wurde,[842] gilt entsprechend

---

838 Zitat aus einem Interview mit Betriebsrat A.
839 Hier scheinen Verläßlichkeit und Ehrlichkeit innerhalb politischer Handlungen des Betriebsrates die maßgeblichen Kriterien für das Vertrauen der Arbeitnehmerschaft zu sein.
840 Zitat aus einem Interview mit Betriebsrat C.
841 Vgl. Niedenhoff, H.-U. (1995): a.a.O., S. 45.
842 Siehe dazu Punkt I.3.4.2.

nur noch eingeschränkt. Dieser Sachverhalt deutet auf eine wachsende Verberuflichung und Verselbständigung der Betriebsratsarbeit hin.[843]

4.1.6 Defizitäre Bereiche[844]

Den betrachteten Betriebsräten steht in der Regel keine eigene Sekretärin zur Verfügung.[845] Dadurch entfällt ein großer Teil ihrer Arbeitszeit auf die Abfassung von Texten und Briefen. Vor allem in Gremien mit einer geringen Zahl von Freigestellten ist deshalb ein relativ hoher Zeitaufwand für administrative Aufgaben notwendig. Eine Verbesserung der Arbeitsausstattung von Betriebsräten in diesem Bereich wäre deshalb wichtig, um mehr Chancengleichheit gegenüber Managern herzustellen, die bereits i.d.R. über höhere formale Qualifikationen verfügen.[846]

"Auf der einen Seite - ich sag das jetzt mal überspitzt - haben wir einen ungebildeten Betriebsrat und auf der anderen Seite ein akademisches Management, dem eine wohlausgestattete Rechtsabteilung zur Verfügung steht. Da ist von Sozialpartnerschaft nichts mehr zu spüren."[847]

Mängel, die aufgrund der begrenzten fachlichen Qualifikation und der Vielzahl zu bewältigender Aufgaben in der täglichen Arbeit auftreten, erfordern in Teilbereichen die Unterstützung durch externe Ratgeber. So besteht die Möglichkeit, das Know-how der Gewerkschaften heranzuziehen, die als Reaktion auf die Tendenzen im Management inzwischen gleichermaßen über Akademiker verfügen. Die Rechtsexperten der Gewerkschaften bearbeiten allerdings zeitgleich Anfragen von unzähligen Unternehmen der jeweiligen Branche im Bundesgebiet und müssen ihre Unterstützung aus Kapazitätsgründen zwangsläufig stark selektieren. Die ausgleichende Wirkung der gewerkschaftlichen Einheiten ist hier folglich nur eingeschränkt vorhanden.

Das Vorhandensein eines Computers und die Vernetzung mit wichtigen Geschäftsbereichen ist in den Betriebsratsbüros ebenfalls nicht selbstverständlich. Dies liegt nach Meinung der Befragten teilweise in der langjährigen Technikfeindlichkeit der Betriebsräte selbst begründet. Erst im Laufe der Zeit erfolgte hier ein Umdenkprozeß, in der Hinsicht, daß durch den Umgang mit EDV in vielen Bereichen die Arbeit besser

---

843 Vgl. dazu auch die Ausführungen bei Klatt, R. (1995b): a.a.O., S. 399.

844 Zur Übersicht über wesentliche Problembereiche des Betriebsratshandelns siehe exemplarisch Gottschalch, H./Wächter, H.: Handlungssituation des Betriebsrats und Aufgaben für Betriebs-rats-Beratung, in: Zfo, 3/1983, S. 173 - 180.

845 Betriebsrat B steht zwar eine Kraft zur Verfügung, diese ist ihm aber nicht alleine zugeteilt. Insgesamt bleibt an dieser Stelle festzuhalten, daß B, der im Vergleich zu A und C die größte Zahl von Ämtern bekleidet, auch über die beste Arbeitsausstattung verfügt. So steht ihm z.B. ein Chauffeur sowie ein zusätzliches Büro an einem anderen Unternehmensstandort zur Verfügung. Siehe Kap. I.6.1.3.1.

846 Siehe Kap. I.3.4.3 sowie II.4.1.3.

847 Zitat aus einem Interview mit Betriebsrat C.

und effizienter gestaltet werden kann.[848] Hier wäre eine Erweiterung der technischen Ausstattung sowie Schulungen notwendig, um bestehende Defizite in der Form der Arbeitsbewältigung zu beseitigen.

Weitere Probleme für die effiziente und qualifizierte Arbeit der Betriebsräte hängen mit der ehrenamtlichen Stellung von Mitgliedern des Rates zusammen. Nicht-freigestellte Mitglieder üben im Betrieb ihre eigentliche Berufstätigkeit weiter aus und geraten deshalb immer häufiger in Bedrängnis, weil insbesondere durch den zunehmenden Personalabbau in der Wirtschaft der Zeitdruck im Arbeitsbereich jedes einzelnen Mitarbeiters zunimmt. Diese Situation verschärft sich auch durch den Bildungsurlaub für Betriebsräte, der ihre Abwesenheitszeit weiter erhöht.

"Vor 20 oder 25 Jahren konnte man sagen: 'Ich geh mal in den Betriebsrat' und war vier oder fünf Stunden weg. Aber jetzt ist der Druck da, so daß sie im Konflikt zwischen ihrem Beruf und ihrem Ehrenamt stehen. Wir haben zum Beispiel eine Kollegin gehabt, die das Mandat abgegeben hat, weil sie im Marketing gearbeitet hat. Wenn ein Kunde aus dem Ausland anruft, und sagt, ich komme dann und dann und möchte mir etwas ansehen, da kann man schlecht sagen, ich kann nicht, weil ich Betriebsratssitzung hab."[849]

Darüber hinaus kann ein Vorgesetzter auf die ehrenamtlichen Mitglieder Druck ausüben, indem er Besprechungstermine in der Abteilung in die Zeit der Betriebsratssitzungen legt. Bleiben die nicht-freigestellten Interessenvertreter infolge dessen häufiger Betriebsratssitzungen fern, so sinkt ihr spezifischer Kenntnisstand, wodurch die Voraussetzung für eine sinnvolle und aktive Unterstützung des Rates entfällt.

Die Kopplung der Freistellungen an die Betriebsgröße gilt als ein wesentliches Alltagsproblem, weil die personelle Stärke des Betriebsrats der wachsenden Zahl und steigenden Komplexität von Aufgabenfeldern nur schwer gerecht werden kann. Arbeitet ein Unternehmen in Schichten, wie z.B. in Betrieb C, bereitet es erheblichen planerischen Aufwand, Vollversammlungen des Betriebsrates durchzuführen. Nach § 38 BetrVG ist zwar eine Erhöhung der Mitglieder im Einverständnis beider Betriebsparteien möglich, wie dies auch im genannten Betrieb erfolgt ist. Allerdings besteht die zusätzliche Freistellung dort nicht permanent, sondern nur in Zeiten, in denen sich der Betriebsratsvorsitzende C sich außerhalb des Betriebes aufhält. In den Betrieben findet sich folglich nur ein Mindestmaß an Freistellungen.

"Es wäre für uns ja schon sehr hilfreich, wenn diese verrückte Freistellungsregelung eine andere wäre. [...] Wir arbeiten in 24 verschiedenen Schichten. Da können Sie die Arbeit gar nicht zur vollen Zufriedenheit bewerkstelligen mit einer Person.

---

848 Siehe auch weiterführend Kap. II.4.3.1.
849 Zitat aus einem Interview mit Betriebsrat A.

[...] Aber das Gegenteil wird eintreten, eher werden sie die Freistellungsgrenze nach oben verändern."[850]

Eine Möglichkeit zur Erhöhung der Arbeitseffizienz des Betriebsrats besteht darin, die Freistellungsrechte im Einzelfall nach § 37 Abs. II Betriebsverfassungsgesetz auszuschöpfen. Dabei kann die Zahl der permanent freigestellten Mitglieder z.B. durch Regelungen einer Betriebsvereinbarung herabgesetzt werden, zugunsten eines großzügigeren Rechts auf Freistellungen im Einzelfall.[851] Faktisch birgt aber auch diese im Gesetz verankerte Möglichkeit Probleme, da für Betriebsräte mit geringer Zahl gesetzlich festgelegter Freistellungen keine Tauschmöglichkeiten bestehen, wie das Beispiel von Betriebsrat C zeigt. Das Gesetz trägt somit nicht zur Steigerung der Handlungsfähigkeit kleiner Räte bei.

Eine zusätzliche Erschwernis der Arbeit liegt nach Meinung der Befragten darin, daß im Betriebsrat - wie auch in anderen Gremien - eine große Zahl von Mitläufern einer eher geringen Zahl von Aktivisten gegenübersteht. Aus diesem Aktivitätsgefälle im Rat resultiert, daß die engagierten Mitglieder permanent überlastet sind.

"Ich habe hier Leute, die heben die Hand, wenn ich sie hebe und die lassen sie unten, wenn ich sie unten lasse. Das will ich gar nicht so sehr beklagen. Was ich beklage ist, daß es zu wenig Aktivisten gibt, die bereit sind, etwas zu tun. [...] Und dadurch kommt es, daß die, die etwas tun, permanent überlastet werden. [...] Die anderen werden erst aktiv, wenn es ihnen an den eigenen Kittel geht. Erst dann. Und wenn nebenan was brennt, das übersehen wir."[852]

Diese Kritik unterstützt die These aus Kapitel II.4.1.2, daß die Bereitschaft der Beschäftigten, sich aktiv an der Arbeit des Betriebsrates zu beteiligen, zu bemängeln ist.

Zentrale Problembereiche der Betriebsratsarbeit liegen demnach im Ungleichgewicht zwischen dem Verwaltungsapparat der Geschäftsleitung und der Konstitution des Betriebsrates einerseits, sowie der zunehmenden Komplexität als auch Vielfalt der Aufgaben andererseits. Der verstärkte Einsatz wissenschaftlicher Mitarbeiter, die sich vor allem umfassenden Themenbereichen widmen sollen, ist ein möglicher Weg aus diesem Dilemma. Dabei ist - ebenso wie bei externen Beratern - wichtig, daß diese eine ausgewogene Darstellung von Vor- und Nachteilen aus Sicht der Interessenvertretung erarbeiten.

"Zum Beispiel ist ein wichtiges Thema, das ich im Konzernbetriebsrat aufgreifen möchte, derzeit das 'shareholder value'. [...] Ich kann aus dem hohlen Bauch sagen, das ist schlecht, da spielen nur noch Aktionärsinteressen eine Rolle und die der Arbeitnehmer keine, beinahe wie in Amerika. Aber das sind alles Dinge, die wenig

---

850 Zitat aus einem Interview mit Betriebsrat C.
851 Vgl. Busch, M.: Anzahl und Auswahl der gemäß § 38 BetrVG freizustellenden Betriebsratsmitglieder, in: DB, 6/1996, S. 326.
852 Zitat aus einem Interview mit Betriebsrat C.

fundiert sind. Gefühlsmäßig.[...] Wichtig ist für mich, daß der mir bei meinen Fragen weiterhilft. Aber nicht jemand, der alles verteufelt. Das kann ich selbst."[853]

Ein weiterer Arbeitsbereich derartiger Assistenten kann im Bereich der Presse- und Öffentlichkeitsarbeit liegen, der eine immer größere Bedeutung in der Interessenvertretung zukommt.[854] Eine Erweiterung der personellen Kapazitäten der Interessenvertretung kann einen Beitrag dazu leisten, die Professionalisierung weiter voranzutreiben. Dabei verweist Betriebsrat A auf den Aspekt des Generationswechsels: Vor einigen Jahren hätten sich Betriebsräte keinesfalls "von Dritten in ihre Bereiche reinreden lassen". Auch seine Generation müsse sich erst daran gewöhnen, sich beraten zu lassen, während es für die jüngeren Betriebsratsvorsitzenden möglicherweise schon bald Normalität sein würde, solche "Stäbe für Betriebsräte" zu nutzen, die in einigen Unternehmen und Branchen bereits existieren.[855] Die damit wachsende Ähnlichkeit des Betriebsrats zum Managementapparat zieht jedoch möglicherweise eine zunehmende Distanz zwischen Vorsitz und Belegschaft nach sich.

"Aber von meiner Sicht her ist das unbedingt notwendig, daß sich die Betriebsräte einen Sachverstand ins Haus holen, der sie unabhängig berät bzw. Dinge vorbereitet."[856]

Bei den potentiellen Erweiterungen der Räte gilt in der Regel das Kostenargument als wesentliches Hindernis, egal ob es um die Bereitstellung eines Sekretariats geht oder um die Erhöhung der Freistellungen. Dieses Argument ist aber nach Meinung von Betriebsrat C nicht zutreffend:

"Die Kosten, die dadurch entstehen, daß wir uns in Streitfällen hochdotierte Außenstehende verpflichten, sind deutlich höher. Ich hatte vor kurzem Mal einen Streitfall, wo ich angedroht habe, mich der Mithilfe eines versierten Fachanwaltes für Arbeitsrecht zu versichern. Der Mann tritt nicht unter 20.000 DM an. Dann war das Thema schnell vom Tisch. Aber im Streitfall hätten wir einen solchen Menschen engagiert. Nur weil man uns unter Zeitdruck gesetzt hat. Hätte ich ein größeres Gremium, hätte ich dadurch mehr Meinungsvielfalt und hätte das anders lösen können."[857]

Innerhalb des Generationenwechsels traten durch den Wandel der Rahmenbedingungen auch Wirkungen auf, die zu einem veränderten betrieblichen Ansehen der Räte führte:

---

853 Zitat aus einem Interview mit Betriebsrat B.
854 Siehe dazu ausführlich Kap. II.4.3.3.
855 Bei VW stehen dem Betriebsrat z.B. bereits zehn Referenten zur Verfügung, die über einen Studienabschluß verfügen. Vgl. Rueß, A. (1994): a.a.O., S. 16. In den untersuchten Unternehmen besteht lediglich für den Vorsitzenden B die Option, daß ihm in naher Zukunft eine Assistenz seitens der Geschäftsleitung bewilligt wird.
856 Zitat aus einem Interview mit Betriebsrat A.
857 Zitat aus einem Interview mit Betriebsrat C.

"Früher war der Vorsitzende des Betriebsrates, wenn er nicht ganz schlecht war, ein König an so einem Standort. Heute ist er fast ausschließlich in der Verteidigungsposition, um das schlimmste für die Belegschaft zu verhindern. Nur in ganz seltenen Fällen kann man in die Offensive gehen und Forderungen stellen."[858]

Als Ausnahme nennt er Bereiche, wo mit der Ablehnung von Mehrarbeit bestimmte Forderungen durchgesetzt werden können, z.B. pauschale Zulagen für zusätzliche Schichten. Solche Aushandlungen zusätzlicher Besitzstände der Belegschaft sind heute, wie die Befragung der Räte ergab, immer seltener umsetzbar. In diesem Kontext werden die Vorsitzenden z.T. innerhalb der eigenen Reihen von langjährigen Mitgliedern unter Druck gesetzt, die auf die "alten Zeiten" verweisen und die Verantwortlichen anklagen, keine ausreichende Durchsetzungsstärke zu besitzen. Damit kann unter Umständen das Ansehen der gegenwärtigen Amtsträger und die Arbeitsmoral im Gremium herabgesetzt werden.

Betriebsrat C sieht darüber hinaus das schlechte Image der Arbeitnehmervertreter und das mangelnde Interesse der Öffentlichkeit als nachteilig an:

"Der Betriebsrat ist in unserer Gesellschaft ein Gremium, das nur wahrgenommen wird, wenn große Massenentlassungen vor der Tür stehen. Oder als Ärgernis. Ansonsten ist er nicht existent. Sie müssen nur mal die Bild-Zeitung aufschlagen. [...] Da gibt es im Moment einen Bericht: "Meine Firma", wo die Großfirmen hier im Kreis vorgestellt werden. Da wird der Manager vorgestellt, der kaufmännische Sachbearbeiter, der Laborchef und viele andere. Aber vom Betriebsrat lesen Sie da nichts."[859]

Dieses Ergebnis stützt auch eine Untersuchung des Medienbeobachtungsdienstes, die ergab, daß die Schlagworte "Mitbestimmung" und "Interessenvertretung" nur selten thematisiert werden. Darüber hinaus finden Betriebsräte zumeist in negativen Zusammenhängen Erwähnung, z.B. bei Unternehmenskrisen oder Betriebsschließungen.[860]

---

858 Zitat aus einem Interview mit Betriebsrat B. Siehe zu diesem Thema weiterführend auch Kap. II.4.2.2.1.2.
859 Zitat aus einem Interview mit Betriebsrat C.
860 Vgl. Saller, Ch.: Mitbestimmung - (k)ein Thema in den bundesdeutschen Printmedien, in: Die Mitbestimmung 7-8/1994, S. 60f.

4.2 Aufgabenfelder eines modernen Betriebsrates

Im folgenden soll das Alltagshandeln der Betriebsräte dahingehend analysiert werden, welche Aufgaben faktisch verrichtet werden und in welchen Bereichen diese zu finden sind.[861] Den zentralen Handlungsbereich beschreibt Betriebsrat A folgendermaßen:

"Die Aufgabe des Betriebsrates ist, die Interessen der Mitarbeiter gebündelt dem Arbeitgeber gegenüber zu vertreten und Veränderungen herbeizuführen, die zum Vorteil für die Mitarbeiter sind."[862]

Neben der Zuständigkeit für das Kollektiv der Beschäftigten, bei der stets das wirtschaftliche Umfeld des Betriebes beachtet werden muß, betonen alle drei Betriebsräte die Vielfalt von Aufgaben, die aus individuellen Belangen der Belegschaft resultieren. Beide Bereiche stehen sich im Alltag prozentual ungefähr zu gleichen Teilen gegenüber. Die individualrechtlichen Sachverhalte umfassen dabei eine große Spannbreite von Aufgaben:[863] So fällt in diesen Kontext die Klärung arbeitsvertraglicher Probleme ebenso wie die Wahrung der Rechte von Minderheiten im Betrieb.

"Gerade das, was Industriesoziologen meist als Kleinkram abtun, nämlich sein Kümmern und Sorgen um personelle und soziale Alltagsprobleme, ist nach der institutionellen Konstruktion des Betriebsrates eine Großleistung."[864]

Es ist bei der Betrachtung der Arbeit der Betriebsräte von besonderer Bedeutung, daß diese stets im Handlungskontext von verschiedenen Akteursgruppen stehen. Beobachtbare Tätigkeiten hängen folglich stark von dem jeweiligen Bezugsrahmen und Aktivitätspartner ab.[865] Je nachdem, in welcher Struktur der Betriebsrat handelt, verfolgt er somit auch unterschiedliche Ziele. In der folgenden Abbildung 29 sind beispielhaft einige dieser speziellen Handlungskontexte zusammengefaßt.

Im Alltagshandeln des Betriebsrates lassen sich generell unterschiedliche Eigenarten der Aufgabenstellung ausmachen: Es gibt einerseits themenübergreifende Aufgabenfelder, die als faktische Aktivitäten beobachtbar sind und bereits in Kapitel II.3. dargelegt wurden, sowie andererseits themenspezifische Aufgabenfelder, die z.B. die betriebliche Personalarbeit betreffen.

---

861 Im Rahmen der aufgabenorientierten Beschreibung dominieren als Datenquellen Interviews, Betriebsvereinbarungen sowie andere betriebliche Dokumente.

862 Zitat aus einem Interview mit Betriebsrat A.

863 Siehe zu diesem Thema auch Kap. II.4.2.2.3.

864 Kotthoff, H. (1995b): a.a.O., S. 430.

865 Vgl. auch Martens, H. (1994): a.a.O., S. 281.

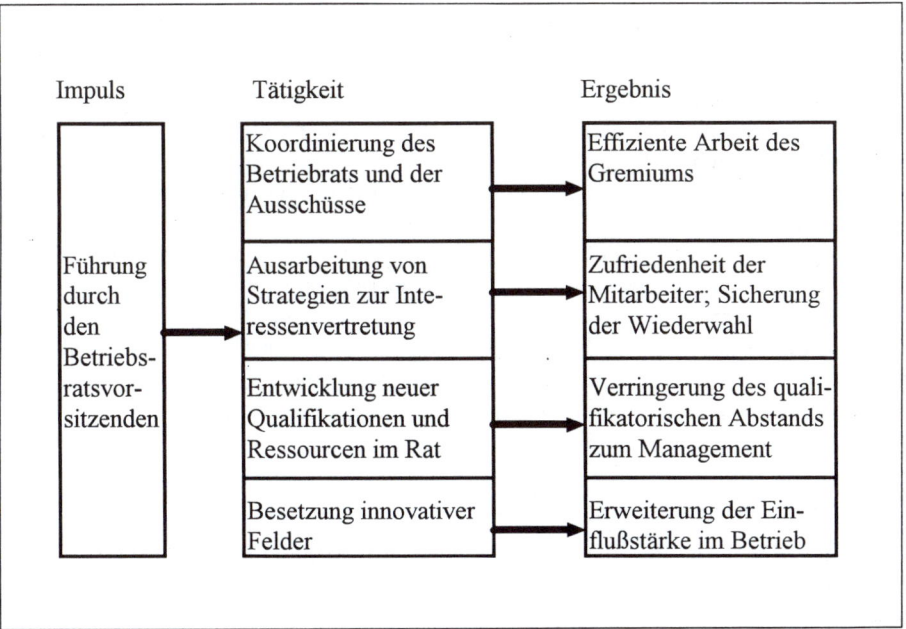

Abb. 29: Aufgaben und Ziele des Vorsitzenden eines Betriebsrates

4.2.1 Themenübergreifende Aufgabenfelder

Unter themenübergreifende Aufgabenfelder der Betriebsräte sind beispielsweise Sitzungen, Rundgänge oder die Erstellung von Betriebsvereinbarungen zu fassen. Diese täglichen Aufgaben erfordern Vorbereitungen, hängen mit betriebsspezifischen Routinen zusammen und erfüllen wichtige Funktionen im Alltag der Interessenvertretung. Wie bereits in Kapitel II.3.1 deutlich wurde, ist ihnen insgesamt gemein, daß sie weitestgehend der Erlangung oder Weitergabe von Informationen dienen.

Ein Kennzeichen des Betriebsratsalltags ist nach den Beobachtungsergebnissen die Kontinuität dieser übergreifenden Aufgaben, unabhängig davon, welche Themen gerade "im Trend" liegen, wie groß das Unternehmen ist, welcher Branche es angehört oder in welcher wirtschaftlichen Situation es sich befindet. In der Regel bestehen feste Terminierungen für diese Aufgaben. Der Rhythmus solcher Arbeitsroutinen bildet entsprechend die Rohstruktur des Betriebsratsalltags. Wie sich in Kapitel II.3.1.4 bereits zeigte, entfallen durchschnittlich 16 Prozent auf solche formalen Sachzwänge. Nimmt man regelmäßig wiederkehrende Besprechungen, die der Betriebsrat oder das Management initiieren hinzu, erhöht sich dieser Anteil der fest terminierten Aktivitäten deutlich. Allein die regelmäßige Mitarbeit in den Ausschüssen oder Besprechungen mit dem Stellvertreter nehmen einen großen Zeitanteil ein. Trotz der zentralen

Bedeutung dieser "stofflichen Alltagsaufgaben" existieren kaum Veröffentlichungen zu diesen Aktivitätsbereichen.[866]

Faßt man die themenübergreifenden Aktivitätsbereiche auf einer abstrakten Ebene zusammen, so scheint das Management von Informationen eine zentrale Aufgabenstellung des Betriebsratsvorsitzenden zu sein, was sich bereits im Rahmen seines Rollenmodells abzeichnete. Er bündelt einerseits Meinungen und Wünsche der Arbeitnehmer gegenüber dem Arbeitgeber und andererseits dementiert, unterstützt oder erklärt er Politiken des Managements gegenüber der Belegschaft. Mündliche Verhandlungen dokumentiert er in Form von Vereinbarungen, wenn eine der beiden Parteien - Arbeitnehmer oder Arbeitgeber - ein höheres Maß an Verläßlichkeit wünscht. Diese verbindende Funktion des Betriebsrates, die er nur durch ein hohes Maß an Neutralität und Objektivität gegenüber den Interessen beider Gruppierungen einnehmen kann, wenn er zum Wohl des Gesamtkomplexes entscheiden will[867], läßt ihm in der betrieblichen Arena die Rolle eines Botschafters zukommen.[868]

4.2.2 Themenspezifische Aufgabenfelder

Unter die Kategorie der themenspezifischen Aufgabenfelder werden vor allem Pflichten gefaßt, die dem Betriebsrat im Rahmen der Mitbestimmung obliegen, die gesetzlich festgelegt sind und seine Einflußnahme entsprechend notwendig machen. Wie im theoretischen Teil bereits verdeutlicht wurde, können sich diese Aufgaben auf wirtschaftliche, personelle und soziale Angelegenheiten beziehen. Der faktisch dominierende Aufgabenkomplex variiert hier in Abhängigkeit von situativen Anforderungen. So beherrschte im letzten Jahrzehnt aufgrund technischer Entwicklungen in der Regel die Beschäftigung mit Rationalisierungsfolgen das Tagesgeschäft der Interessenvertreter.

Spricht man vom Betriebsrat als Co-Manager, d.h. als Institution, die unternehmerische Aufgabengebiete mitgestaltet und -verantwortet, so steht dabei der Personalbereich, wie bereits an anderer Stelle ausgeführt, im Mittelpunkt. Dies um so mehr, als nahezu alle Entscheidungen, die die Funktionalität eines Unternehmens betreffen, Auswirkungen auf die Arbeit oder die Arbeitenden nach sich ziehen. Insofern zählen Betriebsräte mehr und mehr auch jene Tätigkeitsfelder zu ihrem Handlungsrahmen,

---

866 Da die Beobachtung auch in dieser Untersuchung nur in ausgewählten Bereichen durchgeführt wurde, können diesbezüglich keine Aussagen getroffen werden. Der Forschungsbedarf in diesem Kontext wird aber noch deutlicher, wenn andere Ländern in den Vergleich einbezogen werden, in denen jeweils spezifischen Routinen in Sitzungen und Versammlungen vorherrschen. Vgl. zu diesem Thema aus dem Managementbereich exemplarisch Simonet, J.: Pratiques du management en Europe - gérer les différences au quotidien, Paris 1992, S. 33f. und 47f.

867 Kotthoff führt in diesem Kontext an, daß dem Betriebsrat im Sinne des "Betriebswohls" eine Verantwortung für das System obliegt, indem er die sozial-moralischen Ressourcen nutzbar macht. Vgl. Kotthoff, H. (1995b): a.a.O., S. 431.

868 Siehe weiterführend auch das Kap. II.4.2.2.3.

deren personalwirtschaftliche Folgen nur schlecht a priori abgeschätzt werden können. Ein aktuelles Beispiel hierfür ist die Zertifizierung nach ISO-Normen, die vor allem den Produktabsatz sichern soll.[869] Obwohl die Beteiligungsrechte des Betriebsrates in diesem Themenbereich nicht eindeutig geklärt sind[870], wirkte Betriebsrat C in seinem Werk federführend bei den notwendigen Maßnahmen mit, weil aus der Zertifizierung Folgen für die Beschäftigungssituation des Betriebes resultieren.

"Wir haben das Thema Zertifizierung gefördert und wir haben das auch nach vorne gepuscht, denn uns liegt natürlich unheimlich viel an der Sicherheit der Arbeitsplätze. [...] Und nicht zertifizierte Unternehmen haben auf den Märkten einen Nachteil, einen Wettbewerbsnachteil. Deswegen war das für uns wichtig."[871]

Moderne Betriebsräte wirken folglich in vielfältiger Weise als aktive Gestalter des betrieblichen Geschehens mit. Hinsichtlich der zu bearbeitenden Aufgaben hat eine Erweiterung stattgefunden, die häufig über die Grenzen des Betriebsverfassungsgesetzes hinausreicht.[872] Diese gründen sich vor allem darauf, daß sich innerhalb der Betriebe verschiedene "Mitbestimmungswelten" und "Beteiligungskulturen" entwickelt haben, d.h. die Mitbestimmungspraxis ist durch eine produktive Vielfalt[873] gekennzeichnet, die sich auch in den folgenden Fallbeispielen aus dem Personalbereich widerspiegelt.

4.2.2.1 Personalarbeit als Dreh- und Angelpunkt

Der überwiegende Teil der von Betriebsräten zu bearbeitenden Problemfelder liegt im Personalbereich. Wie bereits an anderer Stelle gezeigt wurde, besteht insbesondere im Rahmen von gemeinsamen Ausschüssen eine enge Kooperation mit Mitarbeitern der Personalabteilung.[874] Darüber hinaus ergeben sich zahlreiche Parallelen zwischen der Arbeit eines Personalmanagers und der eines Betriebsrates. Beide versuchen, Sachverhalte, die die Belegschaft betreffen, in individueller oder kollektiver Weise zu regeln. Die Klientel einzelner Personalsachbearbeiter und -referenten sind die jeweili-

---

869 Eine nähere Beschäftigung mit diesem Thema erfolgt an dieser Stelle nicht. Weiterführend siehe beispielhaft: Schönsleben, P./Müller, R. (Hrsg.): Qualität managen, Zürich 1996; Stauss, B. (Hrsg.): Qualitätsmangement und Zertifizierung, Wiesbaden 1995; Wittig, K.-J.: Qualitätsmanagement in der Praxis, 2. Aufl., Stuttgart 1994; Jackson, P./Ashton, D.: ISO 9000: der Weg zur Zertifizierung, 2. Aufl., Landsberg 1995.

870 Vgl. Welslau, D.: Betriebsrat und Zertifizierung, in: Personalwirtschaft, 8/1996, S. 22.

871 Zitat aus einem Interview mit Betriebsrat C. Vgl. zu diesem Themenbereich auch Girndt, C.: Der Modernisierungsmanager, in: Die Mitbestimmung, 3/1995, S. 49.

872 Individuelle, betriebliche Lösungen werden sogar zum Teil durch die hohe Regulierung behindert. Vgl. o. V.: Betriebsverfassungsgesetz als Hemmschuh, in: Blick durch die Wirtschaft vom 31.10. 1996, S. 1.

873 Vgl. Leminsky, G.: Vom historischen Kompromiß zum Bürgerrecht, in: Die Mitbestimmung, 10/1996, S. 27.

874 Vgl. Wächter, H. (1992b): a.a.O., Sp. 2207.

gen Betriebe und Abteilungen, deren Betreuung ihre zentrale Aufgabe ist. Diese "Gebietsaufteilung" liegt bei den Betriebsräten ebenfalls vor, so daß faktisch enge Kontakte zwischen einzelnen Referenten und Betriebsräten bestehen, die sich auf die konkrete Zusammenarbeit, z.b. bei personellen Einzelmaßnahmen, gründet.

Wie sich in Kapitel II.2.2 zeigte, existieren in allen drei untersuchten Unternehmen Ausschüsse, die sich mit den Themen Lohn und Arbeitssicherheit beschäftigen. In den Betrieben A und B bestehen darüber hinaus Gremien, die sich speziell mit Personalplanung und Berufsbildung auseinandersetzen. Bei der Analyse der abgeschlossenen Betriebsvereinbarungen konnte festgestellt werden, daß sich die Mehrzahl auf Sachverhalte bezog, die im Kontext personalwirtschaftlicher Themen stehen. Dieser Umstand resultiert einerseits aus der in Teil I. dargelegten Breite von Mitbestimmungsmöglichkeiten der Betriebsräte im Personalbereich, andererseits aus ihrem Expertentum, das durch langjährige Arbeit in diesem Gebiet entstanden ist. Der Betriebsrat sorgt folglich in seinem täglichen Handeln dafür, daß eine langfristige, verläßliche Personalpolitik Anwendung findet, auf deren Fundament Vertrauensbeziehungen entstehen können.[875]

Konkret liegen vor allem Vereinbarungen in den Bereichen Entlohnung und Arbeitszeit vor. In Betrieb C, dessen Produktion auf einem ausgeprägten Schichtsystem basiert, dominiert entsprechend bei den Vereinbarungen der Themenbereich Arbeitszeit. Die vorhandenen Regelungen betreffen die Pausen einzelner Beschäftigtengruppen, Gleitzeit[876] sowie Zeitwirtschaft.[877] Die größte Varianz von Themen findet sich in Betrieb B, dessen betriebliche Regelungen sich beispielsweise auch auf Frauenförderung, Gesundheitszirkel oder die Einführung und Nutzung von SAP[878] beziehen.

Wie die faktische Arbeit von Betriebsräten innerhalb der einzelnen aufgeführten Bereiche aussieht, soll anhand einiger prägnanter Beispiele aus personalwirtschaftlichen Wirkungsfeldern aufgezeigt werden.[879] Die Auswahl erfolgte einerseits aufgrund der innerbetrieblichen Bedeutung der Fälle und andererseits im Hinblick auf die reali-

---

875 Vgl. Kotthoff, H. (1995b): a.a.O., S. 438.

876 Während das Modell der Gleitzeit in Betrieb C erst im vergangenen Jahr eingeführt wurde, besteht es in A bereits seit 1993.

877 Zu Einführung und Datenschutzstandards im Zusammenhang mit der Zeitdatenerfassung, siehe exemplarisch Meißler, R.: Rechtzeitig und umfassend informieren, in: Personalwirtschaft, 3/1994, S. 15 - 18 oder Schmidt, H.: Auf den Joker Zeit kommt es an, in: Ebenda, S. 10 - 12.

878 Die Einführung ist auch in Unternehmen A geplant. An einer entsprechenden Betriebsvereinbarung arbeitet der Betriebsrat jedoch nicht mit, da eine Abteilung, die sich als GmbH verselbständigt hat, für die Einführung von SAP-Softwareprogrammen im gesamten Konzern zuständig ist.

879 Da in diesem Kontext verschiedene Gestaltungsebenen, die Beurteilung der Funktionserfüllung und Zielerreichung unterbleiben, kann an dieser Stelle keine Beurteilung der Güte der Personalpolitik der Betriebsräte erfolgen. Kriterien einer wissenschaftlich gestützten Beurteilung der Personalarbeit finden sich beispielhaft bei Martin, A. (1993): a.a.O., S. 164ff.

sierte Arbeitsform. Damit läßt sich veranschaulichen, daß Betriebsräte in der Praxis häufig elementar an der Gestaltung der Personalarbeit beteiligt sind.

Bevor einzelne Aufgabenfelder der Betriebe A, B und C aus verschiedenen personalpolitischen Bereichen erläutert werden, erfolgt zunächst die Beschreibung der Einführung und Umsetzung von Gruppenarbeit in Betrieb B. Dieses Fallbeispiel steht an erster Stelle, weil die betriebliche Umsetzung des arbeitsorganisatorischen Konzeptes in besonders eindrucksvoller Weise die enge Verknüpfung einer solchen Innovation mit einer Vielzahl anderer Komponenten des Personalwesens belegt (Abb. 30), was sich wiederum in den Zuständigkeiten des Betriebsrates niederschlägt. Beispielhaft können hier die Bereiche Personalentwicklung und Entlohnung aufgeführt werden, für die weitreichende, rechtlich festgelegte Einwirkungsmöglichkeiten für den Betriebsrat bestehen.[880] So sind Betriebsräte in der Lage, bei der Einführung und Umsetzung von Gruppenarbeit[881] in vielfältiger Weise ihren gestalterischen Einfluß geltend zu machen, trotz fehlender rechtlicher Grundlagen.

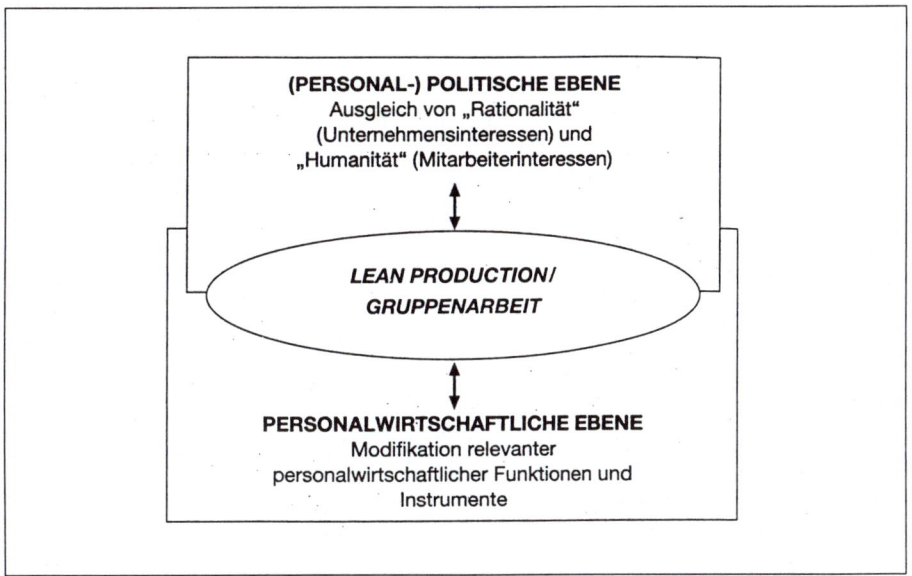

Abb. 30: Zentrale Handlungsfelder bei der Umsetzung schlanker Produktion[882]

---

880 Diese rechtlichen Regelungen wurden bereits ausführlich in den Unterkapiteln von Punkt I.6.1.3.2 dargestellt und finden deshalb hier keine nähere Nennung.

881 Andere Beispiele aus dem Bereich Arbeitsgestaltung finden sich im folgenden Kap. II.4.2.2.1.5.

882 Vgl. Kuhn, Th.: Lean Production und Gruppenarbeit als Ansatzpunkte zur unternehmerischen Gestaltung der Personalarbeit - Darstellung aus Sicht der Wissenschaft in: Wunderer, R./Kuhn, Th.: Innovatives Personalmanagement: Theorie und Praxis unternehmerischer Personalarbeit, Neuwied u.a. 1995, S. 388.

4.2.2.1.1 Gruppenarbeit[883]

Als in der Öffentlichkeit über die Erfolge der Japaner in der Automobilindustrie berichtet wurde, setzte sich der Betriebsrat des Unternehmens B intensiv mit dem Thema Gruppenarbeit auseinander, da innerhalb des Standortes Gerüchte über eine Schließung laut wurden, so daß auch die betrieblichen Interessenvertreter durch kostensenkende Maßnahmen nach Auswegen aus dieser Krise suchte. Nachdem einzelne Betriebsratsmitglieder an Lehrgängen bei der TBS und der IG Metall teilnahmen und das System positiv bewerteten, holten sie zusätzlich den Rat eines Unternehmensberaters ein, der als Experte auf diesem Gebiet gilt. Gerade in einer Situation, die durch jahrelangen Personalabbau geprägt war, erschien eine Maßnahme notwendig zu sein, die die Motivation der Belegschaft hob. Entsprechend initiierten sie die Einführung des Konzeptes.

"Gruppenarbeit ist ein gutes Mittel - kein Allheilmittel - aber es steigert das Selbstbewußtsein der einzelnen, die Motivation. Jeder wird ein bißchen aufgewertet, der eine mehr, der andere weniger, jeder kann sich auch anders darstellen. Das ist positiv."[884]

Die Mitarbeit des Betriebsrates bei der Umsetzung des Gruppenarbeitskonzeptes ist dadurch, daß sie neben Führungskräften aus dem Bereich Aus- und Weiterbildung federführend tätig gewesen sind, besonders intensiv. Zur Koordinierung und Steuerung des Projektes wurde aus dem Rat ein Verantwortlicher gewählt sowie gemeinsam mit der Geschäftsleitung ein Ausschuß für Gruppenarbeit ins Leben gerufen, der sich insbesondere um notwendige *Qualifizierungsmaßnahmen* kümmert.[885]

Betriebsrat B führt das hohe Engagement, das bei diesem Thema im Betriebsrat festzustellen ist, im wesentlichen darauf zurück, daß es auf seiner eigenen Initiative beruht und er somit als Spezialist auf diesem Gebiet tätig ist. Die Personalabteilung ist hingegen in diesem Arbeitsfeld zunächst kaum aktiv geworden. Daher wandte sich der Sprecher des Ausschusses persönlich an die Mitarbeiter des Personalbereiches, um über seine Erfahrungen mit Gruppenarbeit im Werk zu berichten und die zuständigen Referenten derjenigen Betriebe, in der das Konzept Anwendung fand, künftig stärker in die Arbeit einzubeziehen. Dies vor allem in Bereichen, die die konkrete *Personalorganisation* und Arbeitsgestaltung einzelner Abteilungen betreffen.

---

883 In den Betrieben A und C wird Gruppenarbeit bislang nur in Teilbereichen als Instrument eingesetzt. So arbeiten beispielsweise in Betrieb C sogenannte "Qualitätstreffs" an der Weiterentwicklung der Produktionsstandards.

884 Zitat aus einem Interview mit Betriebsrat B.

885 Anforderungen an die Qualifikation der Mitarbeiter liegen z.B. in folgenden Bereichen: Kenntnisse zur Informationsverarbeitung, Kommunikationsfähigkeit, bereichsübergreifendes Denken und Handeln, Selektion von Informationen oder Mitarbeiterführung. Vgl.: Funk, W.: Personalwirtschaftliche Implikationen neuer Produktionstechnologien, in: JfB, 3-4/1993, S. 159f. sowie Kap. I.4.2.3.

Im Zusammenhang mit der Gruppenarbeit bildete sich ein neues System für das *Betriebliche Vorschlagswesen*[886] heraus, um insbesondere die Bearbeitungszeit für Verbesserungsvorschläge zu verkürzen.[887] Die Resonanz aus der Belegschaft in Form von Vorschlägen war sehr stark, d.h. daß tatsächlich "Gold in den Köpfen" der Arbeitnehmer "gehoben" werden konnte.[888] Darüber hinaus schrieb man in der Vereinbarung fest, daß Verbesserungsvorschläge, die für die Ausbildungswerkstatt geeignet sind, dort realisiert werden sollen. Ein Effekt dieser Maßnahme ist folglich, daß die *Auszubildenden* gleich zu Beginn ihrer Beschäftigung indirekt mit dem Konzept Gruppenarbeit in Berührung kommen.

Einzelne Mitglieder des entsprechenden Ausschusses üben aktive *Personalbetreuung* aus, indem sie sich mit den Gruppen treffen, die Verbesserungsvorschläge ausgearbeitet haben und diese präsentieren.

Um das System zu festigen, arbeitete der Betriebsrat intensiv an einer Betriebsvereinbarung zur *Entlohnung* der Gruppenarbeit, deren Ziel die Anpassung der Entgeltgestaltung an die veränderte Arbeitsorganisation war.

Der Lohn setzt sich aus drei Teilen zusammen, die sowohl für das Engagement in der Gruppe, als auch für eine Steigerung der Individualleistung Anreize bereithalten:

- Arbeitswertlohn: Er ergibt sich aus der geforderten Qualifikation und dem Belastungsfaktor des Arbeitsbereiches. Für die in der Gruppe anfallenden Tätigkeiten werden drei Ebenen mit unterschiedlichen Anforderungen und damit Arbeitswerten gebildet. Zusätzlich gibt es eine Einarbeitungsebene Null.

  Die Einstufung des Mitarbeiters in eine Ebene übernimmt eine paritätische Kommission anhand des Erfüllungsgrades einzelner Anforderungen, die in einem Raster festgelegt sind. Die Qualifikationsübersichtslisten werden vierteljährlich aktualisiert. Die Ebenen haben verschiedene Arbeitswertpunkte.

- Gruppenlohn: Die Gruppenleistung wird für alle Beteiligten durch einen identischen Leistungslohn entgolten. Da dieser bislang für die Gruppen- bzw. Schichtleistung noch nicht erarbeitet worden ist, wird in der Übergangszeit eine einheitliche Prämie gewährt.

- Individuelle Zulage: Sie gilt für zusätzliche Qualifikationen, die einen flexibleren Einsatz des Mitarbeiters ermöglichen. Auch hier liegt ein Raster vor, das die Quali-

---

886 Die frühindustrielle Erfindung des betrieblichen Vorschlagswesens steht demnach durch neue Formen ebenfalls in einem Wandlungsprozeß. Vgl. dazu beispielhaft: Sprenger, R. K.: Ideen bringen Geld. Bringt Geld auch Ideen?, in: Harvard Business Manager, 1/1994, S. 9 - 14.

887 Es wurde auch ein spezielles Team gegründet, das die Vorschläge sichtet, Gutachter zur Prüfung festlegt sowie eine Entscheidung über die Durchführung der Vorschläge und den Ausführenden benennt. Es setzt sich aus Mitgliedern des betrieblichen Vorschlagswesens, einzelner Produktionsbetriebe, der Instandhaltung, der Arbeitssicherheit, des Betriebsrats sowie Ausbildern, Projektleitern und Gruppensprechern zusammen.

888 Vgl. zu diesem Thema auch Kreuder, T.: Brüchige Fundamente, in: Die Mitbestimmung, 9/1996, S. 38 sowie Roth, S.: Ungehobene Schätze, in: Die Mitbestimmung, 6/1996, S. 26.

fikation nach Punkten bewertet. Die Relation von Punktzahl und Arbeitswert ergibt sich aus einer feststehenden Tabelle. Bei einer aufbauenden Qualifikation wird nur die jeweils höchste Stufe bewertet. Für zusätzliche Weiterbildungen z.b. zum Facharbeiter oder Meister wird nur eine erfolgreich abgelegte Prüfung vorausgesetzt, nicht die Ausübung der entsprechenden Funktion.

Der tarifliche Arbeitslohn setzt sich zusammen aus dem Arbeitswertlohn (a) und der in Arbeitswerten ausgedrückten individuellen Zulage (c). Ist der Lohn eines Mitarbeiters nach Einführung der neuen Entgeltregelung niedriger als zuvor, konnte durchgesetzt werden, daß er für zwei Jahre eine Verdienstsicherung in bisheriger Höhe erhält. In dieser Zeit soll durch *individuelle Qualifikationspläne* ein Niveau erreicht werden, das zumindest das gewohnte Entgelt garantiert. Bei der Einstufung erfolgen Einzelgespräche mit der Personalabteilung und dem Betriebsrat. Die Mitarbeiter erhalten einen schriftlichen Nachweis ihrer Einordnung, der bei Veränderungen aktualisiert wird. Das Entgeltsystem wird in regelmäßigen Abständen von der Paritätischen Kommission auf seine Praktikabilität hin geprüft. Veränderungsvorschläge werden gegebenenfalls der Geschäftsführung und dem Betriebsrat vorgeschlagen.

Besondere Schwierigkeiten in der Einführungs- und Umsetzungsphase traten bei der Gruppe des mittleren Managements auf, die ihre Stellung im Unternehmen als stark gefährdet sahen.[889]

"Auf einmal hat der Kumpel was zu sagen. Der kann jetzt auf einmal eine Anweisung kritisieren und es gilt nicht mehr: Das machen wir schon immer so. Und damit haben Führungskräfte aus dem mittleren Management eine Menge Probleme und auch die Meister, weil die am Anfang zumindest das Gefühl haben, nicht mehr gebraucht zu werden. Und das ist einfach falsch. Der Meister ist Vermittler. Der koordiniert das alles."[890]

Um den Befürchtungen dieser Personengruppe entgegenzuwirken und neue Funktionen im Rahmen von Gruppenarbeit aufzuzeigen, werden spezielle Seminare durchgeführt. Dort erfolgt die Vorstellung neuer Arten der *Personalführung*, die vor allem auf eine fördernde, integrierende Wirkung abzielen. Insbesondere für die Gruppe der Meister gilt hier, daß sie einen Rollenwandel vom "Werkstattkönig"[891] zum "Coach"[892] der Mitarbeiter ihres Verantwortungsbereiches durchlaufen, der hohe An-

---

889 In der Literatur sind die Meinungen zu diesem Thema gespalten: einige Autoren gehen davon aus, daß aufgrund der veränderten Leitungsspannen innerhalb moderner Produktionskonzepte die weitere Existenz dieser Gruppe bedroht ist. Andere halten das mittlere Management aber gerade für den Schlüssel zum Erfolg dieser Ansätze. Vgl. dazu beispielhaft: Wattenhofer, H.: Das Mittlere Kader - Ein wenig beachteter Forschungsgegenstand, in: Die Unternehmung, 2/1996, S. 124ff.
890 Zitat aus einem Interview mit Betriebsrat B.
891 Vgl. Funk, W. (1993): a.a.O., S. 159.
892 Zum Thema Coaching siehe weiterführend z.B. Brinkmann, R.D.: Mitarbeiter Coaching, Heidelberg 1994; Rückle, H.: Coaching, Düsseldorf 1992; Schreyögg, A.: Coaching, Frankfurt/M. 1995; Wilker, I. (Hrsg.): Supervision und Coaching, Bonn 1995.

forderungen an die Kooperationsbereitschaft, -fähigkeit und Mitarbeiterführung stellt.[893] Innerhalb der Anwendung von Gruppenarbeit sieht der Betriebsrat eine wichtige Aufgabe darin, *Leistungsgeminderte zu schützen*, wie z.b. Schwerbehinderte, die innerhalb der Gruppen Akzeptanzprobleme haben. Dazu ist es notwendig, den Mitgliedern ihre soziale Verantwortung für die gesamte Gruppe zu verdeutlichen.

Das Beispiel zeigt, daß das Konzept Gruppenarbeit für den Betriebsrat bei frühzeitiger und intensiver Beteiligung in den Bereichen Entlohnung, Aus- und Weiterbildung, Arbeitsgestaltung, betriebliches Vorschlagswesen und Personalführung vielfältige Einflußmöglichkeiten bietet. Es verdeutlicht außerdem die Bedeutung der Personalarbeit als Dreh- und Angelpunkt des Alltags der Betriebsräte. Darüber hinaus scheint die konzeptionelle Arbeit ein Fundament für ein gestiegenes Fachwissen und besonders hohes Engagement einzelner Ratsmitglieder zu sein. Entwickelt der Betriebsrat eigene Aktivitäten in neuen thematischen Aufgabengebieten zum Wohle des Gesamtunternehmens und einzelner Mitarbeiter, resultieren daraus folglich auch positive Effekte für die Arbeitseffizienz des Gremiums selbst.

4.2.2.1.2. Personalplanung

Im Zuge von Rationalisierungsmaßnahmen und Bestrebungen zur Kostenreduktion wurde, wie bereits an anderer Stelle angeführt, im vergangenen Jahrzehnt eine Vielzahl von Arbeitsplätzen in der Industrie abgebaut. Die Senkung der Belegschaftszahlen erfolgte zu einem Großteil durch Frühpensionierungen. Den Betriebsräten und dem Management kam infolge dessen die Aufgabe zu, das verbleibende Personal umzuorganisieren. Dabei verzeichnen die Betriebsräte insofern einen Erfolg, daß betriebsbedingte Kündigungen häufig vermieden werden konnten. Dennoch liegt ihre Funktion eindeutig in der Begrenzung negativer Folgen der Abbauplanung,[894] da ihnen die grundsätzliche Vermeidung von Personalreduzierungen nicht gelingt.[895] Die handelnden Akteure sehen sich gerade im Kontext von Personalabbauplanungen einem besonders starken politischen Druck ausgesetzt. Folglich können Betriebsräte mittels ihrer Schutzfunktion gegenüber den Arbeitnehmern gezwungen sein, stellvertretend für den Arbeitgeber Aufgaben wahrzunehmen, z.B. die Information und Beratung der betroffenen Belegschaftsmitglieder. Im folgenden wird dieser Aufgabenbereich anhand eines Beispiels illustriert.

In Betrieb A war die Arbeit des Betriebsrates in den letzten Jahren geprägt durch die Umsetzung von Umstrukturierungs- und Ausgliederungsmaßnahmen, die insgesamt

---

893 Vgl. Dörre, K./Neubert, J. (1995): a.a.O., S. 187.
894 Siehe auch Kap. I.6.1.3.2.1.
895 Dieser Sachverhalt wird noch einmal in dem Fallbeispiel des Kapitels II.4.2.2.2 aufgegriffen.

zu einem hohen Personalabbau führten.[896] Zunächst erfolgte 1989 die Zusammenführung zweier Werke zu einem Betrieb, wobei durch Synergieeffekte Arbeitsplätze vor allem im Verwaltungs- und Managementbereich überflüssig wurden. Gleichzeitig führte eine Unternehmensberatung in einem der Betriebsteile eine Kostenanalyse durch, die eine Einsparung von ca. 200 Stellen vorsah. Im Jahreswechsel 1990/91 wurden schließlich weitere Strukturmaßnahmen angekündigt. Insgesamt fielen durch alle genannten Maßnahmen ca. 2.800 Arbeitsplätze am Standort weg. Der Personalabbau wurde von einem Sozialplan begleitet, der schwerpunktmäßig auf Frühpensionierungen abhob. Dies wurde durch den Betriebsrat veranlaßt, der aufgrund der Struktur der Alterspyramide der Beschäftigten erkannt hatte, daß durch die Frühpensionierung für Belegschaftsmitglieder, die ihren Platz im Ringtausch für Jüngere frei machten, betriebsbedingte Kündigungen vermeidbar waren. Zentraler Gesichtspunkt für die starke Resonanz in der Belegschaft war die Attraktivität der Zahlung von 95 Prozent des Nettogehalts im Falle ihres Ausscheidens. Der Betriebsrat übernahm hierbei die Aufgabe des Vermittlers, indem er über Belegschaftsversammlungen, persönliche Gespräche sowie Informationsbriefe versuchte, ältere Belegschaftsmitglieder zu einer solidarischen Haltung zu bewegen.

"Wenn wir diese ganze Personalarbeit oder diese Abwicklung der Personalmaßnahme der Personalabteilung überlassen, dann stehen die Leute im Regen. Wir haben uns gesagt, da binden wir uns aktiv ein, da machen wir Sprechstunden im Betrieb und warten, daß die Leute sich informieren können. Aus dem Grund ist das auch wirklich für die Leute sehr gut gelaufen, weil sie eben einen Ansprechpartner hatten, auf den sie sich verlassen konnten. Wir wollten sie ja nicht austricksen, wir wollten sie nicht raus haben, sondern wir wollten sie so begleiten, daß das alles in Ordnung ist."[897]

Zur Umsetzung der personellen Einzelmaßnahmen wurden verschiedene paritätische Ausschüsse ins Leben gerufen, denen die Verteilung der betroffenen Beschäftigten auf Ersatzarbeitsplätze oblag.[898] Durch die angewandte Methode des Ringtauschs verbleibt letztlich eine Art "Olympia-Auswahl"[899] im Betrieb, weil viele ältere und leistungsschwächere Arbeitnehmer aus dem betrieblichen Verbund entlassen werden, um für jüngere Belegschaftsmitglieder die Beschäftigung zu sichern. Hier zeigt sich ein Handlungsdilemma des Betriebsrates, dem prinzipiell der Schutz aller Beschäftigten obliegt, der aber in einem solchen Fall zum "Anwalt der Stammbelegschaft" wird.

---

896 Auch die beiden anderen Betriebsräte nannten die Kompensation des Arbeitsplatzabbaus infolge von Rationalisierungs- und Flexibilisierungsmaßnahmen als dominantes Aufgabenfeld.

897 Zitat aus einem Interview mit Betriebsrat A.

898 Es gab u.a. einen "Härteausschuß", der besonders problematische Umsetzungsfälle bearbeitete. In diesem fielen die Entscheidungen nach Aussagen von Betriebsrat A durchgängig zugunsten des Arbeitnehmers aus.

899 Vgl. Hohn, H.-W. (1988): a.a.O., S. 124.

"Wir standen in der Zeit mit dem Rücken an der Wand und haben versucht, den Mitarbeitern zu helfen."[900]

Seit 1994 wurde das Unternehmen großflächig umstrukturiert, mit dem Ziel, anstelle der großindustriellen Ansiedlung einen Industriepark mit mittelständischem Charakter zu gestalten. Zu diesem Zweck wurden teils Unternehmenseinheiten ausgegliedert, teils neue Betriebe am Standort angesiedelt, so daß nunmehr sechs weitere Unternehmen auf dem Gelände ansässig sind, die zum überwiegenden Teil zur gleichen Konzernmutter gehören.[901] Die Umstrukturierung erfolgte im wesentlichen aus vier Gründen:[902]

- Schaffung einer Organisationsstruktur in Entsprechung zur mittelständischen Kundenstruktur;
- Mehr Flexibilität und Schnelligkeit durch kurze, unbürokratische Entscheidungswege;
- Erhöhung der Reaktionsfähigkeit durch geringen Kommunikationsaufwand und strategische Flexibilität;
- Senkung der allgemeinen Kosten.

Um zu erreichen, daß die Reorganisationsmaßnahmen keine extremen Zukunftsängste bei den Mitarbeitern auslösten, sondern ein zukunftsgerichtetes Denken und Handeln möglich war, verfolgte der Betriebsrat eine intensive Informationspolitik.[903] Auch hier sprang der Betriebsrat für die Geschäftsleitung ein: Nachdem die beabsichtigte Ausgliederung bekannt gegeben worden war[904], erfolgte seitens der Führungsebene keine Information über die rechtlichen Konsequenzen für die Betroffenen. Aus diesem Grund erstellte der Betriebsrat zusammen mit den Vertrauensleuten einen Fragenkatalog, der dem Arbeitgeber zur Beantwortung vorgelegt wurde. Auf dieser Basis wurde neben einer reinen Situations- und Maßnahmenbeschreibung bei einer Betriebsversammlung ein Anschreiben an die Betroffenen entworfen, das sie über Fragen zur Pensionskasse, zum Tarifvertrag und zur Betriebszugehörigkeit sowie über ihre allgemeinen Rechte und Möglichkeiten aufklärte. Dabei wurde ihr Widerspruchsrecht ebenso dargelegt als auch auf die Gefahr hingewiesen, daß bei fehlenden ver-

---

900 Zitat aus einem Interview mit Betriebsrat A.

901 Siehe die Anmerkungen zu Outsourcing in Kap. I.4.2.3.

902 Das Beispiel verdeutlicht, daß in Betrieb A durch diese Maßnahme versucht wurde, die Kommunikations- und Informationsstrukturen zu verbessern, die in Unternehmen, die Globalisierungsstrategien unterliegen, defizitäre Bereiche aufweisen. Vgl. dazu exemplarisch: Roever, A.: Neuland, in: Die Mitbestimmung, 10/1995, S. 45.

903 Vgl. zu dieser Vorgehensweise auch o. V.: Praxiserprobt. Interview mit vier engeren Mitarbeitern von Arbeitsdirektoren, in: Die Mitbestimmung, 2/1996, S. 35.

904 Während der Betriebsrat bei den Umstrukturierungsmaßnahmen intensiv an den Planungen beteiligt war, erhielt er bei den Ausgliederungen erst Informationen, als die Planungen abgeschlossen waren, so daß für Gegenmaßnahmen keine Möglichkeit bestand. "Wir hätten höchstens noch die schwarze Fahne rausziehen können, aber der Vorstand hätte seinen Entschluß nicht mehr geändert." (Zitat Betriebsrat A)

gleichbaren Arbeitsplätzen im Werk bzw. im Mutterunternehmen die Möglichkeit zu einer betriebsbedingten Kündigung besteht.

"Wir waren diejenigen, die quasi den Dreck ausbaden mußten. Die anderen habe sich vornehm zurückgehalten. [...] Und die ganzen Ängste und Sorgen, die die Leute hatten, die mußten wir dann aufnehmen. Wir waren die Gesprächspartner auch in Einzelgesprächen."[905]

Die überwiegende Zahl der ehemaligen Mitarbeiter des Unternehmens hat nach § 613a BGB für ein Jahr einen Überführungsvertrag erhalten, durch den die Besitzstände in dem betreffenden Zeitraum unangetastet bleiben. Andere konnten durch Frühpensionierung in den Sozialplan oder im Ringtausch auf andere Arbeitsplätze übergehen.

Die vielfältigen personalplanerischen Maßnahmen machten über Jahre hinweg für den Betriebsrat eine besonders enge Kooperation mit dem Arbeitgeber notwendig. Aus diesem Grund wies der Betriebsrat in seiner Zeitung darauf hin, daß dabei angestrebt sei, eine sozialverträgliche Lösung herbeizuführen, um den Eindruck der "Kungelei" zu verwerfen. Ansonsten hätte, wie bereits an anderer Stelle erwähnt, die Gefahr eines Vertrauensverlustes für die die Vertretungsarbeit bestanden.

Das Beispiel verdeutlicht, daß mit der Gestaltungsebene "Personalplanung" ganz unterschiedliche Wirkungsfelder verbunden sind, die nicht originär zu dem Bereich gehören, wie z.B. die informationspolitischen Maßnahmen und die direkte Personalbetreuung. Dieses Mix verschiedenster Problembereichen und Strategien innerhalb einer thematischen Aufgabe findet sich bei nahezu allen Fallbeispielen und deutet auf die Vielschichtigkeit der Personalarbeit hin.[906] Darüber hinaus konnte verdeutlicht werden, daß die Verantwortung des Betriebsrates nicht an die Unternehmensgrenzen gebunden ist: Für die ausgegliederten Bereiche versuchte Betriebsrat A seinen Einfluß dahingehend geltend zu machen, möglichst gute Ausgangsbedingungen für die Betroffenen zu schaffen.[907]

4.2.2.1.3 Personalentwicklung

Wie bereits im Beispiel über Gruppenarbeit deutlich wurde, versuchen die betrachteten Betriebsräte verstärkt, die Konzeptionierung von Qualifizierungsmaßnahmen mitzugestalten. Dies geschieht vor allem, weil die Aus- und Weiterbildung immer mehr zu einem stabilisierenden Element im Unternehmen wird und dazu verhilft, die Motivation sowie das Engagement der Belegschaft trotz der vielschichtigen Schrumpfungsprozesse aufrecht zu erhalten. Darüber hinaus erhöht die Qualifikation der Mit-

---

905 Zitat aus einem Interview mit Betriebsrat A.
906 Siehe dazu exemplarisch vor allem Kap. II.4.2.2; Vgl. auch Wächter, H. (1992c): a.a.O., Sp. 2203.
907 Siehe zu diesem Thema weiterführend Kap. II.4.3.2.

arbeiter ihre Einsatzfähigkeit und damit die Chance einer längeren Verweildauer im Betrieb bzw. im Erwerbsleben.[908] Die folgenden Beispiele untermauern die initiative Haltung der Betriebsräte in diesem thematischen Aufgabenfeld, die jeweils auf unterschiedliche Weise eigene Standards und Konzepte in den Bereich der Personalentwicklung einbringen.

In Betrieb B sollte beispielsweise die örtliche Lehrwerkstatt geschlossen werden, um die Lehrlingsausbildung in einem anderen Unternehmensteil zu zentralisieren. Der Betriebsrat konnte die Schließung zwar nicht verhindern, setzte sich aber erfolgreich dafür ein, die vorhandene Einrichtung in ein Qualifizierungszentrum für den Konzern umzuwandeln. Neben der gesamten Koordination und Organisation der Weiterbildung werden dort inzwischen die verschiedensten Schulungen, z.B. EDV, Hydraulik, Elektronik oder Fremdsprachen, durchgeführt. Vorteile dieser Neuerung liegen in verschiedenen Bereichen: Zum einen behielten diejenigen Ausbilder, die nicht aus Altersgründen ausschieden, ihren Arbeitsplatz, denn aus dem Gesamtpool der Ausbilder in Betrieb A und der Zentrale wird sowohl die Erstausbildung als auch alle sonstigen Qualifizierungsmaßnahmen abgedeckt, in denen diese je nach Bedarf eingesetzt werden. Zum anderen konnten die vorhandenen Anlagen weiter genutzt werden, da gerade aufgrund der Plazierung des Gebäudes auf dem Werksgelände eine Nutzung durch Dritte nicht möglich gewesen wäre. Der Besuch dieser Seminare fördert darüber hinaus die Verbindungen innerhalb des Konzerns, weil Mitglieder anderer Betriebe durch die Teilnahme auch die Möglichkeit erhalten, sich untereinander bzw. ein anderes Werk kennenzulernen.

Im Zusammenhang mit dieser Maßnahme gelang dem Betriebsrat noch eine weitere Veränderung, die zwar prinzipiell in den thematischen Kontext der Arbeitszeitgestaltung fällt, aber gleichzeitig ermöglichte, daß mehr Mitarbeiter an Weiterbildungsveranstaltungen teilnehmen konnten. Die konkrete Umsetzung der Arbeitszeitverkürzung von 40 auf 35 Stunden pro Woche stellte die Verantwortlichen wegen des Schichtsystems der produzierenden Bereiche des Werkes B vor Probleme. Man einigte sich deshalb innerbetrieblich darauf, daß bei Belegschaftsmitgliedern, die nicht in der Früh- oder Tagesschicht arbeiten, die Mehrarbeit als Freizeit ausgeglichen wird.[909]

"Im Grunde genommen haben wir die fünf Schichten verkauft, haben aber den Betrieben das Argument genommen, daß sie keinen Mann eine Woche für ein Seminar freistellen können. Denn wenn er nicht zu dem Seminar geht, dann hat der die fünf Tage frei, ist zu Hause. [...] Das haben wir aber auch aus Eigennutz gemacht, weil wir gesagt haben, wir müssen das Qualifizierungszentrum mit Leben füllen."

---

908 Siehe auch Kap. I.6.1.3.2.2.
909 Die Bestimmungen über die Handhabung des Ausgleichs von Mehrarbeit haben nur dann Gültigkeit, wenn die betrieblichen Belange dies zulassen. Vgl. Bispinck, R.: Zur Entwicklung der kollektiven Regulierung von Arbeitszeit, in: WSI Mitteilungen, 7/1996, S. 419.

Wenn die Betriebe erst blocken und sagen, wir schicken die Leute nicht, weil wir zu wenig Personal haben, dann hätten wir nichts gekonnt."[910]

Betriebsrat B sorgte durch diese Maßnahme indirekt für die Sicherung der Einrichtung, indem er den Kreis der potentiellen Teilnehmer erweiterte und gleichzeitig die Weiterbildungsmöglichkeiten der Beschäftigten aus dem gewerblich-technischen Bereich erhöhte, die ihnen zuvor häufig von den Betriebschefs unter Berufung auf arbeitsorganisatorische Schwierigkeiten verwehrt wurden.[911]

Ein anderes Beispiel aus diesem Themenbereich findet sich bei Betriebsrat A, der in seiner Zeitung die Mitarbeiter dazu aufrief, ihr Arbeitsumfeld dahingehend zu prüfen, ob Möglichkeiten zur Schaffung von Ausbildungsplätzen bestehen.[912] Er setzte sich aktiv dafür ein, einerseits die Chancen für Auszubildende auf dem Arbeitsmarkt zu verbessern sowie andererseits innerbetrieblich einen Pool für qualifizierte Arbeitskräfte zu schaffen.[913] Er nutzt dazu die Arbeitsplatzkenntnisse der Belegschaft und gibt ihnen gleichzeitig die Möglichkeit, eigene Initiativen zur Erhaltung von Ausbildungsplätzen zu ergreifen. Entsprechend nimmt er die Verantwortung für das betriebliche Humankapital ebenso wahr wie für die Beschäftigungssituation in der Region, in der der Betrieb A der einzige Ausbilder für chemietypische Berufe ist.

Desweiteren hat der Betriebsrat dem Arbeitgeber einen eigenen Entwurf einer Vereinbarung zum Thema Weiterbildung vorgelegt.[914] Angeregt und begleitet wurde diese Aktion durch Mitarbeiter der Gewerkschaft. Inhaltlich ging es darum, die fortlaufenden technologischen und organisatorischen Änderungen durch frühzeitige und umfassende Qualifizierungsmaßnahmen zu begleiten und damit zu unterstützen. Zentraler Punkt der Vereinbarung war auch, Weiterbildung nicht nur aufgrund von Personalbedarfsanalysen zu betreiben, sondern prinzipiell allen Beschäftigten die Teilnahme an Schulungen zu ermöglichen. Damit forciert der Betriebsrat eine Entwicklung von der kurzfristigen Bedarfsdeckung durch Einzelmaßnahmen hin zu einem globalen, langfristig wirksamen Personalentwicklungskonzept.[915] So wird auch die

---

910 Zitat aus einem Interview mit Betriebsrat B.

911 In diesem Modell wird mit Arbeitszeitkonten gearbeitet. Vgl. zu anderen Zeitkontenmodellen beispielhaft Seifert, H.: Arbeitszeitkonten - Modelle für mehr Zeitsouveränität oder absatzorientiertes Zeitmanagement, in: WSI Mitteilungen, 7/1996, S. 442 - 449.

912 Diese Maßnahme legt Zeugnis dafür ab, daß moderne Betriebsräte durchaus die Bereitschaft haben, aktiv auf die Belegschaft zuzugehen und diese zu beteiligen, was von verschiedenen Autoren als Defizit ihrer Tätigkeit gesehen wird. Vgl. exemplarisch Georg, A. (1994): a.a.O., S. 24. Siehe außerdem das im folgenden aufgeführte Beispiel zu Gesundheitszirkeln.

913 Die Übernahmequote, die in Betrieb A zwischen 70 und 80 Prozent liegt, rechtfertigt diese Bestrebung, da das Unternehmen offenbar weitgehend für den eigenen Bedarf ausbildet.

914 Zum Zeitpunkt der empirischen Untersuchung war als Reaktion auf diese Aktion des Betriebsrats lediglich die Erstellung eines Gegenentwurfs erfolgt, so daß an dieser Stelle keine Aussage über die Folgen gemacht werden können. Siehe aber im Hinblick auf die angewandte Handlungsstrategie weiterführend Kap. II.4.3.1.

915 Zu ähnlichen Erkenntnissen gelangt auch Klein-Schneider, H. (1996): a.a.O., S. 32

persönliche Initiative der Beschäftigten gefördert, eigenständig auf dem aktuellen Stand der Technik zu bleiben. Der Betriebsrat des Werkes A geht die personalpolitischen Defizite im Betrieb offensiv an und ist aktiv gestalterisch tätig. Er achtet im Kontext der qualifikatorischen Ausstattung weiterhin darauf, daß "Arbeitsplätze der Zukunft" abgedeckt werden können, die die Basis für künftige Strukturinnovationen darstellen.[916]

Die intensive Arbeit der Betriebsräte im Rahmen der Personalentwicklung ist ein Indiz für ihre Fähigkeit zur inhaltlichen Weiterentwicklung. Wie in Teil I bereits häufiger betont wurde, lagen die zentralen Aufgabenbereiche der Interessenvertreter lange Zeit vor allem bei der Entlohnung und Arbeitszeitgestaltung. Die besondere Bedeutung, die die Mitarbeit der Betriebsräte an der Personalentwicklung inzwischen hat, läßt sich vermutlich auf drei Faktoren zurückführen: die generell gestiegene Bedeutung von Qualifikationen, ihren Einfluß auf die Beschäftigungssicherheit sowie auf die Verbindung zwischen dem Entwicklungspotential eines Arbeitnehmers und seiner Vergütung.

4.2.2.1.4 Vergütungspolitik

Im Bereich der Entlohnung hat der Betriebsrat die Möglichkeit, tarifliche Bestimmungen in konkrete betriebliche Lohnsysteme umzusetzen. Neben der Höhe des Lohns ist im Zuge neuer Produktionskonzepte vor allem die Frage der Lohngerechtigkeit in den Vordergrund der betriebsrätlichen Bestrebungen geraten. Wie bereits im Fallbeispiel Gruppenarbeit deutlich wurde, spielen Anforderungen und Qualifikationen in Lohnbildungsprozessen eine immer stärkere Rolle.[917] Gerade in diesem Aufgabenbereich erhält die Verhandlungsstärke des Betriebsrates eine zentrale Bedeutung, weil durch die Minimierung der tariflich geregelten Lohnbestandteile künftig eine finanzielle Absicherung der Arbeitenden maßgeblich von der Einflußstärke des Betriebsrates abhängig ist. Wie das folgende Beispiel deutlich macht, ist darüber hinaus die konstruktive Mitarbeit bei der Personalbeurteilung, die eine Grundlage der Entlohnung bildet, in diesem Kontext ebenfalls notwendig. Faktisch verbleibt der Betriebsrat in diesem Aufgabenbereich aber in der Regel auf seine originäre Schutzfunktion beschränkt, zumal der Kostendruck der Unternehmen im internationalen Wettbewerb besonders stark geworden ist.

Im Betrieb A fand auf Anregung des Mutterkonzerns eine Veränderung des bisherigen Entgeltsystems statt. Durch das neue System wurde angestrebt, die Leistung des einzelnen Mitarbeiters stärker zu berücksichtigen und Beurteilungskriterien transparenter zu machen, um eine gerechte Entlohnung zu gewährleisten. Ziel war die Auf-

---

916 Vgl. zur Bedeutung der präventiven Weiterbildung Schneider, D.: Kern oder Rand, in: Die Mitbestimmung, 9/1995, S. 20f.
917 Siehe auch Kap. I.6.1.3.1.2. sowie I.6.1.3.2.3.

hebung der starren zeitbezogenen Bezahlung und eine exakte Definition betrieblicher und tariflicher Lohnbestandteile.

Während an mehreren Standorten die bestehenden Betriebsvereinbarungen gekündigt wurden, konnte dies im untersuchten Betrieb vermieden werden. Der Vorteil der gemeinsamen Aushandlung des neuen Lohnsystems ist darin zu sehen, daß durch die Vermeidung des Verlustes der Betriebsvereinbarungsgrundlage - was die Geltung der tariflichen Mindestregelungen bewirkt hätte - traditionelle betriebsspezifische Besitzstände in das neue Entgeltsystem eingeflossen sind. Dabei konnte z.B. erreicht werden, daß eine jährliche Bewertungsrunde nur dann stattfindet, wenn eine Budgeterhöhung für die Personalkosten gewährleistet ist, so daß individuelle Prämien erhöht werden können. Dies ist insofern wichtig, als die neue Entgeltregulierung auch den Abzug eines bestimmten Betrages möglich macht, wenn die Bewertungsstufe nach unten korrigiert wurde. Erfolgt keine Bewertungsrunde, so kann folglich die finanzielle Schlechterstellung von Arbeitnehmern verhindert werden.

Im neuen System, das seit Januar 1996 Gültigkeit hat, errechnet sich das Entgelt folgendermaßen:

Tarifentgelt + betriebliche Zulage + individuelle Zulage + zweckorientierte Zulage
   (tarifabhängig)   (tarifunabhängig)

Abb. 31: Berechnungsgrundlage des betrieblichen Entgelts in Unternehmen A

Die Eingruppierung in die einzelnen Tarife erfolgt anhand einer Tätigkeitstypologie. Die Prozentsätze des Tarifentgelts, aus denen sich die betriebliche Zulage errechnet, stehen in Relation zu den Tätigkeitsjahren des Mitarbeiters in der jeweiligen Entgeltgruppe. Die individuelle Zulage basiert hingegen auf der persönlichen Leistung, die durch einen Beurteilungsbogen ermittelt wird.[918] Zu den zweckorientierten Leistungen zählen schließlich: tarifabhängige Schichtzulagen, Flexibilitäts- und Erschwerniszulage sowie Waschzeitvergütung.

Im Zuge der ersten Beurteilungsrunde wurden die Vorgesetzten geschult. In seiner Zeitung weist der Betriebsrat die Beschäftigten darauf hin, sich nur der Beurteilung durch entsprechend qualifizierte Personen zu stellen und sich nicht mit "Pauschalurteilen abfertigen" zu lassen. Zur Überprüfung der Objektivität und Gerechtigkeit der Beurteilungen rät er zu Quervergleichen in der Abteilung. Darüber hinaus wird jede Beurteilungsrunde im Tarifausschuß durch die Personalabteilung und den Betriebsrat begleitet.

Nach Ablauf der ersten Beurteilungsrunde wurden in einigen Abteilungen zusätzliche interne Beurteilungskriterien erarbeitet, wobei teilweise auch die Weitergabe der Bögen an die Mitarbeiter erfolgte, um eine Selbstbeurteilung durchzuführen. Der Betriebsrat warnt die Belegschaft vor dieser Vorgehensweise, weil die Betroffenen nicht

---

918 Solche Zulagen gab es bereits vor der Modifizierung des Lohnsystems. Ihre Erteilung erfolgte allerdings willkürlich und lag im Ermessen des Vorgesetzten. Sie wurden deshalb auch als "Nasenprämien" bezeichnet.

beurteilen können, welche Auswirkungen die eigene Beurteilung auf ihre Einstufung haben wird. In seiner Zeitung weist er darauf hin, daß er in Zweifelsfällen zur Verfügung steht, zumal diese erste Beurteilungsrunde Maßstäbe für die folgenden setzt und somit direkte Auswirkungen auf das Entgelt nach sich zieht. Fehleinstufungen mit langfristigen Folgen seien dabei in jedem Falle zu vermeiden.

Das aufgeführte Beispiel belegt, wie sich der Einfluß von Beurteilungssystemen faktisch auf die Vergütung auswirkt, insbesondere den außertariflichen Teil der Entlohnung betreffend. Eine individuelle Betreuung der Arbeitnehmer seitens des Betriebsrates ist hier vor allem vonnöten, weil die Kriterien der Entlohnung gerade bei einem modifizierten System mit einer Vielzahl von Lohnbestandteilen für den Einzelnen häufig schwer nachvollziehbar sind. Allerdings ist in diesem Bereich zusammenfassend eindeutig die Dominanz der Schutz- gegenüber der Gestaltungsfunktion im Arbeitsalltag der Betriebsräte festzustellen.

4.2.2.1.5 Arbeitsgestaltung

Neben unmittelbaren arbeitsgestalterischen Maßnahmen, die z.B. aus der Einführung des im ersten Beispiel genannten Gruppenarbeitskonzeptes resultieren, haben Betriebsräte in modernen Organisationen im Bereich der Arbeitsgestaltung inzwischen häufig begleitende Funktionen bei Untersuchungen, die der Verbesserung der Betriebsabläufe dienen. Ein praktisches Beispiel für diese Aufgabe findet sich im folgenden. Darüber hinaus wird am Beispiel der Gesundheitsfürsorge die Anwendung von Qualitätszirkeln exemplarisch dargestellt. Der Betriebsrat unterstützt gerade in diesem Aufgabenkomplex durch seine spezifischen Kenntnisse der Produktionsabläufe aktiv die Umsetzung von Konzepten einer geänderten Arbeits- oder Arbeitszeitorganisation, um positive Beschäftigungswirkungen zu erzielen.[919] Seine Funktion geht dabei über den reinen Schutz der Belegschaften hinaus, weil er bei Konzepten und Planungen eigene Erfahrungen gestalterisch einsetzen kann.

Im Zusammenhang mit der Arbeitsorganisation in seinem Betrieb berichtet Betriebsrat C vom Einsatz eines "Produktivitätsteams" auf Initiative des Managements, das sich aus Mitarbeitern verschiedener Fachrichtungen zusammensetzt und zeitlich begrenzte Projekte auf Konzernebene durchführt, die zu einer effizienteren Produktion und zu Kosteneinsparungen führen sollen. Nachdem der Betriebsrat in einer Veranstaltung mit dem Vorgehen und Ziel der Gruppe bekannt gemacht wurde, begannen diese ihre drei Monate dauernde Untersuchung in den Abteilungen. Im gesamten Untersuchungszeitraum betrieb das Team eine offene Informationspolitik gegenüber den Interessenvertretern, sowohl in Form von Einzelgesprächen als auch durch die Erstellung von Wochenplänen. Erarbeitet wurden z.B. Auslastungsstudien für bestimmte Arbeitsplätze, bei denen der Betriebsrat bemängelte, daß sich die Betrach-

---

919 Vgl. exemplarisch Promberger, M./Rosdücher, J./Seifert, H./Trincek, R.: Beschäftigungssicherung durch Arbeitszeitpolitik, in: WSI Mitteilungen, 7/1995, S. 473 - 481.

tung lediglich auf manuelle Tätigkeiten bezog, die auf Wartung und Instandhaltung entfallende Zeit allerdings unberücksichtigt blieb. Mit dem Rückgriff auf arbeitswissenschaftliche Erkenntnisse wurde der Vorschlag gemäß § 91 BetrVG abgelehnt und zur Prüfung ein REFA-Experte hinzugezogen. In anderen Fällen, die die Zusammenlegung verschiedener Positionen betrafen, erwirkte der Betriebsrat zur Vermeidung möglicher Entlassungen eine Vereinbarung, die betriebsbedingte Kündigungen ausschloß. Nach den Maßgaben der Studie bestand ein Einsparungspotential von 23 Arbeitsplätzen und einige technische Veränderungen. Die Untersuchung führte aber letztendlich nur zu Veränderungen in den Arbeitsabläufen, nicht zu personellen Konsequenzen.

"Für mich ist erschreckend, daß die Vorgesetzten sich hinter solchen Teams verstecken. [...] Da hat nun so ein Untersucher aus einem Team in einem anderen Werk festgestellt, daß dort seit Jahren eine Überbesetzung von acht Personen besteht. [...] Und der dortige Betriebsratsvorsitzende hat mit Recht gesagt, [...] wir müssen neun abbauen, [...] denn wir müssen auch den verantwortlichen Meister abbauen. Wenn der über viele Jahre hinweg nicht erkennt, daß er acht Leute zuviel hat, dann ist der an der falschen Position."[920]

Statt kostenintensive Unternehmensberater zu engagieren, die zudem häufig das Betriebsklima belasten,[921] plädiert Betriebsrat C dafür, Werksgruppen zu bilden, denen derlei Mängel auffallen, wenn "man mit offenen Augen durch das Werk geht". Die Schaffung eines Gesprächskreises zum Thema Qualität in Betrieb C geht in diese Richtung und führt zudem zu einem stärkeren Engagement der Belegschaft bei arbeitsorganisatorischen oder qualitätsbezogenen Fragen.

Im Bereich der Arbeitsgestaltung war Betriebsrat C außerdem bei der Sicherung eines großen Exportauftrages federführend tätig. Dieser mußte in einer vorgegebenen Frist abgearbeitet werden. Zu diesem Zweck entwarf der Betriebsrat einen Schichtrhythmus und überzeugte die betroffenen Arbeitnehmer davon, daß es wichtig und vernünftig sei, für ein halbes Jahr nach dieser Vorgabe zu arbeiten. Das erarbeitete Konzept legte er anschließend der Personalabteilung vor, die das Vorhaben für gut befand und umsetzte. Die Arbeit des Betriebsrates bezieht sich hier auf drei Komplexe: die Ausarbeitung einer kurzfristigen Änderung der Arbeitsorganisation, Überzeugungsarbeit bei den Mitarbeitern und die Präsentation des Gesamtkonzeptes gegenüber der Geschäftsleitung. Dabei betont der Vorsitzende, es sei wichtig, die Kosten solcher Maßnahme zu beachten, denn nur Veränderungen, die "sich rechnen", haben Chancen, umgesetzt zu werden.

Im Arbeitssicherheitsgesetz von 1973 ist im Rahmen der betrieblichen Gesundheitsfürsorge festgelegt, daß bei hoher Arbeitsbeanspruchung vorbeugende Maßnahmen zu

---

920 Zitat aus einem Interview mit Betriebsrat C.

921 In der Zeit, in der das Team im Werk war, kam es zu mehreren Sabotageakten in Form von Sachbeschädigungen, die der Betriebsrat zwar bedauert, die er aber auf die fehlende Sensibilität im Umgang mit den Arbeitenden in der Produktion zurückführt.

ergreifen sind.[922] In diesem Kontext sind in Betrieb B Gesundheitszirkel eingeführt worden.[923] Ziel dieser Maßnahme ist es, unter Anwendung der Zirkelidee zeitlich begrenzte Gesprächsgruppen ins Leben zu rufen, in denen Beschäftigte aus ähnlichen Arbeitskontexten über gesundheitliche Probleme sprechen und Vorschläge thematisieren, die eine Verringerung der zu erwartenden Belastungen ermöglichen.[924] Für dieses Thema ist der Ausschuß für Arbeitsschutz und Ergonomie verantwortlich. Er informiert die Arbeitnehmer in Informationsveranstaltungen über das Konzept, organisiert die Zirkel, die sukzessiv in einzelnen Betrieben des Werkes durchgeführt werden, und kümmert sich darum, daß die aus den Treffen resultierenden Ideen Umsetzung finden. Beispielsweise können Rückenschulungen oder Ernährungsseminare veranstaltet werden, deren Moderation in der Regel der Betriebskrankenkasse obliegt. Die Gesundheitszirkel werden aus drei Gründen von Betriebsrat B positiv beurteilt:

- die Unfallhäufigkeit in den Betrieben ist gesunken,
- es entstehen neuartige Diskussionsplattformen,
- das Gesundheitsbewußtsein der Mitarbeiter steigt.

Diese Maßnahme, die die Mitarbeiter aktiv in den Gesundheitsschutz miteinbezieht, zielt darauf ab, langfristige Änderungen im Verhalten und im Bewußtsein der Belegschaft herbeizuführen und steht somit in engem Zusammenhang mit der veränderten Bedeutung des Arbeitenden im betrieblichen Geschehen.[925] Darüber hinaus kann eine verbesserte Vorsorge vor Spätfolgen schützen, wodurch potentielle Kosten vermieden werden.[926]

4.2.2.1.6 Zusammenfassung

Die vorangegangenen Fallbeispiele, die im Alltag der betrachteten Betriebsräte auftraten, bestätigen die enge Verzahnung der Betriebsratsarbeit mit Personalaufgaben[927], da die Vorsitzenden in verschiedenen Kontexten intensiv an der betrieblichen Personalarbeit mitwirken. In den Befragungen wurde dieser Aufgabenbereich ent-

---

922 Vgl. Rathjen, G.: Betriebliche Gesundheitsförderung als Gemeinschaftsaufgabe, in: Personalführung, 7/1996, S. 576.

923 Auch in Betrieb A wollte der Betriebsrat eine Zirkelinitiative durchführen, um die Arbeitssicherheit zu erhöhen. Dieser Vorschlag fand allerdings seitens der Geschäftsleitung keine Zustimmung. "Aber das ist immer das Problem: Wenn vom Betriebsrat eine Initiative kommt, hängt man sich im Unternehmen nicht gerne daran an." (Zitat Betriebsrat A).

924 Vgl. Susen, B./Niedermeiner, R./Mahltig, G.: Gesundheitszirkel im Betrieb. Kritische Betrachtung eines neuen Instrumentes des betrieblichen Arbeits- und Gesundheitsschutzes, in: ZfP, 2/1996, S. 142.

925 Vgl. ebenda, S. 146 sowie Kap. I.4.2.2.

926 In der gesamten Bundesrepublik belaufen sich die Kosten, die durch Arbeitsunfälle oder Berufskrankheiten entstehen auf zweistellige Milliardenbeträge. Vgl. Koy, E./Lichtenberger, S.: Die zielorientierte Gestaltung betrieblicher Gesundheitszirkel, in: Personalführung, 7/1996, S. 580.

927 Siehe Kap. I.6.1.3.2.

sprechend als zentrales Wirkungsfeld bezeichnet. Auf einer allgemeinen Ebene lassen sich ihre Tätigkeiten in diesem Feld folgendermaßen beschreiben:

* sie definieren Probleme, die Auswirkungen auf die Arbeitenden oder die Beschäftigungsbedingungen haben;
* sie bedienen sich personalwirtschaftlicher Analysemethoden;
* sie entwerfen auf dieser Basis personalpolitische Konzepte;
* sie implementieren Maßnahmen und begleiten diese.

Es zeigt sich bei näherer Betrachtung, daß hier ein klassischer Managementprozeß (Planung, Organisation, Durchführung und Kontrolle) Anwendung findet. Demnach ist die zentrale Rolle des Betriebsrates in der betrieblichen Praxis die eines "proaktiven Personalmanagers". Die Vergleichbarkeit der Arbeit betrieblicher Interessenvertreter mit der von Managern zeigt sich demnach nicht nur bei den formalen Aktivitäten, sondern auch bei den konkreten Aufgabenbereichen und deren Bearbeitung in qualitativer Hinsicht. Der Betriebsrat übt im Rahmen der Personalarbeit allerdings faktisch vor allem Einfluß auf die "politics". Grundsätzliche unternehmerische Entscheidungen, die Wirkungen auf das Personal mit sich bringen, entziehen sich hingegen weitestgehend seiner Reichweite.

4.2.2.2 Illustration der Aufgabenvarianz eines Betriebsrates am Beispiel einer Betriebsänderung

Bereits häufiger wurde der Betriebsrat in der vorliegenden Arbeit als Bindeglied zwischen einzelnen Systemen dargestellt, wobei er als Vermittler zwischen den betrieblichen Welten fungiert. Einerseits verändern sich dabei je nach dem Akteursbezug die Aktionsformen des Betriebsrates und andererseits wird ein kontinuierlicher Funktionswechsel geleistet. Das folgende Fallbeispiel soll diese Aufgabenvarianz des Betriebsrats exemplarisch belegen.

Im April der Jahres 1995 wurde seitens der Konzernleitung B bekannt gegeben, daß ein neues Produktionskonzept in Arbeit sei, das sich auf die Kooperation verschiedener in- und ausländischer Werke, zu denen auch Betrieb B gehört, bezieht. Damit verknüpft war die Notwendigkeit, eine Anlage, die zu kostenintensiv produzierte, zu schließen. Zum damaligen Zeitpunkt kamen die Beteiligten zu der Überzeugung, daß es sich dabei um eine Anlage handeln müsse, die bereits seit längerem negative Zahlen schrieb. Erst im Mai 1996 wurde durch die Tagesordnung des Wirtschaftsausschusses bekannt, daß statt dessen ein Produktionsbereich des Werkes B geschlossen werden sollte.[928] Da keine Vorabinformationen bestanden hatte und diese Entscheidung für den Aufsichtsrat zu keinem Zeitpunkt ersichtlich gewesen ist, wurde eine Entscheidung aufgrund der Verfahrensweise zunächst abgelehnt.

---

928 Zu den Grundsätzen der Mitbestimmung des Betriebsrates bei Betriebsänderungen vgl. beispielhaft Maus, O.: Erweiterung der Mitbestimmungsrechte des Betriebsrats durch tarifliche Öffnungsklauseln, Diss. Münster 1994, S. 171ff.

Der Betriebsrat, der ebenfalls auf der Wirtschaftsausschußsitzung von der beabsichtigten Schließung erfuhr, nutzte die so entstandene zeitliche Verzögerung für den Versuch, eine endgültige Entscheidung zu verhindern. Diese Bestrebung begann damit, daß der Vorsitzende umgehend Betriebsrat und Vertrauensleute sowie die Betroffenen und die restliche Belegschaft über die Planungen informierte. Im Anschluß rief er außerordentliche Sitzungen ein, um auf verschiedenen Ebenen Strategien zu initiieren und organisieren, die in unterschiedlicher Weise dazu beitragen sollten, das Management von dieser Entscheidung abzubringen.

Zunächst versuchte er mit Hilfe einer Arbeitsgruppe, die u.a. betroffene Betriebsleiter und Belegschaftsmitglieder umfaßte, ein profundes Konzept zur Erhaltung der Produktionsstätte zu erarbeiten, was seitens des Managements versäumt worden war. Insgesamt betraf dieser Sparplan eine Vielzahl von Bereichen: Energie- und Materialeinsparungen, Veränderungen bei der Instandhaltung, technische Neuerungen sowie den Abbau von 17 Personen. Zentraler Punkt des Konzeptes war jedoch die Entwicklung eines speziellen Arbeitsverfahrens: Der betroffene Betriebsteil sollte zu einem Service-Center umgebaut werden. Dies war mit dem Wirtschaftsminister besprochen worden, der das Vorhaben seinerseits unterstützte. Der vorgelegte Entwurf ermöglichte Einsparungen von ca. 13 Mio. DM, und die innovative Produktionsaufgabe bedeutete gleichzeitig ein Zukunftsprojekt für den Standort.

"Das hätte normalerweise Geschäftsführungsaufgabe sein müssen, zumal sie immer von einem Konzept gesprochen haben, daran aber nie etwas taten. Das ist jetzt mit der Belegschaft erarbeitet worden und in vielen Fällen ist auch der Betriebsleiter hinzugezogen worden, der auch darum gekämpft hat, daß die Anlage erhalten bleibt. Aber es hat im Ergebnis keine Rolle gespielt, weil es eine politische Entscheidung gewesen ist."[929]

Der Vorschlag wurde seitens der Geschäftsleitung geprüft. Es stellte sich in einigen Punkten heraus, daß der Betriebsrat falsche Voraussetzungen zugrunde gelegt hatte, so daß die Gesamtsumme um 5 Mio. DM gekürzt werden mußte. Der letzte Versuch des Betriebsrates, einen neutralen Sachverständigen zur Bewertung des Konzeptes sowie des Betriebes hinzuzuziehen, wurde abgelehnt und die Bestrebungen zur Betriebsänderung beibehalten. Ende Juli fand eine erneute außerordentliche Aufsichtsratssitzung statt, auf der mehrheitlich entschieden wurde, das die Schließung des Produktionsbereiches im Werk B bis Ende des Jahres 1996 vollzogen werden sollte.

Neben dieser sachlich-ökonomischen Abwehrstrategie mobilisierte der Betriebsrat zusammen mit den Vertrauensleuten gleichzeitig die Belegschaft zu Aktionen, um den Abbau der mit der Schließung verbundenen Arbeitsplätze zu vermeiden, zumal ca. zehn Prozent der Belegschaft des Werkes von dieser Entscheidung betroffen waren. Diese Personengruppe machte zusammen mit ihren Familien und einigen freiwillig teilnehmenden Belegschaftsmitglieder einen Demonstrationszug am Ort der

---

929 Zitat aus einem Interview mit Betriebsrat B.

Aufsichtsratssitzung. Zur Bekundung ihrer Solidarität legten darüber hinaus alle Beschäftigten des Werkes für eine Stunde ihre Arbeit nieder. Hier war es neben rein organisatorischen Arbeiten eine wichtige Aufgabe der Interessenvertreter, die Belegschaft davon zu überzeugen, nicht vorschnell aufzugeben und die gewonnene Zeit dazu zu nutzen, ihre Betroffenheit nach außen darzustellen. In diesem Zusammenhang wandte sich der Vorsitzende auch an die Presse. Nachdem die Aufsichtsratssitzung beendet und die Schließung beschlossen war, teilte der Vorsitzende die Entscheidung den versammelten Belegschaftsmitgliedern und ihren Familien persönlich mit. Er bezeichnet diesen Augenblick aufgrund der besonders emotionsgeladenen Situation als "schwarze Stunde" in seiner Tätigkeit als Betriebsrat. Diese Form der Personalbetreuung kann einen prekären Charakter erhalten, wenn sich der Vorsitzende wegen der Enttäuschung der Betroffenen der Kritik an seinem Handeln ausgesetzt sieht, z.B. nicht früh genug gehandelt oder zu wenig Druck ausgeübt zu haben.

Die Realisierung von betriebsbedingten Kündigungen konnte allerdings auf dem Verhandlungswege vermieden werden, da ein Sozialplan entsprechend § 112 BetrVG verabschiedet wurde. Darin ist festgelegt, daß den Belegschaftsmitgliedern ein ihrer Qualifikation entsprechender Arbeitsplatz angeboten werden muß. Hierzu arbeitet der Betriebsrat im Personalplanungsausschuß bis zum Ende des Jahres 1996 an einem Konzept mit, um die Umsetzung des Interessenausgleichs über Aufhebungsverträge, Begrenzung von Fremdfirmeneinsätzen, Entlassung befristet eingestellter Mitarbeiter sowie den Abbau von Mehrarbeit zu realisieren.[930] Gerade die letztere Maßnahme erfordert die Solidarität der gesamten Belegschaft, da die Begrenzung der Mehrarbeit finanzielle Einschnitte für jeden einzelnen mit sich bringt, wodurch die Gefahr einer negativen Beeinflussung des Betriebsklimas besteht. Dabei ist für den Betriebsrat von besonderer Bedeutung, daß bei der Umsetzung gelingt, den Personen eine sinnvolle Beschäftigung zukommen zu lassen.

> "Keine betriebsbedingten Kündigungen, das bedeutet kreativ zu sein, wenn sie fünfzig Mann haben und Sie wissen nicht, was sie mit denen machen sollen. Das ist aus betriebswirtschaftlicher Sicht ein großes Problem. Dann kann man nicht sagen, da habe ich nichts mit zu tun, laß die doch mit dem Besen durch die Gegend laufen. So einfach kann man sich das als Betriebsrat nicht machen."[931]

Das Beispiel der Betriebsänderung illustriert insbesondere, wie im Kontext eines Problembereiches völlig unterschiedliche Anforderungen an den Betriebsrat gestellt werden. Im wesentlichen lassen sich drei verschiedene Anspruchskategorien in den jeweiligen Handlungssituationen identifizieren: Zunächst setzt sich der Betriebsrat da-

---

930 Durch die Minimierung von Überstunden hat die Arbeit des Betriebsrates demnach eine positiven Effekt auf den Beschäftigungsstand des Betriebes. Vgl. dazu auch Frick, B.: Mitbestimmung und Personalfluktuation, in: Sadowski, D./Czap, H./Wächter, H. (Hrsg.): Regulierung und Unternehmenspolitik, Wiesbaden 1996, S. 249f.

931 Zitat aus einem Interview mit Betriebsrat B.

für ein, die Produktionsstätte zu retten und agiert im Zusammenhang mit der Konzepterstellung als Co-Manager. Beim Scheitern dieser Aktivitäten widmet er sich der persönlichen Betreuung der Betroffenen und leistet "moralischen" Beistand. Als letzter Aufgabencluster treten Aktivitäten in der Funktion des "Schadensbegrenzers" in Erscheinung, indem der Vorsitzende versucht, soziale Härten abzufedern, die aus der Entscheidung für die Schließung entstehen.

4.2.2.3 Die Bedeutung der Personalpflege

Die enge Verbindung zwischen Betriebsrat und Beschäftigten bringt es mit sich, daß eine Vielzahl von Aufgaben im direkten Kooperationsverhältnis beider Gruppen entsteht. An anderer Stelle wurde der Betriebsrat bereits als Dienstleister der Belegschaft bezeichnet. Im Arbeitsalltag hat dieser Bereich der Personalpflege bzw. der direkten Personalarbeit eine zentrale und vielschichtige Bedeutung, wie die vorangegangenen Fallbeispiele deutlich gemacht haben.

Zunächst ergeben sich durch die genuine Vertretungssituation und die entsprechende Nähe zum gewählten Betriebsrat zahlreiche direkte Anknüpfungspunkte. Diese erstrecken sich von Auskünften zum Thema Frühpensionierung über sozialversicherungsrechtliche Fragen bis hin zu persönlichen Problemen. Betriebsrat C spricht in diesem Kontext von "seelsorgerischen Tätigkeiten", die vor allem im Anschluß an diejenigen Entscheidungen des Managements nötig werden, die soziale Härten mit sich bringen, wie Kapitel II.4.2.2.2 verdeutlichte. Die Arbeit der Interessenvertreter ist in diesem Sinne mehr und mehr als eine Form von betrieblicher Sozialarbeit zu sehen.[932]

Betriebsräte versuchen außerdem, der Belegschaft ein Gefühl von Sicherheit und Verläßlichkeit zu vermitteln. So praktiziert Betriebsrat B, wie bereits in Kap. II.3.1.2. beschrieben, eine Politik der "offenen Tür": Indem er sich allmorgendlich vor seinem Arbeitsbeginn eine halbe Stunde für Anfragen aus der Belegschaft bereit hält, stellt er seine Präsenz und Gesprächsbereitschaft unter Beweis.

"Ein Kumpel, der einen neuen Arbeitsplatz haben will, der kommt hier hin. Und dann fragen wir, welche Vorstellungen er hat, wo er hin will und nehmen dann Kontakt zur Personalabteilung auf und setzen uns mit denen auseinander."[933]

Daß Betriebsräten Aufgaben angetragen werden, die nicht originär in ihren Verantwortungsbereich fallen, ist zu einem großen Teil darauf zurückzuführen, daß die Belegschaft häufig die Mitarbeiter der Personalabteilung nicht kennt und deshalb bei Veränderungswünschen von der Kontaktaufnahme mit diesem anonymen Bereich absieht. Dies um so mehr, als der Vortrag solcher Anliegen meist ein hohes Maß an Mut und Vertrauen erfordert. Das Gros der direkten Personalarbeit erledigen deshalb

---

932 Vgl. Prott, J. (1994b): a.a.O., S. 46.
933 Zitat aus einem Interview mit Betriebsrat B.

faktisch die Betriebsräte, während die Mitarbeiter im Personalbereich vorwiegend mit verwaltenden Tätigkeiten befaßt sind, Konzepte erarbeiten und gemeinsam mit dem Betriebsrat - unter Nutzung seiner betrieblichen Kenntnisse - weiterentwickeln. Der Betriebsrat entlastet damit die Personalfachleute von "Partikularismen"[934]. Vielfach kann sich der Betriebsrat dadurch als Motor für die Potentialentwicklungen bzw. Karriereförderung im personellen Bereich betätigen, wie in den vorangegangenen Fallbeispielen deutlich wurde.[935] Die wichtigste Funktion des Betriebsrates ist dabei stets die eines Botschafters oder Vermittlers, denn die eigentliche Personalentscheidung trifft er nicht.

"Eine Firma lebt mit Menschen und von den Menschen und nicht nur mit Personalnummern. Es ist viel Verständnis für die Mitarbeiter verloren gegangen."[936]

Die Veränderungen im Verhältnis zwischen Management und Belegschaft haben die Bedeutung und das Ausmaß der direkten Personalarbeit des Betriebsrates folglich verstärkt. Dies kann im wesentlichen auf zwei Einflüsse zurückgeführt werden: Einerseits auf die immer stärkere Konzernierung, andererseits auf die Veränderung der Laufbahn von Führungskräften. Während noch vor einigen Jahren Personen mit großer Fachkompetenz und erwiesenen Führungseigenschaften innerhalb des Unternehmens Karriere machten und mit der Zeit in Managementpositionen hineinwuchsen, ist es in Unternehmen üblich geworden, Führungskräfte weitgehend "von außen" nach Abschluß eines Hochschulstudiums unmittelbar in ihre Positionen einzusetzen. Ein Großteil der Manager kennt die einzelnen Betriebe häufig nur "vom Papier". Da der direkte menschliche Bezug bei Managemententscheidungen oftmals an Gewicht verloren hat, entwickelte sich der Betriebsrat zunehmend zum "sozialen Gewissen" des Betriebes.[937] Neue Managementkonzepte wie z.B. Outsourcing oder der Shareholder-Value, die von Unternehmerseite Strategien und Ziele verfolgen, die auf Kostensenkung und eine ausgeprägte Kapitalmarktorientierung hinauslaufen, werden diese Tendenz vermutlich noch verstärken.

Nimmt man eine solche Entwicklungslinie als Ausgangspunkt, so verwundert es nicht, daß die Notwendigkeit des Vorhandenseins eines Betriebsrates immer häufiger auch in Managerkreisen betont wird, die zuvor ausschließlich die hinderliche Funktion der betrieblichen Interessenvertretung in den Vordergrund stellte.[938] Die organisatorischen Entwicklungen in den Unternehmen führten folglich neben der professionalisierenden Wirkung auf die Räte dazu, ihre Akzeptanz in den Unternehmen auf allen betrieblichen Hierarchieebenen zu stärken. Durch ihr enges Kontaktnetzwerk

---

934 Vgl. Kotthoff, H. (1995b): a.a.O., S. 437.
935 Siehe auch Kap. I.6.1.3.2.
936 Zitat aus einem Interview mit Betriebsrat A.
937 Siehe dazu auch das Fallbeispiel des Kapitels II.4.2.2.2.
938 Diese Einschätzung wurde in einem Expertengespräch von einem externen Manager geäußert.
   Vgl. dazu auch Eberwein, W./Tholen, J. (1990): a.a.O., S. 263.

erlangen die Betriebsräte Informationen, die das Management positiv für Implementierungen sowohl von Maschinen als auch Managementkonzepten nutzen kann. Die Unterstützung von Managemententscheidungen durch den Betriebsrat sichert zumeist auch die Akzeptanz bei den Mitarbeitern, da die betriebliche Interessenvertretung in einer von permanentem Wandel und personellen Fluktuationen gekennzeichneten Unternehmenswelt beinahe zu einem Symbol von Konstanz und Verläßlichkeit geworden ist.[939] Offene Kommunikation ermöglicht dem Betriebsrat demnach auch eine zentrale Stellung im Bereich der Personalführung[940], da sie das gegenseitige Verständnis fördert und das Fundament für Vertrauen bildet.[941]

"Eins ist klar - und das ist auch gut so - die Belegschaft glaubt ihrem Betriebsrat immer noch mehr, wenn wir sagen, bei den Ausgliederungen macht euch mal keine Gedanken. Aber bei verschiedenen haben wir gesagt, wir können nicht nachvollziehen, was da die Hintergründe sind. Dann gibt es natürlich viel Druck."[942]

Dieser Aspekt der betrieblichen Bedeutung des Betriebsrates kann somit als ein Meilenstein für die Entwicklung vom reaktiven Schutzgremium zum aktiven Co-Manager bezeichnet werden. Seine gestiegene Macht im betrieblichen Geschehen gründet sich vor allem darauf, daß der Betriebsrat durch seine zentrale Stellung in der Lage ist, sowohl in Richtung auf das Management wie auch auf die Belegschaft Unsicherheitszonen zu begrenzen.[943]

4.3 Entwicklungstendenzen zu neuen Handlungsstrukturen und -feldern

In den vorangegangenen Kapiteln wurde deutlich, daß Betriebsräte in modernen Organisationen, in denen traditionelle Handlungs- und Orientierungsmuster mehr und mehr aufbrechen, neue Gestaltungs- und Beteiligungsspielräume haben.[944] Dabei lassen sich Entwicklungen sowohl innerhalb ihres funktional begründeten Aufgabenspektrums (Gruppenarbeit, Entwurf von Managementkonzepten), bei der Professionalisierung ihrer Arbeit (Öffentlichkeitsarbeit, Nutzung neuer Kooperationen) sowie in Strategien gegenüber dem Management (aktive Präsentation von Betriebsvereinbarungen) erkennen. Der erstgenannte Bereich ist nicht zwangsläufig auf eigene Bestrebungen des Betriebsrates zurückzuführen, sondern muß eher als notwendige Arbeitserweiterung bezeichnet werden, die häufig als Reaktion auf managerielles Verhalten

---

939 Kotthoff spricht in diesem Kontext von der sozialintegrativen Funktion der Betriebsräte. Vgl. Kotthoff, H. (1995b): a.a.O., S. 435 sowie Kap. I.5.2.

940 Vgl. hierzu auch Egli, J.A.: Konstanten und Ziele in der Personalführung, in: IO Management Zeitschrift, 5/1996, S. 29f.

941 Durch technische Entwicklungen wird dieser Mangel an persönlichem Kontakt vermutlich weiter intensiviert, wodurch der Faktor Vertrauen an Bedeutung gewinnt. Vgl. Handy, C.: Trust and the virtual Organisation, in: Harvard Business Review, May-June 1995, S. 46.

942 Zitat aus einem Interview mit Betriebsrat A.

943 Zum Aspekt der Machtverteilung in Organisationen vgl. Schreyögg, G. (1996): a.a.O., S. 419.

944 Vgl. exemplarisch Sperling, H. J./Hilbert, J. (1993): a.a.O., S. 244.

entsteht. Im Gegensatz dazu entspringen die beiden anderen Bereiche innovativen Strategien des Betriebsrates. Diesen neuen Aktivitätsbereichen, die seine Arbeitseffizienz wesentlich beeinflussen, widmet sich der letzte Teil der Beschreibung des Alltags der Betriebsräte auf Basis der betrieblichen Interviews.

4.3.1 Aufgabenbezogener Aktivismus

Wie an anderer Stelle bereits gezeigt wurde, arbeiten Betriebsräte oftmals in einer aktiven und gestaltenden Weise am Unternehmensgeschehen mit. "Aktivismus" kann im Hinblick auf die Handlungsweise der untersuchten Betriebsräte beinahe schon als eine politische Strategie[945] bezeichnet werden.[946] Die Modifikation traditioneller Verfahrensweisen basiert wesentlich auf einer veränderten Ausgangssituation auf betrieblicher Ebene.

"Ich muß heute viel mehr versuchen, politische, betriebliche, unternehmens- und gesellschaftspolitische Bedürfnisse der Menschen zu einem Paket zu schnüren, als das früher der Fall war. Ich muß auch viel öfter die Initiative ergreifen, um Dinge vorwärts zu treiben, bevor der andere anfängt, die Dinge zu verteidigen. Und nicht nur sagen: Nun gib´ mal was aus dem Füllhorn. Also die ganze Arbeit, das ganze Verhalten, auch das Bewußtsein, Probleme zu verarbeiten und zu ordnen, hat sich verändert. Wir haben z.B. in der Vergangenheit Betriebsvereinbarungen nie selbst entworfen."[947]

Alle drei untersuchten Betriebsräte liefern Beispiele, in denen sie eigenes Arbeitspotential nutzen, um aktiv Betriebsvereinbarungen zu erarbeiten oder eigene Themen in die Diskussion einzubringen.[948]

"Warum soll ich mir die Arbeit erschweren und auf Dinge reagieren, die von der Geschäftsleitung mit einem großen Beraterstab und einer Rechtsabteilung entworfen werden. Umgekehrt kann man besser arbeiten. Man muß die Unternehmensleitung mit Arbeit eindecken, natürlich nicht mit Unsinnigem, sondern man sollte permanent vernünftige Dinge präsentieren und sie so beschäftigen. Dann kommen die auch nicht auf dumme Gedanken."[949]

---

945 Strategie meint im Kontext der folgenden Ausführungen die grundsätzliche Umschreibung von speziellen Verfahrensweisen, mit denen sich die Betriebsräte in ihrer betrieblichen Umgebung zu behaupten versuchen. Vgl. o. V.: Gablers Wirtschaftslexikon, 13. Aufl., Wiesbaden 1992, S. 3170.

946 Aufgrund der geringen Zahl der Untersuchungsobjekte kann diese Handlungsweise allerdings nicht als repräsentativ ausgewiesen werden, sondern gilt als Besonderheit für die hier betrachteten Betriebe.

947 Zitat aus einem Interview mit Betriebsrat B.

948 In der Praxis dominiert allerdings bislang die Initiative des Arbeitgebers bei der Konzeptionierung von Betriebsvereinbarungen. Vgl. Franke, D.: Wie entsteht eine Betriebsvereinbarung, in: Arbeit und Arbeitsrecht, 7/1996, S. 226.

949 Zitat aus einem Interview mit Betriebsrat C.

Die untersuchten Betriebsräte setzen demnach immer häufiger ihre Möglichkeiten dafür ein, Betriebsvereinbarungen in Eigeninitiative zu erstellen und dem Arbeitgeber zu präsentieren. Sie drehen damit gewissermaßen "den Spieß um".[950] Der Bruch mit der traditionellen Verhaltensweise der betrieblichen Arbeitnehmervertreter versetzt das Management nunmehr in die Situation, auf Vorstöße der Betriebsräte reagieren zu müssen. Wenn dies geschieht, dann zunächst in gewohnter Weise, und zwar durch die Präsentation eines Gegenentwurfes. Da die Betriebsräte aber versuchen, ihre richtungsweisende Position innerhalb der Verhandlungen beizubehalten, lehnen sie diesen ab und beharren weiter auf einer Stellungnahme zur ursprünglichen Vorlage.

Bei dieser Vorgehensweise ist die Verhandlungsposition und das Verhandlungsergebnis der Betriebsräte nach Meinung der Befragten günstiger zu beurteilen, als aus der Defensive heraus. Hilfreich wirkt dabei auch, daß vor der Präsentation eines Papiers gegenüber dem Management zunächst innerhalb des Rates die mehrheitliche Zustimmung eingeholt werden muß. Die darauf basierende intensive thematische Auseinandersetzung mit dem Thema verbessert gleichzeitig die Argumentationsgrundlage des Betriebsrats. Die erhöhte Arbeitsintensität, die dieser aktiven Vorgehensweise zugrundeliegt, kann sich folglich in verbesserten Verhandlungsergebnissen niederschlagen.

Mehrfach wurde bereits das veränderte Selbstbewußtsein moderner Betriebsräte angesprochen, das eine aktive Politik begünstigt. Folgendes Beispiel dient der Illustration der These: Seitens des Arbeitgebers besteht in Betrieb A eine ablehnende Haltung bezüglich der Arbeitsunterstützung des Betriebsrats durch EDV-Systeme. Veränderungen in der Arbeit, vor allem in der Schnelligkeit der Abläufe bringen aber auch für Betriebsräte die Notwendigkeit mit sich, den Gebrauch von EDV, E-Mail[951] usw. zu intensivieren, um seine Arbeitsvoraussetzungen an die des Managements anzupassen.[952] Desgleichen gilt für moderne Darstellungsformen anhand von Charts und farbigen Grafiken. Der Vorsitzende A beharrt deshalb auf der Forderung nach einer verbesserten EDV-Ausstattung für freigestellte Ratsmitglieder und den Anschluß an das betriebliche Netz. Denn obwohl die notwendigen Daten stets zur Verfügung gestellt werden, können durch den direkten Datenzugang betriebliche Vorgänge transparenter

---

950 Zu diesem Ergebnis gelangt auch Bürger in seiner Beobachtung. Vgl. Bürger, M. (1996): a.a.O., S. 32. Hier kommt dem Betriebsratsvorsitzenden im Rahmen der in Kapitel I.6.1.1.1. beschriebenen entscheidungsorientierten Rollen eine wichtige Bedeutung zu.

951 Die Anwendung von E-Mail beschränkt sich bislang weitestgehend auf Betriebsräte der Computerherstellungsindustrie, EDV-Dienstleistern und Softwarefirmen. Vgl. Müller, W.: Per E-Mail, in: Die Mitbestimmung, 42. Jg., 7 + 8/1996, S. 6 - 7.

952 Die Bedeutung der EDV in der Arbeit der Betriebsräte wird künftig noch weiter steigen, da bereits speziell für Betriebsräte geschaffene Mailboxen sowie Expertensysteme existieren. Vgl. exemplarisch: Köhler, O.: SoliNet - Der kleine Medien-Highway für Interessenvertreter, in: Die Mitbestimmung, 4/1994, S. 66 - 67; Mühlstatt, E.: Expertensysteme für Interessenvertreter, in: Die Mitbestimmung, 3/1994, S. 68 - 69.

gemacht und zeitliche Verzögerungen bei der Informationsübertragung verringert werden.[953]

"Wir wollen das jetzt mal alles zusammenstellen, was wir brauchen, und wenn die Personalabteilung uns das dann nicht zukommen läßt, dann gehen wir vor die Einigungsstelle und lassen klären, was dem Betriebsrat zusteht und was nicht. Dann wissen wir es das nächste Mal."[954]

Die betrachteten Betriebsräte setzten sich aber auch aktiv für Innovationen ein, die keinen direkten Bezug zu ihrer Arbeit haben. Betriebsrat B berichtete von einem Gespräch, das er zufällig mit zwei jungen Kaufleuten führte, die ihm ihre Vorstellungen einer effektiven Personalarbeit erörterten. Dabei stellten sie ihm mit Elan das Referentenmodell[955] vor und betonten dessen Vorteile, die u.a. in der Erweiterung des Aufgabenspektrums der Referenten und einer größeren Kundennähe liegen.[956] Daraufhin initiierte der Betriebsrat ein gemeinsames Treffen mit dem Personalchef, bei dem der Nachwuchs die Möglichkeit erhielt, sein Konzept vorzustellen und näher zu erläutern.[957] Der Betriebsrat nutzte hierbei seine mikropolitischen Ressourcen, um sich aktiv für die bereichsspezifischen Interessen einer Gruppe einzusetzen, indem er die Personalabteilung von der Notwendigkeit eines Umbruchs der Arbeitsorganisation zu überzeugen suchte, die in seinen Augen mehr und mehr zur verwaltenden Einheit geworden ist.

An Stelle einer abwartenden, reaktiven Haltung gegenüber der Arbeitgeberseite präsentieren die in der Untersuchung erfaßten Betriebsräte heute vielfach dem Management eigene Vorschläge, wie sich auch im Beispiel der Betriebsänderung zeigte. Sie nutzen damit ihre vorhandenen Fachkenntnisse und Machtressourcen, um gestalterisch auf die Unternehmenspolitik einzuwirken.[958] Diese Arbeitsweise hat außerdem, wie sich im Fallbeispiel Gruppenarbeit zeigte, Anreizwirkungen auf die Arbeitshaltung der Betriebsräte selbst, deren Motivation und Engagement bei eigenen Initiativen gegenüber überkommenen, ihnen aufoktroyierten Problemlösungsmechanismen un-

---

953 Vgl. Klatt, R.: Betriebsräte im Netz, in: Die Mitbestimmung, 8/1995, S. 44.

954 Zitat aus einem Interview mit Betriebsrat A.

955 In diesem Modell wird die funktionale Organisation der Personalarbeit zugunsten von dezentralen Personalbetreuungsgruppen aufgegeben, wodurch insbesondere die Bearbeitung von Problemen bei einzelnen Personalgruppen erleichtert wird. Vgl. Drumm, H. J. (1995): a.a.O., S. 33.

956 Vgl. exemplarisch Fritz, K.: Mehr Geschäftsorientierung und verbesserte Kundennähe, in: Personalführung, 2/1996, S. 139.

957 Ob dieses System in Betrieb B eingeführt wird, war zum Zeitpunkt der empirischen Untersuchung nicht zu ersehen. Allerdings wurden die Nachwuchskräfte gebeten, Vorschläge für die Umsetzung des Modells zu erarbeiten. Damit hat die Initiative des Betriebsrats zumindest dazu geführt, daß ein Diskussionsprozeß in Gang gesetzt wurde.

958 Vgl. hierzu die Ausführungen von Müller-Jentsch, W. (1996): a.a.O., S. 46.

gleich höher ist. Insofern läßt sich die in den Untersuchungsobjekten festzustellende aktive Politik der Betriebsräte durchgängig als positiv bewerten.

Es bleibt allerdings zu berücksichtigen, daß für den Verhandlungserfolg solcher Strategien drei Voraussetzungen von Bedeutung sind:

- es handelt sich um ein starkes Gremium, das sich bereits im Co-Management etablierte;
- der Betriebsrat hat genügend Zeit und Personal, um einen ausgereiften Vorschlag präsentieren zu können;
- die Interessenvertreter reagieren nicht aus der Defensive heraus.

Gerade die Erfüllung der letztgenannten Bedingung ist ein zentraler Erfolgsfaktor. So hatte sich im Falle der Betriebsänderung in Betrieb B gezeigt, daß auch ein sehr aktiver und innovativer Betriebsrat bestimmte Entscheidungen letztlich nicht verhindern kann.[959] Daraus folgt, daß eine aktivere Politik der Betriebsräte - und entsprechende Verhandlungserfolge - zwar einen Fortschritt der Interessenvertretung im Rahmen ihrer weiteren Professionalisierung[960] bildet, sie aber nicht in dem Sinne interpretiert werden kann, daß sie eine Veränderung der betrieblichen Machtverhältnisse herbeiführt.

4.3.2 Neue Formen der Zusammenarbeit

Mit der Aufspaltung von Betrieben und Unternehmen, wie sie im Falle von Betrieb A aufgetreten sind,[961] ergeben sich neue Handlungsanforderungen für die Betriebsräte,[962] die im vorliegenden Beispiel vor allem in zwei Bereichen wirksam werden: Einerseits handelt es sich bei den in den einzelnen Geschäftseinheiten neu gewählten Betriebsräten zwar um ehemalige Mitarbeiter des Betriebes A, diesen mangelt es aber zumeist an Erfahrungswissen für die Betriebsratsarbeit. Andererseits ist die Koordination der Interessenvertretung auf dem Gelände des Betriebes problematisch, weil dort derzeit 77 gewählte Betriebsräte entsprechend der Zahl der wahlberechtigten Arbeitnehmer existieren.

"Eine [...] Herausforderung für das Betriebsrätewesen ist die institutionell-rechtliche Anpassung seiner Handlungsmöglichkeiten an die neuen Entscheidungsstrukturen angesichts der Erosion des Betriebsbegriffs."[963]

Das Verhältnis zwischen den einzelnen Einheiten hängt neben der Qualität der persönlichen Beziehung stark von den jeweiligen unternehmenskulturellen Entwicklun-

---

959 Siehe Kap. II.4.2.2.2.
960 Die mangelnde gestalterische Einflußnahme durch Alternativkonzepte wurde den Betriebsräten häufig zum Vorwurf gemacht. Vgl. exemplarisch Kern, H./Schumann, M. (1990): a.a.O., S. 216.
961 Siehe auch Kap. II.2.1 sowie II.4.2.2.1.
962 Siehe Kap. I.4.2. sowie Benz-Overhage, K. (1996): a.a.O., S. 36f.
963 Kotthoff, H. (1995): a.a.O., S. 446.

gen ab. Diese sind davon beeinflußt, ob es sich um Service- oder autonome Einheiten handelt, wie sich der Übergang in einen anderen Mutterkonzern auswirkt, ob ein Wir-Gefühl zwischen den einzelnen Gruppen entsteht oder ob sich eine direkte Konkurrenzsituation am Standort, z.B. durch ein Lohngefälle, herausbildet.[964] Ähnliche Folgen sind auch bei Änderungen der wöchentlichen Arbeitszeit denkbar, z.B. mit oder ohne Lohnausgleich. Durch solche Veränderungen kann u.U. die Einheitlichkeit der Interessenvertretung gefährdet werden.[965]

Erste Erfahrungen mit veränderten Grundlagen der Interessenvertretung infolge der neuartigen Betriebsstruktur sammelte Betriebsrat A beispielsweise im Zusammenhang mit der Buslinie des Werkes. Diese war vormals ins Leben gerufen worden, um neben der Eingliederung qualifizierten Personals aus dem Umland eine Erhöhung der Wegsicherheit und Umweltverträglichkeit zu gewährleisten. Ein ausgegliederter Betrieb bekundete sein Bestreben, die Busnutzung wegen zu hoher Kosten künftig aufzugeben, wodurch allerdings die Existenz des gesamten Konzepts gefährdet war. Betriebsrat A versuchte das Problem zu lösen, indem Umfragen bei den Benutzern durchgeführt wurden. Dabei sollte festgestellt werden, ob die Bereitschaft bestand, einen monatlichen Geldbeitrag zu leisten, um das Vorhaben finanziell zu stützen. Außerdem wurden alternative Angebote anderer Busunternehmen eingeholt. Trotz der Bemühungen, das Liniensystem aufrecht zu erhalten, kam es letztlich zur Einstellung der Linie, weil zwei weitere Gesellschaften ihre Beteiligung aufkündigten und damit das Kostengerüst nicht mehr tragfähig war. Der "Betriebsegoismus" stellt demzufolge gerade im Kontext der Erhaltung vorhandener Besitzstände ein Problem dar. Ähnliche Schwierigkeiten vermutet Betriebsrat A künftig im Zusammenhang mit den Kantinen und der Ausbildungswerkstatt, da die Schaffung marktnaher Strukturen auch Veränderungen im Kostenbewußtsein der Einheiten mit sich bringt.[966]

Um negative Effekte einer dezentralisierten Interessenvertretung am Standort gering zu halten, entstand im Betrieb A eine Initiative "Betriebsräte im Industriepark". Ziel dieser Kooperation ist es, einen "Standort-Betriebsrat" zu gründen, in dem Absprachen für diejenigen Sachverhalte getroffen werden, die die Gesamtheit der Beschäftigten auf dem Gelände berühren. In den Arbeitskreis, für den drei bis vier Treffen pro Jahr veranschlagt sind, werden - in Analogie zu den Gremien auf Unternehmens- und Konzernebene - jeweils die Vorsitzenden und ihre Stellvertreter entsandt. Seit der Gründung des Arbeitskreises fand wegen Schwierigkeiten in der Terminabstimmung zwischen den sieben Einzelbetriebsräten zunächst lediglich eine große Zusammen-

---

964 Zwar gelten nach § 613a BGB bestehende Vereinbarungen zunächst für ein Jahr weiter, doch können nach Ablauf dieser Frist die Verträge gekündigt und neue Verhandlungen mit dem jeweiligen Betriebsrat der Einheit durchgeführt werden. Zum Zeitpunkt der Untersuchung waren in diesem Kontext aber diesbezüglich keine Bestrebungen erkennbar.

965 Müller-Jentsch kommt ebenfalls zu dieser Vermutung. Vgl. Müller-Jentsch, W. (1995b): a.a.O., S. 328.

966 Vgl. Dörre, K.: Bewegung in die Arena!, in: Die Mitbestimmung, 11/1995, S. 14.

kunft am Standort statt, in der Vorgehensweisen und Ziele des Gremiums diskutiert wurden.[967] Diese Gespräche werden von der Konzernmutter begleitet, weil auch an anderen Standorten weitere Umstrukturierungen dieser Art stattfinden.

Die Einrichtung soll dazu verhelfen, einerseits den Betriebsegoismus der einzelnen Betriebe zu minimieren und andererseits durch gemeinsame Handlungen Kosten- und Nutzenvorteile für alle Beteiligten zu erwirken. Zu den Aufgabenfeldern des Standort-Betriebsrates gehören alle Bereiche, die gemeinsame Berührungspunkte aufweisen: Wirtschaftsbetriebe, Energieanlagen, die Werkswohnungsvergabe, Regelungen zur Parkplatznutzung, die Werksfeuerwehr, das betriebliche Vorschlagswesen sowie die Aus- und Weiterbildungsstätten. Beispielsweise stellt sich durch die gemeinsame Nutzung der Ausbildungswerkstatt die Frage, wer die entstehenden Kosten trägt oder Auszubildende übernimmt. Darüber hinaus können die neuen Mitglieder der Räte den Standort-Betriebsrat zum Erfahrungsaustausch nutzen, insbesondere wenn bestehende Betriebsvereinbarungen gekündigt oder modifiziert werden sollen. Da die derzeitigen Geschäftsführer der Einheiten den Mitgliedern des Betriebsrates A noch persönlich bekannt sind, besteht in schwierigen Situationen auch die Möglichkeiten, auf persönlicher Ebene Einfluß auszuüben und damit den bisher ungeübten Betriebsräten zur Seite zu stehen.

Als Grundlage zur Bildung eines solchen Ausschusses existieren bislang weder gesetzliche Regelungen[968] noch liegen innerhalb der Gewerkschaft konkrete Konzeptionen vor. Insofern leistet Betriebsrat A in diesem Kontext "Pionierarbeit": Er entwickelt Grundlagen für die Vertretungsstrukturen eines Standortbetriebsrates angesichts sich wandelnder betrieblicher Gegebenheiten, die durch freiwillige Vereinbarungen mit dem Arbeitgeber letztlich ein neuartiges Mitbestimmungsorgan entstehen lassen. Diese Bestrebung hat einen starken Vorbildcharakter, weil auch andernorts eine Vielzahl von großindustriellen Ansiedlungen dezentralisiert werden. Möglicherweise kann dieses neue Gremium der Arbeitnehmervertretung ähnlich den freiwilligen Vereinbarungen für Euro-Betriebsräte eine Vielzahl von Nachahmern finden.

"Diese Entwicklung könnte sich zu einer Krise des Betriebsbegriffs in der Betriebsverfassung ausweiten. [...] Als Ergebnis könnten die Mitbestimmungsgesetze mehr als bisher zu einem Rahmenwerk prozeduraler Regulierungen werden, das

---

967 Da sich der Arbeitskreis im Zeitraum der Untersuchung gerade erst konstiutiert hat, liegen keine weiteren Informationen über Zusammensetzung und Ziele dieses Standortbetriebsrats vor.

968 Das Betriebsverfassungsgesetz hebt, wie bereits in Kap. I.5.1.2 dargelegt, grundsätzlich auf die Einheit des Produktionsstandortes ab. Bereits durch Konzernierungen und Globalisierungen von Unternehmen waren hier Schwierigkeiten hinsichtlich der Anpassung der Interessenvertretungsstrukturen aufgetreten. Diese werden sich allerdings durch marktorientierte Zergliederungen einzelner Standorte weiter verschärfen.

den unmittelbar Beteiligten auf lokaler Ebene Rechte und Rechtsformen zur Verfügung stellt, mit denen sie gemeinsam sachgerechte Lösungen finden können."[969]
Eine andere beobachtete neue Kooperationsform konnte bei Betriebsrat C festgestellt werden: Dieser realisiert mit anderen Betriebsräten den Austausch von Betriebsvereinbarungen. Zu diesem Zweck sammelt ein Betriebsrat in der Konzernzentrale alle abgeschlossenen Betriebsvereinbarungen und erstellt eine Liste, die an alle Einzelbetriebsräte weitergegeben wird. Diese Zusammenarbeit führt zu Synergieeffekten und erleichtert die Erstellung von Vereinbarungen. Darüber hinaus gründete sich im Kontext des internationalen Spartenbetriebsrats[970] auf nationaler Ebene eine Gruppe, die regelmäßig telefonischen und brieflichen Kontakt hält und auf diesem Wege den Informationsaustausch intensiviert.

"In den letzten fünf Jahren ist in der Betriebsratsarbeit ein unglaublicher Wandel eingetreten. Früher waren die Betriebsräte vor Ort mehr oder weniger Einzelkämpfer. Jeder hat für sich dahingewurstelt, mehr schlecht als recht. [...] Heute ist das Thema offener. [...] Man muß mit jedem zusammenarbeiten. Das machen die Unternehmensleitungen genauso."[971]

Diese Form der Zusammenarbeit, die auch als ein Mittel zur "Selbsthilfe" bezeichnet werden kann, führt zu mehr Transparenz zwischen den Einheiten. Sie kann durch die Nutzung von Computern und Datennetzen künftig noch intensiver und professioneller betrieben werden. Darüber hinaus entlastet der direkte Kontakt der Einzelbetriebsräte einzelner Produktsparten die örtlichen Verwaltungsstellen der Gewerkschaften, die zuvor als Vermittler solcher Informationen fungierten.

Beide Beispiele machen deutlich, daß die Betriebsratsarbeit in modernen Organisationen verstärkt individuelle Formen annimmt. Grundlage dafür ist ein quasi regulationsfreier Raum, da das Betriebsverfassungsgesetz, dessen Regelungen vor allem auf Betriebe mit einem zentralen Produktionsstandort zugeschnitten sind, durch die betriebliche Realität verstärkt zu einem Anachronismus wird. Damit sind einzelne betroffene Betriebsräte dazu gezwungen, innovative Wege zu beschreiten, um Synergieeffekte zu nutzen und damit die Effektivität der Interessenvertretung zu wahren. Das Konzept des Betriebsrates als "Einzelkämpfer" vor Ort, der sich innerhalb der gesetzlich vorgesehenen Bahnen bewegt, wird in modernen Großorganisationen vermehrt abgelöst durch flexible, kooperative und innovative Betriebsratsnetzwerke, die ein Engagement zeigen, das über das gesetzliche Aufgabensoll hinausgeht.

---

969 Streeck, W. (1996b): a.a.O., S. 17.
970 Siehe auch Kap. II.2.2.
971 Zitat aus einem Interview mit Betriebsrat C.

4.3.3 Öffentlichkeitsarbeit[972]

Moderne Betriebsräte greifen immer häufiger auf Printmedien zur internen Information zurück.[973] Gerade in Zeiten, in denen sich der Betriebsrat aufgrund zeitintensiver Aufgaben selten im Betrieb zeigen kann, stellt das Informationsmittel "Betriebsratszeitung" eine Möglichkeit dar, seine Aufgaben und Ziele öffentlich zu präsentieren und Selbstdarstellung zu betreiben. Die Transparenz dessen, was der Betriebsrat tut, wird damit wesentlich erhöht und die innerbetriebliche Kommunikation zwischen Betriebsrat und Belegschaft verbessert.[974] Ein anderer Vorteil liegt darin, daß der Personenkreis, der auf diese Weise Informationen über die Betriebsratsarbeit erhält, weitaus größer ist als z.b. über Belegschaftsversammlungen. In Betrieb A beispielsweise nehmen nur ca. 10 bis 20 Prozent der Beschäftigten an Versammlungen teil, während die Zeitung, die jedem Mitarbeiter an seinem Arbeitsplatz ausgehändigt wird, theoretisch eine Erreichbarkeit von 100 Prozent ermöglicht. Die Betriebsratszeitung verhilft somit auch zu einer intensiveren Basisarbeit.

Sie eignet sich darüber hinaus in besonderer Weise, um gezielte Informationspolitik zu betreiben. Betriebsrat A wies während der Zusammenarbeit mit der Geschäftsleitung zur Vermeidung betriebsbedingter Kündigungen beispielsweise explizit in diesen Medien darauf hin, daß die Kooperation nicht bedeutet, daß man "unter einer Decke steckt". Vielmehr könne eine vernünftige Lösung bei Personalabbau nur reibungslos erfolgen, wenn die Interessen beider Seiten in der Entscheidungsfindung berücksichtigt werden. Er ergreift hier quasi eine "vorbeugende Maßnahme", damit die Interessenvertretung in dieser kritischen Umstrukturierungsphase keinen Vertrauensverlust erleidet. Der Einsatz von Zeitschriften stärkt außerdem bereits durch die Darstellung positiver Vorkommnisse das Wir-Gefühl im Unternehmen.[975]

Die Zeitung des Betriebsrates A umfaßt in der Regel vier Seiten. Der Erscheinungstermin richtet sich nach dem aktuellen Bedarf: Während der Ausgliederungen kam es z.B. zu zwei Ausgaben innerhalb eines Monats, in Zeiten mit geringerem Arbeitsanfall liegen hingegen zumeist zwei Monate zwischen den einzelnen Nummern.[976]

---

972 Der Begriff Öffentlichkeitsarbeit bezieht sich in den folgenden Ausführungen vornehmlich auf Medienkommunikation, nicht auf die dialogische Zwei-Weg-Kommunikation. Vgl. Dorer, J.: Public Relations politischer Organisationen, in: GMH, 5/1996, S. 297.

973 Betriebsräte haben das Recht zur Nutzung vorhandener Informationsmedien, wenn der Arbeitgeber seine Zustimmung gibt. Vgl. Macharzina, K.: Informationspolitik, Wiesbaden 1990, S. 105.

974 Vgl. Bundesmann-Jansen, J./Frerichs, J. (1993): a.a.O., S. 78 sowie Kap.I.3.4.1.

975 Vgl. Schwarz, G.: Unternehmenskultur als Element des strategischen Managements, Berlin 1989, S. 243ff.; Steinle, C./Eggers, B./Hell, A.: Gestaltungsmöglichkeiten und -grenzen von Unternehmenskulturen, in: JfB, 3-4/1994, S. 143.

976 Die Zeitung entspricht damit weitestgehend den "Standards", die bei gewerkschaftlichen Betriebszeitungen vorzufinden sind. Vgl. Prott, J.: Beteiligungsorientierte Betriebszeitung, in: GMH, 5/1996, S. 320.

Verantwortlich für den Inhalt, der sich im wesentlichen auf betriebliche und arbeits-
platzbezogene Themen bezieht, zeichnet sich der Vorsitzende; die redaktionelle Bearbeitung obliegt drei weiteren freigestellten Mitgliedern. Die Verfassung der Texte
beschreibt Betriebsrat A als zum Teil sehr langwierig, zumal der Inhalt jeweils im Rat
abgestimmt werden muß. Allerdings macht das Beispiel bereits Schule, denn die drei
größten der ausgegliederten Gesellschaften haben ebenfalls eine eigene Zeitung.

Betriebsrat C entschloß sich infolge seines Versprechens im "Wahlkampf", eine verbesserte Informationsgrundlage für die Belegschaft bereitzustellen, ebenfalls dazu,
ein Informationsblatt für die Belegschaft herauszugeben. Dieses wurde zunächst auf
dem Computer des Vorsitzenden entworfen, geschrieben und gedruckt. Die Verteilung übernahmen Mitglieder des Betriebsrates. Durch die positive Resonanz der Belegschaft aufmerksam geworden, fragte die Geschäftsleitung nach einem Jahr beim
Betriebsrat an, ob eine Beteiligung an der Zeitung möglich sei. Nach einer Sitzung im
Betriebsrat wurde die Kooperation befürwortet, allerdings mit der Einschränkung, daß
die Werkzeitschrift[977] nicht zum "Kampfblatt" für beide Seiten wird. Auf den gemeinsamen Redaktionskonferenzen von Betriebsrat und Geschäftsleitung erfolgt lediglich die Abstimmung der Themen, aber keine inhaltliche Einflußnahme. Die Zeitung bietet damit außer der Weitergabe praktischer Informationen auch ein Forum für
differenzierte Standpunkte.[978] Das Layout und der Druck werden inzwischen von
einer Druckerei umgesetzt, wobei die Geschäftsleitung die gesamten Kosten trägt.
Seitdem erscheint die Zeitung unter neuem Namen in Farbdruck zwei bis drei Mal
pro Jahr und stellt einzelne Abteilungen vor oder berichtet über andere Bereiche, die
für die Belegschaft von Interesse sind, z.B. über den Euro-Betriebsrat, die Arbeit des
Betriebsrates oder die Neubesetzung von Positionen im Management. Betriebsrat C
hatte im geschilderten Fall, der letztlich zu einer Erweiterung der betrieblichen Informationsmittel führte, die Rolle des Innovators.[979]

Zusätzlich zur eigenverantwortlichen Erstellung von Printmedien gehen Betriebsräte
auch selbständig auf die Presse zu, um bei schwerwiegenden Konflikten die Öffentlichkeit miteinzubeziehen. Zu diesem Mittel griff beispielsweise Betriebsrat B, der
Zeitungen und Fernsehen über die bevorstehende Betriebsänderung informierte.

"Aber man kann im Vorfeld schon einiges mitbeeinflussen. Zum Beispiel, wo sie
immer allergisch drauf reagiert haben, [...] ist, daß man sagt, wir mobilisieren die

---

977 Zum allgemeinen Thema des Werkzeitungswesens und seiner Komponenten vgl. exemplarisch
    Breisig, Th.: Betriebliche Sozialtechniken, Bd. 4, S. 41 - 53, sowie die dort angegebene Litera-
    tur.
978 Vgl. Prott, J.: Betriebszeitungen oder warum lebendige Öffentlichkeit so schwierig ist, in: Die
    Mitbestimmung, 7-8/94, S. 52.
979 Siehe dazu die Beschreibungen der entscheidungsorientierten Rollen in Kap. I.6.1.1.1.

Öffentlichkeit. Das scheut die Geschäftsleitung, wie der Teufel das Weihwasser."[980]

Kooperationen mit der Presse können somit einerseits als bloßes Druckmittel genutzt werden, andererseits ergreifen die Betriebsräte hier aktiv die Möglichkeit, ihr Ansehen in der Öffentlichkeit zu verändern, indem sie in Selbstdarstellungen auf ihre Aktivitäten verweisen. Mit dieser Vorgehensweise kann das an anderer Stelle erwähnte, häufig negative Image von Betriebsräten in der Öffentlichkeit möglicherweise verändert werden.

Zusammenfassend bleibt festzuhalten, daß das Arbeitsmittel Betriebsratszeitung dazu dient,

- neue Wege der Selbstdarstellung zu entwickeln,
- gezielte Informationspolitik zu betreiben,
- ein Forum zur differenzierten Meinungsäußerungen zu schaffen,
- Konflikte nach außen transparent zu machen.

Öffentlichkeitsarbeit stellt eine wichtige machtpolitische Ressource dar,[981] deren Professionalisierung entsprechend in der Interessenvertretungsarbeit eine immer größere Bedeutung zukommt. Dabei ist nicht nur der Betrieb als Kommunikationsarena aufzufassen.[982] Vielmehr sind im Kontext der Öffentlichkeitsarbeit sowohl die betriebsinternen (Management, Belegschaft) wie auch die betriebsexternen (Gesellschaft, Gewerkschaft) Bezugsgruppen des Betriebsrats von Bedeutung, d.h. für die Gesamtheit seines Beziehungsnetzes.

---

980 Zitat aus einem Interview mit Betriebsrat A.
981 Vgl. Sarcinelli, U.: Mediale Politikdarstellung und politische Kultur, in: GMH, 5/1996, S. 269.
982 Hinsichtlich des Begriffs "Öffentlichkeit" und seinen Differenzierungen vgl. Zerfaß, A.: Unternehmensführung und Öffentlichkeitsarbeit, Opladen 1996, S. 195ff.

5. Fazit

Die Zielsetzung der vorliegenden Arbeit bestand darin, mit Hilfe verschiedener empirischer Methoden grundlegend zu erfassen, wie die alltägliche Arbeit von Betriebsräten aussieht. Durch die geringe Zahl der betrachteten Objekte kann zwar kein Anspruch auf Repräsentativität erhoben werden; dennoch bilden die Ausführungen neuartige Entwicklungstendenzen in der Arbeit der Interessenvertreter ab und ermöglichen eine andere Sichtweise auf ihren Handlungsrahmen sowie die real auftretenden Arbeitsaktivitäten. Insofern erweist sich die kombinierte Betrachtung von Aktivitäten und Aufgaben unter Zuhilfenahme von funktions- bzw. rollenorientierten Interpretationen als effizient, um den Alltag von Betriebsräten zu beleuchten.[983]

Den Ausgangspunkt der Untersuchung bildete u.a. die These, daß Betriebsräte im Hinblick auf die Bedeutung ihrer betrieblichen Mitarbeit häufig unterschätzt werden. Während dies für die öffentlichen Medien weitestgehend zutrifft, in denen die Akteure der Mitbestimmung vorrangig in negativen Kontexten wie Rationalisierungsfolgen Erwähnung finden, ist in den letzten Jahren im Management von Großorganisationen ein Wandel dahingehend festzustellen, daß das Vorhandensein einer betrieblichen Interessenvertretung zumeist als notwendig erachtet wird.[984] Die Zusammenarbeit mit dem Betriebsrat stellt daher für das Management eine wichtige Führungsaufgabe dar, deren Ausprägung und Güte allerdings wesentlich von der Qualifikation und Professionalität der handelnden Personen abhängt. Ein vertrauensvoller Umgang bietet zum einen den Vorteil, daß Planungen i.d.R. reibungsloser umgesetzt werden können, wenn der Betriebsrat diese unterstützt und damit einen positiven Einfluß auf die Willensbildung der Mitarbeiter ausübt. Wie die Fallbeispiele zeigten, gilt dies z.B. im Zusammenhang mit der Umsetzung organisatorischer Wandlungsprozesse oder bei Personalabbaumaßnahmen. Zum anderen gewährleistet eine partnerschaftliche Kooperation, daß eine Lösung innerbetrieblicher Probleme ohne die Mitwirkung der Gewerkschaften erfolgen kann.[985] Beteiligungsangebote des Managements über den rechtlichen Rahmen hinaus erfolgen vorwiegend dann, wenn faktisch eine gute Basis für die Zusammenarbeit besteht. Betriebsräte sind dabei, wie sich am Beispiel der Einführung von Gruppenarbeit zeigen ließ, in der Lage, sich offen auf partizipative Gestaltungsprozesse einzulassen.

Eine wesentliche Begründung für diesen Wandel liegt in der wachsenden Professionalität der Betriebsräte im Alltagshandeln. Wie die Aktivitätsanalyse gezeigt hat, sind

---

983 Möglichkeiten für Folgeuntersuchungen ergeben sich aus den Einschränkungen: interessant erscheint eine Untersuchung, die mit vergleichbarer methodischer Vorgehensweise die Arbeit von Führungskräften und Betriebsräten gleichzeitig analysiert. Hier könnten insbesondere Zusammenhänge von Alltagstätigkeit und betrieblicher Struktur überprüft werden. Desweiteren könnte der Einbezug weiterer Freigestellter Auskunft darüber geben, welche Anforderungen an die verschiedenen Positionen im Gremium gestellt werden.

984 Siehe Kap. I.5.3. sowie die empirischen Ergebnisse bei Niedenhoff, H.-U. (1994): S. 18f.

985 Ebenda, S. 18.

vor allem Betriebsratsvorsitzende kompetente Manager ihres Gremiums, die versuchen, eine optimale Nutzung der Ressourcen zu gewährleisten und sich flexibel auf betriebliche Wandlungsprozesse einzustellen. Ebenso wie Führungskräfte vermeiden sie zeitintensive schriftliche Kommunikationsformen und arbeiten mit einem engen Kontaktnetzwerk, über das sie sowohl innerbetrieblich Informationen erlangen und weitergeben, als auch unternehmensextern Erfahrungen austauschen und Hilfestellungen anbieten.

Nach Adressaten gestaffelt ergeben sich themenübergreifend vier wichtige Arbeitsblöcke der Betriebsratsvorsitzenden, die u.a. aus ihrer exponierten Position im Betrieb[986] resultieren:

1) Verfügbarkeit für die individuellen Belange der Belegschaft;
2) Arbeit innerhalb des Gremiums, die den Entwurf von Vereinbarungen ebenso umfaßt wie Gespräche mit den Kollegen;
3) Sitzungstermine in- und außerhalb des Werkes, in denen in Kooperation mit dem Management die kollektiven Interessen Berücksichtigung finden;
4) Termine mit externen Personen wie Presse oder Gewerkschaft.

Die betrachteten Betriebsräte versuchen, ihre Zeit- und Personalkapazitäten effizient zu nutzen, um strukturelle Defizite, die weiterhin in der betrieblichen Interessenvertretung existent sind, zu minimieren. Als interessantes Beispiel konnte in Betrieb B festgestellt werden, daß eine Art Ausbildungswesen für Betriebsräte in der Entstehungsphase ist, wobei jedes Mitglied bestimmte Schulungen absolvieren soll und in einem periodischen Turnus an der Arbeit der Freigestellten teilnimmt. Die betrieblichen Interessenvertreter in modernen Großorganisationen versuchen demnach aktiv, traditionelle Arbeitsweisen zu verändern und effizienter zu gestalten. Dieser Erfahrungsaustausch verhilft den Betriebsräten u.a. dazu, interne Konflikte im Rat durch eine breitere Informationsbasis zu mildern.

Die auf empirischen Erhebungen beruhenden Ausführungen der vorangegangenen Kapitel zeigen, daß die betrachteten Betriebsräte auf betrieblicher Ebene autonome Handlungsstrategien entwickelt haben. Sie bedienen sich folglich auf verschiedenen Gebieten ihres mikropolitischen Instrumentariums:[987]

• *informationspolitisch* beginnen sie durch gezielte Öffentlichkeitsarbeit Informationsflüsse zu ihren Gunsten zu steuern, Imagepflege zu betreiben sowie eine breitere Diskussionsplattform für aktuelle Themen zu schaffen;

---

986 Die Berücksichtigung dieses Bereiches erfolgt hier nicht explizit, da er bereits in den Kapiteln I.6.1.1.1 und II.4.1.2 intensiv behandelt wurde; implizit finden sich in den folgenden Ausführungen allerdings immer wieder Aufgaben, die aus der Führungsrolle des Betriebsratsvorsitzenden resultieren.
987 Zu den Charakteristika der Spielpolitiken siehe Al-Ani, A.: Machtspiele in Organisationen, in: JfB, 3-4/1993, S. 145ff.

- *strategiepolitisch* fördern sie aktiv Ideen, die ihren Interessen entgegenkommen bzw. erarbeiten Strategien, die ihnen ermöglichen, eigene Ziele effizienter umzusetzen;

- *strukturpolitisch* nutzen sie die organisatorischen Muster des Rates professionell durch die zielgerichtete Bildung von Ausschüssen und Projektgruppen;

- *koalitionspolitisch* bilden sie interne und externe Netzwerke, die ihnen helfen, frühzeitig und schnell notwendige Informationen zu erhalten; darüber hinaus etablieren und pflegen sie auf Kontinuität angelegte Koalitionen mit dem Management, um in konsensorientierten Verhandlungen Ergebnisse im Interesse des Unternehmens zu erarbeiten;

- *personalpolitisch* suchen sie einerseits nach einer Erweiterung ihres Mitarbeiterstabes, z.B. durch die stärkere Einbindung von Vertrauensleuten und Arbeitnehmern oder dem Einsatz von wissenschaftlichen Assistenten sowie andererseits nach größerem Einfluß durch informelle Koalitionen.

Diese Entwicklungen führen - zumindest in Großbetrieben mit einer relativ starken Interessenvertretung - zu einer Veränderung des Leitbildes der Betriebsräte, das sich immer stärker in Richtung eines aktiven Interessenpolitikers bewegt[988], was sich auch in der Dominanz kommunikativer Aktivitäten im Arbeitsalltag niederschlägt. Dessen Grundlage ist neben der Weiterentwicklung der fachlichen Qualifikation und der Verbesserung der funktionalen Arbeitsstrukturierung auch die Einbeziehung langfristiger unternehmerischer Erfolgsfaktoren (Qualifizierung, pfleglicher Umgang mit Arbeitskraft, intakte Sozialordnung, Beschäftigungssicherung) in die tägliche Arbeit.[989]

Die fortschreitende Professionalisierung der Betriebsräte in den Untersuchungsobjekten hat ihre betrieblichen Möglichkeiten und ihren Stellenwert gehoben, wodurch letztlich ihr gestalterisches Potential stärkere Würdigung erfährt. Die Abkehr von der traditionellen reaktiven Position bringt implizit bei den betrachteten Betriebsratsvorsitzenden einen Wandel im Machtbewußtsein und im Machtgebrauch mit sich. Die eigenständige Aushandlung betriebsinterner Problemlösungen, eine intensivere Öffentlichkeitsarbeit oder die Schaffung neuer überbetrieblicher Interessenvertretungsstrukturen zugunsten der Beschäftigungssicherung sind Beispiele für diese Fortentwicklung. Betriebliche Lösungen, die sich außerhalb des gesetzlichen Rahmens bewegen, konnten in den Fallbeispielen aber vor allem dann ausgemacht werden, wenn ein fester Kooperationskern zwischen den Akteuren bestand. Langfristige, verbindliche Regelungen und eine vertrauensvolle Basis zu den Arbeits- bzw. Personaldirektoren spielen demnach eine wichtige Rolle bei der Verbetrieblichung der Arbeitsbeziehungen. Ist diese gegeben, verringern sich zumeist die Befürchtungen der

---

988 Müller-Jentsch spricht in diesem Zusammenhang von einem "Interessenmanager". Vgl. Müller-Jentsch, W. (1996): a.a.O., S. 46.

989 Vgl. auch Dörre, K. (1995): a.a.O., S. 16.

Arbeitnehmervertretung, "ausgespielt" zu werden oder "mit dem Rücken zur Wand" zu stehen.

Außerdem bleibt für die Untersuchungsobjekte festzuhalten, daß das Einflußpotential von Betriebsräten nicht nur auf traditionelle Themenfelder wie Entlohnung oder Arbeitszeitgestaltung beschränkt ist. In den Fallbeispielen versuchte z.b. Betriebsrat B durch ein eigenes Konzept einen Beitrag zu leisten, die Konkurrenzfähigkeit eines Produktionsbereiches zu verbessern. Betriebsrat C schuf durch seine Zeitung die Grundlage für ein neues Medium zur Mitarbeiterinformation und leistete damit einen Beitrag zur Weiterentwicklung der betrieblichen Informationspolitik. Beide Beispiele belegen einen Trend zur thematischen Ausweitung des betrieblichen Einflußpotentials und dokumentieren, daß Betriebsräte bemüht sind, in ihrer Interessenvertretungspolitik neben der reinen Schutz- mehr und mehr aktive Gestaltungsfunktionen wahrzunehmen. Dennoch bleibt festzuhalten, daß beispielsweise im Falle von Betriebsänderungen i.d.R. lediglich die Sozialverträglichkeit der Maßnahmen durch die Betriebsräte gesichert werden kann. Das Co-Management der betrieblichen Interessenvertretung bezieht sich demnach weiterhin verstärkt auf soziale und personelle Angelegenheiten, während sich die Handlungsgrundlagen für die Beeinflussung wirtschaftlicher Maßnahmen nicht wesentlich verbessert haben.

Betriebsräte versuchen demnach - zumindest in den hier untersuchten Betrieben - die betrieblichen Veränderungen zugunsten einer aktiveren Politik zu nutzen. Das gilt auch für Tendenzen, die die Grenzen des Unternehmens verwischen lassen und die durch erweiterte Kooperationen zwischen einzelnen "Insel-Räten" aufgefangen werden sollen. Dies geschieht nicht auf der Grundlage gesetzlicher Neuregelungen, sondern durch eine Art "Change Management"[990], indem betriebliche Strukturen und Traditionen überdacht sowie auf ihre Leistungsfähigkeit und Zweckmäßigkeit hin kritisch überprüft werden. Voraussetzung für diesen Wandel ist primär eine veränderte Haltung der Vorsitzenden selbst, die ihre Stellung an der Spitze des Gremiums anders wahrnehmen und ausbauen, als ihre Vorgänger "der ersten Stunde". So delegieren sie z.B. Aufgaben - sofern die personellen Kapazitäten dies zulassen - , kontrollieren die Effizienz des Gremiums und seiner Ausschüssen und nehmen notwendige Korrekturen vor. Darüber hinaus sind sie bemüht, innovative Vorgehensweisen und -strategien zu fördern, die z.T. einen Bruch mit dem traditionellen Verständnis von Betriebsratspolitik bedeuten.

---

990 Das Konzept "Change Management" umfaßt alle geplanten, gesteuerten und kontrollierten Veränderungen in Strukturen und Prozessen sozio-ökonomischer Systeme. Ausgangspunkt für einen solchen Wandel können verschiedene Krisenarten sein, insbesondere eine Erfolgskrise. Vgl. Thom, N.: Change Management, in: Corsten, H./Reiss, M.: Handbuch Unternehmensführung, Wiesbaden 1995, S. 870f. Als "radikaler" grundlegender Ansatz des Change Managements gilt das "Business Reengineering" Vgl. stellvertretend für andere Hammer, M./Champy, J.: Business Reengineering: Die Radikalkur für das Unternehmen, Frankfurt 1994.

Ein Indiz dafür ist auch die aktive Beeinflussung der Personalpolitik der Unternehmen, wobei sich besonders hohe gestalterische Möglichkeiten im Bereich der Personalentwicklung und Arbeitsgestaltung feststellen lassen. Betriebsräte können aufgrund ihrer Tätigkeiten in der Praxis beinahe als "Personalmanager" bezeichnet werden. Darüber hinaus wirken sie in vielen Großbetrieben auch an Modernisierungs- und Rationalisierungsprozessen als Co-Manager mit. Die Bedeutung der Betriebsräte für die direkte Regelung und Gestaltung der betrieblichen Arbeitsverhältnisse ist folglich stark gestiegen.

Die Tendenz zur Erweiterung der Regelungskompetenzen der Interessenvertretung auf betrieblicher Ebene, beispielsweise im Bereich der Arbeitszeitverkürzung und -flexibilisierung, führt zwar zu großen Erfolgen der Betriebsräte, bewirkt aber gleichsam eine kritischere Haltung und inhaltliche Distanz gegenüber der Gewerkschaftsorganisation.[991] Insofern wird auch das Verhältnis dieser Institutionen, das bislang relativ konstant gewesen ist, vom Fortgang der Entwicklungen beeinflußt und somit künftig voraussichtlich neue Formen annehmen.[992] Wie und ob die verschiedenen Beteiligungsformen (kollektiv und individuell, repräsentativ und direkt, rechtlich und funktional begründet) in modernen Organisationen koexistieren, wird sich allerdings vermutlich von Fall zu Fall entscheiden. Insgesamt läßt sich jedoch festhalten, daß der künftige Erfolg von Mitbestimmung und ihrer zentralisierten Institutionen vor allem davon abhängt, inwieweit sie ihre Arbeitsweisen und Kommunikationsformen an den Wandel, der sich in der Unternehmensgestaltung und in der Entwicklung der Arbeitsprozesse vollzieht, anpassen können. Erste Schritte, die die Betriebsräte in der Praxis in den vergangenen Jahren hin zu einem flexibilitätsorientierten Co-Management unternommen haben und die noch vor kurzem für unmöglich gehalten wurden, geben Anlaß, die Zukunft der deutschen Interessenvertretung zuversichtlich zu beurteilen.[993]

Als problematisch stellt sich für die Betriebsräte weiterhin ihre Vermittlerrolle zwischen Belegschaft und Management dar, die eine Vielfalt von Aufgaben mit unterschiedlichen Erwartungen bereithält: Verhandlungen mit dem Management, die Leitung des Betriebsrates selbst, die Betreuung der Arbeitnehmer sowie die Erweiterung der betrieblichen Rechte hinsichtlich arbeitspolitischer Maßnahmen stellen große Verantwortungsbereiche dar, die wiederum in zahlreiche Teilaufgaben zerfallen. Die-

---

991 Die gelöstere Beziehung zwischen Betriebsrat und Gewerkschaft spielt u.U. eine Rolle für eine gewachsene Verhandlungsbereitschaft des Managements bei betrieblichen Wandlungsprozessen, die letztlich auch emanzipatorische Wirkungen auf die Interessenverteter hat. Eine Gefahr dieses Trends ist jedoch in der Gefahr der wachsenden Erpressbarkeit von Gremien mit geringer Verhandlungsmacht zu sehen.

992 Vgl. beispielhaft Dörre, K.: a.a.O., S. 16; Sadowski, D./Backes-Gellner, U./Frick, B.: Works Councils: Barriers or Boosts for the Competitiveness of German Firms, in: British Journal of Industrial Relations, 3/1995, S. 506 sowie These 3 in Kap. I.1.

993 Diese Ansicht wird beispielsweise geteilt von Streeck, W. (1996b): a.a.O., S. 19f,

se Varianz der Adressaten und Wirkungsfelder verlangt den Betriebsratsvorsitzenden die Fähigkeit ab, ständig den Akteursbezug in ihrer Arbeit zu beachten und sich dementsprechend zu verhalten. Ähnlich einem Chamäleon muß es ihnen gelingen, sich ständig neu an das wechselnde Umfeld anzupassen, um als Interessenmanager in den verschiedenen Unternehmenswelten effiziente Arbeit leisten zu können.

Die Alltagsbeobachtungen machten deutlich, daß insbesondere im Vorsitz des Betriebsrates verblüffende Ähnlichkeiten zu Arbeitsaktivitäten im Management bestehen. Trotz der genannten Parallelen in den konkreten Tätigkeiten und Aufgabengebieten beider Akteursgruppen sowie der Titulierung von Arbeitnehmervertretern als Co-Manager kann allerdings nicht von einer Interessenverschiebung innerhalb der Betriebsratsarbeit ausgegangen werden. So werden Betriebsräte traditionell durch ihre Erfahrungen als Vertrauensmänner zu einer Karriere in der Interessenvertretung animiert, was sich auch auf ihre Haltung gegenüber den Belegschaftskollegen niederschlägt.

Ebenso werden die Interessenvertreter von ihrem direkten Umfeld dazu ermuntert, ihr Engagement im Rat zu verstärken, was auch zu einem erhöhten Machtspielraum durch eine stetig steigende Position in der Hierarchie der Interessenvertretung führen kann. Der Ursprung ihrer Karriere bleibt aber im weiteren zeitlichen Verlauf der zentrale Bezugspunkt. Aus dieser sozialen Motivation zu einer Laufbahn in der Interessenvertretung erfolgt die Übernahme von Macht eher zufällig. Dennoch sind sich Betriebsräte ihrer Machtstellung und deren Wurzel bewußt und nutzen diese verstärkt zur direkten Einflußnahme, wodurch ein Co-Management auf breiter Ebene entstehen kann.

"Solange die Beschäftigten hinter mir stehen bin ich doch hier im Unternehmen eigentlich unangreifbar."[994]

Die Akzeptanz der Führungsrolle des Betriebsratsvorsitzenden, der Umgang mit Macht und der Ausbau entsprechender Kontakte zum Management sind allerdings wichtige Faktoren für den Erfolg der Vertretungsarbeit. Durch die Auflösung des "Feindbildes"[995] und die Akzeptanz der jeweiligen Hauptinteressen der betrieblichen Parteien kann ein transparenter Informationsfluß den Einfluß der Betriebsräte auf Managementebene heben und ihm eine politische Mitarbeit auf breiterer Ebene ermöglichen, die bisher noch weitestgehend auf den Personalbereich beschränkt ist.

---

994 Zitat aus einem Interview mit Betriebsrat B.

995 Vgl. Streeck, W.: Klasse, Beruf, Unternehmen, Distrikt: Organisationsgrundlagen industrieller Beziehungen im europäischen Binnenmarkt, in: Strümpel, B./Dierkes, M.: Innovation und Beharrung in der Arbeitspolitik, Stuttgart 1993, S. 46.

Notwendige Voraussetzung für einen solchen Wandel ist eine veränderte Haltung der Belegschaft, wie auch der Betriebsratskollegen.[996] Legen die Mitglieder des Rates ihre Vorsitzenden z.b. auf ein egalitäres Niveau im Gremium fest, so können diese ihre Autorität und persönlichen Fähigkeiten als Leitfigur der betrieblichen Interessenvertretung vermutlich nicht in wirksamer Weise entfalten. Ebenso kann die Unerläßlichkeit der Präsenz des Betriebsratsvorsitzenden bzw. seine Verfügbarkeit in der Arbeitnehmerschaft, die als Zeichen seiner ideologischen Nähe zur Belegschaft gilt, die Erfüllung der an ihn gestellten Erwartungen erschweren. Er steht damit durch seine Aufgabenvielfalt häufig in einer "Zwitterstellung" zwischen Rat, Belegschaft und Management. Hier ist folglich eine veränderte Form der Arbeitsbewältigung notwendig, die sich u.a. in verstärkten Dezentralisierungstendenzen im Rat äußert, die von vornherein nur für einen Teil der Mitglieder direkte Kontakte zur Belegschaft vorsehen. Eine Zukunftsaufgabe besteht folglich darin, die Basisarbeit zu verändern, wozu folgende Möglichkeiten denkbar sind:

- Erhöhung der Freistellungen, um einerseits die gewachsene Vielfalt der Aufgaben besser bewältigen zu können und andererseits die direkte Personalbetreuung beizubehalten;
- verstärkte Öffentlichkeitsarbeit, um diejenigen Aufgaben, die im Alltag eines Betriebsrates anfallen, transparent zu machen sowie Erfolge und Niederlagen auszuweisen.

Eine derartige Politik würde dem Betriebsrat helfen, seine Stellung sowohl gegenüber der Belegschaft als auch gegenüber dem Management unangreifbarer zu machen und das Vertrauen in seine Fähigkeiten, seine Zuverlässigkeit, sein Engagement aber auch seine Innovationsfähigkeit zu festigen. Darüber hinaus vermag ein transparenteres Berufsbild auch zu vermitteln, welche Aufgabenvielfalt seine Tätigkeit mit sich bringt.

---

996 Im mikropolitischen Kontext ist hier bedeutsam, daß die Betriebsrats- und Belegschaftsmitglieder die unterschiedlichen Spielvorschriften und -bereiche akzeptieren, die zwischen "Häuptling" und "einfachen Kriegern" bestehen. Vgl. Schreyögg, G. (1996): a.a.O., S. 420.

Literaturverzeichnis

Al-Ani, A.: Machtspiele in Organisationen, in: Journal für Betriebswirtschaft, 43. Jg., 3-4/1993, S. 130 - 154.

Altmann, N./Düll, K.: Rationalisierung und neue Verhandlungsprobleme im Betrieb, in: WSI Mitteilungen, o. Jg., 5/1987, S. 261 - 269.

Altmann, N./Deiß, M./Döhl, V./Sauer, D.: Ein "Neuer Rationalisierungstyp". Neue Anforderungen an die Industriesoziologie, in: Soziale Welt, 37. Jg., 2-3/1986, S. 191 - 207.

Apitzsch, W./Klebe, Th./Schumann, M. (Hrsg.): BetrVG '90. Der Konflikt um eine andere Betriebsverfassung, Köln 1988.

Atteslander, P./Kopp, M.: Befragung, in: Roth, E. (Hrsg.): Sozialwissenschaftliche Methoden, 2. Aufl., München; Wien 1987, S. 144 - 172.

Auer, F. v.: Gemeinsame Problemlösung, in: Die Mitbestimmung, 42. Jg., 10/1996, S. 34.

Auer, M.: Personalentwicklung und betriebliche Mitbestimmung, Wiesbaden 1994.

Autorenteam der Hans-Böckler-Stiftung: Mitbestimmung in der Dynamik des Strukturwandels, in: Die Mitbestimmung, 36. Jg., 5/1990, S. 315 - 319.

Baetge, J. (Hrsg.): Vahlens Kompendium der Betriebswirtschaftslehre, Bd. 1, München 1984

Baetge, M.: Arbeit 2000, in: Gewerkschaftliche Monatshefte, 45. Jg., 11/1994, S. 711 - 725.

Bahnmüller, R./Bispinck, R./Schmidt, W.: Betriebliche Weiterbildung und Tarifvertrag, München; Mering 1993.

Bartölke, K./Grieger, J./Ridder, H. G./Weskamp, C.: Betriebs- und Dienstvereinbarungen bei der Einführung von ISDN-Kommunikationsanlagen in Organisationen, Opladen 1994.

Bartölke, K./Henning, H./Jorzik, H./Ridder, H. G.: Neue Technologien und betriebliche Mitbestimmung, Opladen 1991.

Bauer, J.-H.: Aktuelle Probleme des Personalabbaus im Rahmen von Betriebsänderungen, in: DB, 47. Jg., 4/1994, S. 217 - 227.

Beck, U.: Macht der multinationalen Unternehmen, in: Gewerkschaftliche Monatshefte, 47. Jg., 11 - 12/1996, S. 673 - 680.

Behr, M./Bredeweg, U./Pohlmann, M.: Akteure im betrieblichen Innovationsprozeß, in: Die Mitbestimmung, 36. Jg., 9/1990, S. 544 - 549.

Behr, M./Pohlmann, M.: Die Rolle der Betriebsräte im Innovationsprozeß, in: WSI Mitteilungen, 44. Jg., 4/1991, S. 250 - 258.

Behrens, B.: "Mitänanner redde", in: Wirtschaftswoche, 50. Jg., 41/1996, S. 28 - 30.

Beisheim, M./Eckardstein, D. v./Müller, M.: Partizipative Organisationsformen, in: Müller-Jentsch, W. (Hrsg.): Konfliktpartnerschaft, 2. Aufl., München; Mering 1993, S. 125 - 140.

Belzer, V.: Unternehmenskooperationen: Erfolgsstrategien und Risiken im industriellen Strukturwandel, München 1993.

Benz-Overhage, K.: Konkurrierende Mitwirkung, in: Die Mitbestimmung, 42. Jg., 10/1996, S. 35 - 37.

Bergmann, J./Jacobi, O./Müller-Jentsch, W.: Gewerkschaften in der BRD, Frankfurt/M. 1976.

Bergstermann, J./Brandherm-Böhmker, R.: Betriebliche Rationalisierungsprozesse - betriebliche Verhandlungsprozesse, Bonn 1991.

Bessel, F.: Führung in Zusammenarbeit mit den Betriebsräten, in: Niedenhoff, H.-U. (Hrsg.): Die Zusammenarbeit mit dem Betriebsrat, Köln 1990, S. 42 - 52.

Beyer, H.-T.: Personallexikon, München; Wien 1990.

Birke, M.: Betriebliche Technikgestaltung und Interessenvertretung als Mikropolitik, Wiesbaden 1992.

Birke, M./Schwarz, M.: Neue Techniken - neue Arbeitspolitik?, Frankfurt/M.; New York 1989.

Bispinck, R.: Bundesrepublik Deutschland, in: Bispinck, R./Lecher, W. (Hrsg.): Tarifpolitik und Tarifsysteme in Europa, Köln 1993, S. 48 - 78.

Bispinck, R.: Tarifliche Lohn- und Gehaltsstrukturen in Industrie, Dienstleistung und Verwaltung, in: WSI Mitteilungen, 46. Jg., 12/1993, S. 763 - 772.

Bispinck, R.: Tarifpolitik und Tarifautonomie in der Krise, in: WSI Mitteilungen, 46. Jg., 8/1993, S. 469 - 536.

Bispinck, R.: Zur Entwicklung der kollektiven Regulierung von Arbeitszeit, in: WSI Mitteilungen, 49. Jg., 7/1996, S. 414 - 422.

Bitsch, K.-H.: Betriebliche Demokratie und Betriebsratshandeln, Bremen 1993.

Bleicher, S.: In der Gegenwart die Bewegung der Zukunft gestalten. Interessenvertretung und Organisation als Zukunftsprojekt, in: Bleicher, S./Fehrmann, E. (Hrsg.): Autonomie und Organisation, Hamburg 1992, S. 11 - 29.

Blume, O.: Normen und Wirklichkeit einer Betriebsverfassung, Tübingen 1964.

Böhle, F.: Betriebliche Informationspolitik und Interessenvertretung, in: Soziale Welt, 36. Jg., 2/1985, S. 242 - 260.

Bölian, M.: Mitbestimmungsrechte der Arbeitnehmerinnen und Arbeitnehmer im Binnenmarkt 1993: Ausgangslagen und Perspektiven, Pfaffenweiler 1993.

Bösenberg, D.: Seine Rolle im "Lean" finden, in: Personalführung, o. Jg., 11/1993, S. 35 - 36.

Bosch, G.: Qualifizieren statt Entlassen, Opladen 1990.

Bosch, G.: Flexibilisierung der Arbeitszeit und Umverteilung von Arbeit, in: WSI Mitteilungen, 49. Jg., 7/1996, S. 423 - 432.

Bosetzky, H.: Mikropolitik, Machiavellismus und Machtkumulation, in: Küpper, W./Ortmann, G. (Hrsg.): Mikropolitik, 2. Aufl., Opladen 1992, S. 279 - 285.

Bosetzky, H.: Zur Erzeugung von Eigenkomplexität in Großorganisationen, in: Zeitschrift Führung und Organisation, 45. Jg., 5/1976, S. 279 - 285.

Brakelmann, G.: Zur Arbeit geboren?, Bochum 1988.

Brand, R.: "European Information Meeting": Ein Modell des europäischen Dialogs der Sozialpartner im Hoechst-Konzern, in: Deppe, J. (Hrsg.): Euro-Betriebsräte, Wiesbaden 1992, S. 139 - 146.

Breisig, Th.: Führungsmodelle und Führungsgrundsätze - verändertes unternehmerisches Selbstverständnis oder Instrument der Rationalisierung, Spardorf 1987.

Breisig, Th.: Personalbeurteilung als Führungsinstrument, Berlin 1989.

Breisig, Th.: Betriebliche Sozialtechniken: Handbuch für Betriebsrat und Personalwesen, Bd. 1 - 4, Neuwied; Frankfurt/M. 1990.

Breisig, Th.: It's Team Time. Kleingruppenkonzepte in Unternehmen, Köln 1990.

Breisig, Th.: It's Team-time, in: Personal, 42. Jg., 8/1990, S. 318 - 322.

Breisig, Th.: Betriebsvereinbarungen zu Qualitätszirkeln - Eine Inhaltsanalyse, in: Die Betriebswirtschaft, 51. Jg., 1/1991, S. 65 - 77.

Breisig, Th.: Personalentwicklung in mitbestimmungspolitischer Perspektive, in: Zeitschrift für Personalforschung, 7. Jg., 1/1993, S. 7 - 24

Breisig, Th.: Personalforschung und Betriebsrat - Facetten eines getrübten Verhältnisses, in: Becker, F. G./Martin, A. (Hrsg.): Empirische Personalforschung, München; Mering 1993, S. 219 - 240.

Breisig, Th.: Zuckerbrot statt Peitsche, in: Die Mitbestimmung, 42. Jg., 2/1996, S. 40 - 42.

Breisig, Th. et al. (Hrsg.): Handwörterbuch Arbeitsbeziehungen in der EG, Wiesbaden 1993.

Brigl-Matthiaß, K.: Das Betriebsräteproblem, Berlin; Leipzig 1926.

Brinkmann, R. D.: Mitarbeiter-Coaching, Heidelberg 1994.

Brötz, R. et al.: Handlungsprobleme bei Maßnahmen zur Humanisierung der Arbeit, Bielefeld 1983.

Brücker, H./Meyer-Stamer, J.: Standortkrise oder Krise der Wirtschaftspolitik, in: Die Mitbestimmung, 40. Jg., 1/1994, S. 24 - 28.

Brune, J. W.: Der Shareholder-Value-Ansatz als ganzheitliches Instrument strategischer Planung und Kontrolle, Diss. Köln 1995.

Bruns, C./Conert, H./Griesche, D.: Gewerkschaftliche Bildungsarbeit und Interessenvertretung im betrieblichen Alltag, Frankfurt/M.; New York 1980.

Büdenbender, U./Strutz, H.: Gabler Lexikon Personal, Wiesbaden 1996.

Bühner, R. (Hrsg.): Der Shareholder-Value-Report: Erfahrungen, Ergebnisse, Entwicklungen, Landsberg/Lech 1994.

Bürger, M.: Betriebsalltag zwischen Kooperations- und Konfliktfähigkeit, in: Die Mitbestimmung, 38. Jg., 2/1992, S. 38 - 41.

Bürger, M.: Zur Alltagstypik von Betriebsratshandeln, Projektbericht, Dortmund 1996.

Bundesmann-Jansen, J./Prekuhl, U.: Der Medienkonzern Bertelsmann, Köln 1992.

Bundesmann-Jansen, J./Frerichs, J.: Praxisbeispiele beteiligungsorientierter Betriebspolitik, Düsseldorf 1993.

Bundesmann-Jansen, J./Frerichs, J.: Ein neues Politikmodell für die betriebliche Interessenvertretung, in: Die Mitbestimmung, 40. Jg., 6/1994, S. 11 - 14.

Bundesminister für Arbeit und Sozialordnung (Hrsg.): Mitbestimmung, Bonn 1990.

Bungard, W.: Führung im Lichte veränderter Mitarbeiterqualifikation, in: Wiendieck, G./Wiswede, G. (Hrsg.): Führung im Wandel. Neue Perspektiven für Führungsforschung und Führungspraxis, Stuttgart 1990, S. 195 - 230.

Busch, M.: Anzahl und Auswahl der gemäß § 38 BetrVG freizustellenden Betriebsratsmitglieder, in: Der Betrieb, 49. Jg., 6/1996, S. 326 - 329.

Carlson, S.: Executive behaviour, Stockholm 1951.

Chmielewicz, K.: Gesetzliche Änderungen der Mitbestimmung, in: Die Betriebswirtschaft, 50. Jg., 5/1990, S. 643 - 663.

Chmielewicz, K.: Betriebsverfassung, in: Frese, E. (Hrsg.): Handwörterbuch der Organisation, 3. völlig neu gestaltete Aufl., Stuttgart 1992, Sp. 370 - 379.

Clemens, W.: Unternehmungsinteresse, Frankfurt/M.; Bern; New York 1984.

Commerzbank (Hrsg.): Geschäftsbericht - Kurzfassung, Nr. 3, Frankfurt/M. 1996.

Conrad, P.: Human Resource Management, in: Zeitschrift für Personalforschung, 5. Jg., 4/1991, S. 411 - 445.

Crouch, C.: Industrial Relations and European State Traditions, Oxford 1993.

Crozier, M.: Der bürokratische Circulus vitiosus und das Problem des Wandels, in: Mayntz, R. (Hrsg.): Bürokratische Organisation, 2. Aufl., Köln; Berlin 1971, S. 277 - 288.

Cyert, R. M./March, J. G.: A Behavioural Theorie of the Firm, Englewood Cliffs; New Jersey 1963.

Dachrodt, H. G./Schweda, P.: Erfolgreiche Betriebsausschüsse, 2. Aufl., Köln 1991.

Däubler, W.: Das Arbeitsrecht. Von der Kinderarbeit zur Betriebsverfassung, Bd. 1, 1. Aufl., Reinbeck 1976.

Daum, M./Piepel, U.: Lean Production - Philosophie und Realität, in: IO Management Zeitschrift, 61. Jg., 1/1992, S. 40 - 47.

Deppe, J. (Hrsg.): Euro-Betriebsräte: Internationale Mitbestimmung - Konsequenzen für Unternehmen und Gewerkschaften, Wiesbaden 1992.

Deppe, J.: Euro-Betriebsräte: Erweiterung der Informations- und Konsultationsrechte der Arbeitnehmer in EG-weit operierenden Unternehmen und Unternehmensgruppen, in: Derselbe (Hrsg.): Euro-Betriebsräte, Wiesbaden 1992, S. 23 - 40.

Deppe, J.: Europäische Betriebsräte in deutschen Unternehmen, in: Personalwirtschaft, 19. Jg., 9/1992, S. 14 - 18.

Deppe, J.: Quality Circle und Lernstatt, 2. Aufl., Wiesbaden 1990.

Dierkes, M. u.a. (Hrsg.): Unternehmenskultur in Theorie und Praxis, Frankfurt/M. 1993.

Dlugos, G./Dorow, W./Danesy, F. C.: Die Arbeitgeber-Arbeitnehmer-Beziehung aus betriebswirtschaftlich-politologischer Sicht, in: Glaubrecht, H./Wagner, D. (Hrsg.): Humanität und Rationalität in Personalpolitik und Personalführung, Freiburg 1987, S. 119 - 133.

Döll, M./Röhrig, M./Hardes, H.-D.: Berufsausbildung, in: Breisig, Th. et al. (Hrsg.): Handwörterbuch Arbeitsbeziehungen in der EG, Wiesbaden 1993, S. 97 - 103.

Dörnen, A.: Fortbilden statt Entlassen, unveröffentlichte Diplomarbeit, Universität Trier 1991.

Dörre, K.: Bewegung in die Arena!, in: Die Mitbestimmung, 41. Jg., 11/1995, S. 12 - 17.

Dörre, K./Neubert, J./Wolf, H.: "New Deal" im Betrieb, in: SOFI Mitteilungen, 20/1993, S. 15 - 36.

Dörre, K./Neubert, J.: Neue Managementkonzepte und industrielle Beziehungen: Aushandlungsbedarf statt "Sachzwang Reorganisation", in: Schreyögg, G./Sydow, J. (Hrsg.): Managementforschung, Bd. 5, Berlin; New York 1995, S. 167 - 213.

Domsch, M.: Personal, in: Baetge, J. (Hrsg.): Vahlens Kompendium der Betriebswirtschaftslehre, Band 1, München 1984, S. 483 - 539.

Dorer, J.: Public Relations politischer Organisationen, in: Gewerkschaftliche Monatshefte, 47. Jg., 5/1996, S. 288 - 297.

Droge, R.: Tarifreform 2000, Frankfurt 1993.

Drumm, H. J.: Personalwirtschaft - Auf dem Weg zu einer theoretisch-empirischen Personalwirtschaftslehre, in: Hauschildt, J./Grün, O. (Hrsg.): Ergebnisse empirischer betriebswirtschaftlicher Forschung, Stuttgart 1993, S. 673 - 712.

Drumm, H. J.: Personalwirtschaftslehre, 3. neu bearb. u. erg. Aufl., Berlin u.a. 1995.

Ducki, A./Bamberger, E./Brauer, K.: Projektorientierte Arbeitsformen, in: Die Mitbestimmung, 41. Jg., 12/1995, S. 55 - 56.

Duell, W.: Die Rolle des Betriebsrats im Prozeß qualifizierender Arbeitsgestaltung, in: Duell, W./Frei, F. (Hrsg.): Arbeit gestalten, Mitarbeiter beteiligen, Frankfurt/M.; New York 1986, S. 144 - 151.

Düll, K./Bechtle, G.: Die Krise des normierten Verhandlungssystems - Rationalisierungsstrategien und industrielle Beziehungen im Betrieb, in: Bolte, K. M. (Hrsg.): Mensch, Arbeit und Betrieb: Subjekt- und betriebsorientierte Berufs- und Arbeitskräfteforschung, Weinheim 1988, S. 215 - 244.

Dybowski-Johannson, G.: Die Interessenvertretung durch den Betriebsrat, Frankfurt/M.; New York 1980.

Eberwein, W.: Zur Geschichte und Soziologie der deutschen Betriebsverfassung, in: WSI Mitteilungen, 45. Jg., 8/1992, S. 497 - 504.

Eberwein, W./Tholen, J.: Managermentalität. Industrielle Unternehmensleitung als Beruf und Politik, Frankfurt/M. 1990.

Eberwein, W./Tholen, J.: "What do managers really do?" - Zum berufsbezogenen Rollenverständnis von Top-Managern in Arbeit und Familie, in: Schienstock, G. (Hrsg.): Management aus soziologischer Sicht, Wiesbaden 1993, S. 217 - 233.

Egli, J. A.: Konstanten und Ziele in der Personalführung, in: IO Management Zeitschrift, 65. Jg., 5/1996, S. 28 - 31.

Endres, E./Wehnder, T.: Es gibt keine Stunde Null bei der Einführung von Gruppenarbeit, in: Gewerkschaftliche Monatshefte, 44. Jg., 10/1993, S. 631 - 644.

Ergenzinger, R.: Re-Vitalisierung der Arbeitszeit-Gestaltung im Rahmen von Unternehmung, Mitarbeiter und Familie, in: Scholz, C./Oberschulte, H. (Hrsg.): Personalmanagement in Abhängigkeit von der Konjunktur, München; Mering 1994, S. 203 - 220.

Fabricius, F. et al. (Hrsg.): Betriebsverfassungsgesetz. Gemeinschaftskommentar, 4. Aufl., Neuwied; Darmstadt 1990.

Faust, M. et al.: Dezentralisierung von Unternehmen, 2. Aufl., München; Mering 1995.

Faust, M./Bahnmüller, R.: Der Computer als rationalisierender Mythos, in: Soziale Welt, 47. Jg., 2/1996, S. 129 - 148.

Feichtinger, P.: Die Rechtsprechung des Bundesarbeitsgerichtes zum Betriebsverfassungsgesetz im Jahre 1993, Freiburg 1994.

Ferner, A./Hyman, R. (Hrsg.): Industrial Relations in the New Europe, Oxford; Cambridge 1992.

Fitting, K. et al.: Betriebsverfassungsgesetz: Handkommentar, 16. Aufl., München 1990.

Flecker, J./Schienstock, G.: Flexibilisierung, Deregulierung und Globalisierung, München 1991.

Franke, D.: Wie entsteht eine Betriebsvereinbarung, in: Arbeit und Arbeitsrecht, 7/1996, S. 226 - 229.

Frick, B.: Mitbestimmung und Personalfluktuation, in: Sadowski, D./Czap, H./Wächter, H. (Hrsg.): Regulierung und Unternehmenspolitik. Methoden und Ergebnisse der betriebswirtschaftlichen Rechtsanalyse, Wiesbaden 1996, S. 233 - 256.

Fritz, K.: Mehr Geschäftsorientierung und verbesserte Kundennähe, in: Personalführung, o. Jg., 2/1996, S. 138 - 145.

Fürstenberg, F.: Industrial Relations, in: Kieser, A./Reber, G./Wunderer, R. (Hrsg.): Handwörterbuch der Führung, Stuttgart 1987, Sp. 1117 - 1127.

Funk, W.: Personalwirtschaftliche Implikationen neuer Produktionstechnologien, in: Zeitschrift für Betriebswirtschaft, 63. Jg., 3-4/1993, S. 155 - 170.

Gahl, A.: Die Konzeption strategischer Allianzen, Berlin 1991.

Garnjost, P.: Human Resource Management, in: Breisig, Th. et al. (Hrsg.): Handwörterbuch Arbeitsbeziehungen in der EG, Wiesbaden 1993, S. 273 - 281.

Garnjost, P./Blettner, K.: Volkswagen: Cutting labour costs without redundancies, in: Storey, J. (Hrsg.): Blackwell Cases in human resource and change management, Oxford; Cambridge 1996, S. 86 - 99.

Georg, A.: Betriebsratshandeln im präventiven Arbeitsschutz, Literaturbericht, Dortmund 1994.

Gesterkamp, T.: Interessenvertretung in einer Gruppenarbeitsstruktur - weniger "Wachhund" denn Problemlöser, in: Die Mitbestimmung, 38. Jg., 2/1992, S. 24 - 27.

Girkens, M./Seelig, D.: Das Outsourcing-Konzept erfolgreich umgesetzt, in: Personalführung, o. Jg., 6/1996, S. 474 - 485.

Girndt, C.: Der Modernisierungs-Manager, in: Die Mitbestimmung, 41. Jg., 3/1995, S. 46 - 49.

Girndt, C.: Die neue Zumutbarkeit - ein Interview mit Dr. Peter Hartz, in: Die Mitbestimmung, 42. Jg., 6/1996, S. 12 - 16.

Girndt, C./Wendeling-Schröder, U.: Neue Partnerschaftlichkeit, in: Die Mitbestimmung, 36. Jg., 6 + 7/1990, S. 405.

Göbel, J.: Flexible Arbeitszeiten in Tarifvertrag und Betrieb, in: Arbeitgeber, 46. Jg., 23/1996, S. 841 - 848.

Gottschalch, H./Wächter, H.: Handlungssituation des Betriebsrats und Aufgaben für Betriebsrats-Beratung, in: Zeitschrift Führung und Organisation, 52. Jg., 3/1983, S. 173 - 180.

Grebing, H.: Von der Wirtschaftsdemokratie zur Mitbestimmungsinitiative, in: Die Mitbestimmung, 32. Jg., 8-9/1986, S. 425 - 428.

Greifenstein, R./Jansen, P./Kißler, L.: Direkte Arbeitnehmerbeteiligung mit oder ohne Arbeitnehmervertretung, in: WSI Mitteilungen, 43. Jg., 9/1990, S. 602 - 610.

Greifenstein, R./Jansen, P./Kißler, L.: Gemanagte Partizipation - Qualitätszirkel in der deutschen und der französischen Automobilindustrie, München 1993.

Groth, U./Kammel, A.: Lean Management: Konzepte, kritische Analyse, praktische Lösungsansätze, Wiesbaden 1994.

Grümer, K.-W.: Beobachtung, Stuttgart 1974.

Grün, O.: Delegation, in: Kieser, A./Reber, G./Wunderer, R. (Hrsg.) Handwörterbuch der Führung, 1,. Aufl., Stuttgart 1987, Sp. 134 - 146.

Grünert, H./Lutz, B.: Strukturwandel, Arbeitsmarktstruktur und Arbeitnehmerrechte, in: Gewerkschaftliche Monatshefte, 45. Jg., 11/1994, S. 735 - 743.

Gutenberg, E.: Grundlagen der Betriebswirtschaftslehre, Band 1: Die Produktion, Berlin u.a. 1975.

Haberkorn, K.: Betriebsverfassungsgesetz und Mitbestimmung, Stuttgart 1986.

Hagen, R.: Das "Toyota Produktionssystem" und die Konzeptlosigkeit der Lean-Ansätze, in: IO Management Zeitschrift, 65. Jg., Nr. 1-2/1996, S. 41 - 44.

Halberstadt, G.: Der Arbeitsdirektor - Vertrauensmann der Gewerkschaften oder Unternehmer?, in: Glaubrecht, H./Wagner, D. (Hrsg.): Humanität und Rationalität in Personalpolitik und Personalführung, Freiburg 1987, S. 83 - 107.

Hamel, W.: Der professionelle Betriebsrat: Anforderungen und Qualifikationen im Umbruch, in: Personalwirtschaft, 14. Jg., 9/1987, S. 355 - 363.

Hammer, M./Champy, J.: Business Reengineering: Die Radikalkur für das Unternehmen, Frankfurt 1994.

Hammer, U.: Berufsbildung und Betriebsverfassung, Baden-Baden 1990.

Hampe, P. (Hrsg.): Zwischenbilanz der Arbeitszeitverkürzung, München 1993.

Handy, C.: Trust and the virtual Organisation, in: Harvard Business Review, Vol. 76, May-June 1995, S. 40 - 50.

Hanft, A./Küpper, W.: Aufbruchstimmung in der Personalentwicklung, in: Personalführung, o. Jg., 3/1992, S. 194 - 199.

Hank, R.: Geschätzt, verehrt, aber auch angepöbelt, in: Frankfurter Allgemeine Zeitung vom 30. April 1994, S. 13.

Hans-Böckler-Stiftung (Hrsg.): Zur Unterstützung des Betriebsrates durch angestellte Stabsmitarbeiter(Innen): Ergebnisse einer Befragung, Düsseldorf 1992.

Hans-Böckler-Stiftung (Hrsg.): Europäische Betriebsräte, 5. Aufl., Düsseldorf 1994.

Hardes, H. D./Schmitz, F.: Tarifverträge zur betrieblichen Weiterbildung - Darstellung und Analyse aus arbeitsökonomischer Sicht, in: Mitteilungen aus der Arbeitsmarkt- und Berufsforschung, 24. Jg., 4/1991, S. 658 - 672.

Hartz, P.: Die Rolle des Arbeitsdirektors bei der Vertretung der Arbeitnehmerinteressen durch die Beteiligung an der Unternehmenspolitik in der Montanmitbestimmung, in: Koubek, N./Schredelseker, K.: Information, Mitbestimmung und Unternehmenspolitik, Frankfurt/M. 1984, S. 36 - 67.

Hartz, P.: Jeder Arbeitsplatz hat ein Gesicht: die Volkswagen-Lösung, Frankfurt/M. u.a. 1994.

Hasel, M./Kluge, N.: Seitenwechsel - Interview mit Ernst Terzenbach, in: Die Mitbestimmung, 42. Jg., 2/1996, S. 27 - 30.

Heese, A.: Der Arbeitsdirektor im Strukturwandel der Stahlindustrie, in: Arbeit, 3. Jg., 3/1994, S. 270 - 280.

Heidenreich, M.: Gruppenarbeit zwischen Toyotismus und Humanisierung, in: Soziale Welt, 45. Jg., 1/1994, S. 60 - 82.

Heimann, K.: Gewerkschaftliche Reformpolitik in einer Qualifikationsgesellschaft, in: WSI Mitteilungen, 45. Jg., 6/1992, S. 321 - 329.

Heinen, E.: Das Zielsystem der Unternehmung, Wiesbaden 1966.

Heinze, M.: Personalplanung, Einstellung und Kündigung. Die Mitbestimmung des Betriebsrates bei personellen Maßnahmen, Stuttgart 1982.

Heinze, M.: Gibt es eine Alternative zur Tarifautonomie?, in: Der Betrieb, 49. Jg., 14/1996, S. 729 - 735.

Hendrich, W.: Betriebliche Weiterbildung und Arbeitspolitik, Oldenburg 1994.

Hendry, C.: Personnel and Human Resource Management in Britain, in: Zeitschrift für Personalforschung, 8. Jg., 3/1994, S. 209 - 238.

Hendry, C./Pettigrew, A.: HRM: An agenda for the 1990s, in: The International Journal of HRM, Vol. 1, 1/1990, S. 17 - 43.

Hentze, J./Kammel, A.: Lean Production: Personalwirtschaftliche Aspekte der "schlanken Unternehmung", in: Die Unternehmung, 46. Jg., 5/1992, S. 319 - 331.

Hilbert, J./Schmid, J.: Wirtschaftsstandort und Zukunft des Sozialstaates, Marburg 1994.

Hildebrandt, E.: Wandel betrieblicher Sozialverfassung durch systemische Kontrolle, Berlin 1989.

Hirsch-Kreinsen, H.: Neue Rationalisierungskonzepte: Grenzen und Chancen für die Betriebsratspolitik, in: Arbeit, 4. Jg., 4/1995, S. 371 - 387.

Hirsch-Kreinsen, H.: Dezentralisierung: Unternehmen zwischen Stabilität und Desintegration, in: Zeitschrift für Soziologie, 24. Jg., 6/1995, S. 422 - 435.

Hirsch-Kreinsen, H./Wolf, H.: Neue Produktionstechniken und Arbeitsorganisation, in: Soziale Welt, 38. Jg., 2/1987, S. 181 - 196.

Hirschhorn, L./Gilmore, T.: Die Grenzen der flexiblen Organisation, in: Harvard Business Manager, 15. Jg., 1/1993, S. 29 - 39.

Höland, A.: Das Verhalten von Betriebsräten bei Kündigungen, Frankfurt/M.; New York 1985.

Hoff, A./Ebbing, U./Kutscher, J.: Arbeitszeit-Konflikte. Betriebsfallstudien in der Bundesrepublik Deutschland: Ergebnisse und Schlußfolgerungen, in: Strümpel, B./Dierkes, M. (Hrsg.): Innovation und Beharrung in der Arbeitspolitik, Stuttgart 1993, S. 155 - 175.

Holzhauser, M.: Der Wind bläst uns gewaltig ins Gesicht, in: Mendius, H.G./Wendeling-Schröder, U. (Hrsg.): Zulieferer im Netz - zwischen Abhängigkeit und Partnerschaft, Köln 1991, S. 117 - 122.

Hohn, H.-W.: Von der Einheitsgewerkschaft zum Betriebssyndikalismus. Soziale Schließung im dualen System der Interessenvertretung, Berlin 1988.

Howaldt, J./Kopp, R.: Lean production = mean production?, in: Arbeit, 1. Jg., 3/1992, S. 233 - 245.

Hub, G./Hardes, H.-D.: Gewerkschaften, Bundesrepublik Deutschland, in: Breisig, Th. et al. (Hrsg.): Handwörterbuch Arbeitsbeziehungen in der EG, Wiesbaden 1993, S. 221 - 225.

Huber, A./Ochs, P.: Die Vertretung der Schwerbehinderten im Betrieb, Köln 1994.

Huber, O.: Beobachtung, in: Roth, E. (Hrsg.): Sozialwissenschaftliche Methoden, 2. Aufl., München; Wien 1987, S. 124 - 143.

Hunold, W.: Zweifelsfragen zum gesetzlichen Mitwirkungsrecht, Kissing 1980.

IG Chemie (Hrsg.): Experten in eigener Sache, Hannover 1992.

Iller, C.: Interessenvertretung und betriebliche Weiterbildung, Bremen 1992.

Institut der Deutschen Wirtschaft: Zahlen zur wirtschaftlichen Entwicklung der BRD, Köln 1996.

ISF - Institut für sozialwirtschaftliche Forschung (Hrsg.): Bedingungen und Probleme betrieblicher initiierter Humanisierungsmaßnahmen, Projektzwischenbericht, München 1976.

ISO - Institut Saarbrücken (Hrsg.): Mitwirkung und Mitwirkungserwartungen der saarländischen Betriebsräte bei der menschengerechten Gestaltung der Arbeit, Saarbrücken 1973.

Jackson, P./Ashton, D.: ISO 9000: der Weg zur Zertifizierung, 2. Aufl., Landsberg/Lech 1995.

Jaeger, R.: Arbeitnehmervertretungen und Arbeitnehmerrechte in den Unternehmen Westeuropas, in: HBS (Hrsg.): Europäische Betriebsräte, 5. Aufl., Düsseldorf 1994, S. 101 - 140.

Jaeger, R.: Euro-Betriebsräte und Entwicklung transnationaler Kommunikationsstrukturen - Praxis und Perspektiven, in: WSI Mitteilungen, 8/1996, S. 483 - 488.

Jäger, W.: Industrielle Arbeit im Umbruch, Weinheim 1989.

Jedzig, J.: Mitbestimmung bei der Einführung von Verfahren zur Potentialanalyse, in: DB, 49. Jg., 26/1996, S. 1337 - 1342.

Joachim, P./Seifert, H.: Neue Technik und Arbeitszeitgestaltung, Opladen 1991.

Jorzik, H.: Interessenkoordination durch Mitbestimmung?, Fuchsstadt 1993.

Judith, R.: Die Krise in der Stahlindustrie, Köln 1980.

Jürgens U.: Mythos und Realität von Lean Production in Japan, in: Fortschrittliche Betriebsführung und Industrial Engineering, 1/1993, S. 18 - 23.

Jürgens, U./Naschold, F.: Entwicklungspfade der deutschen Industrie in den 90er Jahren, in: Die Mitbestimmung, 40. Jg., 1/1994, S. 11 - 17.

Kall, S.: Begrenzter Zugewinn - Interview mit Gewerkschaftern und Arbeitnehmervertretern in: Die Mitbestimmung, 42. Jg., 10/1996, S. 38 - 42.

Kamp, L.: Die fraktale Fabrik - eine Bruchbude?, in: Die Mitbestimmung, 42. Jg., 6/96, S. 61 - 62.

Katz, D./Kahn, R. L.: The social psychology of organisations, New York; London 1966.

Keim, R./Unger, H.: Kooperation statt Konfrontation, Köln 1986.

Keller, B.: Einführung in die Arbeitspolitik, München; Wien 1991.

Keller, B.: Nach der Verabschiedung der Richtlinie zu Europäischen Betriebsräten, in: WSI Mitteilungen, 49. Jg., 8/1996, S. 470 - 482.

Kern, H./Schumann, M.: Das Ende der Arbeitsteilung? Rationalisierung in der industriellen Produktion, 4. Aufl., München 1990.

Kerst, C.: Betriebliche Arbeitsbeziehungen als Umsetzungsweg für Gestaltungswissen, in: WSI Mitteilungen, 44. Jg., 7/1991, S. 427 - 434.

Kick, Th./Scherm, E.: Individualisierung in der Personalentwicklung, in: Zeitschrift für Personalforschung, 7. Jg., 1/1993, S. 35 - 49.

Kieser, A.: Der situative Ansatz, in: Ders. (Hrsg.): Organisationstheorien, Stuttgart; Berlin; Köln 1993, S. 161 - 191.

Kieser, A.: Organisationsstruktur, in: Hauschildt, J./Grün, O. (Hrsg.): Ergebnisse empirischer betriebswirtschaftlicher Forschung, Stuttgart 1993, S. 55 - 84.

Kirsch, W./Scholl, W./Paul, G.: Mitbestimmung in der Unternehmenspraxis, München 1984.

Kißler, L.: Die Mitbestimmung in der BRD, Marburg 1992.

Kißler, L.: Vom Erfolgs- zum Auslaufmodell? Die deutsche Mitbestimmung unter Modernisierungsdruck, Beitrag zur Tagung "Gewerkschaften und Demokratische Partizipation an der Schwelle zum Aufbruch ins nächste Jahrtausend vom 9./10. Mai 1996, Offenbach.

Kißler, L./Lasserre, R.: Tarifpolitik. Ein deutsch-französischer Vergleich, Frankfurt/M.; New York 1987.

Klatt, R.: Kommunikation im betrieblichen Sozialsystem, in: Arbeit, 2. Jg., 4/1993, S. 375 - 395.

Klatt, R.: Betriebspolitik à la carte, in: Die Mitbestimmung, 40. Jg., 6/1994, S. 15 - 17.

Klatt, R.: Betriebsräte im Netz, in: Die Mitbestimmung, 41. Jg., 8/1995, S. 44.

Klatt, R.: Moderne Betriebsratsarbeit im Großbetrieb, in: Arbeit, 4. Jg., 4/1995, S. 388 - 407.

Klein-Schneider, H.: Im Dreisprung, in: Die Mitbestimmung, 42. Jg., 2/1996, S. 31 - 34.

Klinkhammer, H./Welslau, D.: Der europäische Betriebsrat, in: Die Aktiengesellschaft, 39. Jg., 11/1994, S. 488 - 496.

Knebel, H.: Betriebsrat als Führungskraft, in: Personal, 43. Jg., 5/1991, S. 144 - 147.

Knipper, C.: Das Arbeitsverhältnis des freigestellten Betriebsrats, Baden-Baden 1992.

Knuth, M.: Betriebsverfassungsgesetz und betriebliche Normsetzung, in: Nutzinger, H. G. (Hrsg.): Mitbestimmung und Arbeiterselbstverwaltung, Frankfurt/M.; New York 1982, S. 345 - 374.

Köhler, O.: SoliNet - Der kleine Medien-Highway für Interessenvertreter, in: Die Mitbestimmung, 40. Jg., 4/1994, S. 66 - 67.

Köstler, R.: Die Praxis der Weimarer Betriebsräte im Aufsichtsrat, in: Die Mitbestimmung, 32. Jg., 8-9/1986, S. 429 - 431.

Köstler, R.: Die Gretchenfrage, in: Die Mitbestimmung, 41. Jg., 8/1995, S. 59 - 60.

Kompa, A.: Wir, die Firma: Der Kult um die Unternehmenskultur, Weinheim 1987.

Koopmann, K.: Vertrauensleute, Hamburg 1981.

Kotter, J. P.: The general manager, London 1982.

Kotthoff, H.: Betriebsräte und betriebliche Herrschaft, Frankfurt/M.; New York 1981.

Kotthoff, H.: Mitbestimmung im Betrieb und Unternehmen, in: Fricke, W./Iwanow, W.: Deutsche Mitbestimmung - russische Perestroika, Bonn 1988, S. 15 - 34.

Kotthoff, H.: Betriebsrat, in: Gaugler, E./Weber, W. (Hrsg.): Handwörterbuch des Personalwesens, 2. neubearb. u. erg. Aufl., Stuttgart 1992, Sp. 611 - 624.

Kotthoff, H.: Betriebsräte und Bürgerstatus, München; Mering 1994.

Kotthoff, H.: Betriebliche Mitbestimmung in der Langzeitperspektive, in: WSI Mitteilungen, 48. Jg., 9/1995, S. 549 - 557.

Kotthoff, H.: Betriebsräte und betriebliche Reorganisation, in: Arbeit, 4. Jg., 4/1995, S. 425 - 447.

Kotthoff, H./Reindl, J.: Die soziale Welt kleiner Betriebe. Wirtschaften, Arbeiten und Leben im mittelständischen Industriebetrieb, Göttingen 1990.

Koubek, N.: Technischer Wandel, Unternehmensplanung und Mitbestimmung, in: Warneke, P. (Hrsg.): Technischer Wandel und Einflußmöglichkeiten der Arbeitnehmer in Europa, Berlin 1985, S. 75 - 87.

Koubek, N./Cleff, Th./Pierotti, C./Schafmeister, S.: Strategievielfalt, in: Die Mitbestimmung, 42. Jg., 4/1996, S. 32 - 34.

Koubek, N./Schredelseker, K.: Information, Mitbestimmung und Unternehmenspolitik, Frankfurt/M. 1984.

Koy, E./Lichtenberger, S.: Die zielorientierte Gestaltung betrieblicher Gesundheitszirkel, in: Personalführung, o. Jg., 7/1996, S. 580 - 583.

Krackhardt, D./Hanson, J. R.: Informelle Netze - die heimlichen Kraftquellen, in: Harvard Business Manager, 16. Jg., 1/1994, S. 16 - 24.

Kraft, A.: Vertrauensleute im Betrieb, Köln 1982.

Krafcik, J. F.: Triumph of the Lean Production System, in: Sloan Management Review, 29. Jg., 1/1988, S. 41 - 52.

Kreikebaum, H.: Arbeitsgestaltung und Betriebsverfassung: eine empirische Untersuchung zum autonomen Arbeitsschutz bei Arbeitgebern und Betriebsräten, Berlin 1990.

Kreuder, Th.: Moderne Unternehmensführung und Betriebsverfassung, in: Die Aktiengesellschaft, 37. Jg., 11/1992, S. 375 - 384.

Kreuder, Th.: Unternehmenskultur und Mitbestimmung, 2. Aufl., Düsseldorf 1992.

Kreuder, Th.: Brüchige Fundamente, in: Die Mitbestimmung, 42. Jg., 9/1996, S. 36 - 38.

Kricsfalussy-Hrabàr, A.: Betriebsratsmanagement, Bremen 1993.

Krieger, H./Lange, R.: Der "New Deal" für die 90er Jahre, in: WSI Mitteilungen, 45. Jg., 12/1992, S. 788 - 799.

Kronenberg, B./Schneider, W./Volkmann, G./Wendeling-Schröder, U.: WSI Mitbestimmungsbericht 1990, in: WSI Mitteilungen, 44. Jg., 8/1991, S. 478 - 498.

Kronenberg, B./Volkmann, G./Wendeling-Schröder, U.: WSI Mitbestimmungsbericht 1992, in: WSI Mitteilungen, 47. Jg., 1/1994, S. 24 - 29.

Krulis-Randa, J. S./Benz, P.: Grenzen im Personalmanagement, Bern u.a. 1993.

Küller, H. D.: Reifeprüfung bestanden? - 18 Jahre 76er Regelung, in: Die Mitbestimmung, 40. Jg., 4/1994, S. 42.

Küpper, W./Ortmann, G.: Mikropolitik in Organisationen, in: Die Betriebswirtschaft, 46. Jg., 5/1986, S. 590 - 602.

Küpper, W./Ortmann, G. (Hrsg.): Mikropolitik: Rationalität, Macht und Spiele in Organisationen, 2. Aufl., Opladen 1992.

Kuhn, Th.: Lean Production und Gruppenarbeit als Ansatzpunkte zur unternehmerischen Gestaltung der Personalarbeit - Darstellung aus Sicht der Wissenschaft in: Wunderer, R./Kuhn, Th.: Innovatives Personalmanagement: Theorie und Praxis unternehmerischer Personalarbeit, Neuwied u.a. 1995, S. 383 - 393.

Kunstmann, H. H.: Kommunikationsebenen in der lernenden Management-Holding, in: Zfo, 1/1996, S. 38 - 44.

Kutschker, M.: Konzepte und Strategien der Internationalisierung, in: Corsten, H./Reiss, M.: Handbuch Unternehmensführung, Wiesbaden 1995, S. 647 - 660.

Lamnek, S.: Qualitative Sozialforschung, Band 2: Methoden und Techniken, München 1989.

Landert, H.: Freiheit erlebbar machen, in: Krulis-Randa, J. S./Benz, P.: Grenzen im Personalmanagement, Bern u.a. 1993, S. 175 - 183.

Lattmann, C.: Die Personalfunktion in der Unternehmung, Frauenfeld 1995.

Laukamm, Th.: Strategisches Management von Human-Ressourcen, in: Marr, R. (Hrsg.): Mitarbeiterorientierte Unternehmenskultur, Berlin 1989, S. 75 - 95.

Lecher, W.: Französische und deutsche Arbeitnehmerinteressenvertretung, in: Industrielle Beziehungen, 1. Jg., 2/1994, S. 179 - 202.

Lecher, W.: Betriebliche Interessenvertretung und direkte Partizipation, in: WSI Mitteilungen, 48. Jg., 5/1995, S. 323 - 333.

Leiss, M.: Rationelle Betriebsratsarbeit, Neuwied; Darmstadt 1979.

Leminsky, G.: Vom historischen Kompromiß zum Bürgerrecht, in: Die Mitbestimmung, 42. Jg., 10/1996, S. 21 - 27.

Leonard-Barton, D.: Die Fabrik als Ort der Forschung, in: Harvard Business Manager, 16. Jg., 1/1994, S. 87 - 99.

Lewin, K.: Feldtheorie in den Sozialwissenschaften, Bern; Stuttgart 1963.

Loenenbach, M./Breisig, Th.: Mitbestimmung im Unternehmen, Bundesrepublik Deutschland, in: Breisig, Th. et al.: Handwörterbuch Arbeitsbeziehungen in der EG, Wiesbaden 1993, S. 369 - 377.

Maase, M./Sengenberger, W./Weltz, F.: Weiterbildung - Aktionsfeld für den Betriebsrat?, 2. Aufl., München 1978.

Macharzina K.: Informationspolitik: Unternehmenskommunikation als Instrument erfolgreicher Führung, Wiesbaden 1990.

Macharzina, K.: Personalpolitik, in: Gaugler, E./Weber, W. (Hrsg.): Handwörterbuch des Personalwesens, 2. neubearb. u. erg. Aufl., Stuttgart 1992, Sp. 1780 - 1797.

Mahnkopf, B.: Die dezentrale Unternehmensorganisation - (k)ein Terrain für neue Produktionsbündnisse?, in: Prokla, 19. Jg., 3/1989, S. 27 - 50.

Maier, W.: Arbeitsanalyse und Lohngestaltung, 2. Aufl., Stuttgart 1988

Malorny, C.: TQM umsetzen. Der Weg zur Business Excellence, Stuttgart 1996.

Marglin, S. A.: Was tun die Vorgesetzten? Ursprünge und Funktionen der Hierarchie in der kapitalistischen Produktion, in: Duve, F. (Hrsg.): Technologie und Politik, Band 8, Reinbeck 1977, S. 148 - 203.

Martens, H.: Empirische Institutionenforschung - theoretische und methodologische Aspekte am Beispiel der Mitbestimmungsforschung, in: Göhler, G. (Hrsg.): Die Eigenart der Institutionen: zum Profil politischer Institutionentheorie, Baden-Baden 1994, S. 273 - 300.

Martin, A.: Die Beurteilung des betrieblichen Personalwesens als Aufgabe der Personalforschung, in: Becker, F. G./Martin, A. (Hrsg.): Empirische Personalforschung, München; Mering 1993, S. 147 - 172.

Masuch, M.: Vicious Circles in Organizations, in: Administrative Science Quarterly, 30. Jg., March/1985, S. 14 - 33.

Maus, O.: Erweiterung der Mitbestimmungsrechte des Betriebsrats durch tarifliche Öffnungsklauseln, Diss. Münster 1994.

Mayrhofer, W.: Nonreaktive Methoden, in: Becker, F. G./Martin, A. (Hrsg.): Empirische Personalforschung, München; Mering 1993, S. 11 - 32.

Mayring, P.: Einführung in die qualitative Sozialforschung, München 1990.

Mayring, P.: Qualitative Inhaltsanalyse, 2. Aufl., München 1990.

Mc Call, G. J.: Qualitätskontrolle der Daten bei teilnehmender Beobachtung, in: Gerdes, K. (Hrsg.): Explorative Sozialforschung, Stuttgart 1979, S. 141 - 157.

Meißler, R.: Rechtzeitig und umfassend informieren, in: Personalwirtschaft, 21. Jg., 3/1994, S. 15 - 18.

Mertens, V.: Europaweite Kooperation von Betriebsräten multinationaler Konzerne: Das Beispiel Volkswagen, Wiesbaden 1994.

Meyer, W.: Bestimmungsfaktoren der Tariflohnbewegung, Frankfurt/M.; New York 1990.

Michel-Alder, E.: Flexibilität als Überlebensstrategie für Arbeitskräfte und Organisationen, in: Krulis-Randa, J. S./Benz, P. (Hrsg.): Grenzen im Personalmanagement, Bern u.a. 1993, S. 167 - 173.

Milert, W./Tschirbs, R.: Von den Arbeiterausschüssen zum Betriebsverfassungsgesetz, Köln 1991.

Mintzberg, H.: The nature of managerial work, Englewood Cliffs 1973.

Mintzberg, H.: The manager's job: folclore and fact, in: Harvard Business Review, 53. Jg., July-August 1975, S. 49 - 61.

Mintzberg, H.: Power in and around organizations, Englewood Cliffs 1983.

Mintzberg, H.: Zwischen Fakt und Fiktion - der schwierige Beruf Manager, in: Harvard Manager, 12. Jg., 4/1990, S. 86 - 98.

Mitbestimmungskommission (Hrsg.): Mitbestimmung im Unternehmen. Bericht der Sachverständigenkommission zur Auswertung der bisherigen Erfahrungen bei der Mitbestimmung, Stuttgart; Berlin; Köln; Mainz 1970.

Modrow-Thiel, B.: Qualitative Interviews - Vorgehen und Probleme, in: Becker, F. G./Martin, A. (Hrsg.): Empirische Personalforschung, München; Mering 1993, S. 129 - 146.

Mogwitz, G.: Europäischer Betriebsrat bei VW als Ergebnis praktizierter internationaler Solidarität, in: Deppe, J. (Hrsg.): Euro-Betriebsräte, Wiesbaden 1992, S. 147 - 157.

Mohr, A.: Personalplanung und Betriebsverfassungsgesetz. Beteiligungsmöglichkeiten für den Betriebsrat, Köln 1977.

Moll, R.: Gruppenarbeit und Projektmanagement, in: WSI Mitteilungen, 47. Jg., 9/1994, S. 523 - 527.

Mückenberger, U.: Auf dem Weg zu einem post-fordistischen Arbeitsrecht. Das System rechtlicher Regulierung im Betrieb unter Veränderungsdruck, in: Müller-Jentsch, W. (Hrsg.): Konfliktpartnerschaft, 2. Aufl., München; Mering 1993, S. 203 - 228.

Mühlstatt, E.: Expertensysteme für Interessenvertreter, in: Die Mitbestimmung, 40. Jg., 3/1994, S. 68 - 69.

Müller, G.: Mitbestimmung in der Nachkriegszeit: britische Besatzungsmacht - Unternehmer - Gewerkschaften, Düsseldorf 1987.

Müller, W.: Per E-Mail, in: Die Mitbestimmung, 42. Jg., 7 - 8/1996, S. 6 - 7.

Müller-Jentsch, W.: Soziologie der industriellen Beziehungen, Frankfurt/M.; New York 1986.

Müller-Jentsch, W.: Das deutsche Modell der industriellen Beziehungen, in: Industrielle Beziehungen, 2. Jg., 1/1995, S. 11 - 24.

Müller-Jentsch, W.: Lernprozesse mit konträren Ausgängen, in: Gewerkschaftliche Monatshefte, 46. Jg., 5/1995, S. 317 - 328.

Müller-Jentsch, W.: Mitbestimmung als kollektiver Lernprozeß, in: Rudolph, K./Wickert, Ch. (Hrsg.): Geschichte als Möglichkeit, Essen 1995, S. 42 - 54.

Müller-Jentsch, W.: Die Betriebsverfassung - eine deutsche Karriere, in: Die Mitbestimmung, 42. Jg., 10/1996, S. 43 - 46.

Müller-Jentsch, W./Sperling, H. J.: Reorganisation der Arbeit als Herausforderung für Betriebsräte und Gewerkschaften, in: Gewerkschaftliche Monatshefte, 47. Jg., 1/1996, S. 41 - 47.

Nagel, B.: Neue Konzernstrukturen: Verzahnung von Gewerkschafts- und Betriebsratsarbeit, in: Die Mitbestimmung, 40. Jg., 6/1994, S. 34 - 37.

Nagel, B.: Beziehungswandel, in: Die Mitbestimmung, 42. Jg., 5/1996, S. 32 - 34.

Nagel, B.: Wie effizient sind Tarifvertrag und Mitbestimmung?, in: Gewerkschaftliche Monatshefte, 47. Jg., 2/1996, S. 97 - 111.

Nagel, B. et al.: Neue Konzernstrukturen und Mitbestimmung, 1. Aufl., Baden-Baden 1994.

Neuberger, O.: Führen und geführt werden, 3. neu bearb. Aufl. von "Führung", Stuttgart 1990.

Neuberger, O.: Personalentwicklung, Stuttgart 1991.

Niedenhoff, H.-U.: Gewerkschaftliche Vertrauensleutearbeit, Köln 1983.

Niedenhoff, H.-U.: Mitbestimmung in den EG-Staaten, Köln 1991.

Niedenhoff, H.-U.: Mitbestimmung in der Bundesrepublik Deutschland, 9. Aufl., Köln 1992.

Niedenhoff, H.-U.: Die Kosten der Anwendung des Betriebsverfassungsgesetzes, Köln 1994.

Niedenhoff, H.-U.: Betriebsratswahlen 1994, in: Personal, 47. Jg., 1/1995, S. 42 - 46.

O. V.: An der Spitze, Interview mit Naumann, R, Obernauer, V., Schiller, H. und Schnaubelt, W., in: Die Mitbestimmung, 41. Jg., 1/1995, S. 44 - 46.

O. V.: Betriebsverfassungsgesetz als Hemmschuh, in: Blick durch die Wirtschaft vom 31. Oktober 1996, S. 1.

O. V.: Gablers Wirtschaftslexikon, 13. Aufl., Wiesbaden 1992.

O. V.: Gericht weist Klage der IG Metall ab, in: Frankfurter Allgemeine Zeitung vom 29. Oktober 1996, S. 19.

O. V.: Kostentragung für eine Betriebsratsschulung, in: Betrieb und Personal, 7/1996, S. 302 - 303.

O. V.: Nur wenige der Unternehmen haben freiwillige Vereinbarungen getroffen, in: Blick durch die Wirtschaft vom 23. September 1996, S. 1.

O. V.: Praxiserprobt. Interview mit vier engeren Mitarbeitern von Arbeitsdirektoren, in: Die Mitbestimmung, 42. Jg., 2/1996, S. 35 - 39.

Oechsler, W. A.: Betriebsvereinbarung, in: Gaugler, E./Weber, W. (Hrsg.): Handwörterbuch des Personalwesens, 2. neubearb. u. erg. Aufl., Stuttgart 1992, Sp. 644 - 650.

Oechsler, W. A.: Personal und Arbeit. Einführung in die Personalwirtschaft unter Einbeziehung des Arbeitsrechts, 4. Aufl., München; Wien 1992.

Oechsler, W. A.: Personalentwicklung und Arbeitsrecht, in: Zeitschrift für Personalforschung, 7. Jg., 1/1993, S. 25 - 34.

Oechsler, W. A.: Das Arbeitsrecht steckt in der Krise, in: Personalwirtschaft, 22. Jg., Jubiläumsheft 1995, S. 57 - 60.

Oechsler, W. A./Schönfeld, T.: Die Einigungsstelle als Konfliktlösungsmechanismus, Frankfurt/M. 1989.

Oelsnitz, D. v. d.: Das Heterarchieprinzip, in: WISU, 6/1995, S. 500 - 502.

Oertzen, P. v.: Betriebsräte in der Novemberrevolution, 2. Aufl., Bonn 1976.

O'Reilly, C. A.: The use of information in organizational decision making, in: Research in Organizational Behaviour, 5/1983, S. 103 - 139.

Osterloh M.: Interpretative Mitbestimmungs- und Organisationsforschung, Stuttgart 1993.

Ottmann, Ch.: Das betriebsverfassungsrechtliche Rechtsverhältnis zwischen Arbeitgeber und Betriebsrat, Diss. Tübingen 1993.

Otto, K.-P.: Mitbestimmung, Curitus Lehrbriefe des Universitätsseminars der Wirtschaft (Nr. 9), Dillingen 1990.

Penzek, R.: Beschäftigungsrisiken und betriebliche Interessenvertretung im privaten Versicherungsgewerbe, Diss. Trier 1988.

Peretti, J.-M.: Gestion des ressources humaines, 2. Aufl., Paris 1990.

Pichert, P.-H.: Outsourcing als Gestaltungsaufgabe für das Personalmanagement, in: Personalführung, o. Jg., 6/1996, S. 464 - 473.

Picot, A.: Transaktionskostenansatz in der Organisationstheorie, in: Die Betriebswirtschaft, 42. Jg., 2/1982, S. 267 - 284.

Picot, A./Reichwald, R.: Auflösung der Unternehmung, in: ZfB, 64. Jg. 5/1994, S. 547 - 570.

Picot, A./Reichwald., R./Wigand, R.T.: Die grenzenlose Unternehmung: Information, Organisation, Management, Wiesbaden 1996.

Picot, G.: Firmen-Restrukturierung mit neuen Impulsen, in: Handelsblatt vom 28. Oktober 1996, S. 19.

Piefer, W.: Personalplanung und Betriebsrat, Diss. Köln 1980.

Pitz, K.-H./Pohl, M.: Management hinter der Barriere - Festung Management, in: WSI Mitteilungen, 47. Jg., 2/1994, S. 103 - 107.

Pöhler, W.: Damit die Arbeit menschlicher wird. Fünf Jahre Aktionsprogramm HdA, Bonn 1979; Projektträgerschaft "Humanisierung der Arbeit" (Hrsg.): Projektstatusbericht 1988/89, Bonn o.J.

Pohlmann, M.: Antagonistische Kooperationen und distributive Macht, in: Soziale Welt, 47. Jg., 1/1996, S. 44 - 67.

Posth, M./Schuster, H.: VW-Eurobetriebsrat - Erfahrungen und Erwartungen, in: Deppe, J. (Hrsg.): Euro-Betriebsräte, Wiesbaden 1992, S. 113 - 121.

Prangenberg, A.: Make or buy - friß oder stirb, in: Die Mitbestimmung, 41. Jg., 11/1995, S. 38 - 39.

Prieß, J.: Der Arbeitsdirektor als Personalvorstand aus der Sicht des Betriebsrates, in: Glaubrecht, H./Wagner, D. (Hrsg.): Humanität und Rationalität in Personalpolitik und Personalführung, Freiburg 1987, S. 109 - 117.

Promberger, M./Rosdücher, J./Seifert, H./Trincek, R.: Beschäftigungssicherung durch Arbeitszeitpolitik, in: WSI Mitteilungen, o. Jg., 7/1995, S. 473 - 481.

Prott, J.: Betriebszeitungen oder Warum lebendige Öffentlichkeit so schwierig ist, in: Die Mitbestimmung, 40. Jg., 7-8/1994, S. 51 - 52.

Prott, J.: Fachliche Kompetenz reicht nicht: Betriebsräte unter einem veränderten Erwartungsdruck, in: Die Mitbestimmung, 40. Jg., 4/1994, S. 45 - 46.

Prott, J.: Beteiligungsorientierte Betriebszeitungsarbeit, in: Gewerkschaftliche Monatshefte, 47. Jg., 5/1996, S. 317 - 324.

Ramme, I.: Die Arbeit von Führungskräften, Köln 1990.

Rancke, F.: Betriebsverfassung und Unternehmenswirklichkeit, Opladen 1982.

Rappaport, A.: Shareholder-Value als Maßstab für die Unternehmensführung, Stuttgart 1995.

Raster, M.: Shareholder-Value-Management: Ermittlung und Steigerung des Unternehmenswertes, Wiesbaden 1995.

Rathjen, G.: Betriebliche Gesundheitsförderung als Gemeinschaftsaufgabe, in: Personalführung, o. Jg., 7/1996, S. 576 - 578.

Rationalisierungs-Kuratorium der Deutschen Wirtschaft (Hrsg.): RKW Handbuch Personalplanung, 2. Aufl., Neuwied 1990.

Raub, S./Büchel, B.: Organisationales Lernen und Unternehmensstrategie, in: Zeitschrift Führung und Organisation, 65. Jg., 1/1996, S. 26 - 31.

Reiss, M.: Mit Blut, Schweiß und Tränen zur schlanken Organisation, in: Harvard Manager, 14. Jg., 2/1992, S. 57 - 62.

Remer, A.: Personalmanagement. Mitarbeiterorientierte Organisation und Führung im Unternehmen, Berlin; New York, 1978.

Revel, S. W.: Tarifverhandlungen in der Bundesrepublik Deutschland, Baden-Baden 1994.

Richard, D.: Jeder Betriebsrat braucht ökonomische Kenntnisse, in: Arbeit und Arbeitsrecht, 2/1996, S. 57 - 58.

Ridder, H.-J.: Personalentwicklung und technischer Wandel, in: Personalwirtschaft, 15. Jg., 3/1988, S. 119 - 126.

Rieper, G.: Chancen und Hindernisse bei der Einführung von Gruppenarbeit, in: Personalführung, o. Jg., 9/1996, S. 752 - 759.

Röder, G./Gragert, N.: Mitbestimmungsrechte bei Untätigkeit eines zuständigen Gesamt- und Konzernbetriebsrats am Beispiel einer Betriebsänderung, in: Der Betrieb, 49. Jg., 33/1996, S. 1674 -1678.

Roever, A.: Neuland, in: Die Mitbestimmung, 41. Jg., 10/1995, S. 44 - 46.

Rosenstiel, L. v.: Entwicklung von Werthaltungen und interpersoneller Kompetenz - Beiträge der Sozialpsychologie, in: Sonntag, K. (Hrsg.): Personalentwicklung in Organisationen, Göttingen 1992, S. 81 - 105.

Rosenstiel, L. v.: Wertewandel: Herausforderung für die Unternehmenspolitik in den 90er Jahren, 2. Aufl., Stuttgart 1993.

Rösner, H. J.: Mehr Kompetenzen für die Betriebsräte?, in: Wirtschaftsdienst, 73. Jg., 9/1993, S. 471 - 478.

Rosner, S.: Die Selbstmodernisierung des Industriesystems, in: Zeitschrift für Personalforschung, 5. Jg., 1/1991, S. 33 - 49.

Roth, E. (Hrsg.): Sozialwissenschaftliche Methoden, 2. Aufl., München; Wien 1987.

Roth, S.: Japanisierung oder eigener Weg?, Frankfurt 1992.

Roth, S.: Ungehobene Schätze, in: Die Mitbestimmung, 42. Jg., 6/1996, S. 23 - 26.

Rudolph, K./Wickert, Ch. (Hrsg.): Geschichte als Möglichkeit, Essen 1995.

Rudolph, W./Wassermann, W.: "Die Gewerkschaft ist weit aber der Chef steht uns jeden Tag auf den Füßen!" in: Die Mitbestimmung, 33. Jg., 1-2/1987, S. 7 - 12.

Rückle, H.: Coaching, Düsseldorf 1992.

Rueß, A.: Betriebsräte: Anderes Gewicht, in: Wirtschaftswoche, 48. Jg., 13/1994, S. 14 - 16.

Rummel, C.: Die Beteiligung des Betriebsrats an der Personalplanung und an personellen Einzelmaßnahmen, Köln 1978.

Sabel, C. F./Kern, H./Herrigel, G.: Kooperative Produktion, in: Mendius, H.-G.:/Wendeling-Schröder, U. (Hrsg.): Zulieferer im Netz - Zwischen Abhängigkeit und Partnerschaft, Köln 1991, S. 127 - 141.

Sadowski, D./Backes-Gellner, U./Frick, B.: Works Councils: Barriers or Boosts for the Competitiveness of German Firms, in: British Journal of Industrial Relations, 33. Jg., 3/1995, S. 493 - 513.

Sadowski, D./Frick, B.: Betriebsräte und Gesetzesvollzug - Eine ökonomische Analyse am Beispiel des Schwerbehindertengesetzes, in: Zeitschrift für Personalforschung, 4. Jg., 2/1990, S. 165 - 178.

Saller, Ch.: Mitbestimmung (k)ein Thema in den bundesdeutschen Printmedien, in: Die Mitbestimmung, 40. Jg., 7-9/1994, S. 60 - 61.

Sarcinelli, U.: Mediale Politikdarstellung und politische Kultur, in: Gewerkschaftliche Monatshefte, 47 Jg., 5/1996, S. 265 - 280.

Schanz, G.: Personalwirtschaftslehre, 2. Aufl., München 1993.

Schanz, G.: Organisationsgestaltung, 2. Aufl., München 1994.

Schienstock, G.: Globale Konzerne: Netzwerkstrukturen, Organisationsstrategien und Arbeitsbeziehungen, in: Arbeit, 3. Jg., 3/1994, S. 254 - 269.

Schildknecht, R.: Total Quality Management, Frankfurt/M.; New York 1992.

Schirmer, F.: Aktivitäten von Managern: Ein kritischer Review über 40 Jahre "Work Activity"-Forschung, in: Staehle, W. H./Sydow, J. (Hrsg.): Managementforschung, Bd. 1, Berlin; New York 1991, S. 205 - 253.

Schirmer, F.: Arbeitsverhalten von Managern, Wiesbaden 1992.

Schirmer, F./Smentek, M.: Management contra "Neue Managementkonzepte"? in: Industrielle Beziehungen, 1. Jg., 1/1994, S. 62 - 90.

Schmeer, B.: Neue Trends bei den Vergütungssystemen, in: Personalführung, o. Jg., 9/1996, S. 789.

Schmidt, E.: Gewerkschaftliche Betriebspolitik für die Neunziger Jahre, in: Gewerkschaftliche Monatshefte, 42. Jg., 2/1991, S. 110 - 118.

Schmidt, H.: Auf den Joker Zeit kommt es an, in: Personalwirtschaft, 21. Jg., 3/1994, S. 10 - 12.

Schmidt, R./Trinczek, R.: "Verbetrieblichung" und internationale Austauschbeziehungen, in: Aichholzer, G./Schienstock, G. (Hrsg.): Arbeitsbeziehungen im technischen Wandel, Berlin 1989, S. 135 - 146.

Schmidt-Dorrenbach, H.: Vredlings-Sohn!- Der Europäische Betriebsrat, in: Personalführung, o. Jg., 1/1992, S. 46 - 49.

Schmidt-Dorrenbach, H.: Vredlings-Sohn! Der Europäische Betriebsrat II, in: Personalführung, o. Jg., 2/1992, S. 114 - 117.

Schmidt-Dorrenbach, H.: Europäischer Betriebsrat, in: Personalführung, o. Jg., 12/1994, S. 1148 - 1151.

Schmitz, W./Wolfsfeld, J./Hardes, H.-D.: Tarifverträge, in: Breisig, Th. et al. (Hrsg.): Handwörterbuch Arbeitsbeziehungen in der EG, Wiesbaden 1993, S. 529 - 538.

Schnabel, C.: Die übertarifliche Bezahlung, Köln 1994.

Schnabel, C.: Tarifpolitik gegen Nivellierung und Zementierung, in: Die Mitbestimmung, 40. Jg., 6/1994, S. 28 - 30.

Schneider, D.: Kern oder Rand, in: Die Mitbestimmung, 41. Jg., 9/1995, S. 18 - 21.

Schneider, W.: Betriebsratswahlen 1994: Geschlossenheit statt Aufspaltung, in: Die Mitbestimmung, 40. Jg., 3/1994, S. 6 - 7.

Schneider-Winden, K.: Das neue Unternehmen, Frankfurt/M. 1994.

Schneider-Winden, S.: Die betriebliche Informationspolitik im Bankenbereich - ein deutsch-französischer Vergleich, München; Mering 1996.

Schnell, R./Hill, P./Esser, E.: Methoden der empirischen Sozialforschung, 2. Aufl., Oldenburg 1990.

Schölzel, G.: Interessenmanagement und Projektarbeit im Betriebsrat, in: Die Mitbestimmung, 39. Jg., 9/1993, S. 48 - 50.

Schönhoven, K.: Die deutschen Gewerkschaften, Frankfurt/M. 1987.

Schönsleben, P./Müller, R. (Hrsg.): Qualität managen: von der ISO-Zertifizierung zur betrieblichen Alltagspraxis, Zürich 1996.

Scholz, Ch.: Personalmanagement zwischen Rezession und Restrukturierung, in: Scholz, Ch./Oberschulte, H. (Hrsg.): Personalmanagement in Abhängigkeit von der Konjunktur, München; Mering, 1994, S. 15 - 30.

Scholz, Ch.: Personalmanagement: informationsorientierte und verhaltenswissenschaftliche Grundlagen, 3. neubearb. u. erw. Aufl., München 1993.

Schreyögg, G.: Der Managementprozeß - neu gesehen, in: Staehle, W. H./Sydow, J. (Hrsg.): Managementforschung, Bd. 1, Berlin/New York 1991, S. 255 - 283.

Schreyögg, A.: Coaching, Frankfurt/M. 1995.

Schreyögg, G.: Organisation, Wiesbaden 1996.

Schreyögg, G./Hübl, G.: Manager in Aktion: Ergebnisse einer Beobachtungsstudie in mittelständischen Unternehmen, in: Zeitschrift Führung und Organisation, 61. Jg., 2/1992, S. 82 - 89.

Schumann, M. u.a.: Trendreport Rationalisierung, Berlin 1994.

Schwarz, G.: Unternehmenskultur als Element des strategischen Managements, Berlin 1989.

Seifert, H.: Arbeitszeitkonten - Modelle für mehr Zeitsouveränität oder absatzorientiertes Zeitmanagement, in: WSI Mitteilungen, o. Jg., 7/1996, S. 442 - 449.

Semlinger, K.: New Developments in Subcontracting: Mixing Market and Hierarchy, in: Amin, A./Dietrich, M.: Towards a New Europe?, S. 96 - 115.

Silvia, S. J.: Die Zukunft der Tarifpolitik, in: Gewerkschaftliche Monatshefte, 46. Jg., 10/1995, S. 624 - 632.

Simonet, J.: Pratiques du management en Europe - gérer les différences au quotidien, Paris 1992.

Skrotzki, R.: Arbeitsstrukturierung und Entgeltgestaltung bei flexiblen Fertigungsstrukturen, in: Arbeit, 1. Jg., 2/1992, S. 187 - 202.

Slomp, H.: Doch, es gibt eine europäische Mitbestimmung, in: Steger, U. (Hrsg.): Auf dem Weg zum Euro-Betriebsrat?, Frankfurt/M.; New York 1993, S. 63 - 77.

Snyder, N. H./Wheelen, T. L.: Managerial roles: Mintzberg and the management process theorists, in: Academy of Management Proceedings, 41. Jg., 1981, S. 249 - 253.

Sperling, H. J.: Innovative Arbeitsorganisation und intelligentes Partizipationsmanagement, Marburg 1994.

Sperling, H. J.: Trend-Report Partizipation und Organisation, Universität Bochum 1994.

Sperling, H. J./Hilbert, J.: Soziale Innovationen in Kleinbetrieben und Großbetrieben - eine dynamische Wechselbeziehung, in: Müller-Jentsch, W. (Hrsg.): Konfliktpartnerschaft: Akteure und Institutionen der industriellen Beziehungen, 2. Aufl., München; Mering 1993, S. 229 - 247.

Spie, U./Piesker, H.: Der Geschäftsbereich des Arbeitsdirektors, Heidelberg 1983.

Spieker, W./Strohauer, H.: 30 Jahre Management gegen die Montan-Mitbestimmung, Köln 1982.

Spieker, W./Strohauer, H.: Mannesmann-Management gegen die Montan-Mitbestimmung, in: Judith, R. (Hrsg.): 40 Jahre Mitbestimmung, Köln 1986, S. 86 - 110.

Spöhring, W.: Qualitative Sozialforschung, Stuttgart 1989.

Sprenger, R. K.: Ideen bringen Geld. Bringt Geld auch Ideen?, in: Harvard Business Manager, 16. Jg., 1/1994, S. 9 - 14.

Staehle, W. H.: Management, 3. Aufl., München 1987.

Staehle, W. H.: Management, 7. Aufl., München 1994.

Staehle, W. H./Osterloh, M.: Wie, wann und warum informieren deutsche Manager ihre Betriebsräte, in: Ballwieser, W./Berger, K.-H. (Hrsg.): Information und Wirtschaftlichkeit, Wiesbaden 1985, S. 777 - 812.

Stauss, B. (Hrsg.): Qualitätsmanagement und Zertifizierung: von DIN ISO 9000 zum Total Quality Management, Wiesbaden 1995.

Steinle, C./Eggers, B./Hell, A.: Gestaltungsmöglichkeiten und -grenzen von Unternehmenskulturen, in: Journal für Betriebswirtschaft, 44. Jg., 3-4/1994, S. 129 - 148.

Steinmann, H./Schreyögg, G.: Management, 2. Aufl., Wiesbaden 1991.

Storey, J.: New perspectives on Human Resource Management, New York/London 1989.

Streeck, W.: Industrial Relations in West Germany, London 1984.

Streeck, W.: Klasse, Beruf, Unternehmen, Distrikt: Organisationsgrundlagen industrieller Beziehungen im europäischen Binnenmarkt, in: Strümpel, B./Dierkes, M. (Hrsg.): Innovation und Beharrung in der Arbeitspolitik, Stuttgart 1993, S. 39 - 68.

Streeck, W.: Anmerkungen zum Flächentarif und seiner Krise, in: Gewerkschaftliche Monatshefte, 47. Jg., 2/1996, S. 86 - 97.

Streeck, W.: Keine einfachen Antworten, in: Die Mitbestimmung, 42. Jg., 10/1996, S. 16 - 20.

Strehl, F.: Arbeitsrollen der Führungskräfte (nach Mintzberg), in: Kieser, A./Reber, G./Wunderer, R. (Hrsg.): Handwörterbuch der Führung. Stuttgart 1987, Sp. 34 - 46.

Stützel, W.: Euro-Betriebsräte: Verrechtlichung erzwingt Handeln, in: Industrielle Beziehungen, 3. Jg., 3/1996, S. 278 - 286.

Stützel, W.: Pragmatische Arrangement, in: Die Mitbestimmung, 42. Jg., 5/1996, S. 35 - 36.

Susen, B./Niedermeier, R./Mahltig, G.: Gesundheitszirkel im Betrieb. Kritische Betrachtung eines neuen Instrumentes des betrieblichen Arbeits- und Gesundheitsschutzes, in: Zeitschrift für Personalforschung, 10. Jg., 2/1996, S. 135 - 154.

Sydow, J.: Strategische Netzwerke und Transaktionskosten, in: Staehle, W.H./Conrad, P.: Managementforschung, Bd.2, Berlin; New York 1992, S. 239 - 311.

Sydow, J.: Strategische Netzwerke: Evolution und Organisation, Wiesbaden 1993.

Teichmüller, F.: Die Betriebsänderung: Interessenausgleich, Sozialplan, Konkurs, Köln 1983.

Teschner, E.: Lohnpolitik im Betrieb, Frankfurt/M.; New York 1977.

Teuteberg, H. J.: Geschichte der industriellen Mitbestimmung in Deutschland, Tübingen 1961.

Thom, N.: Change Management, in: Corsten, H./Reiss, M.: Handbuch Unternehmensführung, Wiesbaden 1995, S. 869 - 879.

Thomssen, W.: Wirtschaftliche Mitbestimmung und sozialer Konflikt, Neuwied/Berlin 1970.

Thon-Jacobi, W.: Arbeitsschutzalltag. Eine empirische Studie zu Handlungsstrukturen im Betrieb, Frankfurt/M. 1989.

Thorelli, H. B.: Between Markets and Hierarchies, in: Strategic Management Journal, 7/1986, S. 37 - 51.

Thum, H.: Mitbestimmung in der Montanindustrie. Der Mythos vom Sieg der Gewerkschaften, Stuttgart 1982.

Thum, H.: Wirtschaftsdemokratie und Mitbestimmung, Köln 1991.

Töpfer, A./Zeidler, M.: Aufgabenfelder des betrieblichen Personalwesens für die 90er Jahre, in: Personalwirtschaft, 14. Jg., 5/1987, S. 197 - 206

Türk, K.: Neuere Entwicklungen in der Organisationsforschung, Stuttgart 1989.

Vassiliadis, M./Seidel, H.: Praxiserfahrungen mit dem Konzept "Experten in eigener Sache" in der Regionalgruppe Nordrhein-Westfalen, in: Der Betriebsrat, 5/1993, S. 109 - 112.

Voswinkel, S.: Der "Betriebsrat light" und die "normale" Betriebsverfassung, in: Industrielle Beziehungen, 3. Jg., 4/1996, S. 351 - 370.

Wächter, H.: Mitbestimmung, München 1983.

Wächter, H.: Partizipation und Mitbestimmung in der Krise, in: Staehle, W. H./Stoll, E. (Hrsg.): Betriebswirtschaftslehre und ökonomische Krise, Wiesbaden 1984, S. 307 - 309.

Wächter, H.: Professionalisierung im Personalbereich, in: Die Betriebswirtschaft, 47. Jg., 2/1987, S. 141 - 150.

Wächter, H.: Betriebsrat und Organisation, in: Frese, E. (Hrsg.): Handwörterbuch der Organisation, 3. völlig neu gestaltete Aufl., Stuttgart 1992, Sp. 353 - 361.

Wächter, H.: German Co-Determination - an outdated model? in: Dijck, J. J. J. van/Wentink, A. A. L. G. (Hrsg.): Transnational Business in Europe, Tilburg 1992, S. 258 - 264.

Wächter, H.: Träger der Personalarbeit. In: Gaugler, E./Weber, W. (Hrsg.): Handwörterbuch des Personalwesens, 2. neubearb. u. erg. Aufl., Stuttgart 1992, Sp. 2202 - 2210.

Wächter, H.: Vom Personalwesen zum Strategic Human Ressource Management, in: Staehle, W. H./Conrad, P.(Hrsg.): Managementforschung, Band 2, Berlin/New York 1992, S. 313 - 340.

Wächter, H./Breisig, Th.: Aus- und Fortbildung für Betriebsratsmitglieder, in: Gaugler, E./Weber, W. (Hrsg.): Handwörterbuch des Personalwesens, 2. neubearb. u. erg. Aufl., Stuttgart 1992, Sp. 504 - 510.

Wächter, H. et al.: Perspektiven der Mitbestimmung - Montanmitbestimmung als modernes Führungsinstrument, Projektbericht, Trier 1996.

Wagner, D.: Die Organisation des Personalwesens, in: Personal, 46.Jg., 5/1993, S. 472 - 477.

Wagner, D.: Personalvorstände (Arbeitsdirektoren) in mitbestimmten Unternehmen, in: DBW, 53. Jg., 5/1993, S. 647 - 661.

Wagner, D.: Personalfunktion in der Unternehmensleitung, Wiesbaden 1994.

Wagner, D.: Personal ist Chefsache, in: Die Mitbestimmung, 42. Jg., 2/1996, S. 24 - 26.

Walgenbach, P.: Mittleres Management: Aufgaben - Funktionen - Arbeitsverhalten, Wiesbaden 1994.

Warnecke, H. J.: Die fraktale Fabrik. Revolution in der Unternehmenskultur, Berlin u.a. 1992.

Wassermann, W.: Arbeiten im Kleinbetrieb. Interessenvertretung im deutschen Alltag. Köln 1991.

Wassermann, W.: Betriebsräte ohne Berührungsängste, in: Die Mitbestimmung, 42. Jg., 4/1996, S. 6 - 7.

Wattenhofer, H.: Das Mittlere Kader - Ein wenig beachteter Forschungsgegenstand, in: Die Unternehmung, 50. Jg., 2/1996, S. 117 - 135

Watzlawik, P.: Management oder Konstruktion von Wirklichkeiten, in: Derselbe: Münchhausens Zopf, München 1992, S. 151 - 165.

Weber, H.: Soziologie des Betriebsrates, Frankfurt/M.; New York 1981.

Weber, M.: Gewerkschaftliche Bildungsarbeit - konkret, Köln 1982.

Weck, J.: Der Arbeitsdirektor, seine Stellung und Funktion im Rahmen der Mitbestimmungsgesetze, Diss. Münster 1994.

Weinmann, H.: "European Information Meeting": Grenzüberschreitende Information europäischer Belegschaftsvertreter der Hoechst Gruppe, in: Deppe, J. (Hrsg.): Euro-Betriebsräte, Wiesbaden 1992, S. 101 - 111.

Weiss, D. (Hrsg.): La fonction Ressources humaines, Paris 1990.

Welslau, D.: Betriebsrat und Zertifizierung, in: Personalwirtschaft, 23. Jg., 8/1996, S. 22.

Welslau, D.: Gesetzesentwurf Euro-Betriebsräte, in: Personalwirtschaft, 23. Jg., 7/1996, S. 41 - 42.

Weltz, F.: Kooperative Konfliktverarbeitung, in: Gewerkschaftliche Monatshefte, 28. Jg., 5/1977, S. 291 - 301.

Weltz, F.: Wer wird Herr der Systeme?, in: Seltz, R./Mill, U./Hildebrandt, E. (Hrsg.): Organisation als soziales System, Berlin 1986, S. 151 - 162.

Wengelowski, P./Breisig, Th.: Unternehmen als Lernende Systeme, in: IÖW/VÖW - Informationsdienst, 9. Jg., 3-4/1994, S. 9 - 10.

Wessmann, P. K.: Mitbestimmung durch Betriebsvereinbarung, Köln 1987.

Weyand, J.: Die tarifvertragliche Mitbestimmung unternehmerischer Personal- und Sachentscheidungen, Baden-Baden 1989.

Wicke, W.: Partizipation, Mitbestimmung, demokratische Technikentwicklung, Dortmund 1992.

Wiedemeyer, G. R.: Unternehmensverfassung und Mitbestimmung in der Bundesrepublik Deutschland, in: Gester, H./Koubek, N./Wiedemeyer, G. R. (Hrsg.): Unternehmensverfassung und Mitbestimmung in Europa. Wiesbaden 1991, S. 79 - 95.

Wiedemeyer, G. R./Schuster, H.: Das Europa-Forum der Bayer AG, in: Deppe, J. (Hrsg.): Euro-Betriebsräte, Wiesbaden 1992, S. 123 - 136.

Wiese, G.: Mitbestimmung und Führungsentscheidung, in: Kieser, A./Reber, G./Wunderer, R. (Hrsg.): Handwörterbuch der Führung, Stuttgart 1987, Sp. 1472 - 1484.

Wiese, G.: Betriebsverfassungsrecht, in: Gaugler, E./Weber, W. (Hrsg.): Handwörterbuch des Personalwesens, 2. neubearb. u. erg. Aufl., Stuttgart 1992, Sp. 651 - 664.

Wilker, I. (Hrsg.): Supervision und Coaching, Bonn 1995.

Wirmer, A.: Die Richtlinie Europäische Betriebsräte - Ein zentraler Baustein europäischer Sozialpolitik, in: Der Betrieb, 47. Jg., 42/1994, S. 2134 - 2137.

Wittig, K.-J.: Qualitätsmanagement in der Praxis: DIN ISO 9000, Lean Production, Total Quality Management, 2. Aufl., Stuttgart 1994.

Witzel, A.: Verfahren der qualitativen Sozialforschung, Frankfurt/M. 1982.

Womack, J. P./Jones, D. T./Roos, D.: The machine that changed the world, New York 1990.

Wright, P. M.: Perspectives on Human Resources Management, in: Zeitschrift für Personalforschung, 8. Jg., 3/1994, S. 336 - 352.

WSI-Projektgruppe: Mitbestimmung in Unternehmen und Betrieb, Köln 1981.

Wunderer, R. (Hrsg.): Mittleres Management - leitend oder leidend, Zürich 1990.

Wunderer, R.: Delegative Führung, in: Kieser, A./Reber, G./Wunderer, R. (Hrsg.) Handwörterbuch der Führung, 2. Aufl., Stuttgart 1995, Sp. 229 - 240.

Wunderer, R./Grunwald, W.: Führungslehre, Band 2: Kooperative Führung, Berlin; New York 1980.

Zachert, U.: Gefährdung der Tarifautonomie. Das Tarifvertragssystem zwischen Deregulierung und Erosion, in: Gewerkschaftliche Monatshefte, 45. Jg., 3/1994, S. 168-177.

Zelditch, M.: Methodologische Probleme der Feldforschung, in: Hopf, C./Weingarten, E. (Hrsg.): Qualitative Sozialforschung, Stuttgart 1979, S. 118 - 138.

Zerfaß, A.: Unternehmensführung und Öffentlichkeitsarbeit, Opladen 1996.

Zündorf, L.: Macht, Einfluß, Vertrauen und Verständigung. Zum Problem der Handlungskoordinierung in Arbeitsorganisationen, in: Seltz, R./Mill, U./Hildebrandt, E. (Hrsg.): Organisation als soziales System, Berlin 1986, S. 33 - 56.

Aida Bosch: **Vom Interessenkonflikt zur Kultur der Rationalität. Neue Verhandlungsbeziehungen zwischen Management und Betriebsrat**
Schriftenreihe Industrielle Beziehungen, hrsg. von Walther Müller-Jentsch, Bd. 11
ISBN 3-87988-195-2, Rainer Hampp Verlag, München u. Mering 1997, 218 S., DM 46.80

Die Rahmenbedingungen und die interne Struktur von Industriearbeit waren in den letzten 20 Jahren einem tiefgreifeden Wandel unterworfen. In dem vorliegenden Band wird der Frage nachgegangen, in welcher Weise sich die Verhandlungs- und Austauschbeziehungen von Management und Betriebsrat als Kernstück der industriellen Beziehungen in Deutschland verändert haben. In Auseinandersetzung mit gegenstandsbezogenen Ansätzen sowie der interaktionistischen und kulturalistischen Theorieentwicklung wird von der Autorin das Konzept der Interaktionskultur entwickelt, das die historisch gewachsene Form der betrieblichen Austauschverhältnisse einfangen soll. Ausführlich wird dann der Wandel innerhalb des Managements und des Betriebsrats sowie die Veränderung ihrer Verhandlungsbeziehungen beschrieben. Dabei läßt sich ein Trend der Versachlichung und 'Versozialwissenschaftlichung' der Interaktionskultur sowie das Zurückdrängen klassisch moderner Interpretationsmuster des industriellen Konflikts feststellen. Ein neues Rollenverständnis, neue Problemsichten und -definitionen sowie eine neue Form der Arbeitsteilung zwischen Management und Betriebsrat sind die Folge. Diese Entwicklung macht die Verhandlungsbeziehungen flexibler und berechenbarer, enthält aber auch neue Risiken.

Hermann Kotthoff: **Betriebsräte und Bürgerstatus. Wandel und Kontinuität betrieblicher Mitbestimmung**
Schriftenreihe Industrielle Beziehungen, hrsg. von Walther Müller-Jentsch, Bd. 8
ISBN 3-87988-095-6, Rainer Hampp Verlag, München u. Mering 1994, 347 S., DM 49.80

„Die wenigen empirischen Untersuchungen zu Betriebsräten ... befassen sich nur mit Einzelaspekten ihres Tuns ...

Das Buch von Hermann Kotthoff ist seit langem die erste Veröffentlichung, die mal wieder das gesamte Wirken der Betriebsräte in größerem Umfang in den Blick genommen hat. ...

Das wichtigste Ergebnis der Studie ist zweifellos der Wandel, der in den Betrieben ... stattgefunden hat. Während der Autor in den siebziger Jahren nur in einem Drittel der Betriebe eine wirksame betriebliche Interessenvertretung vorgefunden hatte, ist dieser Anteil auf zwei Drittel angewachsen. ...

Die Lektüre des Buches zeigt, daß Soziologie auch Spaß machen kann. "

(Prof. Dr. Gerhard Bosch
zitiert aus: Gewerkschaftl. Monatshefte 11/95, S. 719-720)

Bernd Frick: **Mitbestimmung und Personalfluktuation. Zur Wirtschaftlichkeit der bundesdeutschen Betriebsverfassung im internationalen Vergleich**
International vergleichende Schriften zur Personalökonomie und Arbeitspolitik, hrsg. von Rolf Birk und Dieter Sadowski, Band 6
ISBN 3-87988-204-5, Rainer Hampp Verlag, München und Mering 1997, 333 S., DM 52.80

In dem Maße, in dem betriebliche Arbeitnehmervertretungen die für Arbeitsbeziehungen charakteristischen Informationsasymmetrien reduzieren, können sie zugleich die Überwindung des daraus resultierenden „Gefangenendilemmas" erleichtern, welches seinerseits durch eine dauerhaft suboptimale Kooperationsbereitschaft der beteiligten Parteien gekennzeichnet ist.

Um diese Kooperationsbereitschaft zu fördern, ist eine rechtliche Autorisierung der Arbeitnehmervertretungen sinnvoll, die zum einen das Spektrum der Handlungsmöglichkeiten restringiert (Gebot der vertrauensvollen Zusammenarbeit und Friedenspflicht), zum anderen nennenswert erweitert (Informations-, Konsultations- und Mitbestimmungsrechte).

In Übereinstimmung damit zeigt die auf umfangreichen Betriebsdatensätzen aus Deutschland, Großbritannien und Australien beruhende empirische Analyse, daß lediglich die deutschen Betriebsräte, nicht aber die in britischen und australischen Unternehmen vertretenen Gewerkschaften „innerorganisatorisch effiziente" Personal- und Beschäftigungsentscheidungen durchzusetzen bzw. zu legitimieren imstande sind.

Meike Müller: **Gewerkschaftsmarketing. Eine vergleichende empirische Analyse in den alten und in den neuen Bundesländern, exemplarisch durchgeführt am Beispiel der IG Metall**
Hamburger Schriften zur Marketingforschung, Hg.: M. Zerres, Band 5
ISBN 3-87988-221-5, Rainer Hampp Verlag, München und Mering 1997, 182 S., DM 42.80

Die Situation der Gewerkschaften in der Bundesrepublik Deutschland, speziell auch die der größten Einzelgewerkschaft, der IG Metall, wird zunehmend schwieriger. Konkreter Ausdruck für diese Entwicklung ist ein seit mehreren Jahren anhaltender Mitgliederrückgang. Durch eine konsequente Übertragung marketingorientierten Gedankengutes der Betriebswirtschaftslehre erhofft man sich neue Lösungsansätze.

Mitgliederzufriedenheit stellt in diesem Zusammenhang einen wichtigen Ausdruck für die Eignung und Wirksamkeit dieser bereits eingeleiteten Marketingmaßnahmen dar; darüber hinaus lassen sich aus ihrer Kenntnis und Analyse Impulse für neue Aktivitäten gewinnen. Untersuchungsergebnisse der Mitgliederzufriedenheit können daher als ein Gradmesser für die Effektivität im Bereich der Mitgliederbetreuung und -werbung angesehen werden.

Ziel der vorliegenden Untersuchung ist es, im Rahmen einer empirischen Untersuchung der Zufriedenheit der (auch potentiellen) IG Metall-Mitglieder in den alten und in den neuen Bundesländern festzustellen, ob aufgrund der unterschiedlichen Erfahrungshintergründe der Menschen Unterschiede im Einsatz der diesbezüglichen Marketingmaßnahmen notwendig sind.